LA NOVELA PASTORIL ESPAÑOLA

3

BIBLIOTECA DE ESTUDIOS CRITICOS

SECCIÓN DE LITERATURA

JUAN BAUTISTA AVALLE-ARCE

LA NOVELA PASTORIL ESPAÑOLA

SEGUNDA EDICION CORREGIDA
Y AUMENTADA

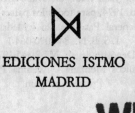

EDICIONES ISTMO
MADRID

BIBLIOTECA DE ESTUDIOS CRITICOS

SECCIÓN DE LITERATURA

INDICE

A la memoria de mis padres, y de don Amado Alonso, mi maestro. Y a Juan Bautista Alejandro Guadalupe, redivivo.

ADVERTENCIA
A ESTA SEGUNDA EDICION

Cuando en 1959 salió la primera edición de este libro yo no había podido localizar ningún ejemplar de *El pastor de Iberia,* de Bernardo de la Vega (Sevilla, 1591), que, por cierto, también había resultado inhallable a Hugo A. Rennert *(Spanish Pastoral Romances).* De entonces a ahora sí he encontrado un ejemplar (por mal de mis pecados, pues la novela es pésima, como ya nos había indicado Cervantes, *Quijote,* I, vi) y, en consecuencia, el lector podrá consultar su estudio en capítulo V, «Autobiografía y novela». Por lo demás, de la nómina que trae Rennert en su libro ya citado, he omitido *Las Habidas,* de Jerónimo de Arbolanche (Zaragoza, 1566), y las *Experiencias de Amor y Fortuna,* de Francisco de Quintana (*alias* Francisco de las Cuevas, Madrid, 1626). La primera no es novela —es un poema que tiene poco de bucólico—, y la segunda no es pastoril —es una novela de corte bizantino—. De todas maneras, y

11

al menos de *Las Habidas,* el lector puede consultar la reciente edición de F. González Ollé, 2 volúmenes (Madrid, 1969-72), con excelente estudio preliminar.

El texto del libro es casi el mismo de 1959, salvo algún retoque estilístico y alguna errata corregida. Pero al final de cada capítulo agrego lo más importante sobre el tema que ha llegado a mi conocimiento desde entonces. Lo nuevo va encabezado por la cifra *1974.*

Así y todo, el lector queda prevenido desde ya que de ningún punto de vista debe suponer que las adiciones *1974* representan un esfuerzo para presentar una bibliografía completa (desde 1959, se entiende) sobre el autor, libro o tema estudiado. Nunca pretendí tal: sólo he tratado de reseñar libros y artículos que, a mi juicio, son de ayuda efectiva para desarrollos ulteriores de lo aquí tratado. Si en ocasión me refiero en forma negativa al trabajo reseñado, no es por saña personal contra el autor aludido, sino para evitar posibles malentendidos para el lector. Si esto está claro, entonces puedo empezar mi nueva labor.

CAPITULO I

LA TRADICION Y LA CRITICA

En España la novela pastoril constituye una vívida llamarada que ilumina con claridad medio siglo de hacer literario (la segunda mitad del XVI y cuyos últimos destellos alcanzan los dos primeros decenios del XVII. Después de esto los pastores novelísticos vuelven a quedar en la oscuridad. Pero en su comienzo el género nace, como Átena de la cabeza de Zeus, armado de punta en blanco, con toda la perfección de la madurez, y así se nos aparece en la *Diana* de Montemayor (publicada seguramente en 1559). Por otra parte, después de *Los pastores del Betis,* de don Gonzalo de Saavedra (que apareció en 1633), no se volvió a escribir otra novela de este tipo, al menos que haya llegado a mi conocimiento. Pero en ese medio siglo largo de hegemonía el pastor adquiere total y absoluta carta de ciudadanía en las letras hispanas, y a tal punto llega a consagrarse como tipo literario, que Don Quijote, al ver cerradas las puertas a su ad-mundo caballeresco después de la derrota por el Caballero de la Blanca Luna, decide hacerse pastor, la otra avenida de escape que le permite seguir viviendo el ideal.

La consagración del pastor como tipo literario no se la podemos atribuir, sin embargo, a la novela solamente. Factores previos a la publicación de la *Diana* habían caldeado el ambiente en la medida necesaria para la aparición del pastor literario, tipo poco acostumbrado a las inclemencias del tiempo. La poesía lírica, con Garcilaso como su primero y principal modulador, ya había resonado con los acentos de la zampoña, y su eco, con tenuidad paulatina pero relativa pureza, se repite hasta el siglo XVII, cuando se pierde en el estrépito de los organilleros gongorizantes. El teatro también contribuyó, aunque en medida más modesta, a la tipificación —sería más acertado hablar de re-tipificación— del pastor. Las églogas de Juan del Encina hicieron escuela, si bien sus seguidores no acertaron, por lo general, a hallar el precario punto de equilibrio entre la vertiente melodramática y la vertiente bufa, y se despeñan por la una o por la otra, con mayor frecuencia por la última.

El pastor como tipo en las letras hispanas tiene funciones específicas, lo que no es novedad alguna, pues ocurre con todos los tipos literarios de todas las literaturas. No pasaré revista a estas funciones ahora, pero conviene aclarar ciertos puntos afines. Todo momento histórico se ve apuntalado por una serie de aspiraciones, represiones, mitos expresados o implícitos que, estudiados colectivamente, en el plano intelectual nos dan la radiografía ideológica del período. En el plano sentimental estos elementos nos permiten un acercamiento a la sensibilidad del momento histórico, pieza de caza de las más elusivas para el crítico. Pero hay algo que nos facilita el acecho, y esto es el rastreo del tipo literario. O sea, una revista de la tipología literaria europea daría como resultado una historia de la sensibilidad europea. Más claro aún: el enunciado de lo que gustó en una época da la imagen del gusto de esa época [1].

El estudio del pastor se nos impone así como pieza imprescindible para la intelección de al menos un aspecto de la compleja realidad del siglo XVI. Por otra parte, el arte literario de aquella misma época resulta incomprensible, o poco menos, si excluimos este género. Por ejemplo, la fijación del *Quijote* en sus coordenadas artístico-ideológi-

---

[1] Cuya subtipología, apropiada para su momento histórico, ya se encargó de hacer Sarmiento en su *Facundo*. Lo curioso es que Sarmiento hizo este análisis llevado por su afán de hacer un estudio sociológico de la enfermiza realidad argentina; sin embargo, estos tipos no perduran en las páginas de la sociología, sino en las de la literatura.

cas será siempre aproximada mientras no tengamos una comprensión suficiente del mito caballeresco y el mito pastoril que comparten la ideación del ad-mundo del héroe [2]. Y nuestra apreciación del vivir espiritual hispano será parcial e insatisfactoria mientras sigamos leyendo mal su máxima concreción artística.

El tipo del pastor, sin embargo, no es, ni con mucho, invento del siglo XVI. Nos viene de muy atrás y se proyecta hasta nuestros días. Cuando la opresión del trajín ciudadano amenaza agobiar al hombre europeo, éste siempre se dispara hacia los campos de la bucólica, aunque, según veremos, la fuga ocurre bajo disfraces de mayor o menor diversidad. Para ahorrarme vaguedades, y a riesgo de caer en inexactitudes históricas, escojo el nombre de Teócrito como iniciador de la moda bucólica, si bien de acuerdo con el malhumorado Nietzsche podemos leer hasta la Biblia como literatura pastoril. Pero la fijación —y la estilización implicada en todo acto de fijar algo artísticamente— del tipo del pastor en la Antigüedad no ocurre hasta las églogas de Virgilio y, en mucha menor medida, sus *Geórgicas*.

La canonización literaria de Virgilio ayudó a la perduración del tipo pastoril en los siglos medios, en que abundan los trasuntos, buenos y malos, del Mantuano [3]. Pero el hombre medieval necesitaba plasmar algo de su vida sentimental, para lo que no hallaba asidero en el pastor virgiliano. Surge así un tipo nuevo, que utiliza como medio de expresión la *pastourelle* y formas análogas [4]. Asimismo novedoso, y desconocido para la Antigüedad clásica, es el tipo del pastor que nos ofrece la para-liturgia cristiana. Entre las primicias dramáticas del Medioevo se cuenta el *officium pastorum*, en el que se escenifica la adoración de Nuestro Señor por los pastores en el pe-

[2] Aunque volveré sobre el tema más adelante, quiero hacer constar mi insatisfacción con los estudios comparados del mito caballeresco y el *Quijote*. El libro del P. Félix Olmedo (*El «Amadís» y el «Quijote»*) «propone algo y no concluye nada», en palabras de Cervantes; el estudio de la función del *Amadís* o el *Esplandián* en el *Quijote* es de lo más superficial. La valiosa obra de José Antonio Maravall (*El humanismo de las armas en el «Quijote»*) toca tangencialmente el problema. Al respecto, y en muchos sentidos, todavía nos tenemos que referir a las páginas de Menéndez Pelayo en sus *Orígenes de la novela*, acertadísimas e insuperables en su momento, pero cuyo uso en la actualidad debe hacerse con precaución.

[3] Conviene recordar como dato interesante y de capital importancia en la historia de la popularidad virgiliana, el problema exegético de la cuarta égloga, en cuyos vaticinios, un poco sibilinos, la temprana Cristiandad vio la profecía de la llegada de Jesucristo.

[4] El problema de la génesis y desarrollo de la *pastourelle* es complejo y no puedo entrar en él. El lector interesado puede consultar la obra de William Powell Jones, *The Pastourelle. A Study of the Origins and Tradition of a Lyric Type*, Cambridge, Mass., 1931.

sebre de Belén. Derivado del ciclo litúrgico de Navidad, el *officium* comienza con la pregunta, puesta en boca de las apócrifas comadres de tradición seudoevangélica: «*Quem quaeritis in praesepe, pastores, dicite?*» [5]. La dramatización efectuada refuerza la identificación parcial entre pastor y cristianismo, tema tangencial al de estas páginas, aunque no totalmente ajeno a ellas en algunas de sus manifestaciones (*vide infra,* pág. 57).

Este trifurcarse de la tradición, en vez de anular al pastor como tipo le infunde nueva vida, puesto que la unidad vital interna de un tipo tradicional, o de la tradición literaria en sí, depende, justamente, de la recreación artística que permite al hombre comulgar en todo momento con las representaciones ideales de sus aspiraciones que le brinda el mundo del arte. El tipo reacio a la recreación se extingue muy rápidamente, ya que la falta de maleabilidad implica la dependencia exclusiva de un ideal circunstancial —que casi podríamos llamar veleidad—, lo que impide la comunión del hombre con el símbolo adoptado una vez pasada la vigencia de esas circunstancias. Así, por ejemplo, el tipo del héroe romántico no nos produce, en el mejor de los casos, más que un encogimiento de hombros, dado que sus raíces estaban echadas en la temporalidad de un complejo conceptual únicamente.

Muy otra fue la fortuna del pastor, pues lleva en sí unas cualidades proteicas que le permiten amoldarse, sin cesar y sin esfuerzo, a la cambiante sensibilidad europea. Así Sannazaro, en su leidísima *Arcadia,* lo hace objeto de una idealización —dictada en parte por el naturismo renacentista, y en parte por la imitación del bucolismo clásico— que lo adecúan a la vida en un marco natural no menos idealizado. De esta manera el siglo XVI, y parte del XVII, no hallaron obstáculos para convertirlo en símbolo de un núcleo de sus aspiraciones. El hombre del siglo XVIII también se cobija, en ocasiones, bajo el símbolo del pastor, aunque por motivos distintos. Los nombres de Gessner y Rousseau marcan dos nuevos momentos en la apreciación estética del tipo. El nombre de este último es, desde luego, el de implicaciones más serias, ya que en forma soterraña una parte de sus teorías naturistas —fundamentadas parcialmente en el viejo ideal pastoril— desemboca en el marxismo. Pero esto, si bien nos permite vislumbrar algunas de las implicaciones últimas del mito pastoril, nos aleja demasiado de España y del quehacer propiamente

---

[5] Los diversos textos conservados del *officium* se pueden consultar en Karl Young, *The Drama of the Medieval Church,* II (Orford, 1933), 3-28; véanse, además, las lúcidas páginas que le dedica Grace Frank, *The Medieval French Drama* (Oxford, 1950), pp. 31-34.

literario. Cuando Meléndez Valdés cierra sus plúmbeos libros de jurisprudencia, se evade de la Audiencia vallisoletana disfrazado con el pellico pastoril, y bajo su alias bucólico de Batilo, se entrega a la búsqueda de su yo en la naturaleza circundante. Lo mismo Jovellanos, quien descansa del agobiante pensar en la cosa pública escribiendo sobre su *alter ego*, el pastor Jovino.

El Romanticismo se niega a aceptar la forma del mito pastoril, en lo que actúa muy de acuerdo con una de sus características más evidentes, que es la iconoclasia de lo formal. El pastor como personaje-símbolo cae acribillado a sarcasmos y sátiras, algunas bien cargadas de sal gruesa de cocina, como la de Espronceda en *El pastor Clasiquino*. Pero una vez que el Romanticismo ha satisfecho su afán de revuelta destruyendo la forma —y matando, por ende, al pastor—, acepta, sin mayores ambages, la esencia del culto bucólico que es la comunión con la Naturaleza. El pastor está físicamente en agonía en el campo de batalla de las estéticas literarias, pero se sobrevive en espíritu en la forma de la continuidad del mundo natural en que ha vivido ancestralmente. Porque el pastor puede repetir con el estoico: *omnia mea mecum porto,* y mientras sobreviva su mundo natural, allí estará él, sosteniéndolo como un Atlante fantasmagórico[6].

Los románticos han creído deshacerse del pastor por un expeditivo asesinato literario, pero allí queda, como impronta de su presencia espiritual, el ideal de naturismo. Cambiado, sí, pero esto es inevitable en los avatares que dicta el tiempo, y en los que precisamente radica, como ya quedó dicho, la vitalidad del tema. La Naturaleza no es más ya la deidad inmanente, o poco menos, que era para el hombre del Renacimiento[7]. Se ha «humanizado» en cierta medida, pero polariza todavía una gran zona de los anhelos humanos. Como dice Schiller, en frase característica de la nueva sensibilidad: «El sentimiento que experimentamos por la naturaleza se parece a aquél del enfermo por la salud»[8]. Hombre y naturaleza se

---

[6] O como dijo Antonio de Torquemada en el tercero de sus *Colloquios satíricos* (Mondoñedo, 1553), *NBAAEE,* VII, 520 b, refiriéndose al pastor Amintas: «Paréceme, Amintas, que tú podrías decir lo que un filósofo, que todos tus bienes los traes contigo.»

[7] Ya había dicho Lorenzo Valla en su *De Voluptate,* I, 13: «Natura idem est quod Deus, aut fere idem.»

[8] «Ueber naive und sentimentalische Dichtung», *Sämmtliche Werke,* X (Stuttgart y Tübingen, 1844), 299. Thomas Carlyle exclama: «What is nature? Ha! Why do I not name thee God? Are not thou the 'Living Garment of God'? The universe is not dead and demoniacal, a charnel-house with spectres, but godlike and my Father's», «The Center of Indifference», *Sartor Resartus*

hallan ahora en el mismo plano, lo que permite la actuación de ésta como la proyección y reflejo del yo romántico, juego de espejos que complementa la personalidad de aquél. Atala es Atala en la medida que se identifica con los vírgenes bosques norteamericanos [9]. ¿Pero acaso no es ésta la misma situación del pastor renacentista que para plasmar su yo necesita imperativamente de la circunstancia natural? El pastor, sin su pellico ahora, reencarna en cada uno de los héroes románticos, en cuanto todos se refieren a la Naturaleza (con mayor o menor grado de subjetivismo) como *dimidium animae meae.*

El pastor como tipo efectivo y actuante desaparece, pues, a comienzos del siglo XIX, pero las aspiraciones que encarnó permanecen vivas, a la espera del nuevo tipo, más adecuado a la sensibilidad moderna, que las revista y las concretice. Se produce así una de las tantas anomalías de la literatura de los dos últimos siglos: el libro de pastores sin pastores. Algún descarriado, a descompás con el tiempo, todavía puede soñar con una realidad que ya no existe, en una forma de vida periclitada, como el personaje de Galdós en *Realidad,* que dice: «Nos haremos pastores, marchándonos a una región distante y sosegada, donde impere la verdad absoluta» [10]. Pero es mucho más común el escamoteo del pastor del marco natural en que había vivido por centurias, aunque sin afectar las virtudes del marco. Así lo hace, precisamente, el mismo Galdós en *Nazarín.* El nuevo Nazareno protagonista de la novela —que en amplia medida es una serie de cuadros idílicos vistos a través de una lente realista— abandona las ciudades y se refugia en los campos para comulgar con la Naturaleza, de la que obtiene la fuerza moral y espiritual necesaria para sobrellevar su inminente vía-crucis.

Inútil creo seguir con esta lista. Baste decir que todo lo que se llama en España, con rúbrica imprecisa, la novela regionalista, está animado por un bucolismo *sui generis,* pero siempre reconocible. Desde *La gaviota,* de Fernán Caballero (en especial los primeros ca-

---

(Londres, 1833-1834). Esto no es una nueva apoteosis de la naturaleza, sino la medida en que Carlyle la humaniza, como se puede apreciar en el resto del ensayo.

[9] Bien cierto es que algunas características del héroe romántico pueden existir, y existen, en el vacío, pero la consecución integral de su personalidad se obtiene sólo cuando ésta repercute en la caja de resonancia de la naturaleza subjetivada. Efraín y María, los protagonistas de la *María* de Isaacs, quedarían bien deslucidos si los trasplantásemos de los bosques del Cauca.

[10] *Obras completas,* V, 903 a. El joven Galdós había afirmado, con la resolución y fuerza de la juventud: «La poesía pastoril, último grado de la hipocresía literaria, tuvo un renacimiento funesto en el siglo pasado.» *La Fontana de Oro, Obras completas,* IV, 95 a.

pítulos)[11], hasta *Los pazos de Ulloa* y *La madre naturaleza,* de la Pardo Bazán, la naturaleza enmarca y justifica, en gran parte, el vivir de los personajes.

Más cercano a nuestros días el mito pastoril, todavía se presta al uso simbólico. Como últimos ejemplos de las proteicas cualidades del pastor, mencionaré, en primer lugar, *Voces de gesta. Tragedia pastoril,* de Valle-Inclán (1912), en que la tradición, tan cara al autor, se hace carne en la trágica figura de la pastora Ginebra. Un año antes André Gide había publicado en forma anónima su *Corydon,* que es una reencarnación «muy siglo xx» y perversa del virgiliano pastor Corydon, en cuya boca se pone una socrática defensa del homosexualismo.

Como se puede apreciar por algunos de los títulos mencionados, el pastor muerto es rápidamente desalojado del escenario y reemplazado, sin mayor solución de continuidad, por otras categorías humanas: *¡Le roi est mort, vive le roi!* Los sustitutos que predominan en el pasado inmediato son los artesanos y trabajadores, como observó sagazmente el crítico inglés William Empson[12]. El tipo del pastor se industrializa y ciudadaniza al mismo compás de la vida occidental, pero las cualidades de inocencia y feliz simplicidad, como resultado de la cercanía a las fuerzas primarias, todavía lo caracterizan. Todo esto es muy acertado, pero en lo que no estoy de acuerdo es en las conclusiones un poco silogísticas a que llega el mismo crítico partiendo de este hecho evidente de la sustitución. Empson opina que la literatura proletaria, de tanta difusión en nuestro siglo en las décadas anteriores a la segunda guerra mundial —en especial de 1930 a 1940—, desciende de la vieja literatura pastoril, debidamente metamorfoseada a través de la progresiva y adecuada sustitución de símbolos, ya analizada en su contorno más amplio y general[13]. Aquí entra mi objeción. Lo más sencillo, para aclarar la confusión de Empson, sería señalar el golfo ideológico —y artístico, en muchos casos— que separa la Arcadia poética de la Utopía política; pero como la acepción de ambos términos depende de definiciones fácilmente partidistas, lo mejor será echar por otro camino. Entre literatura proletaria y literatura pastoril no existe más que una superfi-

---

[11] Como tradicionalista que era Fernán Caballero se halla muy cerca de los antiguos ideales, al punto que *La gaviota* se puede leer como un nuevo *menosprecio de corte y alabanza de aldea.* Lo mismo se puede decir de *Peñas arriba* y alguna otra novela de Pereda.

[12] *Some Versions of Pastoral,* New Directions, Norfolk, Connecticut, s. a.

[13] Véase, en especial, el primer ensayo del libro citado, intitulado «Proletarian Literature».

cial y engañosa semejanza de circunstancias, pero en la dimensión temporal —de capital importancia en la génesis ideológica de ambos tipos de obras— están apuntadas en direcciones diametralmente opuestas. El pastor vive en el pasado idílico de la edad dorada, y, cuando no, trata de revivir en el presente dicha edad. Para el proletario el pasado es de un signo totalmente negativo, que si se recuerda es para vilipendiarlo, aniquilarlo y suplantarlo; su atención se centra en el presente como forja del futuro redentor, donde vive ya, al menos idealmente. Los pastores, en una palabra, son tradicionalistas; el proletario, revolucionario [14].

Sin tener que recurrir como prueba adicional a esta literatura proletaria, se puede observar que lo pastoril tiene una vitalidad esencial extraordinaria. De Teócrito a Gide no hay período literario que no haya hallado en el tipo la adecuación necesaria para su uso generalizado, y en la ausencia del tipo, que no haya revalidado los ideales que encarna. Esto implica en cada época el re-descubrimiento de ciertas cualidades latentes, con las que se establecen lazos de afinidad electiva. Generalizando, se puede decir que no en otra forma se establece la vital coherencia cultural de la humanidad. Como dice Santayana, buen catador de humanismos: «Los clásicos extranjeros tienen que ser traducidos de nuevo e interpretados de nuevo por cada generación para ofrecer su vieja naturalidad en forma natural y mantener su perenne humanidad viviente y capaz de asimilación» [15]. Y siendo los clásicos, como lo son, la fijación culminante de las diversas etapas recorridas por el arte, se concluye de la cita anterior que la gran tarea intelectual del hombre consiste en la búsqueda de aquellos elementos, implícitos o explícitos, que hagan posible su identificación con el material heredado [16]. A esta categoría pertenece el tipo literario, bien mostrenco, que se pasa de generación a genera-

[14] Para completar las observaciones del texto sobre los avatares pastoriles, véase el hermoso artículo de Renato Poggioli, «The Oaten Flute», *Harvard Library Bulletin,* XI (1957), 147-184. Sobre literatura proletaria y literatura pastoril, dice Poggioli: «Las novelas proletarias idealizan las masas urbanas sin idealizar su forma de vida; al mismo tiempo que se exaltan las virtudes morales del hombre común, se protesta contra los vicios sociales que condicionan su destino. La pastoril, sin embargo, trata este destino no como una maldición que se debe conjurar, sino como una bendición que se debe restaurar», art. cit., página 173.

[15] Introducción a *Three Philosophical Poets,* Cambridge, Mass., 1910. El madrileño Jorge Ruiz de Santayana prefirió, durante sus años en Harvard University, hacerse llamar George Santayana, y así le conoce la posteridad.

[16] El toque de alarma que da Arnold Toynbee (*A Study of History*) se motiva, precisamente, por haber observado un desgarrón en esta continuidad, en su caso en la metafísica religiosa.

ción; por lo tanto, la primera labor del crítico debería ser la búsqueda de los lazos de simpatía que unen el tipo a las comunes actividades y aspiraciones generacionales [17].

El problema inicial radica, pues, en poner en relieve aquellos puntos de contacto entre el tipo literario del pastor y las generaciones que nos incumben, o sea, las renacentistas e inmediatamente posteriores. La apreciación cambiante del tipo evidenciará el tornasolarse de la sensibilidad de una generación a la otra, pero éste es tema que encuentra lugar más apropiado en los capítulos venideros. Por el momento me limito a espigar algunos ejemplos de autores de los siglos XVI y XVII, de bien diversas inclinaciones ideológicas. Al mismo tiempo, característica negativa de importancia, ninguno de ellos fue primordialmente novelista. Esta diferencia ideológica y la casi carencia de producción novelística son hechos que merecen nuestra consideración, pues comienzan a poner en claro la difusión del tema por diversos rincones del arte y pensamiento hispanos y, asimismo, evidencian la falta de artificialidad del tema, al menos para estos escritores, puesto que todos ellos lo relacionan a aspectos esenciales de su pensar [18].

El primer ejemplo lo tomo de Antonio de Torquemada, erasmista un poco rezagado y simpático humanista, autor de un libro de caballerías (*Olivante de Laura*) y un muestrario de curiosidades y rarezas (*Jardín de flores curiosas*), ambos censurados por Cervantes como mentirosos (*Quijote*, I, VI). Pero la obra en que puso más de sí mismo Torquemada no es ninguna de éstas, sino sus *Coloquios satíricos*, anterior en unos seis años a la *Diana* de Montemayor, en la que, a vueltas de muchas censuras tradicionales en el género satírico de todos los tiempos, incluye sagaces consideraciones que lo definen como serio observador del vivir humano, en especial su aspecto ético [19]. Allí, en el tercer coloquio, se dice lo siguiente sobre el pastor y su forma de vida:

[17] Se podría objetar que un tipo cómico, el *miles gloriosus*, por ejemplo, malamente refleja las *aspiraciones* colectivas. Creo, sin embargo, que sí refleja, con la deformación impuesta por la comicidad, ciertas formas de las *actividades* comunes.

[18] También tendré que volver más adelante sobre ambos aspectos. En este momento me interesa presentar una visión de conjunto del lienzo; los detalles del cuadro serán analizados a su debido tiempo.

[19] *Colloquios satíricos* (Mondoñedo, 1553), reedición moderna, por la que cito, en *NBAAEE*, VII. El título completo del tercer coloquio es «Colloquio entre dos caballeros llamados Leandro y Florián y un pastor Amintas, en que se tratan las excelencias y perfección de la vida pastoril para los que quieren seguirla, probándolo con muchas razones naturales y autoridades y ejemplos de

Todas las cosas como las hace y produce la naturaleza desnudas y con sólo el ser que de su sustancia tienen son de mayor perfición que cuando los accidentes son adquiridos y postizos (p. 512 b)... Cuanto las cosas están más cercas y allegadas a lo que manda y muestra querer la naturaleza, tanto se podría decir que tienen mayor bondad y que son más perfectas, y con la perfición más dignas de ser queridas y seguidas de las gentes. Todo esto he dicho para mostraros que, siendo la vida pastoril, por muchas causas y razones que para ello hay, más allegada a la que la naturaleza quiso como principal intento y voluntad que los hombres seguiéssemos, que os parezca también que los que la siguen y se contentan con ella no solamente no hacen yerro ninguno, pero que no por esso es razón que sean tenidos en menos que los otros hombres que siguen y andan embebidos en las riquezas y en los deleites y en las pompas y honores, que todas son vanidades del mundo (p. 513 a)... Y dejando lo que toca al comer y beber, muy gran ventaja es la que haga la vida pastoril a la de todas las otras gentes, en la quietud y reposo, viviendo con mayor sosiego, más apartados de cuidados y de todas las zozobras que el mundo suele dar a los que le siguen; las cuales son tan grandes y tan pesadas cargas, que si las gentes quisiessen vivir por la orden natural, habían de procurar por todas las vías que pudiesen huirlas y apartarse dellas; pero no viven sino contra todo lo que quiere la naturaleza, buscando riquezas, procurando señoríos, adquiriendo haciendas, usurpando rentas, y esto para vivir desasosegados y con trabajos, con revueltas y con grandes persecuciones y fatigas (p. 516 a).

Resumiendo esta larga cita del humanista Torquemada vemos que su simpatía se dirige hacia los pastores por su vivir esencialmente próximo a la naturaleza, o mejor dicho, a Naturaleza, ya que está personificada y endiosada. Esto cumple bien con la función de lo transcrito, que es una paráfrasis del precepto estoico de *sequere Naturam.* Pero sea lo que fuere, lo importante aquí es que Torquemada —y conviene recordar que las opiniones del escritor por más unipersonales que sean tienen siempre valor sintomático— utiliza el tipo del pastor como la corporeización de una aspiración vital que él en forma activa o pasiva, comparte.

La próxima cita es del más clásico de los escritores españoles del siglo XVI, clásico en el espíritu y en la letra, a pesar de sus esfuerzos tendientes a un sincretismo literario de orientación castellanista: fray Luis de León. En *De los nombres de Cristo,* libro capital para la comprensión de su pensamiento, tanto filosófico como artístico, escribe sobre el pastor [20]:

la Sagrada Escritura y de otros autores. Es provechosa para que las gentes no vivan descontentas en su pobreza, no pongan la felicidad y bienaventuranza en tener grandes riquezas y gozar de grandes estados.»

[20] *De los nombres de Cristo* (Salamanca, 1583). Los pasajes que cito se hallan en la sección en que analiza el nombre «Pastor», ed. Federico de Onís, Clásicos Castellanos, I (Madrid, 1914). Cierto parecido con la cita anterior de Torquemada se debe al recuerdo, en ambos casos, del *Beatus ille* horaciano. Aunque la cuestión no se ha analizado a fondo, es evidente, en muchas ocasiones, el para-

Porque lo primero la vida pastoril es vida sosegada y apartada de los ruydos de las ciudades y de los vicios y deleytes dellas. Es inocente assí por esto como por parte del trato y grangería en que se emplea. Tiene sus deleytes, y tanto mayores cuanto nascen de cosas más senzillas y más puras y más naturales; de la vista del cielo libre, de la pureza del ayre, de la figura del campo, del verdor de las yeruas, y de las bellezas de las rosas y de las flores [21]. Las aves con su canto y las aguas con su frescura le deleytan y siruen (p. 128)... Porque puede ser que en las ciudades se sepa mejor hablar, pero la fineza del sentir es del campo y de la soledad. Y, a la verdad, los poetas antiguos, y cuanto más antiguos tanto mayor cuydado, atendieron mucho a huyr de lo lascivo y artificioso, de que está lleno el amor que en las ciudades se cría, que tiene poco de verdad, y mucho de arte y torpeza. Mas el pastoril, como tienen los pastores los ánimos senzillos y no contaminados con vicios, es puro y ordenado a buen fin; y como gozan del sossiego y libertad de negocios [22] que les offrece la vida sola del campo, no habiendo en él cosa que los divierta, es muy bivo y agudo, y ayádales a ello también la vista desembaraçada de que contino gozan, del cielo y de la tierra y de los demás elementos; que es ella en sí una imagen clara, o por mejor dezir, una como escuela de amor puro y verdadero. Porque los demuestra a todos amistados entre sí y puestos en orden, y abraçados, como si dixéssemos, unos con otros, y concertados con armonía grandíssima, y respondiéndose a vezes y comunicándose sus virtudes, y passándose unos en otros y ayuntándose y mezclándose todos, y con su mezcla y ayuntamiento sacando de contino a luz y produziendo los frutos que hermosean el ayre y la tierra. Assí, que los pastores son en esto aventajados a otros hombres. Y assí, sea esta la segunda cosa que señalamos en la condición del pastor; que es muy dispuesto al bien querer (pp. 130-131)... De manera que la vida del pastor es innocente y sossegada y deleytosa, y la condición de su estado es inclinada al amor, y su exercicio es governar dando pasto y acomodando su govierno a las condiciones particulares de cada uno (p. 132).

Obsérvese que todo lo anterior está dicho, o provocado, por el «Pastor» como apelativo de Nuestro Señor. Sin embargo, mucho de lo citado no tiene nada que ver con el nombre «pastor» usado en dicho sentido. El apartamiento inocente de la vida pastoril, su pureza y perfección debidas a la cercanía a la naturaleza, las antítesis *otium-negotium*, ciudad-campo, no son temas que provienen de una estricta exégesis escrituraria y poca relación tienen con los atributos del pastor evangélico, sino que pertenecen a la viviente tradición bucólica. Lo que ha pasado es que la evocación del nombre *pastor*

lelismo conceptual que existe entre la poesía y la prosa de fray Luis. En este caso la identidad conceptual con su paráfrasis poética del epodo horaciano se refuerza con el eco verbal.

[21] Sobre este giro, tan común desde los siglos medios, véase Leo Spitzer: «*Fleur et rose,* synonymes par position hiérarchique», *EMP,* I (Madrid, 1950), 135-155.

[22] Está implícito aquí, y también en la cita de Torquemada, un juego de palabras y conceptos tradicional en la poesía bucólica y que representa una antítesis rectora de la pastoril: *negotium-otium,* que en el siglo XVI español encarna en estos otros dos conceptos antitéticos: *corte-aldea.*

ha conjurado en la mente de fray Luis dos mundos distintos, aunque en el mismo nivel: el del pastor divino, guía y protector del ganado humano (que aparece en forma un poco forzada al final de la larga cita anterior), y el del pastor bucólico de vida inmanente, que ocupa casi todo el resto del pasaje. Difícil sería encontrar un texto más ilustrativo de la difusión y pervasión (si se me permite el neologismo) del tema pastoril. El nombre *pastor,* aun en su sentido translaticio y más elevado, no deja de evocar, en forma simultánea y equivalente, al otro pastor, *sensu stricto,* con todas las concomitantes que la tradición literaria había cifrado en su mundo. Claro que de ser el ideal pastoril algo postizo y advenedizo, como quieren algunos críticos, nada de todo esto podría suceder.

El tipo del pastor toca en la sensibilidad de fray Luis las mismas cuerdas que en la de Torquemada: simbolización del vivir puro, esencializado, cercanía a Naturaleza, etc. Pero en la cita del poeta agustino aparece con claridad un elemento de simpatía y afinidad que apenas si se esboza en Torquemada: el amor puro. «La fineza del sentir es del campo y la soledad», los sencillos pastores forman «una como escuela de amor puro y verdadero». El tipo pastoril encarna, pues, para fray Luis, y los que como él piensan, todo lo ya dicho, y además esa eterna aspiración de la humanidad contaminada a un «amor puro y verdadero». Ya queda dicho que la mente del agustino trabaja paralela y simultáneamente en dos niveles distintos, el divino y el humano. Lo esencial aquí, para determinar el uso y atributos circunstanciales del tipo literario, es que las cualidades características de un plano son intercambiables con las del otro. Así, cuando fray Luis habla del «amor puro y verdadero» está pensando, sin duda, en el amor divino, pero obsérvese que resultaría imposible en el contexto hablar de un amor con tales cualidades si éste no existiera *a priori* en el pastor literario, y si fray Luis no aceptase como válidos dichos atributos [23].

La última cita será de fray Juan de los Angeles. Malamente, en mi opinión, se incluye a este autor entre los místicos. Nada de misticismo, *sensu stricto,* hay en sus numerosas obras, y si hay algo que se le aproxime es de segunda mano. Fray Juan de los Angeles, como su modelo favorito fray Luis de León, es un «desterrado», según la feliz expresión de Dámaso Alonso. Se habla con fervor de un íntimo anhelo espiritual insatisfecho, como en fray Luis, y quizá sea esta misma insatisfacción la que lo vuelca a la erudición desenfrenada,

---

[23] Desde luego, esta traslación de cualidades, o igualdad de términos si se prefiere, no es original de fray Luis, ya que está en la raíz de toda «vuelta a lo divino».

buscando en la casi totalidad de los místicos anteriores el relato de
la experiencia añorada. En su *Considerationum spiritualium super
librum Cantici Canticorum Salomonis* (Madrid, 1607) —verdadera
taracea de citas de autoridades expresadas o tácitas —escribe fray
Juan [24]:

> Yo pienso que los finos sentimientos del amor no son de las ciudades
> sino de los campos. Háblase mejor en las ciudades, pero no se siente tan bien
> como en los campos. En las ciudades hay artificio y doblez; en los campos,
> sencillez y verdad. Los pastores, como tienen los ánimos sencillos y no con-
> taminados con vicios, tienen el amor puro y ordenado a buen fin; y como
> gozan del sossiego y libertad de negocios que les ofrece la vida solitaria —por-
> que no hay cosa en ella que los divierta— es más vivo y agudo que el de los
> ciudadanos, distraídos en muchas cosas. Al fin, la vida del pastor es inocente
> y sossegada y deleitosa; y la condición de su estado es inclinada al amor, y su
> ejercicio es gobernar, dando pasto y acomodando su gobierno a las condicio-
> nes particulares de cada una de sus ovejas.

La imitación de fray Luis de León es patente; basta comparar
con la cita anterior. Fray Juan no se cuidaba mucho de estos que
nosotros llamaríamos plagios, y menudean a lo largo de toda su obra.
E. Allison Peers ya se encargó de evidenciar muchos de ellos, haciendo especial mención del uso continuo de fray Luis [25]. Pero lo
esencial no es el hecho escueto de una imitación más o menos cercana. Imitar es compartir, aceptar la idea, ideal o expresión del otro
y hacerla propia. Entre imitador e imitado existe siempre una invisible afinidad de elección. El plagio, por su parte, no implica nada
de esto, puesto que es un acto de puro egoísmo. En lo que debemos
parar mientes aquí no es, pues, en la cercanía textual, sino, mucho
más radical, en la comunidad de ideales que evidencia la imitación
de fray Luis de León por fray Juan de los Ángeles. El tipo del pastor
de *Los nombres de Cristo,* con sus mismas cualidades esenciales, tiene vigencia absoluta en las *Considerationum spritualium,* escritas
un cuarto de siglo más tarde. La vida verdadera, por su inocencia,
falta de maldad y cercanía a Naturaleza, el amor puro, éstos son
ideales que también para fray Juan de los Angeles hallan su símbolo adecuado en el tipo literario del pastor.

Los ejemplos precedentes bastan para recrear ciertos aspectos del
mundo de las aspiraciones vitales del siglo XVI, que necesitan, para

---

[24] Utilizo la reedición moderna en *NBAAEE,* XXIV; la cita que sigue es
de la p. 182 a.
[25] *Studies of the Spanish Mystics,* segunda ed., I (Londres, 1951), 283-328,
en especial pp. 323-325, donde compara otros pasajes distintos *De los nombres
de Cristo* y de las *Considerationum spiritualium.*

su comprensión y circulación efectiva, concretarse en un símbolo prontamente descifrable. La viva tradición de las literaturas occidentales traía en su almacén el tipo del pastor. Con los cambios necesarios que siempre impone la moda, o sea, el común denominador de las opiniones divergentes del momento, el pastor vuelve a salir a la luz pública. Pero éste es tema que requiere mayor espacio. Por el momento debemos detenernos en otro tipo de consideraciones para terminar de fijar nuestras coordenadas. Conviene, al respecto, pasar rápida revista a lo que sobre el pastor han dicho los críticos, esos celosos guardianes del orden en la república literaria, cuyas funciones, desgraciadamente, se confunden a menudo con las del perro del hortelano.

La crítica literaria en España nace en el siglo XVIII. En el siglo anterior el bullicio y trajín del quehacer literario impiden la visión reposada y a distancia que demanda la crítica. Desprenderse del presente es el primer paso hacia la actitud crítica, y pocos españoles estaban preparados a dar tal paso en el siglo XVII. Al contrario, el volar desalado tras este presente era la actividad que centraba —y agotaba— los esfuerzos de la mayoría. En este ambiente la crítica no podía por menos que estar subordinada a lo estrictamente temporal, de allí que la gran parte de las obras que pasan por críticas reproduzcan sólo las momentáneas simpatías o antipatías personales. Como la obsesión con el presente impide el distanciamiento, los juicios tienen que ser extremistas, así como al acercar una hoja de papel a nuestros ojos sólo podemos divisar los márgenes opuestos. La crítica es o totalmente positiva o totalmente negativa. Buen ejemplo de esta última son los vejámenes. La crítica positiva al empalago tiene su óptimo ejemplo en el *Laurel de Apolo,* de Lope de Vega. Los dos extremos se hallan lado a lado en el *Viaje del Parnaso,* de Cervantes [26].

Todo esto cambia en el siglo XVIII. De las muchas causas que se pueden invocar como motivación de esos cambios, dos son pertinentes aquí. Una es el culto de lo formal, que si bien deriva de la antigüedad clásica adquiere ahora vigencia tan absoluta que nos fuerza

---

[26] En realidad, Cervantes es uno de los contados críticos literarios de esa época, como evidencian, por ejemplo, las pláticas del canónigo toledano con el cura y Don Quijote. Pero también Cervantes es único en la perspectiva (distancia, en otras palabras) que establece entre sí y la realidad —o temporalidad, como la llamarían los bergsonianos—. Quizá convenga aclarar que distingo entre teoría literaria, que se concierne con el proceso creativo, y crítica literaria, que analiza y justiprecia el producto final. La teoría, en especial la de inspiración neoaristotélica, sí prolifera en la Península: López Pinciano, Rengifo, Cascales, Lope de Vega, etc.

a denominarlo como seudoclásico. La otra es el triunfo del racionalismo cartesiano. La apreciación de las formas —que en el siglo XVIII
llega a su endiosamiento— requiere una perspectiva adecuada. La
razón cartesiana, por su parte, sólo se puede concebir entronizada en
lo más alto del Olimpo metafísico. Ambas causas predican, pues, el
distanciamiento, ese alejarse que impone el ejercicio de la crítica. Y
al mismo tiempo ambas causas (formalismo y cartesianismo) son
críticas en su esencia más íntima, y su expresión efectiva y actuante
es asimismo primordialmente crítica. El alejamiento produce la crítica, y la crítica, el alejamiento, en este caso al menos, en acto simultáneo y recíproco. En circunstancias tan propicias ésta florece como
planta de invernadero. Decir que el siglo XVIII es el siglo de la crítica es repetir lo sabido por todos.

Esa égida seudoclásica que rige la vida literaria del siglo XVIII
produce una marcada antipatía por el género novelístico. Como escribió José F. Montesinos: «¿Qué hacer de la novela, este género sin
precedentes en la Antigüedad, del que nada supo Aristóteles y del que
nada dijo Horacio?» [27]. Tal orientación dicta la condena de la casi
totalidad de las novelas. La que se salva es justamente la pastoril y
no por consideraciones de posible mérito intrínseco, sino por la categoría de sus protagonistas, que la relacionan a otras formas literarias sí aceptables para el patrón seudoclásico: la bucólica griega y
latina. Así y todo, no abundan, al menos en España, las referencias
a la novelística pastoril nativa. Alguna mención de pasada, por lo
general a raíz de otros motivos, se puede hallar en esas laboriosas
compilaciones que pasan, en la época, por las historias de la literatura.
Considérese el caso de Montemayor, modelo indiscutido del género
español. En las obras del P. Sarmiento y del abate Lampillas —dos
de los más tenaces acopiadores de noticias en un siglo que se distingue por la sublimación del dato— Montemayor merece la más escueta de las menciones, y en una sola de ellas se hace referencia a su
Diana [28]. Con todo el valor de símbolo de su época que tiene la ingente producción del P. Feijóo en su obra no se menciona ni una
vez a Montemayor, si bien es preciso añadir que cita muy contados

---

[27] «Cervantes anti-novelista», *NRFH*, VII (1953), 500.

[28] Cf. fray Martín Sarmiento, *Memorias para la historia de la poesía y poetas
españoles* (Madrid, 1775), p. 391: «Después se hizo otra traducción en verso
castellano de los *Cantos,* de Ausias March, y la hizo el insigne poeta Jorge de
Montemayor.» Abate Xavier Lampillas, *Ensayo histórico-apologético de la literatura española, contra las opiniones preocupadas de algunos escritores modernos italianos,* trad. doña Josefa Amar y Borbón, V (Madrid, 1789), 151: «Jorge
de Montemayor, portugués, célebre autor de la novela pastoril la *Diana,* compuso
un poema sobre la fábula de *Piramo y Tisbe.*»

novelistas, y las pocas veces que acude a ellos (Cervantes o Quevedo, por ejemplo) es en su calidad de moralistas. Tal era lo terminante de la condena sobre la novela en general.

En el caso particular de la pastoril se aúnan, sin embargo, la bibliofilia, por un lado, y la excusa de la ascendencia clásica de los pastores, por el otro, y provocan la reedición del *Pastor de Fílida,* de Gálvez de Montalvo [29]. El editor fue don Juan Antonio Mayáns y Síscar, hermano del más famoso don Gregorio, y en el prólogo que precede a su edición escribió el primer estudio español sobre la pastoril [30]. Con actitud muy propia de su época, el interés principal del editor radica en el acopio de datos y no en su recta interpretación, al punto que ésta padece de extraños errores, tales como considerar a *Persiles y Segismunda* o *El peregrino en su patria* entre las novelas pastoriles. Quédele la honra, sin embargo, de haber sido el primero en abocarse al problema, en forma parecida, aunque con menos finura crítica, que lo hizo, pocos años después en Francia, el caballero Florián en su más conocido *Essai sur la pastorale* (París, 1805) [31].

En el siglo XIX abundan los estudios parciales sobre el tema, y los primeros en el tiempo se pueden hallar en los capítulos correspondientes de las numerosas historias de la literatura española escrita por autores extranjeros, influidos en mayor o menor grado por el Romanticismo. España polariza ciertos aspectos íntimos del sentir romántico (lo exótico, la muerte, lo popular, etc.), basta mencionar el interés por lo español evidenciado en las obras de escritores tan desemejantes como Byron, Gautier, Mérimée, Hugo y Grillparzer. La crítica de la época se hace eco de esta actitud, y así aparecen en rápida sucesión historias de la literatura española de la disparidad que representan las de Friedrich Bouterwek, J. C. L. Simonde de Sismondi, Adolphe de Puibusque y George Ticknor. Allí se encontrarán capítulos especiales sobre la pastoril, aunque por lo general se la ve con la poca simpatía que engendra en el romático un símbolo válido y utilizado en épocas clásicas [32].

---

[29] En el siglo XVIII ya se habían reeditado otras novelas pastoriles como la *Diana enamorada,* de Gil Polo, y la *Arcadia,* de Lope de Vega, ambas debidas a los esfuerzos de don Francisco Cerdá y Rico.

[30] *El Pastor de Filida... Sale a la luz de la Biblioteca Mayansiana,* Valencia, 1792.

[31] Cuya primera edición fue de Ginebra, 1795, como prólogo a *Estelle.* El estudio de Mayáns se convirtió en autoridad en estas materias, como lo prueba el hecho que tres años más tarde la parte histórica de su prólogo aparece resumida, aunque sin mencionar su nombre, por Fermín Tadeo Villalpando en la noticia «Al lector. Sobre la vida y obras del autor», que precede a su edición de *La Diana de Jorge de Montemayor. Parte primera,* Madrid, 1795.

[32] Véase Bouterwek, *History of Spanish and Portuguese Literature,* trad. Tho-

Como en tantas otras cuestiones la pastoril no recibe la atención que merece hasta llegar a Menéndez Pelayo, quien le dedica un largo capítulo del primer volumen de sus *Orígenes de la novela,* donde se estudian las novelas que precedieron a la publicación de la *Galatea* de Cervantes (1585). Las ideas de Menéndez Pelayo sobre el género, aunque superficiales y casi contradictorias, según se verá, deben analizarse con detenimiento, pues señalaron la huella seguida por varias generaciones posteriores de críticos. El pasaje más pertinente en este sentido es, posiblemente, el siguiente [33]:

El bucolismo de la novela no es un hecho aislado, sino una manifestación peculiar, y sin duda alguna la más completa, de un fenómeno literario general, que no se derivó de un capricho de la moda, sino de la intención artística y deliberada de reproducir un cierto tipo de belleza antigua vista y admirada en los poetas griegos y latinos. Ninguna razón histórica justificaba la aparición del género bucólico: era un puro *dilettantismo* estético, que no por serlo dejó de producir inmortales bellezas en Sannazaro, en Garcilaso, en Spenser, en el Tasso.

Hay aquí una cierta contradicción de términos que conviene puntualizar, ya que la fama del sabio polígrafo dio amplia circulación a esas ideas en ciertos sectores de la crítica subsiguiente. Por un lado Menéndez Pelayo nos dice que «ninguna razón histórica justificaba la aparición del género bucólico»; por el otro, que esto «no es un hecho aislado» y «que no se derivó de un capricho de la moda». Pero si no existía razón histórica que justificara el género pastoril, entonces habría que recurrir, dentro de la terminología de Menéndez Pelayo, a la explicación por «capricho de la moda», motivo que el propio crítico se encarga de excluir. Así y todo un «capricho de la moda» sería razón histórica suficiente que el crítico debería analizar, pues la moda es la mínima expresión común de la minoría rectora, o en su defecto, en estos momentos de «rebelión de las masas», de la mayoría semi-intelectualizada. Lo que sucede con la interpretación de Menéndez Pelayo —y lo que explica, aunque no justifica, la

masina Ross, I (Londres, 1823), 226 s.; Sismondi, *Historia de la literatura española,* trad. José Lorenzo Segura, continuada por José Amador de los Ríos, I (Sevilla, 1842), 218 s.; Puibusque, *Histoire comparée des littératures espagnole et française,* I (París, 1843), 154 s.; Ticknor, *Historia de la literatura española,* trad. Pascual de Gayangos y Arce y Enrique de Vedia, III (Madrid, 1854), 274 s. Acerca de la actitud hacia España de algunos de estos escritores y de sus relaciones entre sí, véanse los siguientes artículos de Thomas R. Hart, Jr., «Friedrich Bouterwek, a Pioneer Historian of Spanish Literatura», *CompL.,* V (1953), 351-361, y «George Ticknor's, *History of Spanish Literature:* The New England Background», *PMLA,* LXIX (1954), 76-88.

[33] *NBAAEE,* segunda tirada, I (Madrid, 1925), CCCLXXXV.

contradicción observada— es que éste confronta el problema de la génesis de la pastoril desde dentro de un marco de referencias exclusivamente literarias, y en la historia literaria no halla antecedente directo de la novela pastoril. Por lo tanto, ésta carece de «razón histórica». Pero el crítico no olvida que el fenómeno bucólico es demasiado general para poder explicarlo por generación espontánea, y entra entonces el afirmar que esto no es «capricho de la moda». Se evidencia aquí, con características sintomáticas, el mal endémico del siglo XIX: la división del saber en compartimentos estancos, en forma paralela al escrupuloso encasillamiento de las motivaciones humanas que nos brinda la literatura de signo realista-naturalista. El saber enciclopédico de Menéndez Pelayo bien conocía la filosofía del siglo XVI (las *Ideas estéticas* y los *Heterodoxos* prueban esto cumplidamente) y aquellos de sus aspectos que fertilizaron efectivamente la ideología de la época, pero llevado por el *mal du siècle* no hizo mayor esfuerzo por relacionar el mundo de las ideas con el mundo de las letras. El sincretismo de las *Geisteswissenschaften* de Dilthey, necesario después de la compartimentalización del siglo XIX, todavía estaba alejado en el tiempo.

La gran finura crítica de Menéndez Pelayo nos hace relegar a menudo a segundo plano estos que podríamos llamar defectos de escuela. Desgraciadamente los críticos que lo siguieron en el estudio de la pastoril en prosa carecían de esta virtud redimidora. El positivismo cerrado que caracteriza a casi todos ellos hace que su instrumental crítico pierda la flexibilidad imprescindible para desempeñar su oficio y se convierta, en vez, en una especie de lecho de Procrusto, que mutila despiadadamente la obra de arte para reducirla a sus elementos positivos. El positivismo, utilísimo como *uno* de los instrumentos del crítico, se ve elevado al rango de norma única, actitud que en vez de favorecerle lo perjudica. Esta es peculiaridad característica de la historia de la crítica: una vez que un nuevo movimiento triunfa pretende entronizarse como árbitro soberano, a exclusión de todos los demás. Estos violentos vaivenes se reflejan bien en la apreciación histórica de la pastoril, como es de esperar que esta reseña evidencie.

Los positivistas cerrados ven la novela pastoril como un mal inevitable que afligió a España en un momento culminante de su desarrollo, motivo por el que se la debe mencionar por el posible interés histórico. A la cabeza de estos críticos, y no sólo por motivos cronológicos, hay que colocar al hispanista germano-norteamericano Hugo A. Rennert. Su libro sobre *The Spanish Pastoral Romances* (Filadelfia, 1912) es hasta el momento la única obra que estudia en su totalidad el género. Pero fuera de la diligencia demostrada en reunir los diversos títulos y autores, poco más merece nuestro reconocimiento. Hasta el cansancio nos precave acerca de la artificialidad del género, sin caer en la cuenta de que una artificialidad genérica suele ser tan importante para la intelección del espíritu de una época como la catalogación de sus aspectos más físicos y concretos. Esto en el caso que se acepte la idea pastoril como artificial, sentimiento difícil de compartir después de citas como las de fray Luis de León. En resumidas cuentas, la obra de Rennert tiene el valor de un catálogo, ya que fechas, ediciones y resúmenes de argumentos constituyen lo más valioso de su aportación.

Estas cualidades negativas que la crítica atribuye a la pastoril se llevan al extremo en el estudio del crítico inglés W. Atkinson. El título basta para evidenciar el desprecio, o poco menos, que el género le produce: «Studies in Literary Decadence: the Pastoral Novel» [34]. Esto es de lo más original que tiene el estudio, pues, por otra parte, no hace más que aderezar un poco los datos y juicios de Menéndez Pelayo y Rennert.

Este es el panorama que ofrece la crítica de la pastoril española hasta la tercera década de nuestro siglo. Fácil me resultaría añadir muchos más autores y títulos, pero no harían más que recargar innecesariamente el cuadro sin agregar nada de nuevo. Pero desde ese momento hasta la actualidad las cosas han cambiado mucho. El pulso de la crítica se ha acelerado saludablemente, merced, en especial, a considerables transfusiones de métodos e ideas de disciplinas próximas. En los nombres de Croce y Dilthey, de sus discípulos e impugnadores, tal vez podamos concentrar las nuevas posibilidades que se le abren al crítico. Todo esto contribuye a desencadenar un profundo revisionismo que todavía estamos presenciando. Como sucede con casi todos los demás géneros y períodos literarios, también la pastoril sale beneficiada por la actitud interrogante y escéptica de la nueva crítica. Los estudios sobre la pastoril que se producen en estos momentos son demasiado numerosos para pasarles revista en este lugar; queden para más adelante cuando surgirán y serán discutidos a compás del desarrollo del tema. Pero debo hacer tres excepciones, que completarán este cuadro panorámico de la apreciación histórica del pastor.

El primero de estos tres momentos que reflejan las nuevas orientaciones de la crítica está representalo por las páginas que Américo Castro ha consagrado al tema en diversas ocasiones. Desde muy tem-

---

[34] *BSS*, IV (1927), 117-126, 180-186.

prano Castro percibió lo pastoril como hondamente encajado en la ideología del siglo XVI, y así comenzó por asociarlo con la divinización de la naturaleza, corriente en aquella época[35]. En años más recientes Castro ha vuelto sobre el tema, aunque de pasada. Ahora, más que las causas le interesan los efectos, los logros valederos de la pastoril, vista no como fenómeno aislable, sino como síntoma de la sensibilidad quinientista[36].

El segundo momento lo marcan los estudios de Marcel Bataillon. El crítico francés, en su excelente reconstrucción de los aspectos más mal conocidos de la ideología del siglo XVI español, ha señalado las estrechas relaciones que existen entre algunas obras pastoriles y ciertas actitudes religiosas que se difundieron por España en esa época[37]. Como resultado de sus observaciones la pastoril queda aún más firmemente anclada en el mundo de las ideas quinientistas. Y, por último, hay que mencionar el estudio de conjunto de la pastoril romance debido a Mia Gerhardt[38]. En este análisis comparado la autora pone en evidencia los distintos matices que colaran la pastoril según la diversa sensibilidad nacional. Se puntualizan bien las cualidades esenciales que caracterizan el género en Italia, España y Francia.

En esta visión de conjunto se pueden apreciar las diversas preocupaciones que han concentrado la atención de la crítica a través de los años. Queda, sin embargo, una laguna que colmar, y es el papel que desempeñaron en el nacimiento de la novela pastoril algunos oscuros y casi olvidados precursores del género. De esto, precisamente, me ocuparé en el próximo capítulo.

[35] Vid., *El pensamiento de Cervantes* (Madrid, 1925), cap. IV. La explicación de Castro se repite años después en el libro de Margot Arce Blanco, *Garcilaso de la Vega* (Madrid, 1930), cap. II.

[36] Véanse, entre otras, las páginas que dedica al tema en «Los prólogos al Quijote», *RFH*, III (1941), 313-338, estudio recogido ahora en *Semblanzas y estudios españoles,* Princeton, 1957.

[37] Véase *Erasmo y España*, trad. Antonio Alatorre, II (México, 1950), 258-259. Volveré sobre el tema más adelante (cap. III), donde se hallará mención de otros trabajos de Bataillon consagrados a lo pastoril y temas relacionados.

[38] *La Pastorale. Essai d'analyse littéraire,* Assen, 1950. En el mismo lugar y año se publicó la misma obra con este otro título: *Essai d'analyse littéraire de la pastorale dans les littératures italienne, espagnole et française.* En lo que se refiere a España estudia sólo las siguientes novelas: la *Diana,* de Montemayor, y la de Gil Polo, el *Pastor de Fílida* de Gálvez de Montalvo, la *Galatea* de Cervantes, la *Arcadia* de Lope de Vega, y el *Siglo de Oro* de Balbuena. La única estudiada con cierto espacio es la *Diana* de Montemayor.

1974. Sobre lo pastoril como ideal de vida, y sus relaciones con el ideal caballeresco, *vid.* Johan Huizinga, «Historical Ideals of Life», *Men and Ideas* (Nueva York, 1959), págs. 77-96.

Sobre la actuación de ambos ideales en el *Quijote,* ver ahora la segunda edición de la obra clásica de Américo Castro, *El pensamiento de Cervantes,* nueva edición ampliada y con notas del autor y de Julio Rodríguez-Puértolas (Barcelona-Madrid, 1972). Consultar los capítulos pertinentes de la obra en colaboración de J. B. Avalle-Arce y E. C. Riley, *Suma cervantina* (Londres, 1973).

Acerca de la *pastourelle,* y su forma peninsular, que es la *serranilla,* ver Rafael Lapesa, *La obra literaria del Marqués de Santillana* (Madrid, 1957); también, L. Stegagno Picchio, «Per una storia della *serrana* peninsolare: la *serrana* di Sintra», *Cultura Neolatina,* XXVI (1966), 105-28. Para ecos populares modernos de la *serranilla,* ver Eduardo M. Torner, *Lírica Hispánica. Relaciones entre lo popular y lo culto* (Madrid, 1966), pág. 173.

Acerca del *officium pastorum,* y el teatro medieval español en general, se han escrito tres libros importantes: Richard B. Donovan, *The Liturgical Drama in Medieval Spain* (Toronto, 1958); Fernando Lázaro Carreter, «Prólogo» a *Teatro medieval* (Madrid, 1965); Humberto López Morales, *Tradición y creación en los orígenes del teatro castellano* (Madrid, 1968).

Sobre el *pastorilismo* y temas relacionados en Benito Pérez Galdós, ver Alexander A. Parker, «*Nazarín,* or the Passion of our Lord Jesus Christ According to Galdós», *Anales Galdosianos,* II (1967), 83-101; Gustavo Correa, *El simbolismo religioso en las novelas de Pérez Galdós* (Madrid, 1962).

Las transformaciones que sufre el mito pastoril en España y en el siglo XIX se pueden apreciar en José F. Montesinos, *Costumbrismo y novela. Ensayo sobre el redescubrimiento de la realidad española,* tercera ed. (Madrid, 1972), y del mismo autor, *Fernán Caballero. Ensayo de justificación* (México, 1962). Ver, asimismo, Javier Herrero, *Fernán Caballero: un nuevo planteamiento* (Madrid, 1963), y, desde luego, la edición y prólogo de *La Gaviota,* de Fernán Caballero, hecha por Julio Rodríguez-Luis (Barcelona, 1972).

Sobre los pastores de Valle-Inclán, ver J. B. Avalle-Arce, «Valle-Inclán y el Carlismo: *Voces de gesta*», *Cuadernos Hispanoamericanos,* núm. 209 (mayo, 1967), 1-12; es muy importante, aunque mucho más general, el trabajo de José Antonio Maravall, «La imagen de la sociedad arcaica en Valle-Inclán», *Revista de Occidente,* números 44-45 (noviembre-diciembre, 1966), 225-26.

Un aspecto literalmente inédito de Antonio de Torquemada nos lo revela la pulcra edición de su *Manual de escribientes* (Madrid, 1970), confiada por la Real Academia Española a María Josefa Canellada de Zamora y a Alonso Zamora Vicente.

Una buena introducción general a los múltiples aspectos de la vida y obra de Fray Luis de León se puede hallar en Manuel Durán, *Luis de León* (Nueva York, 1971). Más especializado es el libro de Helen Dill Goode, *La prosa retórica de Fray Luis de León en «Los nombres de Cristo». Aportación al estudio de un estilista del Renacimiento español* (Madrid, 1969). Se acerca más a nuestro tema el breve artículo de Laura D. Calvert, «An Etymological Basis for the *Pastor-Amador* Equation», *Romance Notes.* XI, núm. 2 (1969), 1-4. La mejor guía bibliográfica que conozco de la tupida lista de escritos sobre Fray Luis es el artículo de E. D. Carretero, «León, Luis de», *Diccionario de historia eclesiástica de España,* II (Madrid, 1972), 1.286-88, donde, en las rúbricas correspondientes (fuentes biográficas, poeta y literato, filósofo, teólogo, escriturista, etc.), se espiga lo más descollante escrito al respecto.

Sobre Fray Juan de los Angeles, consultar M. de Castro, «Juan de los Angeles», *Diccionario de historia eclesiástica de España,* II (Madrfid, 1972), 1.244-45, quien insiste en llamar a Fray Juan «escritor místico», aunque el texto del artículo es estrictamente biográfico; la bibliografía final de obras de y sobre Fray Juan es buena y útil.

Una obra de carácter general de útil consulta, aunque el énfasis se da sobre un período cronológico anterior al que me concierne y en otros países, es el de Aldo Scaglione, *Nature and Love in the Late Middle Ages* (Berkeley-Los Angeles, 1963).

La obra clásica de Marcel Bataillon, *Erasmo y España. Estudios sobre la historia espiritual del siglo* XVI, traducción de Antonio Alatorre, se debe consultar ahora en la segunda edición en español, corregida y aumentada por el autor, en un volumen (México-Buenos Aires, 1966).

Aunque ajenas al campo estrictamente español hay dos obras cuyo conocimiento ayudará al lector a afinar el enfoque. La primera es un artículo de S. K. Heninger Jr., «The Renaissance Perversion of Pastoral», *Journal of the History of Ideas,* XXII (1961), 254-61. La otra es un libro de Leonard Grant, *Neo-Latin Literature and the Pastoral* (Chapel Hill, N. C., 1965). También E. W. Tayler, *Nature and Art in Renaissance Literature* (Nueva York, 1964), y desde otro punto de vista, E. T. Lincoln, *Pastoral and Romance* (Nueva York, 1969).

CAPITULO II

LOS PRECURSORES

Abocarse al estudio de un género literario es una experiencia sobrecogedora. Los planteamientos del problema de los géneros son múltiples, y a menudo contradictorios. Entre el formalismo férreo y despótico del clasicismo y la negación iconoclasta de Benedetto Croce, pasando por la evolución casi biológica de los géneros que presuponía Brunetière, casi todas las posibles actitudes intermedias han sido exageradas. Un exceso de teoría ha hecho que el concepto de «género literario» se vuelva poco menos que inasible, volatilizado en terminologías partidistas. Prefiero, por estas razones, soslayar el problema en su planteamiento formal y socrático, y referirme directamente al quehacer literario en el momento histórico que nos concierne [1]. Se hace evidente así la presencia física de un tipo de novela

[1] Para no eludir del todo mi responsabilidad en esta cuestión de los géneros literarios quiero recomendar al lector la consulta del excelente artículo de Karl

que más tarde se denominará pastoril, y cuyo nacimiento se fecha con la publicación de la *Diana* de Montemayor (1559).

Un género literario, sin embargo, no nace de la noche a la mañana. Presupone, al contrario, una lenta y dolorosa gestación, que en muchos casos aun permanece ignorada, o arrinconada, por la crítica. Digo *dolorosa,* porque el paso de la idea a la forma es una verdadera «agonía», en que lo informe se somete a la forma sólo después de una lucha en que continente y contenido mutuamente se moldean. El género constriñe y restringe al artista, pero éste, al debatirse en busca de expresión sin trabas, cambia, de modo más o menos profundo, el contorno que lo oprime.

El molde en que el artista vierte sus ideas no es, pues, algo estático, sino algo cambiante debido a los continuos forcejeos a que se ve sometido al pasar de mano en mano. En lo que se refiere a la pastoril, este continuo proceso de reformación ha sido analizado a grandes rasgos en el libro de Mia Gerhardt, aunque el interés se centra allí en la producción literaria a partir de Montemayor. Pero éste no bate su propio cuño, sino que, hasta cierto punto, imprime nueva y personal forma a uno que circulaba con anterioridad y con diferentes características [2].

El estudio de estos primitivos artífices posee más que el mero interés arqueológico, ya que nos revela el progresivo moldeamiento del cuño en que se baten simultáneamente (en nuestro caso) el género literario pastoril y el tipo literario del pastor, tales cuales los conoce el siglo XVI español. Al efecto de tal investigación histórica, el espigueo se hará en el campo literario hispánico, pues lo que importa es captar el estado de ánimo del escritor español al confrontarse con las posibilidades expresivas del pastor; qué ve en el pastor y qué aspectos de su realidad poética plasma en él [3]. Es probable que un rastreo metódico de la literatura de fines del siglo XV y comienzos del XVI rinda un número mayor de ejemplos de los aquí incluidos, pero éstos bastan para una visión de conjunto de las transformaciones del pastor anteriores a la *Diana.*

Entre las formas de la literatura de ficción que dominan estos

Viëtor, «Probleme der literarischen Gattungsgeschichte», *Deutsche Vierteljahrschrift für Literaturwissenschaft,* IX (1931), 425-447.

[2] En realidad, pocos son los escritores de genio que forjaron sus propios moldes artísticos: Dante, Rabelais y Cervantes quizá sean las únicas excepciones de primera magnitud.

[3] El problema de la influencia de la pastoril italiana sobre la española ha sido extensamente estudiado por otros críticos, en especial en el caso de la *Arcadia* de Sannazaro. Prefiero analizar el asunto más adelante, en relación con las verdaderas novelas pastoriles españolas.

años de renovación y búsqueda, ninguna de mayor éxito que los libros de caballerías. Desde muy temprano el amplio manto del mito caballeresco había cobijado otros mitos o aspectos de la realidad no relacionados directamente con él. Así, por ejemplo, las leyendas del Santo Graal serían, según la interpretación de Jessie L. Weston, la expresión artística de ritos naturalistas pre-cristianos [4]. O, para acercarnos a lo menos debatible y más estrictamente español, considérese el larguísimo pasaje didáctico del *Caballero Cifar,* llamado los «Castigos del rey de Mentón». O bien los pasajes de las *Sergas de Esplandián,* donde Garci Rodríguez de Montalvo predica fervorosamente la guerra santa. En un principio se podría ver la intromisión de elementos extraños en la literatura caballeresca como un reflejo de la función real de este mundo que recubría protectoramente las demás formas de vida. Cuando el mundo caballeresco se desmorona, el género literario mantiene, sin embargo, la amplitud temática de antes, lo que lo lleva a veces, según las veleidades del autor, a convertirse en un verdadero cajón de sastre. Del último tipo es la novela de caballerías que se escribe en el siglo XVI. Desde este punto de vista, por lo tanto, no debería resultar incongruente la aparición del pastor en el género caballeresco. Pero éste es un antecedente de orden negativo: no había nada que impidiese la introducción del pastor en este tipo de novela. Hay otro antecedente positivo y es el emparejamiento tradicional entre caballero y pastor, tal como se presenta en la *pastourelle,* por ejemplo. Resulta evidente ahora que no es ninguna casualidad que los primeros pastores novelísticos se hallen en los libros de caballerías.

El iniciador de la moda, en éste como en otros casos, fue Feliciano de Silva, ingenio de infeliz sino con la posteridad. La sátira cervantina ha tenido un efecto aplastante con su fama póstuma [5]. A pesar de todo, una criba de sus obras produciría no pocas buenas y regocijadas páginas, con seguridad tan meritorias como las que se puedan hallar en las demás novelas de su tiempo. Pero el volumen de su producción, por un lado, y el total desinterés por la caballeresca, por el otro, han arredrado a la mayoría de los críticos. Sin embargo, un estudio de la personalidad de Feliciano de Silva acla-

[4] Cf., Jessie L. Weston, *From Ritual to Romance,* Londres, 1920.

[5] Hay que reconocer, sin embargo, que no fue Cervantes el único en ridiculizar a Feliciano de Silva. En una sátira anónima de *los Humildes contra Maldonado* se dice: «Si nro. académico da en usar destos vocablos no pongo duda sino que enriquecerá la lengua harto más que Feliciano de Silva i Frai Antonio de Guevara», *apud* Lucas de Torre, «De la Academia de los Humildes de Villamanta», *BAE,* II (1915), 209. Es interesante observar que, al menos para criticarlo, se lo igualaba con Guevara.

raría en buena medida las razones efectivas por qué la novelística española de la primera mitad del siglo XVI escoge ciertas posibilidades artísticas en preferencia a otras. Porque Feliciano, en el doble aspecto de su novelar, es el que marca el curso a seguir por dos de las grandes avenidas transitadas por la literatura de ficción de aquellos años: las continuaciones del *Amadís* y las de *La Celestina*.

El primer libro que dedicó Silva a alargar la descendencia de Amadís de Gaula, y quizá el primero que escribió, fue el *Lisuarte de Grecia,* que se continúa con las aventuras de su hijo Amadís de Grecia [6]. En esta última obra hace su aparición el elemento pastoril encarnado en Silvia y Darinel. La transición del mundo caballeresco al de estos pastores es brusca y forzada por el autor, si bien hay un lazo que une ambos mundos, y es el hecho de que Silvia es hija de Lisuarte, robada de muy niña y criada como pastora. El agregado pastoril ocupa todos los últimos capítulos a partir del CXXX de la segunda parte, y en todas estas páginas el telón de fondo totalmente neutro, propio de los libros de caballerías, se cambia por el de un bucolismo incipiente. Darinel, pastor enamorado de Silvia, aunque no correspondido, apacienta sus ovejas junto al río donde platica de amor con ella. Se introducen, si bien con timidez, algunas otras características, más típicas de lo que será más tarde el orbe pastoril, como cuando la desdeñosa Silvia recomienda a Darinel: «Torna el pensamiento a gozar de las cantinelas de las paxaritas y la vista de las flores e verduras.» Y continúa el relato: «El pastor se fue tan desesperado, que determinó de se yr a morir a vnas grandes montañas del reyno de Alexandría»; allí vivió en una floresta, «donde él folgaua por la soledad e allí andaua comiendo yeruas, contino tañendo e cantando cantares en quexas de Silvia» [7]. En estos sencillos y escuetos elementos —amor desdeñado, goce de la naturaleza, desesperación, soledad y música— están implícitos todos los enredos de la novela pastoril, que por otra parte son esencialmente simples, aunque sin nada del lirismo y ráfagas de ensimismamiento que la carac-

---

[6] *El nono libro de Amadís de Gaula que es la crónica del muy valiente y esforçado príncipe y caballero de la Ardiente Espada, Amadís de Grecia, hijo de Lisuarte de Grecia,* 1535. El ejemplar de la Biblioteca Nacional de Madrid carece del último folio con el colofón, pero ésta debe ser la misma edición que cita Gayangos de Burgos, 1535, cf. *BAAEE,* XL, lxix. Menéndez Pelayo expresó ciertas dudas acerca de la paternidad de Silva *(Orígenes,* I, ccxlvii), pero las rectificó en las «Adiciones», p. cdxciv. Quedaron completamente aclaradas en la obrita de Henry Thomas, *Dos romances anónimos del siglo XVI* (Madrid, 1917), pp. 5-15, afirmaciones repetidas en su monografía *Spanish and Portuguese Romances of Chivalry* (Cambridge, 1920), pp. 71-75.

[7] Parte II, cap. CXXX, ed. cit., fol. 233 va.

terizan. Hasta uno de los resortes dramáticos típicos de la pastoril (la falsa soledad) queda apuntado aquí, cuando Silvia «fue a la fuente con sus ovejas, y dejándolas vio cabe la fuente a don Florisel consigo hablando que toda la noche no auía hecho otra cosa; ella se llegó por lo oyr, al qual oyó dezir...» [8].

La belleza de Silvia triunfa hasta de los caballeros. Don Florisel de Niquea, hijo de Amadís de Grecia, la ve, se enamora perdidamente y decide hacerse pastor. Aquí se esboza otro tema literario de la pastoril (el caballero vuelto pastor por amores), que es, precisamente, el que justificará el vivir poético de Grisóstomo (*Quijote,* I, capítulo XII) [9]. Se crea, no obstante, una tensión artificial entre estos dos mundos mutuamente excluyentes en sus circunstancias históricas, pero que, sin embargo, a menudo marchan unidos por el invisible anillo de una especial intención artística. El conflicto no se resuelve, desde luego, con el dramatismo del caso de Grisóstomo. Feliciano de Silva se limita a señalar su presencia con las siguientes quejas de don Florisel: «¿Quién me hizo trocar la cauallería de que andaua acompañado por andar [a] acompañar las pobres ovejas de ningún valor, trocando los paños de la sucessión imperial por los de los tributarios y cativos pastores?» [10]

Poco después de esto, y ya al final del libro, Silvia, Darinel y don Florisel se arrancan del mundo pastoril para volver al caballeresco, a la prueba de la aventura del «infierno de Anastárax». El bucolismo incipiente cifrado en Darinel se continuó y amplificó, sin embargo, en las secuelas escritas por el mismo Silva, las cuatro partes de la historia de *Don Florisel de Niquea* [11]. Esta continuidad del tema pastoril en las novelas caballerescas de Feliciano de Silva no dejó de ser notada, y parece que Darinel gozó de cierta fama, como atesti-

---

[8] Parte II, cap. CXXXII, fol. 235 va.

[9] Por su parte, Silva también lo hereda de la tradición, *vide infra,* p. 58.

[10] Parte II, cap. CXXXII, fol. 235 va.

[11] Aquí se hallan aquellos pasajes que tanto deleitaban a Don Quijote: «Quisiero yo que vuestra merced le hubiera enviado junto con *Amadís de Gaula,* al bueno de *Don Rogel de Grecia,* que yo sé que gustara la señora Luscinda mucho de Daraida y Garaya y de las discreciones del pastor Darinel, y de aquellos admirables versos de sus bucólicas, cantadas y representadas por él con todo donaire, discreción y desenvoltura» (I, cap. XXIV). El *Rogel de Grecia* es la parte cuarta de *Don Florisel de Niquea.* El cura, desde luego, tenía muy diversa opinión: «Este que viene, dijo el barbero, es *Amadís de Grecia,* y aun todos los deste lado, a lo que creo, son del linaje de Amadís. Pues vayan todos al corral, dijo el Cura, que a trueco de quemar a la reina Pintiquinestra y al pastor Darinel, y a sus églogas, y a las endiabladas y revueltas razones de su autor, quemara con ellos al padre que me engendró, si anduviera en figura de caballero andante» (I, cap. VI).

guan los siguientes versos del licenciado Francisco Pacheco, tío del pintor y poeta del mismo nombre:

> Aun no había nacido en Etiopia
> Fulurtín, ni Niquea en Babilonia;
> de Silvias Galateas no había copia...
> No había entonces Torre de Universo,
> ni con su taraceada chirumbela
> cantaba Darinel su prosa y verso [12].

El pastor también aparece en otra obra del mismo prolífico novelista, de índole muy distinta y mucho mejor conocida: la *Segunda comedia de la famosa Celestina* [13]. Fuera de duda es ésta la mejor continuación de *La Celestina,* y seguramente sería más leída, como lo merece, si no fuera por la casi inevitable comparación en la mente de todo presunto lector. El tema, muy semejante al de su modelo, está tocado en distinta escala; la moral se hace más obvia; los personajes, menos vigorosos y más incoloros, aunque esto último no se podía eludir al intentar una *segunda* Celestina. La obra, sin embargo, se sostiene con éxito: los personajes están bien captados en sus alternativas, el elemento cómico, de mayor amplitud que en el modelo, funciona con desenfado, y el estilo, con muy pocas excepciones, tiene admirables cualidades plásticas.

Con aun mayor artificialidad que en las novelas caballerescas se entreteje aquí el tema pastoril. El pastor Filínides, único que aparece, surge de la nada en la *cena* décimoctava, cuando Polandria (la Melibea de Silva) dice: «Te querría rogar que nos fuésemos al jardín a oír al pastor Filínides hablar en los amores de la pastora Acays, que no es sino gloria oílle» (pág. 195). Pero si no hay causalidad argumental para la aparición de Filínides, en otras palabras, si el desarrollo lógico de las acciones no justifica la intromisión de este personaje, hay en cambio una coherente razón temática que lo justifica. La *Segunda Celestina* gira alrededor del estudio de la pasión amorosa, analizada con menos perspicacia e intensidad que Fernando de Rojas, es cierto, pero, en compensación, con mayor amplitud y di-

---

[12] En su *Sátira apologética en defensa del divino Dueñas, apud* F. Rodríguez Marín, «Una sátira sevillana del licenciado Francisco Pacheco», *RABM,* VII (1907), 14. Todas las alusiones de los versos copiados pertenecen al *Amadís de Grecia.*

[13] Al parecer la primera edición es de Medina del Campo, 1534. Es la única obra de este autor que ha sido reimpresa en tiempos modernos, y se halla en el tomo IX de la Colección de Libros Españoles Raros o Curiosos (Madrid, 1874). A esta edición se refieren mis citas.

versidad de casos [14]. El amor lascivo y carnal domina la casuística, pero existe, en la heroína Polandria al menos, la conciencia de la superioridad del amor puro y desinteresado. Este contraste temático, buscado por el artista, encarna en la figura del pastor Filinides.

Su inminente presencia en la escena se indica en la acotación de la *cena*, designándolo como «el enamorado pastor Filinides». Aun antes de su presencia física el lector es puesto sobre aviso, por el uso del epíteto, de la característica esencial del vivir del pastor: su dedicación al amor. Sus primeras palabras manifiestan esto claramente:

Ay mi señora, ¿qué quieres que os cuente? sino que tan desmarrido y cargado de cordojos me siento, cuanto descordojado de mí, y perdido los memoriales, que ni voz de pastor oyo, ni ladrido de perro me pone cordojo, para que primero que yo pueda oir el llobo, no haya llevado la cordera; tan ocupado y encarnizado está el llobo del amor en mis entrañas. Pues los cencerros de los mansos, tan sordos están en mis oídos cuanto me los tiene recaldados y tapidos la memoria de la voz de mi Acays, sin que otra cosa pueda ni quiera oir. So los olmos del lugar mil veces a dormir me recuesto, y cuando recuerdo, so las hayas me hallo sin saber quien me lleva, que aunque mis pies me traen, Acays es quien los manda; ya el bailar me tiene vuelto en cordojos, las castañetas en muy terribles sospiros, el cantar en planto de mis ojos, que ya de hechos ríos tengo aburridas las fuentes. Ni las frescas majadas me ponen tempranza al calor que siento, ni las yerbas agostadas y fuerza del sol en las siestas me quitan el frío que tengo, junto con abrasarme; no hay otro aire temprano para mí, ni cosa de pracer que no me destempre, pues si alguno toma cordojo en ponérmelo, cuando acabe de departir, si me pide cuenta de lo que me ha dicho treinta veces desatino. Con ninguno me hallo sino con Acays, a ninguno entiendo por entender en pensalla, no me oteo por otealla, ni gozo de cosa por gozar de su imaginación; los sonidos que retumban por los valles y bosques todos me despiertan con sobresalto de ser mi Acays, la calor de sus amores me tiene agostado mi placer, y su desamor abuchornada mi esperanza, de suerte que de quemadas las froles de toda ella escusado es esperar la fruta de mi libertad. Y ni el beber de bruzas en las fuentes me quita la sed, ni recostarme en los prados me pone descanso, ni las bellotas, castañas ni piñas me quitan el hambre, ni los llobos me ponen cuidado, ni el ganado me quita el descuido (pp. 197-198).

Como parte de una de las convenciones pastoriles, en especial la dramática, Filinides habla en esa jerga arrusticada llamada sayagués. Pero si se hace caso omiso del barniz plebeyizante, sus sentimientos forman un tejido de conceptos comunes a la interpretación y expresión cortesanas del amor, de gran parecido con cualquier composición cancioneril. En forma semejante, con mayor apoyo en la concepción filosófica platonizante del amor, se expresará el pastor novelístico. Es

[14] Es característica ya notada en todas las obras donde decae el vigor creativo. La multiplicidad temática e ideológica reemplaza la intensidad afectiva, como si el número quisiera suplantar la calidad. Por ejemplo, la distancia que va del *Poema del Cid* al *Cantar de Rodrigo*.

más, esta pasión avasalladora y omnipotente rompe los diques del discurso normal de Filinides y se encauza sólo merced a la expresión lírica, como ocurrirá más tarde con los Sirenos y Silvanos de la novela. Por ejemplo, en esta ocasión: «Y con esta piedad en su crueldad se fue sin hablarme ni hablar más con ella; y después de ida, gocé más de la gloria de haberla oteado que cuando presente mis ojos la oteaban, y quedé donde al propósito hice ciertos versos» (pág. 395).

El marco natural en que se mueve Filinides, tan cercano, si no idéntico, al de cualquier novela pastoril, se describe en estos términos: «Andando yo con mi ganado al prado de las fuentes de las hayas, que es una fresca pradera, ya que el sol quería ponerse teniendo el cielo todo lleno de manera de ovejas de gran hermosura, gozando yo de lo ver con el son que la caída de una hermosa fuente hacía sobre unas pizarras mezclada la melodía del son del agua de los cantares de los grillos, que ya barruntaban la noche con la caída del sol, y frescor de cierto aire que el olor de los póleos juntamente con él corría» (pág. 391). Naturaleza estilizada en sus elementos constitutivos, pero, en cambio, de ilimitada receptividad sentimental; paz y sosiego, ambiente traspasado de musicalidad, todas estas notas del esbozo pastoril de Silva se convertirán en las tónicas de la pastoril posterior.

Apuntan, pues, en las obras de Feliciano de Silva una serie de elementos pastoriles. El mundo bucólico, sin embargo, no alcanza a desligarse de las otras formas de vida y actúa sólo en calidad de adjunto, como un entremés contrastante. Lo pastoril todavía está un poco informe, esquematizado, presente más en forma alusiva que recreación actualizada, a pesar del número de páginas que pueda ocupar. Da la impresión de que para Silva lo bucólico constituía un mundo acabado de atributos efectivos y específicos, pero de órbita excéntrica, al menos en relación con su propia sensibilidad y actitud ante la vida. El dinamismo sin trabas de la caballeresca o el espacialmente restringido de la *Celestina*, pero abierto en cuanto a posturas vitales, éstas son las preferencias mentales de Silva, no la estática de la pastoril, cuya dimensión preferida es la de profundidad psicológica y no panoramas espacio-temporales.

Después de Silva los pastores siguen su errabundo viaje en busca de una forma que los cobije. Están en la misma situación que la novela de estos años, que anda a la deriva, sin acertar con el material o la forma que la cristalice [15]. En este movimiento de flujo y reflujo

---

[15] Una breve ojeada a la historia literaria del momento produce una respetable y significativa lista de novelas epistolares, dialogadas, en primera o tercera persona, en cuanto a la forma; sentimentales, históricas, caballerescas, moriscas,

hay que colocar la *Historia de los amores de Clareo y Florisea y las tristezas y trabajos de la sin ventura Isea* (Venecia, 1552), de Alonso Núñez de Reinoso [16]. Desde la época de Menéndez Pelayo, por lo menos, se viene encasillando esta obra junto con las imitaciones o traducciones de la novelística grecobizantina. Esto no es más que una verdad a medias, y acogerse a tal descripción deja sin considerar uno de los interesantes capítulos en la historia de la formulación novelística española.

En la dedicatoria de su novela el propio Núñez de Reinoso se encargó de apuntar algunas de sus deudas. Se pueden expresar así: modelo general y mediato, el *Leucipe y Clitofonte,* de Aquiles Tacio; general e inmediato, los *Ragionamenti amorosi,* de su amigo Lodovico Dolce, *rifacimento* más que traducción de la mencionada novela bizantina; modelos particulares, Ovidio *(Tristia),* Séneca en las tragedias y «otros autores latinos» (pág. 432). Pero la imitación de Aquiles Tacio no llega más que al capítulo XIX, y la obra consta de treinta y dos. Y aun así, en los primeros diecinueve capítulos el bizantinismo no es inspiración única.

La novelística bizantina es un modelo acabado de virtuosismo narrativo, un precioso trabajo de orfebrería en que el hilo del argumento da mil vueltas y revueltas, dibujando arabescos, en que los personajes se pierden y vuelven a aparecer a compás de la peripecia. Reinoso alivia en mucho la complejidad de la forma por el simple expediente de poner todo el relato en primera persona. Con todo, es en el preciosismo de la forma donde hay que buscar la influencia bizantina, y ésta no alcanza más que a los primeros diecinueve capítulos. Así y todo, y aun en esta primera parte, se produce en la obra una significativa taracea de bizantinismo con medievalismo. Este se expresa en dos formas difíciles de disociar: el *imram* céltico y los elementos caballerescos. El crítico norteamericano Howard Rollin Patch dice, respecto al *imram:* «La forma más socorrida en que se emplea el motivo de la isla es la del *imram* o viaje a islas dispersas, narrado por un sobreviviente que recalca el elemento maravilloso» [17]. Esto, de por sí, ayuda a explicar parte de la novela de Reinoso, pero sucede que el *imram* a su vez está en la génesis de muchas narraciones caballerescas. En este complejo temático-ideológico hay

pseudo-bizantinas, etc., en cuanto a la materia. Hay una desorientación ambiental —característica poco estudiada del Renacimiento— que impide que cuaje el género novela.

[16] Texto en *BAAEE,* III, 431-468, por el que cito.

[17] Howard Rollin Patch, *El otro mundo en la literatura medieval,* seguido de un apéndice, «La visión de trasmundo en las literaturas hispánicas», por María Rosa Lida de Malkiel (México, 1956), p. 38.

que buscar la clave para la interpretación de la *Historia de los amores de Clareo y Florisea*. Una fuerte corriente de medievalismo (*imram,* caballeresca) se encuentra con otra de bizantinismo (Aquiles Tacio) y hay un momentáneo equilibrio de ímpetus en que se mezclan las aguas, y de esta confluencia surgen los primeros diecinueve capítulos.

Esta curiosa mezcla de elementos de procedencia tan distinta, de gran interés en la historia de la evolución interna de la novela española, se ejemplifica cumplidamente con el capítulo II de la obrita de Núñez de Reinoso. Clareo y Florisea, que se han fugado por mar de Bisanzo, llegan en su navegación a la Insula Deleitosa. Las circunstancias de la fuga provienen de Aquiles Tacio; lo demás, no. En la ínsula vive la pricesa Narcisiana, «la cual era tan hermosa que ninguna persona la veía que a la hora no muriese, y... por esta causa sus padres la habían fecho traer en aquella ínsula» (pág. 433 b) [18]. Como compañía tiene algunas damas y «algunos pastores, los cuales, a lo que se pensaba, eran grandes príncipes y andaban disfrazados por causa de la princesa, principalmente uno que Altayes de Francia dicen ser, hijo del emperador de Trapisonda, por otro nombre el caballero Constantino llamado, y en aquella ínsula el pastor Arquesileo» (*ibid.*). Tenemos aquí la ínsula de nombre y características simbólicas propia del *imram,* el paladín y la princesa de los libros de caballerías, y como novedad, relacionada al vivir caballeresco, el disfraz pastoril, elementos que, unidos a lo bizantino, ofrecen cuatro ventanas abiertas al vasto panorama de las posibles temáticas novelísticas que confronta al escritor de la primera mitad del siglo XVI. Núñez de Reinoso no se sabe decidir y tampoco las sabe integrar, y otea el paisaje de ventana a ventana.

Como en el *Amadís de Grecia,* de Feliciano de Silva, que Reinoso imita en más de una ocasión, lo pastoril aparece aquí de la mano de lo caballeresco: el paladín enamorado se disfraza de pastor. Este, pues, no goza aún de fisonomía propia y vive una vida parasitaria.

---

[18] M. R. Lida de Malkiel, *apud* Patch, *op. cit.,* p. 424, apunta el paralelo que existe entre la situación de Narcisiana y Felisalva en el *Don Clarisel de las Flores* de don Jerónimo de Urrea, obra que permaneció inédita hasta el siglo pasado. Muy cierto es esto, pero el parecido proviene de la fuente común de ambas novelas en este episodio, que es el *Amadís de Grecia,* de Feliciano de Silva, como se transparenta en la mención del emperador de Trapisonda en la cita que sigue en el texto. En esta obra la que sufre encierro impuesto por su padre a causa de su hermosura fulminante es la princesa Niquea (parte II, cap. XXIII). Este episodio del *Amadís de Grecia* fue uno de los que más encandiló la imaginación de sus lectores, como bien atestigua a los muchos años de distancia la aparatosa comedia del conde de Villamediana, *La gloria de Niquea.*

Su mundo existe en la medida que la narración posterga lo caballeresco; pero cuando esto vuelve a primer plano, lo pastoril se esfuma de inmediato. El ejemplo que sigue ahorra muchas palabras sobre la supeditación dramática del pastor al caballero en esta novela: «Vieron venir dos pastores, los cuales, echando de presto los pastoriles hábitos, quedaron armados, y poniéndose delante del carro, comenzaron a combatirse bravamente con los gigantes» (pág. 434 b).

Sólo al final de la obra recibe lo pastoril un tratamiento independiente. La desgraciada Isea recala por fin, después de innumerables peripecias, en la Insula Pastoril, en cuya paz y soledad halla el recogimiento necesario para poder escribir con tristeza y nostalgia la historia de su vida. Aquí se insinúa un concepto muy distinto de lo pastoril, que en el resto de la obra ha quedado ahogado por la multiplicidad de la materia novelística. El trajín y estruendo de las aventuras se acallan y se ven sucedidos por el reposo insular en que descansa el ánimo. En este desenlace se cifra, precisamente, el afán humanístico, que comparte Reinoso, de retirarse del mundo para poder comulgar con la naturaleza. Salvadas las distancias, se puede decir que esta ínsula representa para Reinoso lo mismo que la granja de La Flecha para fray Luis de León. Este vivir anhelado —que el autor, como humanista que era, plasma sobre modelos literarios clásicos, en su caso el *Beatus ille* horaciano y el *O fortunatos nimium* virgiliano—, este vivir se expresa así:

> Había por aquellos valles muchos pastores, que tañendo sus flautas rodeaban sus ganados, sin de otra cosa ninguna tener cuidado, más que de levantarse cuando el sol salía, y guardar sus ovejas, y pasar el día en honestos ejercicios; y venida la noche, haciendo grandes fuegos estarse en ellos, comiendo de aquellos sus pastoriles manjares, y después de recojerse en sus cabañas, sin de cosa ninguna tener cuidado, ni pena, ni desasosiego, durmiendo a placer sin tener en cuenta con las cortes de los altos príncipes y poderosos señores, ni de sus mudables favores, abrazados solamente con aquella deleitosa y suave soledad, estando cantando debajo de altos pinos o de algún roble, no les dando pena la hambre grande, que los que sirven a los señores de privar tienen, ni menos trabajo, las galas de la agraciada y superba dama, ni las mudanzas que en sus favores suele haber (pág. 467a).

La tónica de la cita, lugar común por otra parte, es la bienaventuranza producida por el alejamiento «del mundanal ruido», que favorece el adentramiento del hombre en sí mismo, al buceo de su vivir espiritual. Pero no se olvide el elemento novedoso; estas aspiraciones espirituales de siempre se localizan y actualizan aquí en la Insula Pastoril [19]. El mundo de los pastores posee las cualidades ne-

---

[19] Por otra parte, esto es vino viejo en odres nuevos —característica propia del Renacimiento español—, pues, como ya se ha visto, la ínsula es propia del

cesarias para satisfacer este íntimo afán, y con esta sola consideración Reinoso supera la concepción simplista y utilitaria de Feliciano de Silva. Pero lo que busca Núñez de Reinoso no es, sin embargo, la clave de este vivir pastoril, sino el contraste que le ofrece con la vida cotidiana, que trata de esquivarse como perjudicial al libre ejercicio de la sencillez virtuosa. No hay identificación total con el bucolismo, sino parcial y momentánea, puesto que, en resumidas cuentas, lo pastoril es aquí, nuevamente, un medio y no un fin [20].

El *Amadís de Grecia* introduce lo pastoril como contrapartida de lo caballeresco; es un buscado contraste entre el campo de batalla y el prado bucólico. Con su presencia se subraya el dinamismo del elemento caballeresco, y al mismo tiempo se tensan los resortes narrativos para saltar a la nueva aventura. La *Segunda Celestina,* muestrario de amores, completa su presentación con el amor pastoril. La *Historia de Clareo y Florisea* desemboca en el tema después de un sinuoso recorrido a través de lo caballeresco y lo bizantino. Es el elemento en que el autor cifra la felicidad natural, con un mucho de soledad y ensimismamiento. Donde estos diversos temas concluyen, comienza lo pastoril, sin solución de continuidad. Hay un directo pasaje de lo uno a lo otro, que arguye una inminente independización del tema pastoril en prosa, pues en el momento que esté en un pie de igualdad con los otros podrá aparecer por sus propios fueros. Este perfilarse de la novela pastoril con paulatina nitidez allá en las zonas de fronteras temáticas, se acusa con vigor en la obrita de Antonio de Villegas *Ausencia y soledad de amor,* inserta en su *Inventario* [21].

La fecha de publicación del *Inventario* es 1565 (Medina del Campo), pero su fecha de composición se debe retrotraer al año 1551, en que Villegas obtuvo la primera aprobación para imprimirlo. Si bien es cierto que en esta aprobación, conservada entre los preliminares de la edición de 1565, sólo se mencionan «obras en metro castellano» como integrantes del *Inventario,* es de suponer que esta apelación no era excluyente, pues no pretende ser un índice completo, y que en 1551 también estaban listos para la imprenta los versos italianos y las narraciones en prosa. De ser así, éstas serían unos ocho años anteriores a la *Diana* de Montemayor.

imram, pero el momento histórico especial en que vive Reinoso se trasluce en el epíteto novedoso: Pastoril.

[20] Sobre la soledad y nostalgia que caracterizan estas últimas páginas en la *Historia de Clareo y Florisea,* véase Karl Vossler, *La poesía de la soledad en España* (Buenos Aires, 1946), pp. 106-107.

[21] Hay edición reciente de F. López Estrada (Madrid, 1955), 2 vols.

II. LOS PRECURSORES

En su *Ausencia y soledad de amor* Villegas arriba a lo pastoril desde un cuadrante literario distinto a los ya pasados en revista[22]. El autor parte de la región más cercana a la pastoril: la novela sentimental. Este género literario tiene su razón de ser en la expresión del amor humano, concebido dentro de la tradición cortesana de raigambre trovadoresco-petrarquista. Apuntada a tal fin, la novela sentimental crea un mundo artificial de características afines al de la pastoril. El orbe novelístico gira aquí también alrededor del amor, que subordina todos los otros sentimientos y constituye el norte de las vidas de la ficción. Los personajes, atenaceados por la pasión, viven en su ensimismamiento agridulce y en huída de la sociedad, que no sanciona este amor omnipotente. Las circunstancias de estos vivires novelescos sí son distintas en ambos géneros, puesto que el sentimental arranca del caballeresco, mientras que el pastoril no. La novela sentimental marca un desplazamiento del eje de atracción de la novela de caballerías: de la peripecia caballeresca al caso amoroso, de la acción al sentimiento. A tal efecto, las circunstancias novelísticas no necesitan ser trocadas, sino sólo reajustadas, a su nuevo eje. Hay un cambio de perspectiva, pero el mundo de la ficción sigue siendo el mismo. La novela pastoril, en cambio, marca un nuevo desplazamiento, pero respecto a la novela sentimental. En esta última el amor está presentado dentro de la estructura de la sociedad, si bien en conflicto con ella, mientras que en aquélla lo está en estado de naturaleza, previo a la formulación social. El caballero, que todavía puebla la sentimental, tiene que ceder el paso, por lo tanto, al pastor, el hombre de vida inmediata a la naturaleza. Con todo, hay una evidente comunidad temática entre ambos géneros; parcial, sí, pero suficiente para hacer perfectamente natural el paso de lo sentimental a lo pastoril, tal como ocurre en la *Ausencia y soledad de amor*[23].

El relato está puesto en primera persona, de acuerdo con la forma narrativa de la novela sentimental y también de la visión onírica, al menos desde la época de Dante, ya que esta breve narración es sueño donde se mezclan y aúnan lo real y lo soñado. El protagonista, afligido por la pasión amorosa, está en huída de la sociedad

[22] La *Ausencia* ha sido publicada modernamente, con un buen estudio preliminar, por Francisco López Estrada, «Estudio y texto de la narración pastoril *Ausencia y soledad de amor*, del *Inventario* de Villegas», *BAE*, XXIX (1949), 99-133; cito por esta edición.

[23] Para mayores datos acerca de las características de la novela sentimental, véase el artículo de Bruce W. Wardropper, «El mundo sentimental de la *Cárcel de amor*», *RFE*, XXXVII (1953), 168-193.

y a la busca de «soledad y perdición». Sus pasos lo llevan a «vna hermosa fuente perenal que miraua al sol, y a las espaldas tenía vn oloroso árbol de parayso, y a los lados muchas hermosas yeruas y flores, cultiuadas de la misma naturaleza; y a poco trecho se mostraua vn pequeño edificio a manera de monumento, quasi todo cubierto de un triste saúco» (pág. 123). Aquí el autor ya se ha distanciado de la sentimental, para aproximarse a lo que será la novela pastoril, puesto que el marco natural de la primera es, de preferencia (como en la *Cárcel de amor* o *Menina e moça*), agreste y fragoso, a tono con los tormentosos estados de ánimo del protagonista. En vez hay aquí un estilizado escenario bucólico, propio de la pastoril. Junto a esta fuente le sobreviene un desmayo al narrador de la *Ausencia,* lo que da lugar a numerosas recreaciones del tradicional concepto del vivo muerto de amores. Llegan allí a poco una pareja de pastores, Trembloso y Florela, que encarnan el primer caso de amor: él enamorado, ella indiferente. El segundo caso aparece no bien estos dos expresan su dilema sentimental, y está representado por otros dos zagales: Julián y Juliana. El caso es el inverso del anterior: esta vez es ella la que arde de amores, mientras él permanece impasible. Nuevo distanciamiento de la sentimental y acercamiento a la pastoril. El autobiografismo de aquélla —ya sea de autor o protagonista— impone la unicidad del caso amoroso; la mayor concesión que suele hacer el autor a la diversidad casuística es un cuadro de conjunto dibujado a grandes rasgos. La pastoril, al contrario, está estructurada firmemente sobre la actualización vital de esta casuística, y su profundidad psicológica se deriva, precisamente, del análisis de cada uno de los casos. En la *Ausencia,* desde luego, la casuística apenas si está esbozada en su contorno más simple, pero ya es otro paso en el lento avance hacia la consecución de la forma de la novela pastoril. Formulados los casos, pastores y zagales abandonan el escenario y queda el protagonista solo, entregado a amargas quejas contra el amor y su amada. En este punto le sobreviene otro desmayo, «en el qual estuue hasta que recordando me hallé en el lugar do auía partido» (pág. 133). Concluye así el relato, breve incursión cargada de posibilidades artísticas, apenas si apuntadas en su parquedad, pero que tienen gran valor sintomático en esta pre-historia de la novela pastoril.

Esto en cuanto a la forma. Las ideas también marcan un momento de transición. El amor es, desde luego, la idea central, pero ya no está presentado en su concepción cortés, sino en la nueva imagen, que el neoplatonismo italiano difunde y populariza por toda Europa en estos años. Es, precisamente, el concepto del amor que informará la novela pastoril. Los siguientes versos de la *Ausencia* me ahorrarán todo comentario [24]:

> El amor nasce en el cielo
> de aquella diuina Idea;
> allí se engendra y se recrea
> y de allí llueue en el suelo.
> Las criaturas le reciben;
> vnas a otras se quieren;
> sin el amor luego mueren
> y mediante el amor viuen (p.130).

Por si pudiera caber duda acerca de la filiación de estos conceptos, el autor se encarga, poco más tarde, de mencionar expresamente el diálogo «de la immortalidad del ánima» de Platón. Hay aquí, pues, un nuevo vuelco hacia la pastoril, que afecta, justamente, la zona medular del género tal como lo concibe el siglo XVI español. En este momento los pastores novelísticos ya casi se pueden tocar con la mano.

Los *Coloquios satíricos* (Mondoñedo, 1553), de Antonio de Torquemada, si bien no nos acercan más al ideal pastoril, tal cual lo expresará poco más tarde Jorge de Montemayor, constituyen un documento de importancia, pues representan un nuevo y distinto blanco hacia el que se dispara el bucolismo renacentista. Ya he analizado brevemente algunos de los conceptos que informan el coloquio tercero (*supra*, págs. 21-22); ahora me interesa el séptimo y último, intitulado sencillamente «Colloquio pastoril». Los críticos han visto en él una imitación de la pastoril italiana, pero, en su mayoría, no han tratado de apurar más las cosas [25]. El estudio de fuentes e

---

[24] En la segunda edición del *Inventario* (1577) estos versos fueron sustituidos por los siguientes: «El amor y sus pasiones, / aquel rabioso cuydado / es cáncer dissimulado / que come los coraçones. / Los que en sus libros se escriben / por vassallos de solar, / tristes se pueden llamar, / quando más gozo reciben.» Es muy probable que el cambio haya sido motivado por la claridad excesiva, audaz casi, de la divinización del amor en los versos originales.

[25] Véanse, por ejemplo, los siguientes testimonios: Erika Lipsker, *Der Mythos vom goldenen Zeitalter in der Schäferdichtungen Italiens, Spaniens und Frankreichs zur Zeit der Renaissance* (Berlín, 1933), p. 63: «Hier ist... alles von Boccaccio und Sannazaro übernommene bekannte Beiwerk eines Schäferromans angebracht»; Karl Vossler, *La poesía de la soledad en España* (Buenos Aires, 1946), p. 95, lo califica de «novela pastoril dialogada al modo italiano»; según Agustín G. de Amezúa, *Jardín de flores curiosas, por Antonio de Torquemada*, Bibliófilos Españoles (Madrid, 1943), p. XVI, el coloquio es «el primer ensayo o bosquejo de la novela pastoril que, a imitación de Sannazaro, tanto favor había de alcanzar en España»; Alfonso Reyes, *De un autor censurado en el «Quijote».* *(Antonio de Torquemada)* (México, 1948), p. 10, dice que «en cuanto a lo que

influencias, muy laudable por otra parte, no es, sin embargo, la forma más adecuada de acercarnos al problema, pues deja sin analizar la función de lo pastoril en la obra de Torquemada y la peculiar expresión que allí cobra. La deuda de nuestro escritor es indudable [26], pero lo esencial no es la acumulación de fuentes, sino la forma en que las asimila Torquemada y las incorpora y su pensamiento vivo. En este sentido, la función y expresión de lo pastoril en su obra tienen individualidad propia, que justifica su estudio sin enredarnos en discernir modelos.

A tal efecto conviene dar un vistazo a la arquitectura total de los *Coloquios satíricos,* para ver cómo se halla integrado lo pastoril. El primer coloquio trata de «los daños corporales del juego», y el segundo, dividido en dos partes, ataca primero a los boticarios por boca de un médico y luego a los médicos por boca de un boticario. El tercero versa sobre «las excelencias y perfición de la vida pastoril». Detengámonos aquí un momento. Los dos primeros coloquios recrean, con un predominio de tintas negras propio del fin moralizante, tres aspectos del vivir ciudadano. Todo es allí vicio, trampas y engaños. De las trampas en el juego pasamos a los fraudes, no menos dolosos, practicados por médicos y boticarios; hay una perfecta unidad temático-expositiva, caracterizada por el signo negativo de la condena moral [27]. Y ahora la dialéctica propia del diálogo quinientista se amplía para reflejarse en la estructura de la obra. Así como los participantes en cada diálogo debaten el pro y el contra de las cuestiones, así, en forma paralela, el coloquio tercero será la presentación del caso opuesto al de los otros dos. El signo de este coloquio es positivo, de aprobación. Los dos primeros son «el menosprecio de corte»; el tercero, conforme a la dialéctica de temas propia del siglo XVI español, será la «alabanza de aldea».

Esta arquitectura de «tensón» que caracteriza la obra hasta este punto se refleja naturalmente en el coloquio tercero. El pastor Amintas es el que expone, elogia y defiende las «excelencias y perfición de la vida pastoril», mientras que los caballeros Leandro y Florián

hay de novelístico en su obra, pertenece a los primeros explotadores de Boccaccio en lengua española»; y, por último, Mia Gerhardt, *La pastorale,* p. 175, lo considera «comme la première nouvelle pastorale en espagnole et se rattache à la pastorale italienne».

[26] John D. Williams acaba de demostrar su imitación de un episodio de la *Vita Nuova,* de Dante, cf. «Notes on the Legend of the Eaten Heart in Spain», *HR,* XXVI (1958), 92-93.

[27] Esta unidad adquiere mayor fuerza cuando consideramos la equivalencia de «los daños corporales del juego» y los provocados por los malos cirujanos y boticarios.

se aferran a su vivir cortesano. Con esta dualidad se hace patente el propósito de presentación antitética con fines morales que rige la estructura de los *Coloquios satíricos* en su forma más amplia. Se cierra con este coloquio tercero la primera etapa de la presentación temática; la segunda, constituida por los cuatro diálogos restantes, repetirá con variaciones el tema que denomino, genéricamente, «menosprecio de corte y alabanza de aldea». La misma dialéctica ordena los coloquios en la siguiente manera: cuarto, sobre los banquetes, la gula y la destemplanza; quinto, sobre el lujo en el vestir; sexto, sobre «la vanidad de la honra del mundo», subdividido en tres partes, sobre «la honra mundana y no verdadera», sobre las fórmulas de salutación, sobre los méritos relativos de la honra ganada por sí mismo y la heredada; séptimo, el «colloquio pastoril». La ordenación dentro del término «corte» está perfectamente graduada: lo carnal (gula), lo artificial (vestidos), lo espiritual (honra, que para el moralista Torquemada es pseudoespiritual). Dentro del término «aldea» la función del «colloquio pastoril» es, en sentido amplio, semejante a la del coloquio tercero, si bien la situación es aquí un poco más compleja.

Al contrario de lo que sucede con los demás diálogos, Torquemada introduce este coloquio con una justificación exculpatoria, en la que expresa los motivos que tuvo para «mezclar con los colloquios de veras uno de burlas» (pág. 549 a). Lo que él llama «colloquios de veras» son los que tienen fin claramente moral; en éste, «de burlas», la moral no es aparente, como reconoce él mismo al decir que tiene «más sentido en sí del que en la letra parece» (*ibid.*) Esta actitud defensiva del autor se explica porque este coloquio es ficción libre, sin supeditaciones a una moral extra-literaria. Y este tipo de ficción es la que los moralistas del siglo XVI atacan con progresiva violencia [28]. Torquemada, que en esta ocasión se desempeña como moralista declarado y de oficio, no puede justificar la práctica de la novela, pero sus afinidades electivas lo despeñan de continuo por la vertiente novelística. Porque el Torquemada moralista no alcanza a refrenar siempre al Torquemada novelista. Por si su *Don Olivante de Laura* no fuera bastante para demostrarlo, basta leer su *Jardín de flores curiosas* para quedar convencido. Y aun en los *Coloquios satíricos,* declaradamente moralizadores —o sea, dentro de las posibilidades intelectuales del siglo XVI español, antinovelísticos—, la ficción libre se asoma en otras ocasiones. Bello ejemplo de esto nos ofrece la his-

---

[28] Véanse, por ejemplo, las críticas a la novela de caballerías que registra Américo Castro, *El pensamiento de Cervantes* (Madrid, 1925), p. 26. Sobre las críticas de estos mismos moralistas a la novela pastoril trataré más adelante.

toria del carbonero y del rey de Francia (coloquio III), que más tarde inspirará a Lope *El villano en su rincón* [29]. Por todo lo que antecede no debemos ver en este «colloquio pastoril» una advenediza anomalía dentro del esquema más amplio de los *Coloquios satíricos,* sino un trabajo perfectamente congruente con las inclinaciones espirituales de su autor y con la especial estructura que soporta la ideología allí expresada [30].

El coloquio cuenta los desgraciados amores del pastor Torcato con la pastora Belisia. Con ese cuidado en deslindar la materia que caracteriza la obra principal (¿resabio escolástico?), este coloquio también «va partido en tres partes. La primera es del proceso de los amores. La segunda es un sueño. En la tercera se trata la causa que pudo haber para lo que Belisia con Torcato hizo» (pág. 549 b). De las tres divisiones, la primera es la estrictamente pastoril; en la segunda, la visión onírica, se traslucen las evidentes influencias de Dante y Boccaccio, en especial; con la tercera parte, donde «hay... algunos avisos prouechosos», según nos anuncia el autor (pág. 577 b), entramos en la amplísima corriente de literatura satírico-moral, con sus ribetes de misoginia, que constituye casi una constante en las letras hispanas desde los siglos medios hasta el XVIII. Me concierne aquí propiamente, por lo tanto, la primera de estas partes.

Al comienzo, y por un momento, parece como si Torquemada se fuera a disparar por los campos de la pastoril convencional cortesana. Así, por ejemplo, cuando los dos amigos de Torcato, que andan a su busca, suponen que «lo más cierto será hallarle a la fuente del olivo, que está en medio de la espesura del bosque de Diana» (página 550 b). Con esta sola referencia basta para situar al lector en la zona del pastor como mito. Y con ciertos altibajos, el tono se mantiene en este nivel elevado. Hasta que, de improviso, tono y mito se vienen abajo con estrépito ante la siguiente interrupción en el relato de los amores de Torcato: «Bien será, si te parece, Torcato, que primero, por ser pasada tanta parte del día, comamos algún bocado si en tu hatero traes aparejo para ello, que ya la hambre me acusa y a Filonio creo que le debe tener fatigado» (pág. 564 b). A esto sigue una verdadera comilona rústica, puntuada con frases tan

---

[29] Véase Marcel Bataillon, «*El villano en su rincón*», *BHi,* LI (1949), 5-38.

[30] La falta de atención al juego estructural e ideológico que informa los *Coloquios* hizo que Agustín G. de Amezúa rechazara la pertinencia del coloquio pastoril: «Los *Colloquios satíricos* debieron haber terminado al fin del tratado IV, pero por una irreprimible incontinencia de su pluma y descubriendo a la vez otras facetas de su temperamento literario, tuvo Torquemada la extravagante idea de agregarles un largo *Colloquio pastoril*, a modo de farsa, que desdice en un todo de su obra», *apud Jardín de flores curiosas,* ed. cit., p. XVI.

agudamente «desmitificadoras» como las siguientes: «Yo traigo conmigo la salsa de San Bernardo para que todo me haga buen gusto... Dame, Torcato, el barril, que no es menor mi sed que mi hambre, y quiero se corra todo junto» *(ibid.)*. Con estas palabras se coloca al pastor en el polo opuesto de la estimativa literaria. Lo más evidente aquí es que se han trazado, por así decirlo, las coordenadas espacio-temporales del mito, y como consecuencia éste se desustancia. En los términos usuales de la crítica: en este pasaje se marca el paso del pastor poético al pastor realista. Pero se practica así una dicotomía artificial, pues los pastores de Torquemada no son ni lo uno ni lo otro, y son ambos al mismo tiempo. Aclaro, y para ello me acojo a la nueva forma de ver el vivir hispánico que nos ha enseñado Américo Castro. Al escoger la ficción pastoril, Torquemada la imagina y presenta como tal, con los atributos de que la ha dotado una multisecular tradición literaria. Pero en su cabeza hispana no cabe disociar al pastor, por más mítico que sea, de su vivir específico en el más aquí cotidiano. Literatura y vida están vistas como unidad cohesionada fuertemente por el nexo del escritor individuo, quien se coloca en el centro de esta meta-realidad hispana. Así como el Cid es para el juglar de Medinaceli el héroe de las hazañas épicas, y al mismo tiempo el usufructuario de los molinos del Arlanza, así, pues, el pastor utópico del bosque de Diana se desliza y funde en aquel otro que se regodea con los vinos de San Martín y Madrigal. Interpretación y visión únicas e hispánicas del mito pastoril, que veremos en más de una ocasión.

La forma del coloquio de Torquemada es de lo más artificioso que se puede hallar en la expresión de lo pastoril con anterioridad a la *Diana* de Montemayor. El nivel básico del relato consiste, desde luego, en el diálogo entablado entre los tres pastores Filonio, Grisaldo y Torcato. Pero la pasión amorosa que anima a uno de ellos por lo menos, trasciende el marco dialogal y se expresa en la queja lírica, formulada en metros castellanos e italianos. La causa e historia de este amor desgraciado las analiza el propio Torcato al narrar sus desventuras a sus compañeros. En relación con el diálogo actualizador, este largo relato reminiscente puede ser considerado como un cuento intercalado, artificio que más tarde desempeñará muy importantes funciones en Montemayor y Cervantes. En la obrita de Torquemada sus funciones son puramente narrativas, aunque le dan ocasión para ampliar la dimensión formal a través de la inserción, no sólo de las canciones de Torcato, sino también de las epístolas cambiadas entre los amantes y varios apóstrofes retóricos enderezados a la Muerte, al Tiempo y a Belisia. A esto le sigue otro largo pasaje narrativo en que se describe la visión onírica, sección de lo menos original en todo el coloquio, pues es una verdadera taracea de temas y motivos almacenados en la tradición literaria. Con el fin del sueño se cierra el paréntesis narrativo y se vuelve al diálogo.

La concepción de Torquemada del mundo pastoril también es de interés, pues refleja una actitud que la novelística, en gran medida, rechazará. No se entienda, sin embargo, que esta actitud es única y exclusiva, ya que se acusan en ella elementos de procedencia popular, de aquellos que hallan expresión más cabal en los pastores teatrales de Juan del Encina o Lucas Fernández. Así, por ejemplo, el cinismo que se evidencia en la interpretación de las relaciones entre pastor y pastora. Gozar a la mujer en cuanto se tenga ocasión es la lección que aprende Torcuato, una especie de *collige virgo rosas* al revés, y que el neoplatonismo de la novela anulará [31]. Como es dable esperar, estas relaciones están teñidas de un sensualismo subido, inaceptable por lo general en la novelística, pero muy propio de la tradición popular. Con esto basta para apreciar el puesto de Torquemada en la formulación del mito pastoril en el siglo XVI. En la forma de ver este mundo señala un momento culminante en una línea de desarrollo tradicional e hispánica, de marcado sabor rústico, que la novelística abandonará, o al menos relegará muy a menudo a segundo plano. En este sentido Torquemada representa una dirección divergente de la que tomarán Montemayor y sus seguidores. Pero, por otra parte, esos mismos pastores avillanados del coloquio, que se refocilan con cecina, ajos y vino de Madrigal, habitan en los bosques de Diana y se unen así las dos tradiciones pastoriles. Se produce de esta manera una visión integral del pastor —pastor temporal más pastor mítico— que asomará también en la novela, aunque en diferentes proporciones. Para Torquemada la tónica la da la tradición popular, para Montemayor y demás la tónica está dada por la estilización del mito.

Antes de entrar en nuevas frondosidades hay que decir dos palabras sobre otra presentación del pastor en prosa seminovelística. Me refiero a un librito de gran fortuna en el siglo XVI: el *Tratado llamado el Desseoso, y por otro nombre Espejo de religiosos*, publicado originariamente en 1515 y en catalán bajo el título de *Espill de la vida religiosa* [32]. Toda la obra es una alegoría sobre el amor de

---

[31] Es posible que esta actitud de Torquemada, de antecedentes populares, se vea reforzada en su caso por la misoginia que se patentiza en otros pasajes del coloquio.

[32] Fue Marcel Bataillon, *Erasmo y España*, II (México, 1950), 258 nota, el primero en llamar la atención de los estudiosos a este tratado, que él denomina

Dios, y relata, con un mínimo de artificios novelísticos, las andanzas de un santo ermitaño que sale a correr mundo llevado por el deseo —de ahí el nombre del *Tratado*— de saber más acerca de este amor divino. La primera persona con que se topa es un pastor («Del officio y vestido de los pastores», libro I, cap. I), con el que se traba en conversación acerca de la función y sentido de diversos atributos pastoriles, tales como el cayado, zurrón, abarcas, hasta llegar a los perros. La interpretación de estos atributos circunstanciales está dada no en términos del pastor físico, sino de los verdaderos pastores espirituales, con lo que nos colocamos de lleno en la línea de tradición exegética que va a desembocar en los *Nombres de Cristo*, de fray Luis de León (*vide* cap. I). Este pastor del *Tratado* es el que pone al ermitaño en camino hacia Amor de Dios, que también aparece alegorizado. Y aquí hay que hacer notar un interesante punto de contacto entre este pastor y el novelístico. En el *Tratado* el pastor es el nexo de unión entre el mundo material del ermitaño y el espiritual del amor de Dios; en la novela el pastor será el nexo entre el mundo de las circunstancias y la naturaleza divinizada. Dos tipos de correlato que, dado nuestro sistema de referencias, parecen apuntar a direcciones opuestas, pero que en el siglo XVI español apuntan hacia la misma zona espiritual [33]. En su esencia, la actitud del anónimo autor del *Tratado* hacia la función del pastor, esboza ya la de los novelistas, aunque nosotros las percibimos en diversos niveles [34].

Al llegar a este punto ya se ha desbrozado un buen trecho del camino que nos separa de Jorge de Montemayor. Quedan por explorar, sin embargo, dos avenidas diagonales en su aproximación a lo pastoril, pero sin las cuales quedaría mútila nuestra visión de conjunto. Me refiero a la presentación del pastor en la poesía dramática y en la lírica. Ambos son temas apropiados para sendos libros [35], y sirva

«novela a lo divino»: «En un estudio de los orígenes del ideal pastoril en España, habría que tener en cuenta el *Tratado llamado el Desseoso*.» Allí encontrará el lector la lista de las ediciones de esta obra en el siglo XVI, aunque no se menciona la que he manejado en micropelícula, de Burgos, 1554 (el original se halla en el British Museum, la micropelícula en la biblioteca de Ohio State University).

[33] Véase lo ya dicho sobre fray Luis de León, cap. I.

[34] Bataillon, *loc. cit.*, también menciona el *Duarum virginum colloqium de vita aulica et privata* de la sabia Luisa Sigea, publicado por M. Serrano y Sanz, *Apuntes para un bibliotea de escritoras españolas*, II (Madrid, 1905), 418-475. A vueltas de una copiosa erudición, allí se hace el elogio de la vida rústica, pero nada esencial añade a lo ya dicho. Quede sin más comentarios, puesto que no es mi propósito hacer un estudio exhaustivo de la génesis del ideal pastoril, sino un esbozo de la conformación del mito en España en los años que precedieron la publicación de la *Diana*.

[35] Uno de ellos ya se escribió y es el de J. P. Wickersham Crawford, *The*

esto de excusa para los breves atisbos que siguen. Aun así resulta imposible abarcar el todo, por lo que me reduzco a apuntar ligeramente algunas características de la parte. O sea, que el estudio se ciñe a dos figuras representativas: Juan del Encina para el teatro, y Garcilaso para la poesía.

El teatro de Juan del Encina, como tantas otras cosas que a literatura hispánica se refieren, todavía espera su intérprete. Los estudios de Cañete, Asenjo Barbieri, Alvarez de la Villa, Cotarelo, Crawford y otros más, se debaten en la superficie: problemas de biografía, cronología, influencias. El sentido, valor artístico y orientación de su teatro permanecen inexplorados, ya que la crítica, por lo general, no ha hecho más que repetir lugares comunes acuñados siglo y medio atrás por Leandro Fernández de Moratín en sus *Orígenes del teatro español* [36].

De su primera obra —«Egloga representada en la noche de la Natividad de Nuestro Salvador, adonde se introducen dos pastores, uno llamado Juan y otro Mateo»— a su última —«Egloga de Plácida y Vitoriano»—, el teatro de Juan del Encina está firmemente apuntalado sobre los hombros del pastor. La afirmación suya en la primera égloga de Navidad [37], no creo que haya que entenderla como un repudio de su producción dramática pastoril en favor de sus composiciones líricas y musicales, sino más bien en un sentido calificativo: lo pastoril consta de dos dimensiones, la rústica y la estilizada. Su obra comprenderá ambas, aparte de la producción lírico-musical y la preceptiva (*Arte de poesía castellana*) [38].

Esta omnipresencia del pastor —junto con otros aspectos que no vienen al caso— confiere a los dramas de Encina una unidad esencial

---

Spanish Pastoral Drama (Filadelfia, 1915). Mero catálogo de autores y argumentos, es de muy escasa utilidad para la interpretación de lo pastoril.

[36] Quiero destacar un artículo de conjunto del hermano Austin, F. S. C., «Juan del Encina», *Hispania*, XXXIX (1956), 161-174. Ejemplo de crítica tendenciosa y miope, pretende anular la personalidad de Encina. Por otra parte, la introducción de Angel J. Battistessa a las *Canciones* de Juan del Encina (Buenos Aires, 1941), es de lo más fino que se ha escrito sobre el poeta.

[37] «Adonde prometió que venido el mayo sacaría la copilación de todas sus obras, porque se las usurpaban y corrompían, y porque no pensasen que toda su obra era pastoril, según algunos decían, mas antes conociesen que a más se estendía su saber.» Cito por el *Teatro completo* de Juan del Encina, ed. M. Cañete y F. Asenjo Barbieri (Madrid, 1893).

[38] Esta interpretación se refuerza con lo que dice Encina acerca de la pastoril estilizada de Virgilio en la dedicatoria de su adaptación de las *Bucólicas*, *Cancionero* (Salamanca, 1496), fol. 32 r. y v. (ed. facsímil de la Real Academia Española, Madrid, 1928). Este tipo de pastoril se justifica y defiende allí con un cúmulo de autoridades clásicas y bíblicas.

casi única en los anales del temprano teatro español. Esto no quiere decir, ni mucho menos, que de principio a fin su obra tenga las mismas características. Muy al contrario, como se observará más adelante. Sólo la producción de Gil Vicente (que aprendió mucho de Encina) marca una trayectoria de desarrollo artístico, técnico e ideológico tan extraordinaria como la de nuestro autor. Y aun así, no hay que suponer que la trayectoria es de corto alcance, como suponen algunos críticos, que consideran que Encina comienza a dramatizar en un nivel ínfimo. Nada más alejado de la verdad. Desde sus primeras obras integra toda la tradición heredada y la supera. O sea que, en forma semejante a la de Góngora, Encina comienza a poetizar con pleno conocimiento y dominio de la materia artística acarreada en la tradición, y ésta no es ya la que delimita las posibilidades literarias, sino el punto de apoyo inicial que va implícito en su carrera de dramaturgo. Así como la lengua poética de Góngora, según demostró Dámaso Alonso, presupone desde un comienzo toda la teoría y práctica del siglo XVI, así el arte de Juan del Encina arranca del punto máximo de desarrollo de la teoría y práctica del Medioevo. Así se explica la compleja unidad interna de evolución que culmina en la *Egloga de Plácida y Vitoriano* [39].

Lo pastoril en Encina es, a pesar de su aparente y engañosa simplicidad, fruto de una madura reelaboración artística, y representa, en un comienzo, la conjunción de tres corrientes distintas. La de mayor tradición, y la menos evidente, es la del pastor virgiliano, cuyas *Bucólicas* Encina parafraseó, presencia que se delata, sin embargo, en el nombre de «égloga» dado a las piezas dramáticas [40]. Súmese a esto la doble vertiente que asume la representación del pastor en la Edad Media. Por un lado, el *officium pastorum* de raigambre litúrgica, o paralitúrgica para ser más exacto. El *Quem quaeritis* con que se inicia el *officium* aparece en forma de alusión y de elusión en algunas de sus obras. Por ejemplo, la *Egloga de las grandes lluvias* debería desembocar forzosamente en el *Quem quaeritis,* pero

---

[39] Una rápida confrontación de las primeras obras de Encina con la *Representación del Nacimiento de Nuestro Señor* de Gómez Manrique, ahorra muchos comentarios. Se hace casi palpable así la forma en que Encina ha asimilado y superado, en un mismo y deliberado acto poético, la tradición existente. Pero para no cometer errores de perspectiva al acercarnos a la obra de Encina, hay que recordar que el retraso cultural sintomático de España se refleja claramente en la evolución del género dramático, muy tardía respecto al ritmo de marcha de otros teatros europeos occidentales. Sobre el particular se debe consultar el luminoso artículo de A. A. Parker, «Notes on the Religious Drama in Mediaeval Spain», *Modern Language Review,* XXX (1935), 170-182.

[40] Cf. J. P. W. Crawford, *op. cit.,* pp. 23-24.

el autor termina la acción justo en el momento antes de entrar de lleno en la materia tradicional, ya que la égloga acaba en donde comienza el *officium*. Por otra parte, la obra de Encina también acoge una de las tantas variantes de situación de la *pastourelle* medieval, si bien su tratamiento es un más que regular adelanto sobre la tradición. El título completo de la obrita en cuestión basta para establecer su indudable filiación: «Egloga representada en requesta de unos amores, adonde se introduce una pastorcica llamada Pascuala, que yendo cantando con su ganado, entró en la sala adonde el Duque y Duquesa estaban. Y luego después della entró un pastor llamado Mingo, y comenzó a requerilla. Y estando en su requesta llegó un Escudero, que también preso de sus amores, requestándola y altercando el uno con el otro, se la sonsacó y se tornó pastor por ella.» Este planteamiento, en que se contraponen corte y aldea, es de larga historia, y en el pasado inmediato ya había ejercitado la pluma del marqués de Santillana [41]. Pero, como siempre, Encina está al final de la calle en lo que a temas tradicionales se refiere. A la situación de abolengo le sigue su contrapartida. Si la *Egloga en requesta de amores* constituye lo que podríamos llamar, para repetir la antítesis guevariana, un «menosprecio de corte y alabanza de aldea» dramatizado, su continuación, de signo inverso, sería un «menosprecio de aldea y alabanza de corte» [42]. Esto no sólo no es ya tradicional, sino que francamente lo contradice. La tradición le ha servido de trampolín que, precisamente, le permite liberarse de la fuerza gravitatoria aneja a ella.

No puedo seguir los pastores de Encina en todos los detalles de su evolución. Baste mencionar aquí el marcado proceso de estilización que separa la *Egloga de Cristino y Febea* de las producciones primerizas [43]. Lo que sí hay que señalar es la función de progresiva mayor importancia que desempeña el marco pastoril, que se amplía

[41] Véase Rafael Lapesa, *La obra literaria del marqués de Santillana* (Madrid, 1958), p. 59.

[42] El título de la continuación es, en parte; «Egloga representada por las mesmas personas que en la de arriba van introducidas, que son un pastor que de antes era escudero, llamado Gil, y Pascuala y Mingo y su esposa Menga... Y otra vez tornándose a razonar allí, dejó Gil el hábito de pastor, que ya había traído un año, y tornóse del palacio, y con él juntamente la su Pascuala. Y, en fin, Mingo y su esposa Menga, viéndolos mudados del palacio, crecióles envidia, y aunque recibieron pena de dejar los hábitos pastoriles, también ellos quisieron tornarse del palacio y probar la vida dél. Así que todos cuatro juntos, muy bien ataviados, dieron fin a la representación cantando el villancico del cabo.»

[43] No quiero entrar en la cuestión de influencias y de cómo se motivó esta depuración, ya que no es éste el momento de buscar la justificación histórica del hecho, sino su sentido intrínseco.

al mismo compás que se hace más compleja y profunda la poesía dramática de Encina. Buen ejemplo de ello es la última de sus representaciones, la *Egloga de Plácida y Vitoriano*. Es este un drama de pasiones ciudadanas, que en sus primeras escenas da la impresión de ser una adaptación diluida de la *Tragicomedia de Calisto y Melibea,* al punto que la propia Celestina aparece trastrocada en la persona de Eritea. Pero el amor contrariado de Plácida, quien sin razón se cree despechada, se ahoga en la restricción egoísta del poblado y necesita de todo el ámbito de naturaleza para buscar simpatía y conformidad:

> Por las ásperas montañas
> y los bosques más sombríos
> mostrar quiero mis entrañas
> a las fieras alimañas
> y a las fuentes y a los ríos;
> que aunque crudos,
> aunque sin razón y mudos,
> sentirán los males míos (p. 226-227).

En este escenario natural, habitado por pastores, se desarrolla el resto de la tragicomedia, que en cierto sentido es lo que es la égloga. Tragedia, puesto que se suicida Plácida [44]; comedia, ya que la desesperación de Vitoriano provoca la intervención de Venus y Mercurio, quienes resucitan a Plácida, y se reúnen así los enamorados.

En su modalidad los pastores han sufrido leves cambios en relación con los de las primeras representaciones, aunque no es esto lo más importante. Lo que sí merece nuestra atención es la marcada acentuación de las funciones del mundo natural propio de los pastores, y que éstos llevan consigo dondequiera que van. Como se puede apreciar, aun por la breve cita de la égloga hecha más arriba, este escenario no es estático, mero telón de fondo como lo es en la *pastourelle,* o en términos más amplios, en casi toda la naturaleza descrita en la literatura medieval, donde por lo general actúa como accesorio ornamental [45]. En la *Egloga de Plácida y Vitoriano* el escenario natural y pastoril —pues en Encina, como en el Renacimiento, un término suscita el otro— tiene una dinámica receptividad que lo

---

[44] La mera ocurrencia del suicidio basta para demostrar la avanzada ideología de Encina, véase mi artículo «La *Canción desesperada* de Grisóstomo», *NRFH,* XI (1957), 193-198.

[45] Como ocurre en toda generalización, habría que hacer aquí algunas excepciones, pero no desvirtuarían en su esencia la amplia perspectiva que trato de establecer. El lector interesado puede consultar la obra de Wilhelm Ganzenmüller, *Das Naturgefühl im Mittelalter,* Beiträge zur Kulturgeschichte des Mittelalters und der Renaissance, XVIII, Leipzig-Berlín, 1914.

convierte en el verdadero protagonista de la realidad literaria, mientras que los personajes son, en propiedad, los deuteragonistas. Es esta función ordenadora y regimentadora del mundo pastoril la que hay que subrayar en Encina, ya que lo natural-pastoril se convierte así en término sin sucedáneo en la disposición de la vida tal cual la recrea éste en su obra, cargada de una inmanencia antitradicional. En este sentido Encina entra sin vacilar en la corriente naturista —ensalzadora del pastor, por lo tanto—, que en el arte literario halla su más cabal expresión en la novela pastoril [46].

El mundo poético de Garcilaso, en su momento de madurez, está transido de sentimiento por la naturaleza y, en consecuencia, es la voz del pastor la que resuena en sus poemas más acabados. Sus tres églogas adquieren realidad poética debido a su firme arraigo en el mito pastoril. La presentación de éste varía, sin embargo, en cada una de ellas. La cronología se convierte, pues, en un imperativo, y si bien queda mucho en duda en la obra garcilasiana —que seguramente no se aclarará nunca—, la crítica ha llegado a establecer las siguientes fechas: égloga II, 1533-principios de 1534; égloga I, 1534-principios de 1535; égloga III, 1536 [47]. Las rápidas observaciones que siguen se basan en esta cronología.

La segunda égloga, primera en el tiempo, es la de mayor extensión (1.885 versos comparados con 421 en la primera y 376 en la tercera) y posee una complejidad en consonancia con su insólita longitud [48]. Desde el mero aspecto formal, de rigurosa polimetría, ya se nos aparece la obra como una de complicaciones y extremos. Esta polimetría —que la caracteriza y aparta de las otras dos églogas, escritas en formas monométricas— se explaya en combinaciones acabadamente simétricas de tercetos, estancias y endecasílabos de rima interior, que dan a la égloga una apariencia estructural muy alejada

---

[46] Alonso Zamora Vicente, «Observaciones sobre el sentimiento de la naturaleza en la lírica del siglo XVI», De Garcilaso a Valle-Inclán (Buenos Aires, 1950), pág. 67, adopta un punto de vista opuesto, pero, a mi parecer, insostenible: «Juan del Encina es el tope final de una trayectoria que, viniendo desde el Arcipreste de Hita, considera el paisaje como una secundaria emoción nacida de motivos eróticos.»

[47] Para estas fechas y las razones que las validan, véase Rafael Lapesa, La trayectoria poética de Garcilaso (Madrid, 1948), pp. 3-4 y 185-194.

[48] Acerca de esta complejidad, consúltense el artículo de Audrey Lumsden, «Problems Connected with the Second Eclogue of Garcilaso», HR, XV (1947), 251-271, y las páginas que le dedica Lapesa, op. cit., pp. 95-117. En los casos de divergencias entre ambos críticos son más valederas las razones del segundo, como en el caso de la identificación de Albanio, que Miss Lumsden pretende identificar con el propio Garcilaso, mientras que Lapesa lo hace con D. Bernardino de Toledo, hermano menor del duque de Alba.

de la sencillez con se suele caracterizar a Garcilaso [49]. La complejidad de la forma refleja la estudiada variedad de la materia, que si bien es de esencia lírica, está presentada con el dinamismo propio de la dramática, al punto que casi con seguridad fue representada [50]. A lo lírico y dramático hay que sumar otra doble vertiente: la de lo cómico y lo épico. El interludio cómico ocupa la parte central de la égloga y describe, con múltiples toques rústico-realistas, la locura de Albanio, su desvarío narcisista y la lucha de Salicio y Nemoroso. El tono épico predomina casi con exclusividad en el último tercio, aproximadamente, de la égloga, en el panegírico de la casa de Alba y en especial del duque don Fernando.

De estos dobles aspectos de la realidad artística se desprende otra serie de dualidades antitéticas que se tratan de armonizar en una común función poética. El pastor de la primera parte se ve sucedido por el soldado del fragmento épico, y aun así el tipo del pastor no está plasmado sobre un arquetipo único. En un comienzo lo pastoril reproduce con fruición la exquisita bucólica de la *Arcadia* de Sannazaro, al punto que los versos 173-680 de la égloga parafrasean, y de a momentos traducen, el relato de Carino en la prosa VIII del italiano. Pero en el episodio de la locura de Albanio el mito cede a la realidad y se suceden varias escenas más propias de la pastoril rústica de Encina [51]. El lenguaje poético se amolda a esta doble presentación y pasa de la atildada elegancia selectiva a la expresión popularista donde pululan los refranes y apunta el rusticismo [52]. La geografía también expresa esta dualidad del tipo. El pastor mítico habita en los montes y selvas de Diana (v. 173), pero su inminente metamorfosis se apunta en la alusión a un Val de la Hortiga (v. 854), de intención toponímica claramente «desmitificadora». Se produce así una «síntesis» del pastor semejante a la comentada en el caso de Torquemada (v. *supra,* págs. 52-53) y propia de la meta-realidad hispana. Pero todo esto sirve aquí a una especial intención artística que estudio más adelante. En el fragmento épico esta localización

[49] Véase el claro y útil diagrama de su estructura que incluye Lapesa, *op. cit.,* página 98.

[50] Cf. Lapesa, pp. 105-107, Lumsden, pp. 252-253. Los mentidos pastores con que tropieza Don Quijote en la fingida Arcadia le anuncian que «traemos estudiadas dos églogas, una del famoso Garcilaso, y otra del excelentísimo Camoes», *Quijote,* II, cap. LVIII. Aunque no hay corroboración documental alguna, no parece del todo temerario identificar esta égloga con la segunda.

[51] Cf. Lapesa, p. 106.

[52] Cf. *Obras,* de Garcilaso, Clásicos Castellanos, ed. Tomás Navarro Tomás, nota al verso 142 de esta égloga.

geográfica —lícita y necesaria ahora— se corresponde con la descripción de Alba de Tormes (vv. 1047-1058).

El vivir de los personajes también está captado en su doble aspecto: la realidad del subconsciente que aflora violentamente en el rapto de locura de Albanio, y la conciencia del vivir plasmada en los diálogos y monólogos. La dimensión temporal que refleja este vivir se polariza, en consecuencia, en el pasado captado en la reminiscencia y el presente hecho visión en la acción dramática [53]. En el panegírico de la casa de Alba el tiempo alcanza hasta el futuro, en el elogio de las glorias venideras de los duques, aunque en sentido estricto este futuro es pasado, puesto que se trata del conocido procedimiento épico de la *vaticinatio ex eventu*. Todos estos aspectos funcionan efectivamente en el mundo natural, pero la visión de intencionalidad cósmica de la égloga se extiende a abrazar el mundo de lo sobrenatural en la descripción de los poderes mágicos de Severo (vv. 1077-1085).

Para resumir esta revista de algunos aspectos de la égloga II copio a continuación los términos en que la describe Fernando de Herrera [54]: «Esta égloga es poema dramático, que también se dize ativo, en que no habla el poeta, sino las personas introduzidas... Tiene mucha parte de principios medianos, de comedia, de tragedia, fábula, coro i elegía. También ai de todos los estilos, frases llanas traídas del vulgo, *gentil cabeça, yo podré poco, callar que callarás;* i algo más que conviene a bucólica, *convocaré el infierno,* y variación de versos como en las tragedias» [55].

Resulta claro que la égloga causó extrañeza aun entre sus primeros lectores y críticos, como la sigue causando hoy día. Su catalogación dentro de los términos de la retórica al uso confunde a Herrera, porque, como observa agudamente Lapesa, «en lugar de sujetarse a las normas establecidas, las desborda» (*op. cit.,* pág. 118). Pero este desbordamiento es intencional —no podía ser de otra ma-

---

[53] Es curioso el predominio del pasado y el presente en la lírica amorosa hispana a exclusión del futuro. Aquellos dos tiempos son los que sirven para concretar y asir la realidad, y si hay idealización es la que voluntariosamente imprime el poeta a su realidad. El futuro, que es el tiempo que propiamente se abre a todos los propósitos idealizadores, no capta lo suficiente de la realidad poetizable, para ese ser característica y diferencialmente empírico que es el poeta hispano.

[54] En sus *Anotaciones* a las poesías de Garcilaso (Sevilla, 1580), *apud* Lapesa, *op. cit.,* p. 106.

[55] El juicio final de Herrera está expresado así: «En fin puede dezirse della 'Quinctia formosa est multis, mihi candida, longa, / recta est; haec ego sic singula confiteor. / Totum illud formosa, nego'», *apud* Lapesa, p. 216.

nera en poeta de la mesura y sensibilidad de Garcilaso— y obedece
a un inequívoco propósito de síntesis armónica de divergentes tradiciones, temas y estilos. Ya se han apuntado algunos de estos opuestos
y creo que ahora bastará con recordar la curiosa doble presentación
del pastor —lo pastoril es, al fin y al cabo, la excusa y eje de la
obra— para captar algo de la esencia de este proceso de síntesis
poética. Así como en la égloga I el sentir del poeta se proyecta y
plasma en dos personalidades distintas (los pastores Salicio y Nemoroso), aquí en esta égloga II tenemos un desdoblamiento semejante,
aunque de diferente función. La personalidad del pastor Albanio en
esta égloga es individual, pero su proyección es doble: el Albanio
arcádico y utópico, morador de las selvas de Diana, y el Albanio circunstancial y realista que vive cerca del Val de la Hortiga. Captación
de dos momentos distintos del vivir individual diferenciados atribu-
tivamente por las dos tradiciones pastoriles en que encajan, que, por
comodidad podemos cifrar aquí en los nombres de Sannazaro y Encina. El desdoblamiento de la primera égloga sirve para subrayar la
unidad esencial del sentimiento, mientras que en la segunda se busca
subrayar la unidad de la idea. La diversidad pastoril se hace una en la
persona de Albanio, así como los demás «opuestos» se tratan de
unificar en el cuerpo de la égloga segunda.

Porque la propia frondosidad de la égloga da la impresión de que
es una buscada *ars oppositorum* de la materia poética, en que Garcilaso busca la concordancia y armonización de lo que normativa-
mente —y en la práctica de su época— son aspectos distintos y separados del caso poético [56]. Para el tema de estas páginas es de importancia señalar que Garcilaso se ha lanzado a tal aventura partiendo del campo de lo pastoril, ya que más adelante, en Montemayor
y Cervantes, hallaremos nuevamente fenómeno semejante presentado con aun mayor claridad. Ahora conviene agregar que el ambi-
cioso intento de Garcilaso no tuvo éxito. Los comentarios son buen
índice de la perplejidad causada por la incomprensión de la intención

---

[56] Desde luego, muchos de estos «opuestos» ya se hallaban mezclados en la
práctica, aunque sin nada de la deliberación, método y rigor que se evidencian
en Garcilaso. Así, por ejemplo, la Edad Media ya conocía y practicaba la mezcla
de lo cómico y lo épico, como nos dice Ernst Robert Curtius, *Literatura europea
y Edad Media latina,* trad. M. y A. Alatorre, II (México, 1955), 594-618, excurso IV, «Bromas y veras en la literatura medieval». Como éste son muchos
los tópicos que sobreviven en el Renacimiento, pero lo que debe atraer nuestra
atención no es el fenómeno histórico de su perduración, sino la forma en que
el tópico funciona en el nuevo momento histórico. Aquí la tradición deja de
serlo, para convertirse en creación, y en este sentido Garcilaso no tiene antecedentes.

artística, lo que en el quehacer literario equivale al fracaso. A pesar de las indiscutibles bellezas de la égloga, sus dispares elementos no llegan a trabarse nunca en unidad esencial, y más que integrados quedan adosados los unos a los otros en discordancia vibrante.

Esta égloga marca el punto máximo de distensión del poetizar de Garcilaso. El ideal de armonía que todo hombre del Renacimiento lleva como parte sustantiva de su verdad íntima le ha hecho dar unos pasos en falso al buscar la coordinación de casi todo un cosmos poético. El avance ha sido demasiado atropellado, y aquí, como en la guerra, se impone una retirada estratégica para consolidar las posiciones [57]. Las églogas I y III son el producto de esta retirada. El fracaso ha sido ejemplar y el poeta reanda con mesura y tiento algunos trechos del camino ya recorrido. Nada ahora de escarceos métricos, temáticos o estilísticos. Lo que se avance esta vez quedará consolidado para siempre y se convertirá en los lugares comunes de la lírica postgarcilasiana.

La presentación del pastor será ahora unívoca, y caerá de lleno dentro del mito tal como lo interpreta el Renacimiento [58]. El arrusticado pastor de Encina y la égloga II ha demostrado claramente sus limitadas potencialidades que apenas si alcanzan un poco más allá del efecto cómico. La realidad del sentimiento amoroso —y Garcilaso con Bécquer son las cimas de la poesía de amor en España— se desborda al verterse en este arquetipo y hay que apelar al pastor idealizado de la tradición bucólica para poder aproximarse a la expresión total del sentimiento. El pastor, criatura de amor, según esta otra tipificación, es el lazo de unión indispensable que necesita Garcilaso para transmutar, con mayor nitidez afectiva, la dolorosa

[57] Es parecido a lo que le ocurrió a García Lorca con *Poeta en Nueva York*. A pesar de las alturas alcanzadas, la obra constituye un fracaso personal, y el poeta se reconcentra para volverse a encontrar. Pero, como en Garcilaso, la aventura deja un saldo poético favorable. Los procedimientos técnicos se han agudizado y afilado, la temática se ha cernido y las imágenes depurado en el proceso creativo de la tentativa vana, y quedan prontos a ser utilizados en la producción posterior.

[58] La bibliografía sobre Garcilaso es ya bastante copiosa. Por lo tanto me limito a apuntar sobre el tema pastoril el segundo capítulo de la obra de Margot Arce Blanco, *Garcilaso de la Vega* (Madrid, 1930), quien presenta el problema en su forma más amplia, aunque con poca novedad. Sobre las églogas I y III son de imprescindible lectura, si bien el acercamiento es muy distinto, las páginas que respectivamente les dedican Pedro Salinas, *Reality and the Poet in Spanish Poetry* (Baltimore, 1940), pp. 65-93, cap. III, «The Idealization of Reality: Garcilaso de la Vega», y Dámaso Alonso, *Poesía española. Ensayo de métodos y límites estilísticos* (Madrid, 1950), pp. 43-109, «Garcilaso y los límites de la estilística».

realidad perecedera en idealización eterna. Y al llegar a esta encrucijada que separa —o enlaza— la Historia del Mito nos topamos con el centinela acostumbrado: el pastor. Pastor y naturaleza —« ¡Oh natura, cuán pocas obras cojas / en el mundo son hechas por tu mano!» ya había exclamado nuestro poeta en su égloga II—, naturaleza y pastor: haz y envés del mismo tapiz ideológico. Y en sus esencias ideales ambos términos encuadran la poesía de sus dos últimas églogas.

Se cierra aquí nuestra investigación y ahora se pueden esquematizar los resultados. Se han recogido apreciaciones diversas del pastor, la primera de ellas de Feliciano de Silva. En su obra, lo pastoril funciona como un adjunto secundario que sirve para realzar el mundo caballeresco (*Amadís de Grecia*), o para completar la presentación de la casuística amorosa (*Segunda Celestina*). Pero en su marcha ascensional los pastores se llegan a colocar en un pie de igualdad con los otros temas y así pasan a vivir en lo que es ahora un ad-mundo poético que se justifica con celo en las obras de Núñez de Reinoso y Antonio de Torquemada. En obras tan dispares como la novelita de Antonio de Villegas o las églogas de Juan del Encina el pastor ha adquirido total independencia, y campea por sus fueros sin necesidad de apoyo en una temática extra-personal. Y, por último, la poesía de Garcilaso marca la apoteosis de lo pastoril. La vida sentimental del poeta —o sea, en el caso de Garcilaso, la vida del poeta— se hace una con la vida del pastor, y éste se consagra como encarnación de la erótica y el naturismo renacentistas. La trayectoria de las fortunas del pastor no es, desde luego, así de directa y de limpia, como ya se vio en las páginas precedentes: ni la naturaleza ni el arte literario conocen la línea recta. Como consecuencia, no es necesariamente el penúltimo eslabón er una cadena de tradiciones el que determina la configuración del último. En nuestro caso, todos estos eslabones, en diversas proporciones, gravitan sobre el próximo: la *Diana,* de Montemayor.

1974. La obsesión y apasionamiento que causa la teoría de los géneros literarios están en pleamar, o muy cerca de ello, y, en consecuencia, la bibliografía es extensísima. No puede ser menos, en un momento en que el término *anti-novela* ha entrado a formar parte del vocabulario de las charlas de café. Amedrentado por todo esto, sólo me atrevo a proponer la lectura de Wolfgang Viktor Ruttkowski, *Die literarischen Gattungen: Reflexionen über eine modifizierte Fundamentalpoetik* (Berna, 1968), y Wolfram Krömer, «Gattung und

Wort *novela* im spanischen 17. Jahrhundert», *Romanische Fors-chungen*, LXXXI (1969), 381-434.

Sobre Feliciano de Silva el lector siempre hallará indicaciones útiles en los recientes, amplios y dispares estudios sobre Fernando de Rojas y *La Celestina*, de Marcel Bataillon ·(*«La Célestine» selon Fernando de Rojas* [París, 1961]), María Rosa Lida de Malkiel (*La originalidad artística de «La Celestina»* [Buenos Aires, 1962]). Curiosísimos datos y perspectivas agrega el artículo de Eugenio Asensio, «Alonso Núñez de Reinoso, *gitano peregrino,* y su égloga *Baltea*», *Studia Hispanica in honorem R. Lapesa,* I (Madrid, 1972), 119-36, quien nos informa que el pastor Darinel del *Amadís* de Grecia vuelve a aparecer en la égloga *Baltea* de su amigo y seguidor Núñez de Reinoso. En cuanto al *Florisel de Niquea,* de Feliciano de Silva, ahora se deben consultar los amplios extractos y comentarios de Homero Serís, *Nuevo Ensayo de una biblioteca española de libros raros y curiosos,* I (Nueva York, 1961), 71-80. Por último, quiero recordar que Diego de Silva, «hijo del famoso Feliciano de Silva», fue padrino de confirmación en El Cuzco del Inca Garcilaso de la Vega, según menciona el propio Inca, quien le cita a menudo, v. *Comentarios reales, BAAEE,* CXXXIII, 263 a e Indice onomástico.

Sobre algunas formas literarias y muy españolas del Renacimiento he discurrido en «Características generales del Renacimiento literario», *Histora de la literatura española* (Madrid, 1975).

La verdadera personalidad de Alonso Núñez de Reinoso la comenzó a revelar en un estudio de 1957 Marcel Bataillon, «Alonso Núñez de Reinoso et les marranes portugais en Italie», ahora recogido en *Varia lección de clásicos españoles* (Madrid, 1964). El origen marrano de Núñez de Reinoso fue aceptado por Julio Caro Baroja, *Los judíos en la España moderna y contemporánea,* I (Madrid, 1961), 223. Todo esto, y el bucolismo *sui generis* de Núñez de Reinoso presenta con su claridad de siempre Eugenio Asensio, «Alonso Núñez de Reinoso...», *ut supra,* pág. 54 a, donde hay más y muy interesante bibliografía. La deuda de Reinoso al *Leucipe y Clitofonte* de Aquiles Tacio la re-examina y re-afirma Stanislav Zimic, «Alonso Núñez de Reinoso, traductor de *Leucipe y Clitofonte*», *Symposium,* XXI (1967), 166-75. Muchos de estos datos se encuentran bien ensamblados en la monografía de Constance Hubbard Rose, *Alonso Núñez de Reinoso, The Lament of a Sixteenth Century Exile* (Teaneck, N. J., 1971). La utilidad de este libro se ve aumentada por la reimpresión en facsímile, al final, de las poesías de Reinoso, *Algunas rimas* (Venecia, 1552), aunque feas erratas la desmenguan; entre ellas hay una (págs. 45 y 173) en que la autora, graciosa e inméritamente, me atribuye un artículo de *Sefarad* cuyo verdadero autor es A. Arce.

Sobre la novela bizantina, o de aventuras, he dado dos largas y complementarias interpretaciones en los prólogos y notas a mis ediciones del *Persiles y Sigismunda,* de Cervantes (Madrid, 1969), y del *Peregrino en su patria,* de Lope de Vega (Madrid, 1973), donde, asimismo, el lector hallará selecta bibliografía sobre el tema.

Acerca de Antonio de Villegas se puede decir que la bibliografía sobre el *Abencerraje* ha dado un gran avance, y hasta se han descubierto nuevas versiones del mismo, aunque el problema de autoría no está del todo dilucidado. Desgraciadamente, no se puede decir lo mismo de la *Ausencia y soledad de amor,* que no se ha vuelto a tocar.

Muy distinta, por suerte para nuestras disciplinas, es la cuestión en lo que respecta a la novela sentimental. Varios estudiosos se han abocado seriamente al estudio del género, y nos han brindado obras muy recomendables; lo que no implica, en absoluto, similaridad de métodos: Carmelo Samonà, *Studi sul romanzo sentimentale e cortese nella letteratura spagnola del Quattrocento* (Roma, 1960); Pamela Waley, prólogo a su edición de Juan de Flores, *Grimalte y Gradissa* (Londres, 1971); los prólogos de Keith Whinnom a las *Obras completas* de Diego de San Pedro, 2 vols. (Madrid, 1971-73); Dinko Cvitanovic, *La novela sentimental española* (Madrid, 1973); José Luis Varela, «Revisión de la novela sentimental», *RFE, XLVIII* (1965), 351-82. El reciente libro de Armando Durán, *Estructura y técnicas de la novela sentimental y caballeresca* (Madrid, 1973) no es del todo recomendable por ser bastante superficial.

Lo nuevo sobre Antonio de Torquemada se puede consultar en las adiciones a esta edición al final capítulo anterior.

Lo más reciente y completo acerca de las críticas emitidas a lo largo del siglo XVI contra la novela de caballerías se puede hallar ahora en Martín de Riquer, «Cervantes y la caballeresca», en J. B. Avalle-Arce y E. C. Riley, *Suma cervantina* (Londres, 1973), 273-92.

Para entender bien, ahora, la importancia del *Tratado llamado el Deseoso,* su inmensa popularidad, y cómo el tema pastoril aumenta en las sucesivas ediciones, es de imprescindible lectura Francisco López Estrada, *Notas sobre la espiritualidad española de los siglos de Oro. Estudio del «Tratado llamado el Deseoso»* (Sevilla, 1972).

Del teatro de Juan del Encina, Humberto López Morales nos ha brindado el texto completo, *Eglogas* (Madrid-Nueva York, 1966), y luego en colaboración con R. O. Jones han emprendido la publicación, con prólogos y notas, de las *Obras completas* de Encina, I (Londres, 1975). En breve aparecerá, también, el vol. I de las *Obras dramáticas* de Juan del Encina en edición de Rosalie Gimeno («Clásicos españoles», Ed. Istmo, Madrid).

El tema del suicidio en la pastoril, en particular, y en el Renacimiento, en general, fue ampliado por mí en *Deslindes cervantinos* (Madrid, 1961), cap. III, «Grisóstomo y Marcela. (La verdad problemática)». Mis consideraciones sobre el tema han sido atacadas recientemente, con más calor que buenas razones, por Herman Iventosch, «Grisóstomo, Marcela and Suicide», *PMLA,* LXXXVIII (1973); traté de poner las cosas otra vez en el fiel de la balanza en mi breve respuesta contenida en *PMLA,* LXXXIX (1974).

La bibliografía sobre Garcilaso de la Vega ha crecido en forma muy considerable, como es justo, desde 1959. En este gran avance ha ayudado mucho la edición de Elías L. Rivers, *Obras completas* (Madrid, 1964; 2.ª ed. corregida, 1968), reforzada por la obra de Eduardo Sarmiento, *Concordancia de las obras poéticas en castellano de Garcilaso de la Vega* (Madrid, 1970). También es de útil consulta Antonio Gallego Morell, *Garcilaso de la Vega y sus comentaristas* (Granada, 1966, 2.ª ed. revisada y adicionada, Madrid, 1973). Pero para no ampliar desmesuradamente estas adiciones, me reduciré a algunas, muy pocas, referencias a trabajos sobre la Egloga II. En primer lugar, y es justicia, debo mencionar un trabajo que yo no había leído, o había traspapelado, allá en 1959, y, claro está, a desmedro de mi finura crítica: R. O. Jones, «The Idea of love in Garcilaso's Second Eclogue», *Modern Language Review,* XLVI, 388-95. El mismo autor ha presentado otro aspecto de la amplitud temática y tupidez ideológica de esta égloga en «Ariosto and Garcilaso», *BHS,* XXXIX (1962), 153-64. Elías L. Rivers también ha contribuido dos muy buenos artículos al asedio de la misma égloga: «Nymphs, Shepherds and Heroes: Garcilaso's Second Eclogue», *Philological Quarterly,* LI (1972), 123-34, y «Albanio as Narcissus in Garcilaso's Second Eclogue», *HR,* XLI (1973), 297-304. Acerca de los contrastes temáticos, v. Peter M. Komanecky, «Epic and Pastoral in Garcilaso's Eclogues», *MLN,* LXXXVI (1971), 154-66.

CAPITULO III

LA «DIANA» DE MONTEMAYOR

Con Jorge de Montemayor nace, en estado de perfección, la novela pastoril española. La vida de este portugués castellanizado ofrece las mismas características polifacéticas de tantas otras vidas de la época imperial de Carlos V. Fue, en diversas oportunidades, músico, cantor, poeta, novelista, traductor, soldado, y siempre enamorado: «... con amores vivió, y aun con ellos se crió, en amores se metió, siempre en ellos contempló, los amores ensalzó y de amores escribió y por amores murió», dirá años después de su muerte fray Bartolomé Ponce en el prólogo de su *Clara Diana a lo divino*. Pero más que su vida interesa en esta ocasión pasar breve revista a su producción literaria, y establecer así las coordenadas de la *Diana* dentro de la obra de su autor [1].

[1] Excelente resumen biográfico se hallará en el prólogo de Francisco López Estrada a su edición de la *Diana*, Clásicos Castellanos, 2.ª ed. (Madrid, 1954), pá-

No es copiosa esta producción, pero ofrece una doble y nítida característica recurrente que sirve para fijar algo de la personalidad esencial de Montemayor. Su primera obra, inédita hasta hace poco, fue un *Diálogo espiritual,* rebosante de cultura bíblica y que anuncia una temprana preocupación espiritual que se mantendrá constante en su vida y en su obra[2]. Sin lugar ni año publicó una *Glosa de diez coplas de Jorge Manrique,* bellísima y sentida, en opinión de Menéndez Pelayo, y distinta a la publicada en el *Cancionero*[3]. En Alcalá de Henares, 1548, apareció la *Exposición moral del Psalmo LXXXVI,* donde su actividad espiritual se remansa al hallar nueva expresión[4]. La *Carta de los trabajos de los Reyes,* si bien es mero ejercicio literario, ofrece interés por el hecho de presentar un «menosprecio de corte», distinto en la forma pero no menos categórico en la intención que el que informa la *Diana*[5]. El *Cancionero* apareció por primera vez en Amberes, 1554. En su primera parte, dedicada a las obras de devoción, culmina y remata la tendencia religiosa de Montemayor y se patentizan allí influencias erasmistas y de Savonarola, con algunos ribetes de *iluminismo.* Pero hay una novedad específica que renueva la lírica sagrada hispana, y es el evidente buceo en su conciencia que se resuelve en la poetización de la experiencia personal. El tema poético, casi único de la parte dedicada a las composiciones profanas, es el amor, cuyas causas y efectos se analizan con celo característico[6]. Este interés en el análisis de la pasión amo-

ginas IX-XXXVII; ésta es la edición que uso en mis citas. Algunos documentos biográficos no mencionados allí habían sido publicados por Sousa Viterbo, «Jorge de Montemôr», *Archivo Histórico Portuguez,* I (1903), 249-259.

[2] Vid. Mario Martins, «Uma obra inédita de Jorge de Montemôr», *Brotería,* XLIII (1946), 399-408.

[3] Vid. *Antología de poetas líricos castellanos,* VI (Madrid 1896), CXLVIII-CXLIX. La *Glosa* independiente fue reeditada por Domingo García Peres, *Catálogo razonado y bibliográfico de los autores portugueses que escribieron en castellano* (Madrid, 1890), págs. 393-403.

[4] F. López Estrada, «La *Exposición moral sobre el Psalmo LXXXVI* de Jorge de Montemayor», *RBN,* V (1944), 499-523.

[5] F. Sánchez Cantón, «*Los trabajos de los reyes,* por Jorge de Montemayor», *RFE,* XII (1925), 43-55. Sobre otro aspecto de este «menosprecio», véase F. López Estrada, «La epístola de Montemayor a Diego Ramírez Pagán. (Una interpretación del desprecio por el cortesano en la *Diana*)», *EMP,* VI (Madrid, 1956), 387-406.

[6] *El cancionero del poeta Jorge de Montemayor,* ed. A. González Palencia, Bibliófilos Españoles (Madrid, 1932). El *Cancionero* ofrece un interesante problema bibliográfico y textual, para cuyo análisis detenido carezco de los elementos imprescindibles. Pero, de todas maneras, el caso es el siguiente: en 1554 y en Amberes se hicieron dos ediciones del *Cancionero,* una que abarca sólo una parte de las obras devocionales y la otra que presenta ésta completa y agrega

rosa fue, con seguridad, motivo poderoso en la determinación de traducir los *Cantos de amor* de Ausias March (1560), expresión la más acongojada y tormentosa de dicha pasión por aquellos siglos [7]. Con la *Diana,* publicada al parecer un año antes, se completa la obra del poeta [8].

Los dos elementos que forman una constante definitoria de la personalidad de Montemayor son el espiritualismo y el amor. El poeta, acuciado por una íntima preocupación religiosa, se ensimisma enérgicamente para llegar a la raíz de la experiencia espiritual. Predomina aquí, sin embargo, el afán analítico, razonante, que desvía la expresión del terreno propiamente místico y convierte a la experiencia en acto intelectual más que espiritual. Si a esto se une el concepto de religión esencializada que inspira sus versos devotos se comprenderá la simpatía que sintió Montemayor por el erasmismo, y las razones que llevaron a la Inquisición a prohibir su *Cancionero devoto* [9]. Pero esta misma preocupación analítica, esta prioridad del razonar sobre el sentir, teñirá fuertemente su actitud hacia el amor, la otra constante de su obra. Porque es, precisamente, la expresión conceptual del sentimiento amoroso la que caracteriza a su *Diana* frente a toda la producción pastoril anterior. El continuo ejercicio discursivo responde, a su vez, a la íntima necesidad de analizar la pasión en sus diversos matices, y se abren así las puertas a una nueva y muy fértil etapa del psicologismo literario europeo que culminará con las obras de madame de Lafayette y La Bruyère [10].

la sección de obras profanas. Los versos devotos, muy retocados, fueron reeditados en forma independiente en el *Segundo cancionero espiritual* (Amberes, 1558), del cual también existen dos ediciones hechas en el mismo lugar y año, pero dedicadas a distintas personas. De todas estas versiones González Palencia sólo edita la completa de Amberes, 1554. Habría que hacer un estudio comparativo a fondo de todas ellas, ya que, fuera del interés estilístico, podrían suministrar curiosos datos acerca del problema espiritual de Montemayor. Las ediciones no utilizadas o no conocidas por González Palencia se hallan descritas en el artículo de Florence Whyte, «Three *autos* of Jorge de Montemayor», *PMLA,* XLIII (1928), 953-989.

[7] Hay dos ediciones modernas: Martín de Riquer, *Traducciones castellanas de Ausías March en la Edad de Oro* (Barcelona, 1946), págs. 127-304, y *Las obras de Ausías March traducidas por Jorge de Montemayor,* ed. F. Carreres de Calatayud (Madrid, 1947).

[8] Sobre los problemas bibliográficos ocasionados por la primera edición de la *Diana,* véase J. Fitzmaurice-Kelly, «The Bibliography of the *Diana enamorada*», *RHi* (1895), 304-311.

[9] Cf. Américo Castro, «Lo hispánico y el erasmismo», *RFH,* IV (1942), 57-63.

[10] En la raíz de este psicologismo literario está el sistema expresivo de la *Diana,* así como el psicologismo clínico parte del *Examen de ingenios* de Juan

En este somero estudio de las modalidades características de Montemayor hay que mencionar un factor diferenciador, no por no demostrado menos interesante. Se conservan cuatro versiones de unos versos cambiados entre Montemayor y Juan de Alcalá, calcetero sevillano y donoso poeta. Entre otras lindezas por el estilo, Alcalá acusó a Montemayor de ser judío, y en la posible verdad de este insulto se ha hecho descansar una especie de interpretación determinista de la *Diana* [11]. Pero antes de entrar en consideraciones tan serias conviene poner las cosas en su verdadera perspectiva. En las contiendas literarias del siglo xv y aun de comienzos del siglo xvi el tachar a alguien de judío era socorrido insulto que no indicaba mayor cosa, tan sólo que el arsenal poético de epítetos denigratorios de uno de los contrincantes estaba en vías de agotarse, y para obtener sobradas evidencias de esto basta hojear las páginas del *Cancionero de Baena* [12]. Por consiguiente, el judaísmo de Montemayor no es indudable, ni mucho menos. Así y todo, don Américo Castro, quien nos ha obligado a revalorar la función íntegra de lo judaico en la civilización española, ha indagado las posibles consecuencias del hecho, y ha visto en el desvío y fuga por parte del judío español de la dura realidad cotidiana un elemento genético capital en la concepción de la *Diana*. Esta «fantasía bella y melancólica» sería el puerto de refugio de Montemayor cristiano nuevo. La idea fue recogida y ampliada por Marcel Bataillon, quien interpreta algunas de las peculiaridades de la novela respecto a la previa literatura pastoril en función del neocristianismo del autor [13]. La fertilidad de este punto

Huarte de San Juan, si bien este último también halla descollante expresión literaria en el *Quijote,* cf. Harald Weinrich, *Das Ingenium Don Quijotes. Ein Beitrag zur literarischen Charakterkunde* (Münster, 1956).

[11] Los versos fueron recogidos por don Luis Zapata en su *Miscelánea,* Memorial Histórico Español, XI (Madrid, 1859), 279-291. Una versión distinta fue publicada por José López de Toro, «El poeta sevillano Juan de Alcalá», *Archivo Hispalense,* segunda época, XIV (1951), 9-28.

[12] Recojo algunos ejemplos con que se usaba el epíteto en mi artículo «Sobre Juan Alfonso de Baena», *RFH,* VIII (1946), 141-147. Por su parte, el propio don Luis Zapata al recoger los versos de Alcalá lo había hecho *cum mica salis,* pues nos avisa que no hay que tomar estos denuestros al pie de la letra, sino «con condición que se oiga de calumnia como entre dos enemigos holgando con lo que se dijeron bien, y no creyendo lo que uno a otro se motejaron», *op. cit.,* pág. 279. Este sentir contemporáneo acerca del valor documental de las pullas me parece elemento de juicio decisivo en lo del judaísmo de Montemayor. Recientemente Eugenio Asensio también expresó fuertes dudas acerca de este judaísmo, cf. «El erasmismo y las corrientes espirituales afines», *RFE,* XXXVI (1952), 90-92.

[13] Véase Américo Castro, *La realidad histórica de España* (México, 1954), página 538, y Marcel Bataillon, «¿Melancolía renacentista o melancolía judía?»

de vista es evidente, y ya Américo Castro ha demostrado muchas de sus aplicaciones concretas. Pero con Montemayor nos hallamos ante un caso en que el peso de las dudas es mayor en el fiel de la balanza que la evidencia del judaísmo. La melancolía de la *Diana,* según Castro y Bataillon característica judía, le es dos veces aneja por ser obra renacentista y bucólica, lo que representa un doble dispararse hacia una perfección ideal inalcanzable y el consecuente y melancólico desilusionarse. En Cervantes, por ejemplo —otro preocupado de siempre con el mito pastoril—, la melancolía se hace de a momentos aun más acibarada. Y aquí no podemos ver sino la fuerza gravitatoria de la realidad que atrae hacia sí, indefectiblemente, todo vuelo hacia el ideal. Por todo ello, creo que no hay que hacer hincapié en el judaísmo de Montemayor, en especial en lo que se refiere a la concepción de su novela pastoril.

Ante el sentido y la forma de la *Diana,* la crítica, en general, ha presentado dos actitudes opuestas. Donde estas actitudes se perfilan con mayor claridad es al tratar de ubicar la novela dentro de la tradición bucólica. El positivismo, dadas sus preferencias metodológicas, acentuó, en forma desmedida, por lo general, los parecidos con sus antecedentes, dedicando especial atención a trazar paralelos con la *Arcadia* de Sannazaro [14]. Por su parte, el revisionismo ambiental en que vivimos, producto de diversas corrientes que han ido ahondando su influencia en lo que va de siglo, ha preferido subrayar las divergencias con los modelos, en forma concordante con las nuevas tendencias críticas a buscar la particularidad efectiva y no lo genérico inoperante [15]. El extremismo de ambos puntos de vista se cancela y el problema queda necesitado de nuevo planteamiento.

La *Arcadia* de Sannazaro es, hasta la aparición de la *Diana,* la obra de mayor influencia en el bucolismo moderno. En muchos sentidos es la consagración del neopaganismo renacentista. La belleza

Estudios Hispánicos. Homenaje a Archer M. Huntington (Wellesley, 1952), págs. 39-50.

[14] Por ejemplo, F. Torraca, *Gl'imitatori stranieri di Jacopo Sannazaro,* segunda ed. (Roma, 1882), págs. 19-22; E. Carrara, *La poesía pastorale* (Milán, 1904), pág. 435; Rennert, *Spanish Pastoral Romances,* pág. 14; H. Genouy, *L'«Arcadia» de Sydney dans ses rapports avec l'«Arcadia» de Sannazaro et la «Diana» de Montemayor* (Montpellier, 1928), pág. 66.

[15] Al efecto escribe Bataillon, «¿Melancolía renacentista o melancolía judía?», *op. cit.,* pág. 39: «Está muy a la vista la diferencia entre la *Diana* de Montemayor y la *Arcadia* de Sannazaro. Mientras ésta seguía por la senda del bucolismo antiguo, de ambiente idílico y luminoso, aquélla injerta en la novela sentimental la égloga moderna, elegíaca, melancólica, cuyo modelo más equilibrado es la Egloga I de Garcilaso.» Sentimientos parecidos expresa Mia Gerhardt, *La pastorale,* pág. 107.

73

natural produce un goce sensual exaltado y el autor se apresura a salir al encuentro de la naturaleza, si bien siempre se la observa y describe desde un ángulo de visión condicionado por la cultura clásica del humanista. En la forma expositiva de esta visión clasicizante es donde radican, precisamente, el sentido íntimo de la *Arcadia* y el motivo principal de la atracción que ejerció para el hombre del Renacimiento. La importancia específica de Sannazaro en su momento histórico es que descubre toda una nueva simetría estética. Los elementos de su bucolismo estaban dados, y canonizados en gran medida, desde la época de Virgilio. Nada hay de nuevo, sustancialmente, en la *Arcadia,* al punto que la obra es un verdadero mosaico de citas, alusiones y paráfrasis de los bucoliastas clásicos [16]. La contribución original y decisiva del poeta napolitano consiste en haber reorganizado los elementos artísticos heredados en un conjunto de simetría única, en el que el propósito estetizante regula la conformación de la obra.

En el caso de Montemayor el fin estético es secundario. La *Diana* marca, en cambio, el descubrimiento de las posibilidades novelísticas de Naturaleza, Amor y Fortuna, como temas operantes en un especial diseño dictado por la novedosa simetría con que el autor los enlaza a las vidas de sus personajes. Los tres temas son de procedencia clásica y son, también, bienes mostrencos en la literatura renacentista. Pero es la *Diana* la que los pone en juego en singular disposición y en un específico ángulo de incidencia sobre los vivires novelísticos. La esencia de la novela de Montemayor radica en esa simetría indagada con imaginación en sus interrelaciones [17]. La decadencia de la pastoril española, por su parte, estriba en el hecho de que la imaginación se torna conformismo, y la simetría vital intuída por Montemayor se estereotipa en consecuencia.

El pastor no es en Montemayor un adorno más, como ocurre en Sannazaro, sino que es el foco donde convergen estos diversos elementos y los lazos correlativos así establecidos dibujan la trama sustancial de la *Diana.* A la distribución estética de la materia novelística, tal como se la observa en la obra italiana, le sucede una or-

[16] Las copiosas notas de la edición de Michele Scherillo (Turín, 1888), demuestran esto cumplidamente.

[17] La novela comienza así: «Baxaba de las montañas de León el olvidado Sireno a quien Amor, la fortuna, el tiempo, tratavan de manera que del menor mal que en tan triste vida padecía no se esperava menos que perdella.» Contra el fondo natural una vida en íntima relación con amor, fortuna y tiempo. La exposición y análisis de estas relaciones constituyen el cuerpo de la novela. Hay que observar, además, que la identidad de Sireno se fundamenta en esos elementos mencionados. Su ser esencial se determina en ellos.

denación vital en la que los elementos se destacan en la medida que afectan a los personajes, no como en la *Arcadia,* donde los personajes sólo pasan a primer plano en aquellos momentos que realzan o subrayan la belleza del conjunto [18]. Lo específico de cada novela está dado por los términos Estética y Vida. Las diferencias que separan a estos términos son las que van de la *Arcadia* a la *Diana.* En el predominio de uno u otro se cifra toda una visión interpretativa de la función del mito pastoril.

La presentación de la vida en la *Diana* no es, desde luego, la misma a que nos ha acostumbrado la novela moderna. Por muchos años hemos vivido en una atmósfera saturada de «realismo», al punto que a menudo hemos llegado a aceptarlo como más real que la realidad misma. Las infinitas posibilidades de la realidad, que al mundo de las apariencias suma el de las esencias, sobrecogen a todo escritor, y el temor de este infinito —la agorafobia que marca el destino de todo intelectual— lo compele a la heroica mentira de creer abrazar el universo en un terrón de tierra. El materialismo predominante de hace muchos años ha hecho optar al escritor por especificar la realidad en lo concreto o, dada nuestra manera de apreciación visual, en lo aparente. En muchos sentidos, ha sido en esta realidad mutilada en la que hemos cimentado nuestra concepción literaria de la realidad total, y nuestros juicios estéticos se han resentido en consecuencia. Aquel primer *caveat* de Ortega en sus *Meditaciones del Quijote* —«La apetencia de realismo, característica de nuestro tiempo, no puede levantarse al rango de una norma»— se torna así doblemente pertinente.

La preocupación con el ideal latente, con la esencia misma de la cosa, que caracterizó la vida intelectual de los griegos y que se hizo filosofía con Platón, no murió con ellos. Muy al contrario, ha sido constante del pensamiento europeo, nada más que su discriminación se ha visto dificultada por los supuestos teóricos de los que, por lo general, ha partido la crítica literaria. La obcecación con la realidad de la materia ha conspirado contra la aceptación de la realidad de la esencia. El idealismo ha sido reconocido en cuanto sistema filosófico, pero en cuanto principio coordinador de una determi-

---

[18] Se dice en la *Diana,* por ejemplo: «No sin lágrimas acompañadas de tristes sospiros, sacó una çampoña que en el currón traya y la començó a tocar tan dulcemente que el valle, el monte, el río, las aves enamoradas y aun las flores de aquel espesso bosque quedaron suspensas» (pág. 24). El punto de partida es la armonía universal de los platónicos y pitagóricos, que se capta con plasticidad en la *Diana* en la medida en que es un coadyuvante del vivir novelístico.

nada visión artística del mundo ha sido condenado por falso y alejado de la realidad. En la natural progresión de absolutos que caracteriza nuestra investigación ideológica, el realismo literario materialista ha comenzado por negar la validez del realismo literario idealista y ha concluido por negar su propia existencia.

Aquí está la raíz de la leyenda negra que ha afeado, de años acá, a la pastorial en general y a Montemayor en particular. Por eso es por lo que al referirme a una simetría vital en la *Diana* me veo obligado a calificar: vida presentada según un realismo ideal de la esencia, o realismo platónico, como quiere Enrique Moreno Báez [19]. Ese mundo de los arquetipos perfectos que postula Platón, y que posee una realidad ideal, es el que conforma el microcosmos novelístico de Montemayor. Y no sólo de Montemayor, sino de casi todo el siglo XVI, que es un frondoso renacimiento —o revigorización, más bien— del platonismo. Desde este punto de mira no cabe falsedad alguna en el mundo natural y sentimental de la *Diana*. La firme intención idealizante esparce, en cambio, una diáfana y luminosa veracidad. Esta verdad, a su vez, no está supeditada a la coyuntura y diversidad de las circunstancias, sino incrustada con arraigo decisivo en la validez eterna de lo universal. Pero universalizar es abstraer, ya que ambos verbos nos dan el haz y el envés del mismo quehacer intelectual. Para que la cosa valga como símbolo permanente y universal se debe purificar antes de toda ganga temporal. Por lo tanto, la realidad ideal que fundamenta la *Diana* será el producto de la voluntariosa abstracción del mundo de las circunstancias. Por imperativa necesidad artística e ideológica el mundo de la *Diana* es una abstracción idealizante del mundo real.

La naturaleza, que provee el escenario de la novela, está captada, por consiguiente, en sus líneas esencializadas. Al tamizar la riqueza y variedad natural en un acercamiento a lo arquetípico, los elementos constitutivos se reducen en forma drástica, hasta quedar simbolizados en lo sustantivo mínimo. Un prado, un arroyo, una fuente, unos

---

[19] En su edición de la *Diana,* Biblioteca Selecta de Clásicos Españoles (Madrid, 1955), pág. XII. Las primeras páginas de su prólogo constituyen una breve, pero equilibrada, presentación del platonismo renacentista. Sobre este problema se pueden consultar, en una bibliografía que crece día a día, las siguientes obras de presentación general: Bohdan Kieszkowski, *Studi sul Platonismo del Rinascimento in Italia* (Florencia, 1936); Nesca A. Robb, *Neoplatonism of the Italian Renaissance* (Londres, 1935); Paul Oskar Kristeller, *The Philosophy of Marsilio Ficino* (Nueva York, 1943). Sobre el neoplatonismo español, véase Menéndez Pelayo, «De las vicisitudes de la filosofía platónica en España», *Estudios de crítica filosófica* (Santander, 1948), págs. 9-115; *Historia de las ideas estéticas en España,* II (Santander, 1947), cap. VI, «De la estética platónica en España»; Marcial Solana, *Historia de la filosofía española. Epoca del Renacimiento,* I (Madrid, 1941), libro II, «Filósofos platónicos».

árboles, tal es el escenario usual en la *Diana,* común, por lo demás, a casi todas las pastorales españolas, así en verso como en prosa[20]. O sea, que una vez lograda la quintaesencia, ésta recorre estereotipada casi toda la literatura bucólica española.

El idealismo platonizante bastaría, por sí solo, para explicar esta radical simplicidad descriptiva, pero quizá nos hallemos ante un caso de «afinidad electiva». Ocurre que la poesía castellana venía practicando tradicionalmente una voluntariosa abstracción del mundo exterior que se patentiza en los escuetos retratos femeninos o de la naturaleza que allí se hallan[21]. Esta característica de siempre del lirismo castellano se aúna a la idéntica tendencia a la abstracción en el platonismo, y la conjunción de idiosincrasia nacional y filosofía vigente determinan, en forma imperativa, la necesidad de una naturaleza esquemática. Esta doble circunstancia, propiamente española, es la que explica lo que de otras maneras sería anomalía peninsular ante la riqueza natural observada en la pastoril italiana o la francesa[22]. Y, por último, a todo esto se debe agregar algo peculiar de Montemayor: el ya mencionado afán de análisis e introspección. La realidad subjetiva desplaza la realidad objetiva del foco de atención y, en consecuencia, la contemplación no está vertida al exterior en busca de los matices caracterizadores de la realidad física, sino hacia el interior, a la captación de la realidad anímica.

La naturaleza quintaesenciada provee, pues, el escenario ideal e idílico que recorren los pastores en actitudes plásticas de *ballet,* comparación apropiada, ya que este mundo está transido de ecos musicales. Pero cuando los pastores se alejan de su ambiente nativo, el escenario cambia de características. Así ocurre al comienzo del li-

[20] El Paraíso Terrenal a menudo se describe con tal desnudez elemental, lo que no deja de ser significativo, ya que los pastores viven en la Edad de Oro, el equivalente pagano del Edén. Sobre las descripciones del Paraíso Terrenal, véase H. R. Patch, *El otro mundo,* cap. V, «Viajes al Paraíso». También José Filgueira Valverde, «La Cantiga CIII: Noción del tiempo y gozo eterno en la narrativa medieval», *Boletín de la Universidad de Santiago de Compostela,* VIII (1936), 21-39.

[21] Véanse ejemplos en Lapesa, *La trayectoria poética de Garcilaso,* págs. 22-23.

[22] Sobre la variedad natural en Sannazaro, véase López Estrada, introducción a la *Diana,* segunda ed. págs. LIX-LX; sobre la rica naturaleza de la *Astrée* de D'Urfé, véase Maurice Magendie, *Le roman français au XVIIᵉ siècle, de l'«Astrée» au «Grand Cyrus»* (París, 1932), págs. 98-99. La obra de Baltasar Isaza, *El retorno a la naturaleza* (Madrid, 1934), yerra lamentablemente al calificar esta estilización de la naturaleza en la pastoril española de «mentira que salta a la vista» (pág. 139). Afirmaciones de este tipo no hacen más que eternizar esas vacuas y falsas generalizaciones que todavía medran en la historia literaria española.

bro IV, que marca el paso del mundo natural de los pastores al fantástico de la sabia Felicia. El palacio de Felicia, templo de Diana u hospital de enamorados, es acabado y lujosísimo modelo de arquitectura renacentista, y su minuciosa descripción se encarga de deslindar con cuidado la materia pastoril de la no pastoril. Este palacio bien puede ser, en sus detalles, suma de las experiencias de Montemayor durante su vida cortesana, pero, si se le quitan los oropeles del arte quinientista y se lo reduce a su función esencial, el palacio se transfigura en el castillo alegórico, típico de la literatura erótica medieval[23]. La propia dueña del palacio, Felicia, tiene larga historia, ya que su progenie entronca con la de la Urganda del *Amadís*, y su «agua encantada», el *deus ex machina* de la novela, viene de la misma fuente que el filtro amoroso de la leyenda de Tristán e Iseo.

El entremés fantástico se remansa en largas descripciones de salas, tumbas, padrones grabados; pero obsérvese que todo esto es realidad imaginada, o sea, subjetiva. Las descripciones, por lo demás, abren un paréntesis artístico en la narración, artificio técnico que se remonta, en última instancia, al escudo de Aquiles (*Ilíada*, XVIII) y que después de innúmeras recreaciones aparece en la égloga II de Garcilaso en la forma de una urna labrada con la historia de la casa de Alba[24]. O sea, que al escenario natural esencializado del mundo pastoril le sigue un escenario cuyos elementos se conciben y describen con un derroche imaginativo impuesto por lo fantástico del nuevo ambiente.

Al salir del palacio de Felicia, aquellos pastores que vuelven a su mundo mítico reingresan a la naturaleza idealizada. Pero otros se alejan del Mito para acercarse a la Historia: Felismena viaja a Portugal, patria de Montemayor, y más específicamente, a su patria chica, Montemôr-o-Velho. Conviene agregar que Felismena no es una pastora, sino una dama andaluza disfrazada. En este nuevo ambiente, localizado en el tiempo y en el espacio, la naturaleza, desnuda

---

[23] Chandler R. Post, *Medieval Spanish Allegory* (Cambridge, Mass., 1915) y H. R. Patch, *El otro mundo*, traen infinidad de ejemplos de castillos alegóricos. Las características tradicionales del palacio de Felicia se acentúan al considerar la octava real colocada a su entrada, ya que los versos recrean el antiquísimo tema de la prueba de amor, que es tópico de la novelística greco-bizantina y que después aflora repetidas veces en la literatura caballeresca, cf. mi trabajo «El arco de los leales amadores en el *Amadís*», *NRFH*, VI (1952), 149-156.

[24] Sería fácil multiplicar los ejemplos, baste mencionar *Roman de Troie* (versos 16.485-16.492), *Roman de la Rose* (vv. 20.303-20.334) y el sugestivo título de la primera continuación del *Amadís*: las *Sergas de Esplandián*. Aunque con especial énfasis en lo inglés, es de útil consulta el trabajo de Elizabeth Lee Harris, *The Mural as a Decorative Device in Medieval Literature* (Nashville, Tenn., 1935).

del mito, se recubre con las galas de la circunstancia histórica. En primer término, esta localización espacial convierte al ideal en algo mensurable, lo que si por un lado lo desvirtúa, por el otro sirve para actualizarlo: «De ancho tenía bien el deleytoso y apazible prado tres millas en partes, y en otras poco más y en ninguna avía menos desto» (pág. 281). Esta mensuración implica, además, que es el hombre el que da la pauta de este mundo natural, y este dominio físico se hace evidente en otros aspectos, como la agricultura —naturaleza supeditada al arbitrio humano— o la arquitectura —naturaleza regimentada por el arte—: «Las mieses que por todo el campo parecían sembradas, muy cerca estavan de dar el desseado fruto... Baxando la hermosa pastora por su camino abaxo, vino a dar en un bosque muy grande... por en medio del qual vio muchas casas, tna sumptuosamente labradas que en gran admiración le pusieron... Las casas y edificios de aquella ciudad insigne era tan altos y con tan gran artificio labrados, que parecía aver la industria humana mostrado su poder» (*ibidem*).

El velo mítico que encubre la toponimia se levanta y se designan directamente los parajes de la juventud del poeta: Coimbra, el Mondego, su legendario pueblo natal de Montemôr-o-Velho. Los personajes que recorren estos lugares demuestran en su aspecto una voluntad de acercamiento a la realidad física por parte del autor, que lo lleva a diferenciarlos lingüísticamente, ya que estas pastoras realistas hablan portugués. Todo esto nos coloca en el polo opuesto de la naturaleza y mundo idealizados de los otros pastores; el episodio representa un aspecto concreto y particular de la vida peninsular y, consecuentemente, los elementos y la naturaleza se circunstancializan en la misma medida [25].

Pero hasta aquí se ha hecho referencia sólo a la naturaleza creada, la naturaleza como agente pasivo, mero fondo plástico de las acciones de los personajes. Pero la humanidad siempre ha visto en la naturaleza al demiurgo, la fuente de vida. En la Antigüedad clásica la divinidad se interpreta a través de la naturaleza, como lo hace Platón, por ejemplo (*Leyes*, X, 889). Pero esto da pie a un panteísmo embrionario inaceptable para el Cristianismo, que se ve obligado a redefinir el principio jerárquico en el Credo niceano: «Credo in unum

---

[25] La descripción de las pastoras portuguesas también obedece a la intención realista: «Aunque en la hermosura tuviessen una razonable nedianía, en la gracia y donaire avían un estremo grandíssimo; el color del rostro moreno y gracioso; los cavellos no muy ruvios; los ojos negros; gentil ayre y gracioso en el mirar» (pág. 287). Compárese con el rubio dechado de perfección del ideal poético, pág. 279.

Deum, Patrem omnipotentem, factorem caeli et terrae, visibilium omnium et invisibilium» [26]. En esta naturaleza creada se ha hecho delegación del poder creador, y el hombre medieval capta este doble aspecto en la dualidad *Natura naturata y Natura naturans.* Este último concepto es el que está en la raíz de todo culto naturista, desde el *De planctu Naturae,* de Alain de Lille hasta *Yerma,* de García Lorca. De todas estas épocas es el Renacimiento la que con mayor fervor canta las glorias del poder efectivo y actuante de Naturaleza, con mayúscula, ya que su culto la ha elevado al rango de divinidad o semi-dios, por lo menos [27].

Es esta naturaleza, de efectivos poderes demiúrgicos, la que informa y sostiene el mundo poético renacentista. La *Diana,* por consiguiente, está firmemente apuntalada sobre ella. El escenario, en su especial expresión idealizada, los pastores, el cosmos novelístico todos están sustancializados por el concepto de *Natura naturans;* la Naturaleza como fuerza creadora [28]. En este sentido, y para no citar más que dos ejemplos, la propia Diana, que encarna todos los superlativos, lo hace sólo por especial gracia natural: «La pastora Diana, aquélla en quien naturaleza sumó todas las perficiones que por muchas partes

[26] Véase Charles N. Cochrane, *Christianity and Classical Culture. A Study of Thought and Action from Augustus to Augustine* (Oxford, 1940), pág. 237.

[27] La identidad entre naturaleza y Dios que propone Lorenzo Valla (cf. supra, capítulo I, nota 7), se repite entre la heterodoxia española del siglo XVI, así en el caso del Dr. Juan López de Illescas, de Yepes, que oponía Naturaleza a Dios, o el Dr. Pedro de la Torre, de México, quien dio forma final y categórica a la afirmación de Valla al decir, «Deus et natura idem sunt» (cf. Bataillon, *Erasmo y España,* II, 70n y 440n). Cervantes expresa la jerarquización mayoritaria al llamarla «mayordomo de Dios» (*Galatea,* ed. Schevill-Bonilla, II [Madrid, 1914]). A este naturismo renacentista le ha ocurrido lo mismo que a otros fenómenos propios del Renacimiento: cuanto más se escudriñan sus orígenes, más se los remonta en el tiempo. Así Ernst Cassirer en su *Problema del conocimiento,* I (México, 1953), 65 s., atribuye los primeros intentos de divinizar la naturaleza a Nicolás de Cusa (siglo XV), mientras que Etienne Gilson, *La philosophie au Moyen Age,* tercera ed. (París, 1947), pág. 315 s., los retrotrae a Alain de Lille (siglo XII). Sobre el panteísmo naturista, véase Giuliano Bonfatti, *Lo studio della natura nell'Umanesimo* (Mantua, 1937), especialmente págs. 20-25, «Naturalismo teosofico e panteísmo naturalístico».

[28] Hace años, Américo Castro, *El pensamiento de Cervantes,* págs. 156-161, vio en este concepto algo específicamente renacentista y casi heterodoxo. Leo Spitzer demostró su raigambre medieval y cristiana, «Zur *Celestina*», ZRPh, L (1930), págs. 237-240. Sobre la tradicionalidad del concepto, véase, además, Otis H. Green, «On *natura* in Boscán», HR, XVII (1949), 71-73. A los ejemplos aducidos por estos críticos se puede agregar el pasaje del poema *Image du monde* (terminado en 1247) que transcribe Ch.V. Langlois, *La connaissance de la nature et du monde au Moyen Age* (París, 1911), pág. 77.

avía repartido» (pág. 10); «Ninguna perfición ni hermosura puede dar la naturaleza que con Diana no la aya repartido» (pág. 243).

En la propia raíz de este mundo natural está colocado el concepto del amor. El adúltero amor cortés, depurado en el crisol petrarquista, empalma con el refinado amor platónico, ese puro «deseo de hermosura» que acucia al hombre renacentista y que se codifica en dos de los libros más influyentes del siglo XVI: los *Diálogos de amor,* de León Hebreo y *El cortesano,* de Castiglione[29]. En el caso de la *Diana,* y dada la ya mencionada característica de su autor, la obra es un continuo análisis del sentimiento amoroso, de acuerdo con las explicaciones psicológicas de León Hebreo, a quien en ocasiones se llega a traducir literalmente (cfr. págs. 194-201). Pero, al contrario de León Hebreo, esto no es un psicologismo en frío. La simetría vital que alienta en la novela impide el abstracto juego conceptual del teorizador y necesita, en cambio, la presentación en carne viva. Por otra parte, el deseo de recorrer, en la medida de lo posible, la gama psicológica del modelo —o más bien, de analizar el sentimiento en toda su complejidad— hace que el caso amoroso no sea único sino múltiple, al punto que casi hay tantos casos como pastores.

El amor es, pues, lo que mueve a cada pastor, y la problemática erótica, por su parte, es la que hilvana el argumento. El pastor vive ensimismado, destilando todo su placer de sentir al máximo la pasión que lo domina. Si su amor no es correspondido —lo que ocurre a menudo, ya que el amor no se gobierna por razón (pág. 179—, mejor, ya que «los que sufren más son los mejores» (pág. 167)[30].

---

[29] La cita del texto es de León Hebreo, trad. del Inca Garcilaso de la Vega, *NBAAEE,* XXI, 378, quien a su vez traduce a Platón. *El cortesano* lo cito por la traducción de Juan Boscán, ed. A. M. Fabié, Libros de Antaño, III (Madrid, 1863). Sobre el amor, véase L. Tonelli, *L'amore nella poesia e nel pensiero del Rinascimiento* (Florencia, 1933); sobre el amor cortés en España, cf. Otis H. Green, «Courtly Love in the Spanish *Cancioneros*», *PMLA,* LXIV (1949), 247-300, y *Courtly Love in Quevedo,* University of Colorado Studies, Series in Language and Literature, núm. 3 (Boulder, 1952), hay trad. española. Sobre el amor platónico se pueden consultar los estudios citados en n. 19. Un buen resumen del concepto del amor en el siglo XVI se halla en Lapesa, *La trayectoria poética de Garcilaso,* capítulo I. Una muy personal y provocativa interpretación del concepto y función del amor a través de la historia europea se halla en el libro de Denis de Rougemont, *L'amour et l'Occident* (París, 1939), que cito por la trad. inglesa, corregida y aumentada, *Love in the Western World* (Nueva York, 1956). No menos provocativa es la visión de conjunto que nos ofrecen los *Estudios sobre el amor,* de Ortega y Gasset (Buenos Aires, 1939).

[30] *Leitmotif* de la *Diana,* este placer doloroso ya encuadraba el concepto trovadoresco del amor, vid. Rougemont, *op. cit.,* libro I, cap. VIII, y C. S. Lewis, *The Allegory of Love* (Londres, 1938), cap. I. En el otro polo temporal todavía halla abundantes ecos en el Romanticismo. Musset, por ejemplo, en *La nuit de*

A las veces el individuo sale de su ensimismamiento, pero es sólo para dar voz a su intimidad amorosa, para hablar o cantar de la pasión que lo atenacea, por aquello de que «el mal diziéndose / passa a menos costa que callándose» (pág. 30), si bien se tiene plena conciencia de que «nunca passión bien sentida pudo ser bien manifestada con la lengua del que la padece» (pág. 69). Pero si el pastor está libre de amor —lo que en la *Diana* sólo ocurre como caso extraordinario, fuera del curso de naturaleza— puede adoptar otras actitudes y le es lícito llegar al extremo de suplantar las lágrimas por la risa. Tal es el caso de Sireno después de haber bebido el agua encantada de Felicia, que le hace olvidar su pasión por Diana (pág. 240) [31].

El verdadero amor —«buen amor» en contraposición a «amor vicioso» o «falso amor»— es por destino, como lo expresa uno de los personajes: «Cuando yo nací y aun ante mucho que naciesse, los hados me destinaron para que amasse a esta hermosa pastora» (pág. 261). Una vez nacido, a este amor no le hacen mella los embates del tiempo, la fortuna o la razón [32]. Si esta tríada de elementos, entre los que se cuentan dos —fortuna y razón— de los de mayor vigencia en el Renacimiento, no puede hacer cambiar al amante de sentimiento, es evidente que el individuo continuará en ese estado hasta su fin natural. Y aquí la psicología neoplatónica del amor lo atrapa a Mon-

mai, exclama: «Les plus déséspérés sont les chans les plus beaux», cf. Mario Praz, *The Romantic Agony* (Nueva York, 1956), pág. 28, donde se hallarán más ejemplos. En la novela pastoril esta delectación en el amador sufriente explica la abundancia de lágrimas que la caracteriza. Hay que reconocer, sin embargo, que esta descripción del amante era tópico común de la literatura erótica de la época, cf. Castiglione, *El cortesano*, pág. 486: «El andar ordinariamente triste y afligido en continuas lágrimas y suspiros, el estar triste, el callar siempre o quejarse, el desear la muerte, y, en fin, el vivir en extrema miseria y desventura, son las puras calidades que se dicen ser propias de los enamorados.» Cf., además, León Hebreo, *Diálogos*, pág. 307 a, pasaje que Montemayor traduce en la *Diana*, página 199.

[31] Este pasaje, donde por primera vez se menciona la risa, está colocado en el libro con fino toque artístico: no bien termina de hablar el ahora desamorado Sireno se oye una voz cantando una glosa de «La bella malmaridada», y a poco aparece Diana por primera vez, malmaridada ella misma y se siente del despego de Sireno. La segunda y última vez que se menciona la risa, coincide con la última aparición de Diana y es ella ahora la que se ríe, aunque con triste despecho ante su nueva y desairada situación: «Esto dezía Diana con una risa muy graciosa, aunque no se reya destas cosas tanto ni tan de gana como ellos pensavan» (página 266).

[32] «Amor que está subjecto al tiempo y a la fortuna no puede ser tanto que dé trabajo a quien lo padece» (pág. 69). Y, por su parte, dice Felicia: «No deve admirarte, aunque el perfecto amor sea hijo de razón, que no se govierne por ella, aunque no ay cosa que después de nacida, menos corresponda al origen de donde nació» (pág. 197).

temayor en un callejón sin salida. La situación ideal que propugna el neoplatonismo —y el amor cortés también— de un amor hasta la muerte es perfectamente consecuente con la forma en que allí se interpreta esta pasión. Pero, desgraciadamente, dicha situación niega lo mejor de la posibilidad novelística al fijar para siempre al individuo en una misma actitud vital[33]. Para salir del brete que implica la intención de aunar el psicologismo neoplatónico con el dinamismo novelístico, a Montemayor no le queda más que un recurso: apelar a lo sobrenatural. Se impone así la necesidad de la presencia de la sabia Felicia y su agua encantada que hace olvidar a los pastores sus viejas pasiones y les despierta otras nuevas. Con este subterfugio se devuelve elasticidad a los resortes de la novela, que han estado a punto de anquilosarse en los casilleros neoplatónicos[34]. El conflicto entre ideología y arte —platonismo y novela— se resuelve a favor del segundo, lo que no deja de tener influencia en el desarrollo interno de la novela española[35].

En lo que no toca a materias de amor, las vidas de los personajes están libradas a los caprichos de algo por encima de sus voluntades: la Fortuna. La diosa Fortuna de la época clásica, caprichosa dispensadora de bienes y males, escapa a la ordenación divina del mundo, a la cadena jerarquizante de la cosmología cristiana, y la literatura patrística y escolástica la condenan en redondo. Pero su plasticidad la salva y sobrevive con acrecida popularidad como instrumento de la Providencia. Su continuidad llega así al Renacimiento, donde se desemboza de nuevo su sentido pagano. El concepto, tal como lo conoce la España del siglo XVI, oscila entre la interpretación católica —servidora de la divina Providencia— y la clásica —veleidosa divinidad autónoma—. El siglo XVII adopta, por lo general, una actitud

---

[33] *La Princesse de Clèves,* de madame de Lafayette, cuyo psicologismo tanto debe a la pastoril, deriva su estatismo, precisamente, de llevar esta conclusión, que Montemayor esquiva, a su fin lógico.

[34] Es bien conocida la crítica de Cervantes al agua encantada (*Quijote,* I, vi); menos conocida es la forma artística que toma su respuesta a lo que él considera desmedro de la omnipotencia del amor. Todo ello se estudia con el debido espacio en las páginas 90-92. Sobre el concepto del amor en la *Diana* se debe consultar el artículo de Bruce W. Wardropper, «The *Diana* of Montemayor: Revaluation and Interpretation», *SPh,* XLVIII (1951), 126-144, en especial, págs. 134-140.

[35] No todo es platonismo en la novela, sin embargo. La situación vital de la pareja central de amantes (Diana y Sireno) es la característica del amor cortés: Diana está casada. Pero el platonismo anula la posibilidad de un amor adúltero. Además, la poco favorable presentación del marido Delio es propia de la misma tradición trovadoresca. El homosexualismo latente en algunos episodios sí debe provenir del platonismo, cf., Wardropper, art. cit., págs. 138-139.

semejante a la medieval: o bien se niega su existencia o se la alía al concepto de Providencia [36].

En la *Diana* son los caprichos de Fortuna los que proveen los incidentes al hacer cambiar a los hombres de estado y condición con las vueltas inesperadas de su rueda:

> Caer de un buen estado
> es una grave pena y importuna,
> mas no es amor culpado;
> la culpa es de Fortuna,
> que no sabe exceptar persona alguna (pág. 169).

Pero aun así Fortuna sonría y detenga momentáneamente su rueda, sus halagos son de menor estima que los dones de la naturaleza, ya que lo consustancial es siempre superior a lo advenedizo. De esta manera, el marido de Diana —de quien se dice que «aunque es rico de los bienes de fortuna, no lo es de los de naturaleza» (pág. 30)— queda relegado a humilde posición al lado de su incomparable esposa.

Estos tres —naturaleza, amor y fortuna— son los conceptos rectores de la *Diana*. La ideología renacentista, en sus expresiones de mayor efectividad actuante, se entrevera en apretado haz para proporcionar el escenario y los móviles novelísticos. Esta fijación artística de los conceptos rectores de su momento histórico no es de los menores méritos de la obra, pero para apreciarlos en toda su rica densidad es menester abandonar la visión olímpica de la ideología para atender a lo concreto y particular de la circunstancia novelística.

La novela está dividida en siete libros que se distribuyen con perfecta simetría [37]. Los libros I-III presentan los problemas de amor, la casuística. El libro IV, que transcurre en el palacio de Felicia, es el que provee las soluciones a estos problemas. En los tres últimos libros

---

[36] Sobre la historia del concepto de Fortuna, véase Howard R. Patch, *The Tradition of the Goddess Fortuna in Roman Literature and in the Transitional Period* (Northampton, Mass., 1922), y del mismo autor, *The Goddess Fortuna in Mediaeval Literature* (Cambridge, Mass., 1927). Buen resumen de los avatares del concepto se halla en M. R. Lida de Malkiel, *Juan de Mena, poeta del Prerrenacimiento español* (México, 1950), págs. 20-30. Sobre Fortuna en el siglo XVI español, véase F. López Estrada, «Sobre la Fortuna y el Hado en la literatura pastoril. (Nota a propósito de una edición de Gracián)», *BAE*, XXVI (1947), 431-442; para su validez en la España del siglo XVII, cf. E. Moreno Báez, *Lección y sentido del «Guzmán de Alfarache»* (Madrid, 1948), págs. 144-148. Sobre el sentido general de los dioses paganos en el Renacimiento es de capital importancia la obra de Jean Seznec, *La survivance des dieux antiques* (Londres, 1940).

[37] Wardropper, art. cit., pág. 135, fue el primero en describir esta presentación simétrica.

los pastores salen a buscar las soluciones, o bien se dedican a vivir tranquilamente, con su problema vital ya resuelto. O sea, que hay un movimiento inicial de convergencia argumental en el palacio de Felicia, seguido de otro de divergencia en que se subdivide en sus componentes la ceñida hilazón del tema.

El argumento de los tres primeros libros, desnudado de todo adorno y excurso, es como sigue: un grupo de personas emprende camino hacia un lugar determinado con el fin de mejorar de situación. En el trascurso del viaje este núcleo crece gradualmente, puesto que se le agregan nuevos viajeros, quienes, después de haber contado sus historias, se incorporan a la comitiva, convencidos por el grupo inicial de que les lleva mucha cuenta en dirigirse al mismo destino. Los viajeros, claro está son pastores, y su destino el palacio de Felicia. Pero, esencializado así el argumento, se evidencia su derivación de un viejísimo motivo folklórico que aparece ya, por lo menos, en el siglo XII, en el poema del *Pélérinage Renart* [38]. Y más cercano a nuestros días, la vitalidad del motivo todavía produce el deleite de los niños al encarnarse en un cuento de los hermanos Grimm (*Los músicos de Bremen*). En los Estados Unidos, Lyman Frank Baum se sirvió del mismo artificio para componer su popularísimo *Mago de Oz,* que junto con el cuento de los Grimm, ha difundido el motivo por todo el mundo [39].

A este tenue hilo tradicional se urden en la *Diana* diversos episodios que, por lo general, contribuyen a remansar el análisis psicológico o la expresión lírica de la pasión. Hay uno de estos episodios, sin embargo, que por lo insólito de las circunstancias adquiere ciertas características de excepcionalidad que han despistado a algún crítico [40]. Tres ninfas discurren por un prado cuando se ven atacadas

[38] Véase *Le Roman de Renart,* ed. Ernest Martin, I (Estrasburgo, 1882), 265-278. Consúltese, además, Léopold Sudre, *Les sources du Roman de Renart* (París, 1893), págs. 205-225, donde se estudian otras obras de tipo semejante, en especial el poema latino *Ysengrimus,* que corresponde al *Pélérinage* romance.

[39] Según la clasificación de A. Aarne y Stith Thompson, *The Types of the Folk-Tale,* Folklore Fellows Communications, núm. 74 (Helsinki, 1928), este tipo de cuentos es el númedo 130; en la obra de Stith Thompson, *Motif-Index of Folk-Literature,* Folklore Fellows Communications, núms. 106-109, 116-117, 6 volúmenes (Helsinki, 1932-1936) —que en la actualidad se está editando en forma ampliadísima—, es el tipo K 1161. En ambas obras se puede hallar copiosa bibliografía folklórica y referencias a las numerosas variantes del arquetipo.

[40] Affonso Lopes Vieira, en su adaptación *A Diana de Jorge de Montemor* (Lisboa, 1924), págs. XXXIII-XXXIV, dice: «Num passo apenas me sobrepus ao pensamento do poeta, por nao havê-lo alcançado: os sátiros que sorpreendem as ninfas no livro segundo. No texto castelhano descrevemse copiosamente uns «salvajes» cuja natureza não logre compreender, tão misturada me pareceu de medieval e pagã.»

y violentamente requeridas de amores por tres salvajes. El rapto está a punto de ser consumado cuando aparece Felismena, quien los mata a flechazos [41]. Los salvajes están descritos en los siguientes términos:

> Salieron de entre unas retamas altas, a mano derecha del bosque, tres salvajes, de estraña grandeza y fealdad. Venían armados de coseletes y celadas de cuero de tigre. Eran de tan fea catadura que ponían espanto; los coseletes trayan por braçales unas bocas de serpientes, por donde sacaban los braços que gruessos y vellosos parecían, y las celadas venían a hacer encima de la frente unas espantables-cabeças de leones; lo demás trayan desnudo, cubierto despesso y largo vello, unos bastones herrados de muy agudas púas de hazero. Al cuello trayan sus arcos y flechas; los escudos eran de unas conchas de pescado muy fuerte (págs. 87-88).

Los detalles de la descripción nos ponen sobre la pista. Estos lujuriosos salvajes son los mismos que los que pueblan la literatura, el folklore y la iconografía medievales [42]. La confrontación con una de las primeras descripciones literarias del salvaje basta para demostrarlo. En uno de los poemas del aristocrático Chrétien de Troyes se atribuyen de intento al villano casi las mismas características de los salvajes de la *Diana:*

> Un vilain qui ressanbloit mor,
> grant et hideus a desmesure,
> (einsi tres leide creature,
> qu'an ne porroit dire de boche),
> vi je seoir sur une çoche,
> une grant maçue an sa main.
> Je m'approchai vers le vilain,
> si vi qu'il ot grosse la teste
> plus que roncins ne autre beste,
> chevós meschiez et front pelé...
>
> (*Yvain*, vv. 288-297.)

[41] Hector Genouy, *op. cit.*, pág. 69, creyó ver en el episodio influencia de la *Arcadia* de Sannazaro, en cuya *prosa* III se describen los grabados que hay en la puerta de un templo; uno de ellos trata de la persecución de unas ninfas por cuatro sátiros, que finalmente se ven burlados. Esto es, desde luego, trilladísimo, tema clásico, y es debido a su condición de tal que Sannazaro lo incluye en su obra. En Montemayor, según se verá, todo es distinto: circunstancias, personajes, orígenes y sentido del episodio.

[42] Cf. Richard Bernheimer, *Wild Men in the Middle Ages* (Cambridge, Mass., 1952), con especial énfasis en lo folklórico. En España el salvaje adquirió gran boga en las artes plásticas de los siglos xv y xvi, cf. José M. de Azcárate, «El tema iconográfico del salvaje», *Archivo Español de Arte*, XXXI (1948), 81-89. El artículo de John D. Williams, «The Savage in Sixteenth Century Spanish Prose Fiction», *Kentucky Foreign Language Quarterly*, III (1956), 40,46, es insatisfactorio en casi todos sus aspectos. Consúltense, además, el marqués de Lozoya, «Algunos temas novelescos en el arte hispano», *EMP*, IV (Madrid, 1953), 569-577, y Robert W. Ackerman, «Arthur's Wild Man Knight», *RPh*, IX (1955), 115-119.

La tradición del salvaje en España no es menos antigua, y se remonta, cuando menos, a las «serranas feas» del Arcipreste de Hita, puesto que estas «agrestes feminae» o «silvaticae» son el equivalente femenino del salvaje [43]. Más tarde los salvajes proliferan. Se hallan en el *Palmerín de Inglaterra* [44], en la *Cárcel de amor*, en la descripción de Deseo [45]. En el teatro aparecen con brevedad en *El infamador* de Juan de la Cueva, y le suministraron a Lope el tema de una comedia (*El nacimiento de Ursón*, también llamada *Ursón y Valentín*). Por último, los salvajes figuran en el regocijo y jolgorio general que marcan las bodas de Camacho (*Quijote*, II, 20), y son los encargados de traer a Clavileño a la escena (*Quijote*, II, 41) [46].

A vueltas de esta tradición multisecular el salvaje se cargó de valores simbólicos, entre los que siempre se destacó el que lo convertía en agente de desenfrenado y brutal apetito sexual [47]. Se explica así la elección de salvajes por Montemayor al llegar a este paso de la *Diana*: desde el momento en que los salvajes quedan identificados como tales, el lector renacentista esperaba una inminente violencia amorosa. Con el simple expediente de introducir salvajes, el autor pone al lector en sobreaviso de la vecina catástrofe.

El simbolismo tradicional aclara de esta manera la función novelística de los salvajes, pero no sirve para descifrar la íntima razón de ser de todo el episodio. Nada más antipático al espíritu de la pastoril que hacer cambiar el curso del amor por medio de la violencia —constituiría una contradicción esencial—, y, por su parte, el derramamiento de sangre que cierra el episodio destroza el marco de paz idílica

[43] Cf. Leo Spitzer, «En torno al arte del Arcipreste de Hita», *Lingüística e historia literaria* (Madrid, 1955), págs. 145-146.

[44] Un hombre grande de cuerpo, cubierto todo de pelo a manera de salvaje, la barba blanca y crecido el rostro ya arrugado, en la mano izquierda un arco y en la derecha una flecha con su yerba, y una aljaba llena dellas, y alrededor del brazo una cuerda con que el león se prendía», ed. A. Bonilla y San Martín, *NBAAEE*, XI, 52.

[45] «Vi salir a mi encuentro por entre unos robredales do mi camino se hazia, vn caballero assí feroz de presencia como espantoso de vista, cubierto todo de cabello a manera de salvaje. Leuaua en la mano yzquierda vn escudo de azero muy fuerte, y en la derecha vna ymagen femenil entallada en vna piedra muy clara», *apud* Diego de San Pedro, *Obras*, ed. S. Gili y Gaya, Clásicos Castellanos (Madrid, 1950), pág. 116.

[46] Hay muchos ejemplos más, entre ellos, en la novela *Tristán de Leonís*, capítulo LIV, en el *Amadís de Grecia* de Feliciano de Silva, parte I, cap. XIII, y brevemente, en la *Diana* de Gil Polo. En el teatro, con diversa importancia, se hallan en Lope, *El hijo de los leones*, y también en *Los celos de Rodamonte*; Guillén de Castro, *El conde de Irlos*; Vélez de Guevara, *Amor es naturaleza*.

[47] Véase el denso capítulo que dedica Bernheimer a este simbolismo, *op. cit.*, capítulo V, «The Erotic Connotations».

de la novela. Fernando de Herrera, autoridad suma en materia de cánones poéticos, condenará terminantemente este tipo de violencias en el campo pastoril: «La materia desta poesía es las cosas i obras de los pastores, mayormente sus amores, pero simples i sin daño, no funestos con rabia de celos, no manchados con adulterios; competencias de rivales, pero sin muerte i sangre» [48].

Una explicación acertada, pero parcial de esta aparente anomalía de los salvajes fue dada por Bruce W. Wardropper, quien expresó su respuesta en los siguientes términos: «Sólo el orden natural queda por fuera de esta jerarquía [mundo natural y mundo sobrenatural]. Está representada en la *Diana* por los salvajes que habrían violentado a las ninfas a no ser por la intervención de Felismena. Simbolizan la fealdad y la bestialidad. Para ellos no hay salvación, hay sólo destrucción.» Y más adelante continúa su explicación: «En esta expresión de la belleza falta el contraste con la fealdad. El único detalle feo en la *Diana* es la aparición de los salvajes empeñados en violar a las ninfas... Representan la bestialidad. Su fealdad es más que superficial. Ellos quebrantan no sólo el esquema de belleza, sino también —con su acto de violencia— el idílico escenario pastoril. Este elemento grotesco se debe usar con tiento. Se introduce una vez sola para realzar la belleza circundante. La repetición hubiera disminuido la total expresión de belleza en la obra» [49]. El móvil del contraste artístico debe haber influido, sin duda, en la decisión de Montemayor, pero el hacer hincapié al interpretar todo el episodio en el punto de vista estético equivale, a mi entender, a quitarle algo de su profundidad, aparte de desviarse de la intención principal de la obra (cfr. *supra*, pág. 74).

Ya se ha visto que la *Diana* es una presentación de casos de amor regidos por principios neoplatónicos. Aún más, el neoplatonismo enmarca la novela y le da su sentido. Pero cabe la posibilidad de que existan «casos de amor», si así puede llamárselos, que no respondan a las directivas neoplatónicas. En consecuencia, y después de una sucesión de casos normales, Montemayor nos presenta uno anormal, uno que queda al margen del código aceptado, y el desenlace es ejemplar. El amor, para los platónicos, es el fundamento de la armonía universal; por lo tanto, violentar el amor será hacer violencia a la armonía celeste. Así lo había dicho Platón (*Banquete*, 188 ss.) y lo

---

[48] *Anotaciones a las obras de Garcilaso* (Sevilla, 1580), s. v. *Egloga*.

[49] Art. cit., págs. 130 y 141. El colocar al salvaje en el mundo no natural es debatible, ya que los propios teólogos medievales no llegaron a ponerse de acuerdo en el asunto.

repite su más conocido exégeta renacentista, León Hebreo [50]. Los salvajes, al buscar satisfacción a su apetito bestial, recurren a la fuerza y quebrantan así la armonía universal. Se hacen, por consiguiente, reos del mayor crimen posible, que pagarán con la pena máxima. Su muerte se puede considerar como un holocausto a la casuística neoplatónica. Cumplido el sacrificio se cierra el paréntesis no platónico y las cosas vuelven a su curso normal.

El episodio tiene, pues, total pertinencia dentro de la intención artística e ideológica de Montemayor. Su sentido estético dicta el contraste entre la fealdad de los salvajes y las bellezas ideales que pueblan la *Diana*. Desde el punto de mira ideológico —o mejor aún, de relación entre vida e ideal—, el episodio es la contrapartida de los demás: los casos neoplatónicos resaltan más con la inserción de este caso anti-platónico. Todas estas implicaciones últimas están, evidentemente, apartadísimas del salvaje del Medioevo. El tema tradicional le ha servido a Montemayor de trampolín. Partimos del terreno neutral de una determinada tradición folklórica y literaria, pero después de grácil pirueta nos hallamos inmersos en uno de los problemas capitales de la vida y las letras renacentistas: el problema del amor. Y en esta forma el original uso de un asunto tradicional derrama nueva luz sobre los sutiles lazos que unen la literatura y la vida.

Muertos los salvajes, la novela vuelve a su cauce anterior. Las parejas de desencontrados amantes llegan, por fin, al palacio de Felicia. Ya queda expuesto el atolladero ideológico en que se halla Montemayor al llegar a este punto. Los diferentes problemas eróticos que estos amadores encarnan son insolubles dentro de la filosofía neoplatónica del amor. Por suerte, allí está la sabia Felicia que les hace beber de su agua encantada, y todos sus problemas se resuelven. Los enamorados se emparejan y reina la felicidad.

La solución dada a este episodio axial recibió dura crítica por parte de Cervantes. Durante el escrutinio de la librería de don Quijote, la *Diana* se salva condicionalmente de las llamas. El cura no la condenará al brazo secular del ama siempre y cuando «se le quite todo aquello que trata de la sabia Felicia y de la agua encantada» (I, vi). Se hace obvio que la solución ofrecida por Montemayor no es tal en opinión de Cervantes. Como explicó hace años Américo Castro [51], el amor, fuerza vital, no puede ser desviado por medios sobrenatura-

---

[50] *Diálogos de amor*, pág. 324 b: «La correspondencia mutua y recíproca que se halla en los cuerpos celestiales, más aína me parece efeto y señal de su amor que causa de él.» Comparar, también Castiglione, *El cortesano*, pág. 493.

[51] *El pensamiento de Cervantes*, págs. 150-151.

les. No se debe hacer tabla rasa con las angustiadas vidas pastoriles y someterlas sin discriminación a un artificial elixir anti-vital. Para Cervantes este problema, como todos los otros, debe resolverse dentro del ámbito de las existencias en juego, no en arbitrario alejamiento de las mismas.

El error de Montemayor —pecado casi, dentro de la concepción de la vida de Cervantes— merecerá no sólo la expurgación textual del escrutinio, sino una corrección formal y ejemplar. Dada la idiosincrasia cervantina, ésta no revestirá aspectos teóricos, sino que se encajará en lo más hondo del vivir de sus personajes. Como consecuencia, el palacio de Felicia, con todas sus circunstancias, se dará en versión radicalmente vivificada.

Desde este punto de mira —de la atalaya de la *Diana*— veo yo el episodio central del primer *Quijote,* el de la venta de Juan Palomeque el Zurdo [52]. Hay, desde luego, una transmutación total de los oropeles de la *Diana,* suficientemente indicada en la metamorfosis del palacio de la sabia Felicia, ahora venta del avieso zurdo Juan Palomeque. Aquí concurren también diversos casos de amor, aunque ya no son más los transparentes Sirenos, Silvanos y Selvagias, sino personajes muy concretos y tridimensionales: don Fernando y Luscinda, Cardenio y Dorotea, el Cautivo y Zoraida, doña Clara y don Luis. Pero la solución no depende ahora de medios sobrenaturales como en la *Diana.* Ya se ha dicho que éste es, justamente, el blanco a que apunta la crítica cervantina. La misma crisis central se resolverá aquí de acuerdo con el contexto de las vidas de los personajes. No se atiende ahora a un artificioso remedio general, sino a una solución vital y particular. Esta será el resultado del buceo de cada uno de estos individuos en su propia conciencia hasta que la ilumine el autoconocimiento. La verdad interna a que se llegue será la que guiará las acciones. Los desencontrados amantes se ven reunidos en cada uno de los casos por este conocimiento de sí mismos. Luscinda, por ejemplo, increpa a su engañador del siguiente modo: «Antes por ser tan verdadera y tan sin trazas mentirosas me veo ahora en tanta desventura; y desto vos mesmo quiero que seais el testigo, pues *mi pura verdad os hace a vos ser falso y mentiroso*» (I, xxxvi). O Dorotea hará que don Fernando vuelva a la buena senda, diciéndo-

---

[52] Para evitar mal entendidos me apresuro a aclarar que no considero el episodio de la venta como resultado exclusivo de la acción de una fría causalidad extra-artística. El amplio ademán con que Juan Palomeque acoge en su venta a tan diversos personajes tiene su explicación y valoración artísticas en sí mismo. Pero aunándolo a la crítica de la *Diana* del capítulo VI, el episodio de la venta brilla con nuevos destellos.

le: «Cuando todo esto falte, *tu misma conciencia no ha de faltar* de dar voces callando en mitad de tus alegrías, *volviendo por esta verdad que te he dicho,* y turbando tus mejores gustos y contentos *(ibidem)* [53].

En este sentido ha sido la *Diana* la que ha servido a Cervantes de trampolín. Porque la estructura del *Quijote* y su ideología están a la misma distancia de la *Diana* que ésta se halla de los salvajes medievales, en lo que se refiere a la ideología, o del *Pélérinage Renart,* por ejemplo, si atendemos a la forma. Pero la madura superación no estriba tanto en la forma, ya que el palacio de Felicia, visto del revés —o esperpentizado, que diría Valle-Inclán—, podría delinear sin mayor violencia una venta o apeadero. La verdadera novedad radica en la solución dada al dilema de Montemayor. Los personajes de la *Diana* se acartonan en el momento que Amor les roba su voluntad —«Todas las subjeciones corporales dexan libre a lo menos la voluntad, mas la subjeción de amor es tal que la primera cosa que haze, es tomaros possesión della» (pág. 201)—. Mejor dicho, los personajes son abúlicos por necesidad artística: si dispusieran de voluntad podrían romper las cadenas que los sojuzgan a Amor, cuyo concepto se esfumaría, en consecuencia. La ideología y temática de la *Diana* la fuerzan a representar un mundo donde la voluntad está paralizada, con lo que los personajes pierden densidad anímica y se hacen transparentes. Asimismo, esta abulia característica impide el autoconocimiento, ejercicio el más limpio y firme de la voluntad. Todas estas circunstancias condenan al pastor, en el sentido de que su problema amoroso, para ser resuelto, tendrá que serlo desde fuera, con auxilio de lo sobrenatural, ya que, por otra parte, el mundo natural, concebido *platonico more,* es también incapaz de ayuda (cf. *supra,* pág. 82). La solución efectiva y natural sólo se dará cuando el personaje novelístico posea voluntad propia, diferenciada y actuante, y este proceso implica nada menos que el paso de la narración novelada a la novela moderna.

No se entienda, sin embargo, que la técnica novelística de la *Diana* es primitiva. Por el contrario, se usa en ella una técnica del relato que afectará a la novela española en un momento crítico de su desarrollo. Ya se ha dicho que el eje de acción de la *Diana* está dado por el episodio de Felicia y su agua encantada. Desde el momento en que se menciona su nombre la trama va en línea recta hasta llegar a su palacio. Movimiento rectilíneo, sí, pero deliberadamente

[53] Véase mi *Conocimiento y vida de Cervantes* (Buenos Aires, 1959), donde adelanté estas observaciones aunadas a otras consideraciones sobre la autognosis en Cervantes dentro del esquema del problema epistemológico en su obra.

lento. La casuística amorosa, alma de la novela, se presenta en las historias de sus vidas —sus casos de amor—, que cuentan los propios personajes, quienes, además, aprovechan la oportunidad para sentir y expresar de nuevo la pasión. El progreso de la acción se ve detenido momentáneamente, pero apenas se cierra el paréntesis vuelve a continuar derecho a su objetivo. Pero a partir del libro V la técnica narrativa cambia. El hilo argumental se subdivide en tramas paralelas, ya que, dada la respuesta a cada caso erótico personal, los pastores se aplican a lograr la solución ofrecida, y esto no se puede hacer en la forma colectiva de los tres primeros libros, sino que necesita la búsqueda individual. El interés del autor se concentra ahora en presentarnos las acciones y reacciones de cada uno de los personajes después de la experiencia del agua encantada, vale decir, de lo sobrenatural [54].

Este tipo de construcción novelística, en que la acción avanza a saltos, viéndose detenida en ocasiones por la encrucijada anecdótica, se deriva de la tradicional forma narrativa de las novelas bizantinas [55]. Pero Montemayor no sigue al relato bizantino en sus innumerables vueltas y revueltas. La razón de esta simplificación es que en la *Diana* ha habido un fértil entrecruce de la técnica bizantina con el motivo folklórico del viaje. El novelista, sin embargo, guiado por su propio ideal artístico, no acepta ninguno de los dos en su totalidad. A la novela bizantina se la despoja de casi todas sus complicaciones, pero al mismo tiempo se rechaza la simplicidad de objetivo del cuento folklórico. Por lo tanto, en la *Diana* la interrupción es única, y la acción dentro de la anécdota intercalada también es única, con lo que el ritmo narrativo no sufre sino una detención más o menos breve, que dista mucho de ser enojosa.

Además, el sentido de estas historias intercaladas es totalmente distinto. Las historias son tres y presentan una autobiografía parcial de Selvagia (libro I), Felismena (libro II) y Belisa (libro III). El desenlace de la historia de Felismena se relaciona con el último libro de la *Diana,* que contiene, además, la historia actualizada de Armia y Duarda. El escenario y la localización de estos relatos varían. La historia de Selvagia transcurre en un pueblo de Portugal; la de Felismena, por su mayor parte, en la corte de España, mientras que la de Belisa ocurre en una aldea española. Con Armia y Duarda el escenario

---

[54] Conviene recordar que si al final quedan algunos hilos sueltos se debe a que la *Diana* quedó inconclusa, sin la segunda parte prometida.

[55] Ya lo notó López Estrada, *Diana,* segunda ed., págs. LXXXI-LXXXII, y también en su edición de Heliodoro, *Historia etiópica de los amores de Teágenes y Cariclea,* trad. Fernando de Mena (Madrid, 1954), págs. XIX-XXIII.

se traslada de nuevo a Portugal, pero bajo diferentes circunstancias: hay ahora un deseo de verosimilitud que provoca una geografía localizada y el cambio lingüístico de castellano a portugués (cf. *supra*, pág. 79).

La *Diana*, al ser una obra pastoril, tendrá, por definición, un tema ideal y poético, en el sentido que daban a estos términos los comentaristas contemporáneos de la *Poética* aristotélica [56]. Esta identificación es la que caracteriza el argumento vertebral de la novela, pero ya se ha visto que este argumento se ve interrumpido de a momentos por correrías a zonas distintas de aquellas en que impera la idílica vida pastoril. En estos paréntesis narrativos se recrean escenas pueblerinas y cortesanas de la vida portuguesa y de la española. Los diversos excursos están amalgamados por el simple expediente de que los pastores no abandonan el escenario bucólico [57]. Estos otros mundos son evocados por los diferentes narradores, al tiempo que ellos mismos están enclavados en pleno mundo pastoril. Si hacia el final de la novela la acción no transcurre más en dicho mundo, es porque se han seguido las huellas de Felismena, personaje «histórico», según la terminología aristotélica, que está en vías de reintegrarse a su ocupación vital no-pastoril.

Estas formas de vida son extrañas a la pastoril, pero se hallan integradas en la novela por la aparición en el escenario bucólico de los diversos personajes, cada uno de los cuales trae su bagaje de variadas experiencias a cuestas, y lo comparte con los demás. De esta manera, el eje temático de la *Diana* mantiene su integridad pastoril, mientras que los rayos que de allí parten representan estados vitales ajenos al género. Si la pluralidad de mundos de las historias intercaladas desemboca en el mundo de la pastoral es porque ésta recrea el tipo de la vida más cercano a la naturaleza, y por lo tanto en él están ínsitos los posibles embriones de todas las vidas y mundos [58].

La presentación del ideal no implica, sin embargo, una idealización absoluta y uniforme. Ya se ha visto en Torquemada y Garcilaso

---

[56] Acerca de los muchos problemas de teoría literaria que confrontaron al neoaristotelismo quinientista, en especial la antinomia entre lo universal-poético y lo particular-histórico, cf. Giuseppe Toffanin, *La fine dell'Umanesimo* (Turín, 1920), y Américo Castro, *El pensamiento de Cervantes*.

[57] Es verdad que el palacio de Felicia no está dentro del mundo pastoril, pero, por lo demás, tampoco está dentro del mundo natural.

[58] No creo del todo correcto hablar de una «desrealización» de la vida al hablar de la pastoril, como hace Lapesa, *La trayectoria poética de Garcilaso*, pág. 125, con referencia a Pedro Salinas (*Reality and the Poet*). Me parece más propio hablar de una «pastorilización» de la realidad, en la que los valores de ésta se transmutan —y ganan en universalidad— al pasar de la Historia al Mito.

cómo ideal y realidad no sólo coexisten, sino que se integran en visión única (*supra*, págs. 53 y 61-62). Lo propio ocurre en Montemayor. El caso más palmario serían las pastoras portuguesas, pero sucede que todo este episodio está colocado fuera del marco pastoril. Quedan, no obstante, los suficientes indicios para evidenciar —aun dentro del decidido idealismo de esta novela— la dificultad hispánica en disgregar vivir ideal de vivir específico. Por ejemplo, antes de empezar Felismena su historia los pastores «se fueron a la aldea a buscar de comer, porque ya era tarde y todos lo avían menester» (páginas 92-93) [59]. Aquí, y en otras novelas pastoriles, la realidad interfiere con la voluntad de estilo. Y estos mismos pastores, que aunque poéticos no se olvidan de su «bucólica», son también muy capaces de discutir las tareas propios de su oficio en forma tan dilatada que irritan a la hermosa Diana [60]. Pocos son estos pasajes, pero interesa recogerlos, puesto que su mayor o menor profusión constituye un buen índice de la evolución interpretativa de lo que debe ser el mundo pastoril novelístico a partir de la *Diana*, modelo indiscutido del género.

Hay, pues, en la *Diana* una específica intención de aunar dos interpretaciones diversas de lo pastoril, y, más importante aún, de integrar en la novela otras esferas de vida, usando como centro magnético el mundo de los pastores [61]. Hay, por consiguiente, un delibe-

---

[59] Otro ejemplo: «Y porque ya eran más de tres horas de la noche, aunque la luna era tan clara que no echavan menos al día, cenaron lo que en sus çurrones trayan y después de aver cenado, cada uno escogió el lugar de que más se contentó, para pasar lo que de la noche les quedava» (pág. 161).

[60] «Pues estando los dos pastores hablando en algunas cosas tocantes al pasto del ganado y el aprovechamiento dellos, Diana les rompió el hilo de la plática, diziendo contra Sylvano: Buena cosa es, partor, que estando delante la hermosa Selvagia trates de otra cosa sino de encarecer su hermosura y el gran amor que te tiene» (pág. 272). Como se puede apreciar, Diana conocía los deberes del pastor poético mejor que Silvano.

[61] En este sentido hay que plantearse el problema de la *Historia de Abindarráez y Jarifa*, que fue incorporada al texto de la *Diana* a partir de la edición de Valladolid, 1561, si bien circulaba por lo menos en dos versiones con seguridad anteriores a la impresión de la novela pastoril (la de Antonio de Villegas en el *Inventario,* y la anónima de la *Parte de la Corónica del ínclito infante D. Fernando*). Parece seguro que el responsable de esta adición no fue Montemayor, pero quien quiera que haya sido lo hizo con certero instinto poético y perfecta comprensión de la textura de la *Diana*. Dentro del integralismo de la novela, el *Abencerraje* representa una nueva dimensión vital —la vida moro-cristiana de la frontera— e introduce y une el mito heroico al mito pastoril. Por otra parte, la materia del *Abencerraje* sufre leves retoques, al incorporarse a la *Diana*, que uniforman la expresión poético-ideológica, como demostró F. López Estrada, *El Abencerraje y la hermosa Jarifa* (Madrid, 1957), págs. 46-54. La *Corónica*, que López Estrada publica mutilada, tal como se encuentra en el ejemplar de la casa

rado esfuerzo para ampliar la perspectiva novelística, así esto implique abandonar algunos de los preceptos establecidos por la teoría literaria de su época, españolísima característica, por lo demás. En este sentido, la *Diana* se coloca inequívocamente en una línea de desarrollo interno de la novela española que, pasando por la *Galatea,* culmina y remata en el *Quijote.* La aspiración artística de Montemayor se patentiza, en este particular, como un deseo de entramar con armonía la Poesía y la Historia —los dos polos temáticos y antitéticos de la poética neoaristotélica— a base del uso del artificio técnico tradicional de los cuentos intercalados, que aquí funcionan como los agentes introductorios de la materia no-pastoril. Sin embargo, el esfuerzo de Montemayor resultó fallido. Fracasó debido a que las diferentes esferas vitales permanecen, en gran medida, herméticas en su identidad particular. Los pastores no son más que espectadores pasivos que presencian el burbujeante desfile de estas fuerzas vitales desde la atalaya aislada e ideal de su condición pastoril. La marejada de la vida pasa sin tocarlos [62].

Pero, al mismo tiempo, la *Diana* representa subidos valores efectivos que determinan y configuran mucho de la literatura que la sigue. La laboriosa búsqueda por la nueva expresión literaria que encarne el mito pastoril tal como lo entiende el Renacimiento llega a su fin, y el modo expresivo se plasma en forma definitiva. El logro de este modo implica una sabia destilación del arte narrativo y de la lírica precedentes. En su justa medida se hallan aquí elementos de muy diversa procedencia: la novela bizantina, la sentimental, la epistolar [63]. La parte lírica se informa a base de lo tradicional y lo renacentista, el villancico y la poesía cancioneril por un lado, y Garcilaso y la corriente petrarquista por el otro [64]. Y por sobre todo

ducal de Medinaceli, fue publicada en el mismo año en su versión íntegra, que es nada menos que la edición fantasma de Toledo, 1561, que había visto Gayangos, vid. A. Rumeau, «L'Abencérage: un texte retrouvé», *BHi*, LIX (1957), 369-395.

[62] La situación no deja de tener su ironía. Es en términos de vida que Montemayor trata de resolver la antítesis teórica —el delicado equilibrio de las experiencias vitales que se hallan en los cuentos intercalados y de las experiencias poéticas del argumento vertebral—, pero su solución todavía peca de exceso de literatura para resultar satisfactoria. La dicotomía Vida-Literatura permanecería tal cual mientras el proceso creativo siguiese acentuando el segundo término.

[63] Las cartas en la *Diana* dan nueva dimensión al análisis y expresión de la pasión personal. Sobre la novela epistolar en general véase Charles E. Kany, *The Beginnigs of the Epistolary Novel in France, Italy and Spain* (Berkeley, 1937).

[64] Análisis de los versos de Montemayor se hallarán en López Estrada, *Diana,* edición cit., págs. LXXXIV-LXXXV, Moreno Báez, *Diana,* ed. cit., págs. XLIX-LVII, y E. Segura Covarsí, *La canción petrarquista en la lírica española del Siglo de Oro* (Madrid, 1949), págs. 129-132 y 254-257.

esto, visto ahora en su aspecto positivo de contribución a la forma y al sentido del nuevo género, la ampliación de las dimensiones del mundo pastoril, que desde ahora llevará infartadas todas las posibilidades expresivas de la realidad física y de la realidad ideal. Para los siglos XVI y XVII europeos la *Diana* es el modelo en que se plasma la nueva expresión formal e ideológica del mito pastoril y que incorpora al dominio de la literatura creativa la nueva psicología del amor al hacer uso artístico de su método analítico.

1974. De una vez por todas recomiendo al lector, en todo lo que se refiere a historia de las ideas, en particular, a la imponente obra de Otis H. Green, *Spain and the Western Tradition. The Castilian Mind in Literature from «El Cid» to Calderón*, 4 vols. (Madison, 1963-1966); hay traducción castellana en la Biblioteca Románica Hispánica de la Editorial Gredos.

Sobre un aspecto de la tradición clásica en la bucólica española del Renacimiento, ver Marcial José Bayo, *Virgilio y la pastoral española del Renacimiento (1470-1550)*, segunda ed. (Madrid, 1964), y también F. López Estrada, «Los temas de la pastoril antigua», *Anales de la Universidad Hispalense*, XXVIII (1967), 131-82. Para una nueva aproximación a las relaciones entre Sannazaro y Montemayor, ver los siguientes tres trabajos de Michele Ricciardelli, *Notas sobre «La Diana» de Montemayor, y «La Arcadia» de Sannazaro* (Montevideo, 1966); *Gil Polo, Montemayor e Sannazaro* (Montevideo, 1966); «La novela pastorial española en relación con la *Arcadia* de Sannazaro», *Hispanófila,* núm. 28 (1966), 1-8.

Poco nuevo hay sobre el *Cancionero,* de Montemayor; consultar, sin embargo, Jean Dupont, «Un *pliego suelto* de 1552 intitulé *Cancionero de las obras de devocio de Jorge de Montemayor*», BHi, LXXV (1973), 40-72.

Sobre el posible judaísmo de Montemayor, Julio Caro Baroja no toma partido y prefiere recordar que los insultos de Juan de Alcalá eran tópicos, ver *Los judíos en la España moderna y contemporánea,* I (Madrid, 1961), 288-89. Más que dudoso lo considera Eugenio Asensio, «Notas sobre la historiografía de Américo Castro», *Anuario de Estudios Medievales,* VIII (1972-1973), 381.

Dos mitos íntimamente relacionados a la concepción pastoril del hombre y su vida han sido estudiados recientemente: A. Bartlett Giamatti, *The Earthly Paradise and the Renaissance Epic* (Princeton University Press, 1966); Harry Levin, *The Myth of the Golden Age in the Renaissance* (Indiana University Press, 1969).

Antes de mencionar las nuevas contribuciones al estudio de Montemayor, y como en él nace la novela pastoril española, me parece apropiado reunir aquí varios trabajos sobre los «libros de pastores» en general. H. Iventosch, «Spanish Pastoral Names of the Renaissance», *Names,* X (1962), 108-14; Werner Krauss, «Localización y desplazamientos en la novela pastoril española», *Actas del Segundo Congreso Internacional de Hispanistas* (Nimega, 1967), págs. 363-69, constituye una interpretación marxista (inevitable para estas alturas de la vida), y la menciono por el renombre de Krauss en la Alemania oriental y por el increíble atraso bibliográfico; la mezcla de prosa y verso, de la *sátira menippea* de Boecio hasta Sannazaro, la analiza C. S. Lewis, *The Discarded Image. An Introduction to Medieval and Renaissance Literature* (Cambridge, 1964), págs. 79-80; David H. Darst, «Renaissance Platonism and the Spanish Pastoral Novel», *Hispania,* LII (1969), 384-92, es una modesta, pero bien pensada, contribución al tema; Paul M. Ilie, «Grotesque Elements in the Pastoral Novel», *Homenaje a William L. Fichter* (Madrid, 1971), 319-28, toca tema afín, pero no idéntico a un artículo de Alan D. Deyermond, «El hombre salvaje en la novela sentimental», *Actas del Segundo Congreso Internacional de Hispanistas* (Nimega, 1967), 265-72, y a otro artículo Oleh Mazur, «Various Folkloric Impacts upon the *Salvaje* in the Spanish *Comedia*», *HR,* XXXVI (1968), 207-35. F. López Estrada, «*L'Amore innamorato,* de Minturno (1559) y su repercusión en la literatura pastoril española», *Homenaje a Casalduero* (Madrid, 1972), 315-24, presenta esmeradamente esta novela pastoril contemporánea de Montemayor.

De lo nuevo sobre la *Diana* entresaco: Gustavo Correa, «El templo de Diana en la novela de Jorge de Montemayor», *Thesaurus,* XVI (1961), 59-76; H. D. Purcell, «The Date of First Publication of Montemayor's *Diana*», *HR,* XXXV (1967), 364-65, la da como 1554-1560; A. García Abad, «Sobre la patria de la *Diana*», *Revista de Literatura,* XXVII (1967), 67-77; J. Arce, «Una evidente errata en la *Diana* de Montemayor. Notas sobre la sextina», *RFE,* L (1967), 287192; A. A. Cirurgiao, «O papel da Beleza na *Diana* de Jorge de Montemayor», *Hispania,* LI (1968), 402-07; J. R. Jones, «Human Time in *La Diana*», *Romance Notes,* X (1968), 139-46; A. A. Cirurgiao, «O papel da palavra na *Diana* de Jorge de Montemor», *Occidente,* núm. 360 (1968), 169-73; T. A. Perry, «Idea I Love and Human Reality in Montemayor's *La Diana*», *PMLA,* LXXXIV (1969), 227-34; Rachel Bromberg, *Three Pastoral Novels. A Study of «Arcadia», «Diana» and «Menina e Moça»* (Brooklyn, 1970), libro que he destacado precisamente porque no lo puedo recomendar desde ningún punto de vista; R. El Saffar, «Structural and Thematic Discontinuity in Montemayor's *Diana*», *MLN,* LXXXVI (1971), 182-98; C. B. Johnson, «Montemayor's *Diana:* A Novel Pastoral», *Bulletin of Hispanic Studies,* XLVIII (1971), 20-35; M. Débax, *Lexique de la «Diana» de Jorge de Montemayor,* 2 vols. (Toulouse, 1971).

Para que el lector no se atosigue con tanta bibliografía, haré un paréntesis, que espero ameno. En la Biblioteca Nacional de Madrid, Sección de Manuscritos, ms. 4.082, folio 1, encontré unas coplas inéditas, que copio a continuación, y que el coleccionista anónimo de este cancionero atribuye a nuestro novelista:

DE MONTEMAYOR

Señora, pues que padezco
una cosa sola os pido
y es que tengais entendido
que sólo por fe merezco
lo que por mí no he podido;
y si oyr
no quereis, ni consentir
lo que digo, no me espanto
ni vos de que sufra tanto,
pues nascí para sufrir.
    Nunca pedí galardón
para mejor acertar,
mas tampoco fuera errar
que aun lo que es contra rrazón
suelen los hombres prouar,
y si en suerte
le cupo a mi pena fuerte
que agora de nuebo os pida
que me sostengais la vida
es por contaros mi muerte.
    Porque estando vos tan fuera
de saber que desespero,
si en aquel instante muero,
quién podrá después que muera
dezir lo mucho que os quiero,
pues no hallo
rremedio, ni he de buscallo,
ved mi tormento cruel,
no para doleros dél,
mas para poder contallo.
    Que es lo [ilegible] bien
quien oyera mi caída
diraos: «Desconocida,
¿por qué mataste a quien
quereros era su vida?

Y si no
quereis dezir que pasó
por vos, echalde la glosa,
y contalde como cosa
que a otra dama aconteció.

Alcance yo tal vitoria
si muero desta manera,
después que, señora, [ilegible]
que ande yo en vuestra memoria
como fábula siquiera,
y tratando
con alguna o platicando,
acuérdeseos que os serví
y contalde algo de mí,
y siquiera sea burlando.

Y termino estas adiciones con algunas notas referentes a temas muy importantes para una mejor comprensión de la novela pastoril. Maurice Valency, *In Praise of Love. An Introduction to the Love Poetry of the Renaissance* (Nueva York, 1961); Peter Dronke, *Medieval Latin and the Rise of European Love Lyric,* 2 vols. (Oxford, 1965); E. L. Rivers, «The Pastoral Paradox of Natural Art», *MLN,* LXXVII (1962), 130-44; la obra monumental de Stith Thompson, *Motif-Index of Folk Literature,* 6 vols. (Bloomington, 1955-1958), está muy mejorada respecto a la edición anterior; sobre Diego de San Pedro ahora es necesario consultar la edición de Keith Whinnom de sus *Obras completas,* 2 vols. (Madrid, 1971-1973); las anotaciones de Fernando de Herrera a Garcilaso ahora son de fácil consulta en Antonio Gallego Morell, *Garcilaso de la Vega y sus comentaristas* (Granada, 1967); mi «Conocimiento y vida en Cervantes» se debe consultar ahora en la reciente edición de Barcelona, 1974, sobre el neoaristotelismo literario en España hay que leer ahora a E. C. Riley, *Cervantes' Theory of the Novel* (Oxford, 1962), hay trad. esp., y también a A. K. Forcione, *Cervantes, Aristotle and the «Persiles»* (Princeton, 1970); sobre Fortuna ver J. de D. Mendoza Negrillo, *Fortuna y Providencia en la literatura castellana del siglo xv* (Madrid, 1973).

La bibliografía sobre el *Abencerraje* también ha crecido de forma considerable, y por ello me veo obligado a escoger: Keith Whinnom, «The Relationship of Three Texts of *El Abencerraje*», *Modern Language Review,* LIV (1959), 507-17; F. López Estrada, «El *Abencerraje* de Toledo, 1561», *Anales de la Universidad Hispalense,* XX (1959), 1-60; el prólogo de Claudio Guillén a su edición de *Lazarillo de Tormes and El Abencerraje* (Nueva York, 1966); Joaquín Gimeno

Casalduero, «*El Abencerraje y la hermosa Jarifa:* Composición y significado», *NRFH*, XXI (1972), 1-22.

Por último, no creo que sea del todo ocioso recordar que en años recientes se ha publicado una edición crítica de la antigua traducción inglesa, hecha por Bartholomew Young, de las *Dianas* de Montemayor y Gil Polo (Oxford, 1968). El prólogo, sin embargo, debido a la pluma de Judith M. Kennedy, es más largo que acertado.

Recientemente han salido dos nuevos libros sobre la pastoril. El primero en el tiempo es el de José Siles Artés, *El arte de la novela pastoril* (Valencia, 1972), y en él se estudian, sin mayor profundidad, las novelas pastoriles de Montemayor, Gil Polo, Gálvez de Montalvo, Cervantes, Lope de Vega y Gabriel de Corral. La segunda obra es de Francisco López Estrada, *Los libros de pastores en la literatura española. La órbita previa* (Madrid, 1974). Es el primer volumen de una obra de impresionante envergadura, donde se tocarán todos los aspectos de los libros de pastores, en el teatro, en la poesía y en la novela. Pronto saldrá mi reseña de este libro en *BHS*.

CAPITULO IV
LAS CONTINUACIONES DE LA «DIANA»

(ALONSO PÉREZ, GASPAR GIL POLO, JERÓNIMO DE TEJEDA)

La *Diana* de Montemayor se resuelve en un arabesco inconcluso, que, de acuerdo con la terminología de Wölfflin, se podría llamar una «forma abierta». No hay final categórico, sino una interrupción en el relato, y el dinamismo de la novela se proyecta hacia fuera del marco narrativo. Pero, por otra parte, las características biográficas de la novela ya estaban bien afianzadas. Según estas características, la novela, al menos en su materia, es inmanente, se contiene a sí misma, ya que el desenlace de la narración coincide con el fin natural del protagonista (*Celestina* o *Cárcel de amor*), o con su transfiguración —muerte metafórica—, como en el *Lazarillo*. Esta propiedad, entre otras, es la que marca el paso de *novella* a *novela*, porque la biografía como materia novelable es descubrimiento que debemos al Renacimiento [1]. Pero la narración novelesca tradicional no describía

[1] Hay que distinguir en dos sentidos. Primero, lo *autobiográfico* ha estado

101

la trayectoria que enlaza los dos puntos naturales de principio y fin de la biografía. Este otro tipo de relato novelado, en el que entra la casi totalidad de la novela caballeresca [2], quedaba abierto por un extremo y se caracterizaba por su inconclusión, por la clara posibilidad de continuar las acciones presentadas, y en ello se delata su lejana inspiración épica. Porque la épica es, en su esencia, un género anecdótico que se centra alrededor del gesto o acto de desmesura heroica. Bien es cierto que la anécdota a menudo se identifica con la muerte del héroe —la *Ilíada* o la *Chanson de Roland*—, lo que da un aspecto de finalidad al relato. Pero con la misma frecuencia la anécdota es episodio aislado —o aislable— y susceptible de continuación, como en los casos de la *Eneida* o el *Poema del Cid*. Esta naturaleza episódica de la épica es la que informa directamente las novelas de caballerías, en las que el héroe está siempre a caballo, dispuesto a partir al instante para libertar doncellas o matar endriagos. El relato caballeresco es, en sustancia, la yuxtaposición episódica que se abre a todas las posibilidades de continuación [3].

Se evidencia, así, una serie de posibles puntos de partida y de llegada, entre los que se encuadran los diversos tipos de novela que conoce el siglo XVI. Pero todos éstos se conciernen con lo que, en su forma más amplia, podemos denominar la vida de relación. Los problemas sociales que informan esta clase de vida son los que configuran, en su mayor o menor medida, las novelas mencionadas. Aun en la *Celestina* el proceso conflictivo se fundamenta en la aparición histórica de nuevas clases sociales, según la conocida tesis de José

enclavado desde siempre en la medula del arte; a lo que me refiero en el texto es al sacarse de la cabeza la vida total de un ente de ficción y afincar en esto la narración novelística. Segundo, la *biografía* tal como se practica en las más viejas novelas no es nada más que la apoteosis de la anécdota. Así ocurre en *El asno de oro*, donde se relata el trozo de vida de Lucio que corresponde a su metamorfosis en asno; la estricta biografía de Lucio no se escribe.

[2] Digo la *casi* totalidad porque allí se encuentra el *Tirant lo Blanc,* que tiene un principio y un fin compartidos por la vida del héroe, lo que lo hace *biografía,* en el sentido en que uso de la palabra en el texto. Pero esta excepción es natural, puesto que el *Tirant* es *novela moderna,* como ya lo dijo Dámaso Alonso.

[3] Hay, con respecto a la épica, un debilitamiento de la intensidad afectiva que se trata de contrarrestar por la amplificación de la materia. Como consecuencia, se introduce la genealogía del héroe. Obsérvese que la novela de caballerías realista, o sea, la picaresca, obedece al mismo esquema narrativo: genealogía del héroe, cargada ahora de determinismo ejemplar, seguida de yuxtaposición episódica. Pero la intención moralizante de la picaresca impone la finalidad del relato. El héroe desmonta, vale decir, el pícaro se arrepiente, nuevo caso de muerte metafórica. Se completa así el ciclo del esquema biográfico como materia novelable. Y estamos ya a las puertas de la novela moderna que se lanza a abrazar la totalidad de la vida como materia artística.

Antonio Maravall. Pero los principios rectores de la *Diana* no obedecen tanto a la vida física (la circunstancia social), como a la vida
espiritual (el caso de amor). Los esquemas narrativos mencionados
serán aquí, por lo tanto, inoperantes, ya que no se atiende a una biografía más o menos total del hombre, sino que se trata de efectuar la
biografía de una idea, la del amor.

Ya se ha visto cómo estas características ideales de la *Diana*
transportan la materia novelística a la zona de los arquetipos, a
aquella región donde se dibuja la forma de la perfección, y donde,
per definitionem, el tiempo no tiene efectividad actuante. Pero una
novela sin tiempo es un contrasentido, ya que es precisamente la
dimensión temporal la que da cualidades específicas al devenir novelístico. La exacerbada preocupación temporal que caracteriza a nuestra época —tan evidente y seminal en Proust o en Joyce o en Faulk-
ner— ha terminado de afincar la novela en el concepto «tiempo».
Por consiguiente, la *Diana* es, en este sentido, una anti-novela, así
como la biografía de una idea es una anti-biografía, ya que comienza
por despojarse de algo esencial en el menester biográfico: las coordenadas espacio-temporales. Pero quizás, para que el juicio no parezca
teñirse de matices condenatorios, convenga calificar a la *Diana* como
una novela por fuera del tiempo y del espacio, en el puro reino de
las ideas [4].

Creo que resulta evidente, sin embargo, cómo la intención platonizante de Montemayor es la que determina las características acróni-
co-utópicas de su obra. Porque la *Diana,* como las novelas que la imi-
tan, no tiene, en sentido figurado, ni principio ni fin, puesto que es
el destino —lo que antecede nuestro vivir— el que marca el comienzo del amor, y es la muerte la que le pone término. Ahora bien, la
muerte es expresión de nuestra temporalidad y como tal queda pros-
cripta del mundo ideal de la novela [5]. El pastor y su pasión se plasman así en una actitud estática, que en el curso de la obra sólo
se hace eco de sí misma, ya que el pastor está destinado a ser uno
con su pasión inmutable, lo que da a la *Diana* una apariencia de

---

[4] El lector ya conoce el grado de relatividad que tiene el adjetivo «puro»
en la pastoril española Por otra parte, entiéndase que hablo de tiempo *sensu
lato,* ya que *sensu stricto* la división en libros de la *Diana* de Montemayor
responde al tópico clásico de acabar la obra o capítulo con el caer del día, cfr.
Curtius, *Literatura europea y Edad Media Latina,* I, 136 ss. La propia agua
encantada de Felicia es, en su significado último, un símbolo de esta intemporalidad que trato de expresar.

[5] La obsesión barroca con lo temporal sí hace que la muerte se infiltre en el
campo bucólico, así en el conocido cuadro de Poussin en el que se ve un grupo
de pastores reunidos alrededor de una tumba con el epígrafe «Et in Arcadia ego».

galería de espejos en la que la figura del amante se reproduce numerosas veces sin variante. Como el concepto del amor vigente en la novela no permite un cambio de actitud, el final de la obra sólo podrá ser arbitrario, un cortar por lo sano allá donde mejor lo permita el enredo argumental. Pero entiéndase bien, y repito, que esto no representa en modo alguno una etapa final o conclusiva, sino que es un «continuará» dictado por la imperiosa necesidad de la filosofía del amor que la rige.

Esta forma trunca, impuesta por la continuidad de la materia, es, pues, perfectamente natural y consecuente en las novelas pastoriles españolas. No menos natural es el deseo de continuación, expresado por casi todos los escritores de obras pastoriles, pero que en ningún caso pasó de ser una promesa final, en forma indicativa de la escasez de posibilidades novelísticas permitidas por los principios dominantes, o sea, lo que he llamado el estereotiparse de la simetría vital allí analizada. Ningún novelista continuó su propia obra, ni el propio Cervantes, quien, sin embargo, aun en su lecho de muerte soñaba con escribir la segunda parte de su *Galatea*. Pero, en cambio, muchos otros escritores continuaron obras ajenas, lo que demuestra por un lado la inmediata consagración del nuevo género, y por otro, revela el funcionamiento de lo que Menéndez Pidal llamó el «colectivismo» español. Según esta característica propia de las literaturas peninsulares, «no sólo el autor se identifica con su público y muchas veces se pierde anónimo entre la multitud, sino que también los lectores se entrometen en la obra del autor. El arte para todos quiere ser en algún modo el arte de todos, dada aquella elemental inclinación poética del hombre español» [6].

El arte literario del siglo XVI pulula con estas continuaciones, y son ellas, precisamente, las que determinan en gran medida las cuatro grandes avenidas novelísticas anteriores al *Quijote:* los *Amadises,* las *Celestinas,* los *Lazarillos* y las *Dianas.* Esto equivale, hasta cierto punto, a un deliberado propósito de novelar desde dentro de la anécdota artística, a que la materia se determine a sí misma, lo que nos pone sobre las huellas del *Quijote,* donde se efectúa la apoteosis de la auto-determinación, con todo lo que esto implica en el desarrollo del concepto y la práctica de ese arte del retrato literario que llamamos novela. En todas estas obras la materia artística se delimita por el equilibrio impuesto por dos fuerzas opuestas: el dominio de la anécdota por el autor y el del autor por la anécdota. Estas obras

---

[6] R. Menéndez Pidal «Caracteres primordiales de la literatura española», *Los españoles en la historia y en la literatura* (Buenos Aires, 1951), pág. 182.

son en su esencia literatura agónica, y son, fuera de duda, una de las características decisivas en la conformación particular del quehacer espiritual hispano.

ALONSO PÉREZ

Pero es hora de volver al punto de partida de estas consideraciones: la *Diana* y sus continuadores. El primero fue Alonso Pérez, médico salmantino, del que nada más se sabe. Su novela apareció en Valencia en 1563 y precedió por muy poco a la *Diana enamorada,* de Gaspar Gil Polo, publicada en el mismo lugar y un año después [7]. Resulta evidente que Alonso Pérez y Gil Polo estaban empeñados en una carrera a ver quien publicaba primero y cosechaba los laureles correspondientes a una continuación de la *Diana,* así lo dice Pérez en su «Epístola al lector»: «No ha sido más en mi mano, a causa del temor que tuve de que saldría otra segunda parte primero que ésta, por ser cosa de todos tan deseada.» Con estas palabras se hace evidente, además, la viva actitud del público español frente a la obra literaria, de acuerdo con las ideas expresadas por Menéndez Pidal.

Alonso Pérez se encarga de documentar con celo su idoneidad para la tarea en que se ha embarcado. El se consideraba a sí mismo como el heredero literario de Montemayor [8], y así lo expresa en el «Argumento» de su obra, que por su curiosidad copio íntegro:

Por ser esta obrezilla segunda parte de la *Diana,* no quiere argumento, pues prosigue lo començado en primera, más de lo que en breues palabras diré. Antes que de España se fuesse Montemayor, no se desdeñó comunicar comigo el intento que para hazer segunda parte a su *Diana* tenía, y entre otras cosas que me dixo fue que auía de casar a Sireno con Diana, embiudando de Delio. Como yo le dixesse que casándola con Sireno, con quien ella tanto desseaua, si auía de guardar su honestidad, como auía començado, era en algún modo cerrar las puertas para no poder más della escreuir, y que mi parescer era que la hiziesse biuda y requestada de algunos pastores juntamente con Sireno, le agradó y propuso hazerlo. De manera que el consejo que a él di he yo tomado para mí. Assí que a quien ésta leyere, no deue pesar porque Diana enbiude y por ahora no se case, siendo de algunos beneméritos pastores en competencia requerida, pues queda agradable materia leuantada para tercera parte, que saldrá presto a luz, si Dios fuere servido.

[7] Aparte la edición de Valencia, 1563 y 1564 los bibliógrafos conocen otra del mismo año de la *Diana* de Pérez, hecha en Salamanca; yo poseo ejemplar de una tercera edición hecha en el año 1564 por Felipe de Junta, en Burgos, desconocida al parecer: a ella se refieren mis citas.

[8] En la «Epístola al lector» dice paladinamente: «Como tan célebre varón [Montemayor] falte, parescióme que ninguno mejor que yo podía en sus obras suceder.»

De ser las cosas como las explica Pérez, Montemayor estuvo a punto de darle un inesperado viraje a su novela. El desesperanzado amor de Sireno se habría visto recompensado, pero para esto era menester matar antes a Delio, el marido de Diana, medio expeditivo pero anti-bucólico. El resultado hubiera sido la novedad absoluta en la literatura amorosa occidental: una novela destinada a pintar un amor feliz. El amor feliz no tiene historia literaria propia, apenas si unos rasgos en aquellas obras en las que es, precisamente, materia secundaria, como en el *Poema del Cid*. Siempre que el amor ha sido eje argumental ha tenido un signo trágico, o cuando menos ha sido un amor contrariado. En aquellas novelas caballerescas en que el amor largamente contrariado se sobrepone y triunfa por fin de sus obstáculos, la consecución de la felicidad coincide con el final de la obra, con lo que nuevamente el amor satisfecho queda sin historia. Alonso Pérez vio esto, que el amor feliz no puede tener historia, y para poder continuar la novela echó mano al más simple de los expedientes: desarmar en parte el andamiaje de la simetría vital construido por Montemayor y comenzar su obra en un punto de origen cercano al de su modelo. Me refiero, claro está, a las relaciones que guardan pastor, Naturaleza, Amor y Fortuna. Pero obsérvese que esto nos retrotrae a la arbitrariedad programática característica de la pastoril. Ni principio ni fin, sólo parte media, como corresponde a la naturaleza de las ideas allí vertidas.

La novela de Alonso Pérez es, por consiguiente, más que una continuación original, una especie de tela de Penélope, en la que se teje lo destejido. Así lo impone la simetría vital descubierta por Montemayor. La novela, tal cual queda de la mano del poeta portugués, tiene una polaridad que permite un diseño único. Los continuadores reandan el camino trazado por este diseño, a menos que descubran, como hizo Montemayor, la extraordinaria medida de adaptabilidad del mundo pastoril a lo no-pastoril, o en otras palabras, la posibilidad de «pastorilizar» aspectos de la realidad no tocados por Montemayor.

Aquí radica la novedad del libro de Alonso Pérez, que sí la tiene, a pesar de la muy adversa actitud de la crítica [9]. Lo primero que se evidencia es una diferente actitud ante la materia pastoril, y son buen índice de esta diversa comprensión los sentimientos expresados

[5] El cura cervantino la condena sin rodeos al fuego (*Quijote*, I, vi). En nuestros días, Menéndez Pelayo, Rennert y W. C. Atkinson concurren en el juicio del cura. En su época, sin embargo, gozó de cierta popularidad, como que parece haber influido en la *Faerie Queene* de Spencer, cfr. T. P. Harrison, Jr., «*The Faerie Queene* and the *Diana*», *Philological Quarterly*, IX (1930), 51-56.

en la muy curiosa «Epístola al lector». Comienza allí por compararse con Montemayor, y dice al efecto:

Desengáñese quien pensare ygualársele en facilidad de composición, dulçura en el verso y equivocación en los vocablos. Que cierto, si a su admirable juyzio acompañaran letras latinas, para dellas y con ellas saber hurtar, ymitar y guardar el decoro de las personas, lugar y estado, o a lo menos no se desdeñara tratar con quien destas y de poesía algún tanto alcançaua, para en cosas facilíssimas ser corregido, muy atrás dél quedaran quantos en nuestra vulgar lengua, en prosa y verso han compuesto. Según lo qual sospecho que primero sus obras llegaron a la emprenta que a manos de hombres doctos.

Varias cosas resultan claras de esta cita. En primer lugar, es clara la intención de Pérez de hacer de Montemayor un nuevo «ingenio lego», carente de letras clásicas, con lo que resaltará más la cultura humanística de su continuador [10]. La próxima crítica es más seria, ya que no sólo se refleja en desmedro de la formación cultural de Montemayor, sino también, y más directamente, sobre su práctica de la pastoril. «Guardar el decoro de las personas, lugar y estado.» El alcance de esta censura es muy grande, pues implica en última instancia que la obra del poeta portugués es una pastoral falsa. En qué estriba, precisamente, esta falsedad creo que se revela en algunos pasajes de la novela de Alonso Pérez [11].

A poco de comenzada la obra se entabla una discusión acerca del amor, como tantas otras que se hallan en la *Diana* original. Pero hay aquí una variante clave en su importancia. La proposición original en este pasaje de Alonso Pérez es que «amor en breue tiempo haze su obra tan perfectamente como en largo», lo que «aparesce muy al contrario de la razón y aun de la experiencia» (fol. 21 v.). Firmio, el pastor interpelado, responde de primera intención: «Creo que me auré de otorgar por vencido, y no será mi deshonra, pues excede a mi ser pastoril» (fol. 22 r.). Decide, sin embargo, intentar la respuesta, y lo hace a base de unas conversaciones escuchadas hacía tiempo a un pastor muy sabio, aunque se puntualiza, «sólo en

[10] Años más tarde Lope de Vega todavía se hace eco de esta censura: «Cuando Montemayor con su *Diana* / ennobleció la lengua castellana / lugar noble tuviera. / Mas ya pasó la edad en que pudiera / llamarse el mayor monte de Partenio / si le ayudaran letras al ingenio / con que escribió su *Píramo* divino, / hurtado o traducido del Marino», *Laurel de Apolo, Obras sueltas*, I, 56.

[11] También esta censura hizo fortuna. Dice Francisco de Lugo y Dávila en su *Teatro popular* (Madrid, 1622): «Lo que yo advierto es el decoro de las personas, donde tantos han errado, hablando el pastor como académico, el plebeyo como consular y el zafio como político», ed. E. Cotarelo y Mori, Colección Selecta de Antiguas Novelas Españolas, I (Madrid, 1906), 24.

el hábito era pastor» (fol. 23 r.). Después de repetir los conceptos recordados, termina diciendo: «Y con esto no me pregunteys dello más, porque ni se me acuerda, ni yo otras cosas que dezía con la pobreza de mi ingenio alcançaua» (folio 22 v.). Llaman la atención las repetidas protestas de ignorancia en un tema como el amor, que es lo único que saben discutir los pastores de Montemayor. Por el momento, y como afirmación provisoria, se puede decir que estos pastores de Alonso Pérez parecen estar más de acuerdo con su «estado» pastoril que los de Montemayor.

Hay otro ejemplo que termina de aclarar el sentido de las críticas preliminares. El anciano Parisiles, «dignísimo sacerdote de Júpiter» (fol. 40 r.), se halla en amable plática con Felicia y los demás pastores, todos departiendo en medio de un escenario campestre. Se le hace a Parisiles una pregunta similar a la anterior acerca del amor, que el sabio sacerdote rehusa contestar por los siguientes motivos: «Pero como para bien declararla era necesario tratar de las potencias del ánima y del officio dellas, y qué assiento cada vna dellas en el cuerpo humano tiene, más digna disputa de escuelas de philosophía que de los campos de ganado, lo callaré» (fol. 45 v.). En la época en que esto fue escrito los lectores deben haber reconocido este pasaje como directo ataque a su modelo, en especial las conversaciones del libro IV, una de las cuales, precisamente, trata de las potencias del alma en su relación con los males de ausencia en el amor [12].

La salvedad de Parisiles guarda el «decoro» de la situación y de los personajes, mientras que el ejemplo anterior hace que los pastores razonen de acuerdo con su «estado». Esto es una evidente anomalía respecto a la práctica de Montemayor, pero casa bien con las críticas enunciadas en la «Epístola al lector». Todo ello obedece a la concepción de un mundo pastoril en el que se han escamoteado algunos de los elementos de mayor sustancia de su modelo. En el sentido que nos ocupa ahora (ignorancia *versus* saber en los pastores) el elemento informador que ha desaparecido en el paso de una a otra *Diana* es nada menos que el neoplatonismo. Ya se ha visto cómo en Montemayor la intelección casi total de la vida pastoril está firmemente arraigada en las doctrinas neoplatónicas. De aquí parte también lo que se podría llamar teoría del conocimiento de que

---

[12] En el texto de Montemayor, la ninfa Cintia contesta en parte a la pastora Belisa: «Mas lo que a mí me parece es que cuando uno se parte de la presencia de quien quiere bien, la memoria le queda por ojos pues solamente con ella vee lo que dessea. Esta memoria tiene cargo de representar al entendimiento lo que contiene en sí, y del entenderse la persona que ama, viene la voluntad, que es la tercera potencia del ánima, a engendrar el deseo», *ed. cit.*, pág. 202. Memoria, entendimiento y voluntad eran las tres «potentiae» de los escolásticos.

hacen gala sus pastores, ya que su erudición en materias amorosas depende, justamente, de su condición de enamorados. Porque para los platónicos el amor nos lleva en vuelo trascendente a la región de las formas perfectas e ideales, vale decir que el amor en sí y de por sí tiene virtud cognoscitiva. El conocimiento en los pastores enamorados, por lo tanto, no sólo no es aditamento artificial e «indecoroso», sino que es cualidad intrínseca de su propia situación de enamorados. Desde luego que si se excluye la interpretación platónica del amor este edificio se cae por la base, ya que amor y conocimiento se divorcian y el pastor queda reducido a sus luces naturales para dilucidar los problemas epistemológicos que le asalten. Dada esta conformación intelectual del pastor de Pérez, es evidente que los largos discursos de su modelo van en desmedro de su «decoro» y «estado», ya que son anti-naturales e inverosímiles.

Esta actitud negativa de Alonso Pérez ante el platonismo —que se evidencia desde la «Epístola» preliminar en forma de censuras a la presentación del mundo pastoril por Montemayor—, esta actitud se trasluce a lo largo de toda la novela en la cambiada postura ante el amor [13]. Por lo pronto, el amor ahora no tiene nada de la finalidad y determinación de antes. La pasión aquí casi puede recibir el nombre de veleidad, tal es la facilidad con que, en ocasiones, muda de objeto. Así, por ejemplo, Delicio, que pasa sin mayor solución de continuidad del amor pasional al olvido [14] O bien el caso de Fausto, quien en un mismo movimiento traspone su amor de Cardenia a Diana [15]. O, por último —y esto sí es imposible de toda imposibilidad en el neoplatonismo—, la misma persona puede amar a dos individuos distintos, si bien existe el atenuante de que son mellizos, como ocurre en los casos de Crimene y Stela, ambas enamoradas de Delicio y Partenio (fols. 125 v. y 127 v.).

Todas estas circunstancias rebajan considerablemente el concepto del amor y no se puede hablar más de ese puro «deseo de hermosu-

---

[13] De pasada se desliza alguna afirmación de abolengo platónico, como cuando Sireno dice que «la hermosura ha de ser religión no tocada» (fol. 143 r), pero esto es bien poco en comparación con la otra *Diana*.

[14] «De ninguna cosa me siruió mi mucho amor para ablandarte, y hame aprouechado tu estremado desamor para ponerte en oluido... Grande era la llama que en mis entrañas estaua, empero hasla amatado con excesiua agua de disfavor» (folio 151 v).

[15] «Sabed que no ha mucho tiempo que Fausto, pastor rico en ganado y mucho más en gracias —el cielo le sea favorable—, me amó. No creo que me engañaua, ni ahora lo soy en saber que ha dado las puertas al oluido del amor passado; porque soy auisada, mal aya tal uiso, que está preso en amor de la engañosa Diana» (fol. 179 r).

ra» —como en el caso de Montemayor, v. *supra*, pág. 81— que transporta el alma a las regiones del ideal, y que por lo tanto no puede ser más que uno. La actitud veleidosa de pastores y pastoras traiciona la verdadera naturaleza de ese amor, que no es otra cosa que un apetito concupiscente. Y ésta es, precisamente, la definición escolástica del amor, que lo ve como una pasión de posibilidades dañinas, ya que puede llegar a trastornar del todo las potencias del alma [16]. Dejando de lado los daños espirituales que tal situación acarrea, y refiriéndonos sólo a lo corporal, tal amor-pasión puede provocar los más catastróficos resultados si se lo deja correr a su albedrío, como bien nos avisan tantas víctimas del *Infierno* dantesco.

Este tipo de amor —que comienza por ser un apetito, de ahí sus múltiples cambios de objetivo— en sus últimas consecuencias puede llegar a ser una enfermedad mortal. O sea que si en su principio es voluble, en sus últimas etapas posibles es algo del todo indeseable para aquellos cuyas potencias no están dañadas. Por lo tanto es de alegrarse y festejar si el individuo puede sacudir tal pasión. Y aquí se origina uno de los más claros cambios ambientales entre ambas *Dianas*. En la primera, la imposibilidad de logro perfecto del ideal se disuelve en una suave melancolía omnipresente. En la novela de Alonso Pérez el dispararse hacia el ideal está rodeado de mortales peligros, firmemente arraigados en la interpretación escolástica del amor-pasión, y la no obtención del ideal no provoca la melancolía, sino la alegría del que ha sorteado o evitado esos peligros. El ambiente de la nueva *Diana* resuena, en consecuencia, con las risas, chistes y bromas de estos felices mortales que han burlado las asechanzas de la pasión [17].

El considerar al amor como pasión en la forma que lo hacen los escolásticos, y Alonso Pérez, nos coloca de pleno en el mundo sensual, ya que el propio Santo Tomás define la pasión como apetito de los sentidos. Y siendo el amor el eje de la novela pastoril, ésta a su vez deberá asimilar el mundo sensual, dadas tales correlaciones. Esta circunstancia debe haber sido un coadyuvante de la tradición integralista de la pastoril española ya mencionada, en el sentido de que aquellas comidas y libaciones que Montemayor introduce con tanto

---

[16] Véase, por ejemplo, Santo Tomás, *Summa Theologica*, I-II, quaest. LXXVII. Moreno Báez en su edición citada de la *Diana* de Montemayor, pág. XVII, hace uso de las diversas interpretaciones del amor entre platónicos y escolásticos para diferenciar entre novela pastoril y sentimental.

[17] La mortal enfermedad amorosa la lleva a Diana a pensar en el suicidio, crimen enorme en este momento post-tridentino, que bien delata el desquiciamiento espiritual provocado por la pasión, cfr. fol. 26 v. Sobre las burlas y chistes véanse, por ejemplo, los de los folios 121 r-122 r, bastante sosos por otra parte.

tiento aparecen aquí en casi cada página, al punto que en cierta ocasión el propio autor cree conveniente llamarse a silencio sobre el particular [18]. Ya en pleno sensualismo, no causa demasiada extrañeza que se mencionen hasta las necesidades fisiológicas (fol 170 r.). Pero no hay que perder de vista el hecho de que ninguno de estos aspectos tiene su explicación cabal y estricta dentro del mundo ideal de los pastores, si bien creo que ya resulta evidente que poco de idealismo subsiste en la novela de Alonso Pérez.

La utilización de la «Epístola al lector» como punto de partida ha servido para calar bastante hondo en la textura de la segunda *Diana*. Conviene ahora volver a este punto de arranque pues todavía contiene nuevas claves interpretativas. A seguida de las censuras a Montemayor, Alonso Pérez se precave contra las que los envidiosos puedan dirigirle a él —tópico de los prólogos de esta época, por otra parte—, y como inexpugnable defensa de su novela afirma: «Casi en toda esta obra no ay narración ni plática, no sólo en verso, mas aun en prosa, que a pedaços de la flor de latinos e italianos hurtado e imitado no sea, y no pienso por ello ser digno de reprehensión, pues ellos lo mesmo de los griegos hizieron.» Tan paladina declaración tiene dos aspectos. El primero es nueva y velada crítica a Montemayor, quien se largó a escribir sin el debido bagaje de lecturas humanísticas. El segundo es estrictamente personal, acerca de su método de composición, y aun así no debe causar sorpresa, pues el proceso creativo que aquí se admite producía el deleite de los humanistas y, sin ir más lejos, a él responde la *Arcadia* de Sannazaro.

No he podido hallar mayores indicios de imitación de los italianos. Dos, en realidad, son los únicos de indudable filiación, y en ambos casos la fuente es la *Arcadia* de Sannazaro. El apóstrofe a la zampoña en que prorrumpe la afligida Diana (fol. 17 r.) está tomado de la invocación con que cierra su obra el poeta italiano. La discusión acerca de la madera del cayado (fol. 61 r.) se corresponde con la que se encuentra en la *prosa* VI de la *Arcadia*.

La influencia clásica, en cambio, se evidencia en cada página. De lo primero que topamos en este respecto es el inevitable amanecer mitológico, cargado aquí de una conceptuosidad rayana en lo ridículo [19]. A partir de este malhadado inicio —*malum signum*, diría

---

[18] «Querer contar el modo de hazer las libaciones que antes de poner la comida se hizieron, y querer dezir el aparato, orden y abundancia de los manjares, assí como sería prolixo, pienso sería enojoso» (fol. 59 v).

[19] «La empachosa vergüença del ingnominioso ayuntamiento a la rubicunda Autora espoleaua para que al fec vejezuelo con su ausencia en soledad triste dexasse por no ser vista de Phebo, y las pequeñuelas estrellas como más obe-

Don Quijote— se atropellan en la obra las comparaciones, alusiones, perífrasis de antecedentes clásicos, casi todas ellas con referencia a la mitología. Baste un solo ejemplo del rebuscamiento estrafalario y pedante en que a menudo incurre Alonso Pérez: «La çampoña de Diana de tal manera compuso que juzgar se pudiera ser ella el cuerno que Hércules a Acheloó en toro mudado quitó. Al qual las Náyades adornaron con grande abundancia de mançanas y flores, por donde tomó nombre de cornucopia. Esto hecho colgó la çampoña del roble...» (fol. 28 v.). Esta vena clásica halla su debida culminación en una «Fábula de Dafne y Apolo» de amplísimas proporciones, en la que el mayor mérito consiste en haber acometido empresa de las magnitudes que la imaginó Alonso Pérez (fols. 46 v.-52 r., 54 r.-58 r.). Es, posiblemente, uno de los más estupendo esfuerzos en experimentación polimétrica que nos ha dejado el Siglo de Oro, pero los demás méritos artísticos no están a la altura de la novedad versificatoria. Al respecto escribe José María de Cossío: «Si la estructura externa de la fábula ha merecido, a mi entender, notarse, no así la felicidad del desempeño. Lentitud, falta de vigor y colorido, ausencia de plasticidad e ineficacia en los fragmentos más patéticos son los defectos más sensibles, aparte la torpeza técnica en el manejo del verso que cualquiera puede comprobar»[20].

El afán humanista de imitar y recrear los clásicos se evidencia con aun mayor claridad, sin embargo, en uno de los cuentos que Pérez intercala a imitación de Montemayor, y en el que me espaciaré un poco por lo mucho que nos dice sobre la técnica narrativa y los intereses del autor. El relato en cuestión es una versión de lo que en otra oportunidad he llamado «el cuento de los dos amigos», y a ese otro estudio remito al lector que quiera tener una visión panorámica de esta tradición literaria, en la que la *Diana* de Alonso Pérez es sólo un eslabón[21].

Partenio y Delicio, mozos idénticos como dos gotas de agua, se crían bajo la tutela de dos pastores en distintos lugares de Trinacria (Sicilia). Una casualidad los reúne —lo que da lugar a diversas equivocaciones—, y los muchachos terminan haciéndose amigos. La fama de su parecido llega a la corte de Eolia, y son llamados por el rey. Allí viven un tiempo hasta que les entra el deseo de saber quiénes

dientes y de menores fuerças, con la venida del cercano sol huyan» (fol. 6 r). Sobre el tema, véase M. R. Lida, «El amanecer mitológico en la poesía narrativa española», *RFH*, VIII (1946), 77-110.

[20] *Fábulas mitológicas en España* (Madrid, 1952), pág. 206.

[21] «Una tradición literaria: el cuento de los dos amigos», *NRFH*, XI (1957), 1-35.

son sus verdaderos padres. Parten juntos a buscarlos y llegan a Lusitania, a las orillas del Duero. Oyen un dulcísimo canto entonado por Stela y bruscamente interrumpido por la aparición del enamorado gigante Gorforosto, quien la persigue hasta las propias márgenes del río. Las ninfas del Duero esconden a Stela en el fondo del agua. Pero la visión de la doncella ha bastado para cautivar a los dos mozos. Delicio es el primero en confesar su pasión, y Partenio decide sacrificar la suya en aras de la amistad (libro III, fols. 64 r.-85 v.). A los pocos días reaparece Stela, acompañada de Crimene, una de las ninfas, y se siguen largas pláticas con los dos jóvenes. En el curso de éstas, Crimene se enamora de los dos y luego se decide por Partenio, quien encubre su pasión por Stela. Al mismo tiempo Partenio, con gran disimulo, ha trabado amistad con Gorforosto (libro IV, fols. 93 r.-122 v.). El gigante se entera del amor de Delicio por Stela y decide castigarlo, pero lo detiene el temor de equivocarse por su parecido con su amigo Partenio. Para resolver todos los problemas, este último decide partir solo y dejar a Delicio que ocupe su lugar. Pero Delicio descubre la pasión de su amigo y, a su vez, decide sacrificarse por la amistad. Furtivamente sale del lugar y deja a Partenio que goce del amor de Stela, pero Gorforosto, al ver a ambos juntos, cree que Partenio es Delicio, lo atrapa y lo encierra en una cueva. Desconsoladas, Crimene y Stela parten en busca de Delicio (libro IV, fols. 125 r.-157 r.). La historia queda trunca, pues la obra termina sin dar solución al embrollo.

La sustancia medular de esta historia intercalada viene de un viejísimo cuento tradicional que se remonta, en sus versiones europeas, al segundo relato de la *Disciplina clericalis* de Pedro Alfonso. Mas Alonso Pérez borda tales arabescos alrededor de la materia tradicional que resulta difícil reconocerla. En realidad, casi todas las circunstancias anecdóticas de la historia de Delicio y Partenio se plasman sobre las literaturas clásicas. Tres situaciones distintas rigen el curso de las tres partes del cuento. En la primera se sigue el modelo de los *Menecmos* de Plauto, sin que se pueda hablar de imitación, pues la versión de Pérez es muy libre. La comedia plautina circulaba en España desde hacía, por lo menos, diez años, en el *rifacimento,* que no traducción, de Timoneda (1554) [22]; en el tex-

---

[22] Véase Ch. H. Stephens, *Lope de Vega's «El palacio confuso» together with a study of the Menaechmi theme in Spanish literature* (Nueva York, 1939), pág. XI-XXXII, y R. L. Grismer, *The influence of Plautus in Spain before Lope de Vega* (Nueva York, 1944). En ninguna de las dos obras se cita la adaptación de Pérez. Por mi parte, no me atrevo a fallar ni en favor de la imitación directa de Plauto ni en favor de la indirecta, a través de *Los Menemnos,* de Timoneda. Estaría más de acuerdo con las preferencias de Pérez la imitación

to original era conocida desde hacía mucho tiempo. Los puntos de contacto entre Plauto y Alonso Pérez son los siguientes: 1) los hermanos son idénticos; 2) son naturales de Sicilia; 3) han vivido separados por cierto tiempo; 4) ambos hermanos emprenden un viaje para buscar a sus padres (en Plauto uno de los Menecmos viaja extensamente buscando al otro). Al llegar a este punto el salmantino deja de lado la comedia latina y adapta otro tema también clásico: los amores de Acis, Galatea y Polifemo. Acis es ahora Delicio-Partenio; Galatea es Stela, y Polifemo, Gorforosto. La imitación se ciñe aquí más al modelo, Ovidio, al punto de versificarse en no despreciables octavas las quejas de Polifemo (fols. 139 r.-142 v.) [23]. (Por otra parte, este pasaje de las *Metamorfosis* es uno de los más socorridos en la lírica del siglo XVI.) El final es distinto del de la fábula clásica, pues el novelista, por asociación de ideas y temas, pasa del Polifemo ovidiano al Polifemo homérico, y Partenio termina encerrado en su cueva en la misma forma que Ulises y sus compañeros.

La manipulación de la materia, ya sea tradicional o clásica, obedece al antiguo recurso de la *amplificatio,* y esta es característica no sólo del cuento intercalado, sino de la novela toda del salmantino. La técnica narrativa, por su parte, se acerca más a lo practicado por su modelo Montemayor. Es evidente que tanto aquí como en la primera *Diana* el cuento intercalado sirve las funciones de añadir una nueva dimensión al relato pastoril. Pero así como en Montemayor la interrupción era única, aquí se da en forma múltiple. Tres partes tiene la historia de Partenio y Delicio, separadas por anécdotas totalmente diversas, como lo es el cuerpo de la novela. Y estas interrupciones múltiples, si bien nos alejan de la mesura del novelista portugués, nos aproximan a la técnica de la narración bizantina, que en muchos sentidos lo es también de la caballeresca [24].

directa, pero al mismo tiempo existe la posibilidad de que el novelista haya conocido por lo menos el *Amphitrion* de Timoneda, cfr. mi estudio «Una tradición literaria...», nota 41.

[23] Cossío, *op. cit.,* pág. 207, dice: «Alonso Pérez traduce al sulmonense puntualmente en el elogio a Stela, y en la ponderación de su esquivez... La condenación que pesa sobre esta novela, desde que Cervantes la arrojó al corral de los condenados por mano del ama, ha oscurecido este trozo, que es de las mejores imitaciones que poseemos del fragmento ovidiano.»

[24] La técnica de la interrupción derivada de la novela bizantina y caballeresca se aplica también a la lírica: se comienza a cantar un soneto que queda cortado por la acción (folio 204 r). Cervantes imitó este artificio en la *Galatea,* donde hay otro soneto interrumpido, edición Schevill-Bonilla, II, 111 y 159. El mismo Cervantes llevó esto a un extremo burlesco en su comedia *La entretenida* (acto II), donde se recitan separadas las cuatro partes de un soneto. De otro tipo de interrupciones se burla asimismo en la aventura del vizcaíno (*Quijote,* I, caps. viii y ix).

Por lo demás, estos cuentos intercalados tienen poco o nada que ver con la materia pastoril. Delicio y Partenio, por ejemplo, son pastores sólo por accidente, ya que en la realidad son hijos de reyes, pero aquí, como en tantos otros casos en distintas novelas, existe al menos el disfraz pastoril. La historia de los padres de estos mozos, sin embargo —que, por otra parte, constituye una especie de *amplificatio* temática respecto a la historia de Delicio y Partenio—, sí está totalmente aislada del mundo pastoril, ya que Disteo y Dardanea, los padres, ni siquiera aparecen en la novela propia. Así y todo ocupa en parte los tres últimos libros, desde el folio 186 r., con interrupciones, hasta el 236 v. El mundo que recrea esta historia es el de la caballeresca, con reyes, paladines, amores ilícitos, venganzas, etc. Pero no hay aquí, como sí lo hay en la otra *Diana,* un propósito de integrar ambos mundos, ya que no existe el más leve asomo de interpenetración y ambos sólo están adosados, como dos herméticos admundos.

Aquí, por fin, creo que tenemos todos los elementos de juicio necesarios para encausar la *Diana* del salmantino. Su composición está dictada por tres corrientes distintas: la novela pastoril de Montemayor, la literatura grecolatina y la literatura caballeresca. Pero la pastoril está vista desde un ángulo de visión opuesto al de Montemayor, desde el cual el platonismo apenas si se percibe en algún detalle. El escolasticismo, en cambio, pasa a primer plano y, consecuentemente, el concepto del amor sufre un brusco viraje que lo convierte de una virtud cognoscitiva en una enfermedad del alma. Esto equivale a borrar de un plumazo mucho del idealismo inherente en la novela de Montemayor. El abandono de la intención idealizadora promueve en acto simultáneo la acentuación de los elementos realistas [25]. También para llenar el vacío que deja la ausencia del ideal el autor busca, en forma casi sistemática, su inspiración en la bucólica clásica y la italiana. A este mundo pastoril de apariencias centáuricas —semi-español, semi-clásico-italiano— se intenta darle una nue-

---

[25] La ya mencionada abundancia de comidas y bebidas, tormentas con rayos y truenos y relámpagos (fol. 157 v) —inconcebible si estos pastores vivieran en la Arcadia ideal—, pastores de proveniencia geográficamente localizada, como el condado de Santisteban (fol. 163 v). Los propios sentimientos humanos abandonan la perfección del ideal para captar algo de la imperfección de la realidad, así aparecen la ira (fol. 21 r), la envidia (fol. 59 r), odios mortales (fol. 63 r), atentados criminales (fol. 41 v, 139 r). Por último, hay que anotar la intromisión del autor en el relato, que ocurre desde la primera página. Américo Castro ha visto en esto una característica hispánica que denota la aspiración al integralismo. Pero en el caso de la pastoril hay que observar que esto ocurre cuando se relaja la tensión mitificadora.

va dimensión al adosarle el mundo caballeresco, pero en este caso no se efectúa fusión alguna y los elementos respectivos mantienen su independencia original[26].

Hay que reconocer que estas tres inspiraciones no alcanzaron a despertar la de Alonso Pérez. La obra se resiente por una total falta de armonía que mantiene a estas dispares influencias en entrechoque continuo. El salmantino carecía de poder de síntesis —lo que se puede achacar, en parte, a su desmedida afición por la *amplificatio*—, y sin esta cualidad es imposible cualquier quehacer literario. La suma de las partes de la novela —con alguna inesperada excepción— merece, con toda justicia, la hoguera a que la condenó el cura cervantino. Pero si se considera la obra como una novela experimental reviste un más que mediano interés en los avatares de la concepción del mundo pastoril. Es un esfuerzo —frustrado, de por cierto, dada la propia naturaleza del esfuerzo— de recrear ese mundo tal como lo determina el idealismo platónico, y al mismo tiempo —aquí la contradicción congénita— de extraerle esa misma esencia ideal. En buen romance, este es un caso de querer repicar y andar en la procesión. Pero obsérvese que esta intentona es el primer paso —dudoso y vacilante, sí, pero paso al fin— en el largo camino de des-idealización del ideal que desemboca en las bodas de Camacho.

GASPAR GIL POLO

En el mismo lugar y un año después que Alonso Pérez, publicó Gil Polo su continuación de la *Diana* (Valencia, 1564)[27]. Pero así como la obra de Alonso Pérez ha sido vilipendiada por la crítica con casi unanimidad desde la época de Cervantes, la novela de Gil Polo ha sido ensalzada casi sin excepciones a partir del mismo escrutinio[28]. Formalmente no hay parecido alguno entre las dos novelas, y

---

[26] Dentro de esta inspiración épico-caballeresca hay que poner la asimilación en el diálogo del segundo verso del famoso romance del rey don Sancho (fol. 38 v). Recuérdese que por estos años el Romancero estaba penetrando en los más diversos niveles de la vida y la literatura, cfr. Menéndez Pidal, *Romancero hispánico*, II (Madrid, 1953), págs. 60-116.

[27] Hay varias reediciones modernas, cito por la de Rafael Ferreres, Clásicos Castellanos (Madrid, 1953). El estudio preliminar ya había sido publicado en la *Revista Valenciana de Filología*, II (1952), 33-56. Cuando salió a luz la novela de Gil Polo ya circulaba la de Alonso Pérez, como lo confirma el soneto de D. Alonso Girón y Rebolledo a la *Diana enamorada* de Gil Polo.

[28] Allí escribe Cervantes: «La de Gil Polo se guarde como si fuera del mesmo Apolo» (*Quijote*, I, vi). En este coro de alabanzas disuena la patriótica protesta de don Francisco Manuel de Melo, quien dice: «Gaspar Gil Pollo o

la del valenciano Gil Polo está más cercana a su modelo —en el argumento, al menos— que lo está la *Diana* del salmantino. Hay, por lo demás, una concisión expositiva en Gil Polo —frente a la ampulosidad e hinchazón de Alonso Pérez— que debe haber resultado muy grata a la crítica, impaciente siempre ante lo que se refiere a la novela pastoril.

Cinco libros añade el valenciano a la *Diana* original. La materia está así distribuida: Libro I: Quejas de la malmaridada Diana, aparición de Alcida y luego de Marcelio; éste cuenta la historia de su desdichado amor por Alcida. Diana y Marcelio deciden ir a buscar remedio a sus desventuras en el palacio de Felicia. Libro II: Camino los dos hacia el palacio, encuentran a Ismenia, quien cuenta su desastrado amor por Montano, y se une a la comitiva. Libro III: Encuentro con Polidoro y Clenarda, hermanos de Alcida. Polidoro narra sus andanzas y ahora todos se encaminan a ver a Felicia. Libro IV: Llegada a su palacio. La sabia Felicia da solución a los diversos casos de amor y se celebran unas bodas generales. El último libro refiere los diversos festejos que tienen lugar después de las bodas.

Creo que este brevísimo resumen es suficiente para hacer resaltar la identidad de esquema narrativo entre esta novela y la de Montemayor. Es el mismo motivo tradicional del viaje, aligerado un poco más aquí, ya que se concierne con un número menor de viandantes. Las interrupciones también sirven el mismo efecto de introducir las historias personales, acerca de cuyas características se hablará más adelante. La distribución de la materia narrativa recuerda, asimismo, la de su modelo, aunque sin su simetría. Los tres primeros libros presentan los casos de amor, que se resuelven en el cuarto. Como en Gil Polo la solución está dada por las bodas, no es cuestión de que los personajes salgan a buscarla, como en Montemayor. Por lo tanto, el último libro, muy poco pastoril, está entregado a los festejos nupciales, que son enteramente cortesanos en su naturaleza.

La continuación de Gil Polo implica, pues, una consagración de la técnica narrativa del modelo en su aspecto más amplio. Hay, desde luego, cambios, ya que el novelista valenciano no imita, sino recrea. La voluntad de condensar y aligerar se manifiesta en la reducción del número de viajeros y de los casos de amor. Otra variante que in-

---

quiz competir [a Montemayor] com outra semelhante *Diana,* mas sahio bastarda, e só legitima a Portugueza», «Hospital das letras», *Apologos dialogaes* (Lisboa, 1721), pág. 344. Esta protesta de Melo basta para refutar la afirmación de José Arés Montes, «Cervantes y la literatura portuguesa del siglo XVII», *AC,* II (1952), 207: «Su absorción [de Montemayor] por la literatura española ha sido tan radical que ni los propios portugueses lo citan entre sus escritores.»

troduce Gil Polo es hacer que los pastores se distribuyan entre viandantes hacia el palacio de Felicia y estantes en el mismo, mientras que en su modelo los pastores son sólo viandantes. Así y todo, es evidente la intención de colocar esta *Diana* de lleno en el camino recién abierto por Montemayor. Pero esto nos impone la consideración del problema de influencias como preliminar a un análisis detenido de la materia y la forma.

En la *Arcadia* de Sannazaro se ha visto un elemento de importancia casi decisiva en la génesis de la *Diana enamorada*. Joseph G. Fucilla ha sido quien ha estudiado estas relaciones, y concluye su análisis de esta manera: «La influencia de nuestra obra bucólica italiana, que a primera vista parece ser insignificante, resulta, después de un examen detenido, bastante extensa, y de una importancia capital en la evolución creadora de la *Diana enamorada*» [29]. Mas las imitaciones que puntualiza Fucilla son todas de detalle y muy episódicas, por lo que malamente pueden haber influido en la «evolución creadora» de la novela pastoril española. Y ocurre, además, que varias de ellas no son tales imitaciones, sino que se explican o por comunidad de fuentes o por coincidencia expresiva que obedece a tradiciones distintas. Así, por ejemplo, el vaticinio al final del Canto del Turia se entronca con la copiosa tradición de la *vaticinatio post eventum* de la épica clásica, y no específicamente con Sannazaro [30]. Los versos del propio Canto del Turia, según Fucilla, «son la expresión del valencianismo de Gil Polo, y, como tales, hay que relacionarlos más propiamente con el ardiente amor hacia Nápoles que manifiesta Sannazaro» (pág. 68). Desde luego, hacer del patriotismo algo imitativo no es convincente, en especial cuando en España existía una robusta tradición patriótica que, desde la época de San Isidoro, por lo menos, hallaba su expresión en los numerosos y sentidos *Laudes Hispaniae*. Y, por último, el incluir en un poema nombres de canciones populares tampoco se debe a Sannazaro, puesto que en España era procedimiento ya conocido y utilizado desde la época del marqués de Santillana [31].

---

[29] «Gil Polo y Sannazaro», *Relaciones hispanoitalianas* (Madrid, 1953), pág. 69.

[30] En el caso de Gil Polo me parece que el modelo recordado es Horacio (*Carmina*, I, 15), que para estos mismos años inspiraba la «Profecía del Tajo», de fray Luis de León.

[31] Cfr. *Canciones y decires*, ed. V. García de Diego, Clásicos Castellanos (Madrid, 1942), el final del *decir* a la página 199, y el villancico a la página 214 donde se mencionan cuatro canciones. Ferreres, *Diana enamorada*, pág. 113, nota, encuentra el mismo artificio en la *Comedia de Rubena* de Gil Vicente.

No, la obra de Sannazaro no dicta ni informa nada de importancia en la novela de Gil Polo. La diferente orientación de este último se hace bien manifiesta desde la «Epístola a los lectores», donde dice:

El que tuviera por deshonesto el nombre de enamorada no me condene hasta ver la honestidad que aquí se trata, el decoro que se guarda en la persona de Diana, ansí en su plática como en el secreto con que encubre su passión, y el fin a que se encamina esta obra, que no es otro sino dar a entender lo que puede y sabe hazer el Amor en los coraçones, aunque sean tan libres y tan honestos como el de Diana; las penas que passan sus aficionados y lo que importa guardar el alma de tan dañosa enfermedad (pág. 10).

Estas afirmaciones iniciales no nos podrían alejar más de la *Arcadia*, ya que la clara implicación es que la casuística demostrará lo que «sabe hazer el Amor en los coraçones». Pero, al mismo tiempo, este propósito expreso es una nueva aproximación a la *Diana* de Montemayor. Hay, sin embargo, una evidente actitud negativa ante el amor que no se halla en la novela del portugués [32]. O sea, que, nuevamente, al llegar a este punto capital, la interpretación del continuador difiere de la del modelo, como ya se ha visto en el caso de Alonso Pérez. Creo, sin embargo, que los motivos del repudio de la pasión amorosa son diferentes en Pérez y en Gil Polo, como se comienza a evidenciar desde las primeras páginas de la novela del último.

Al comenzar la acción de la *Diana enamorada* se halla ésta lamentando su situación: casada con el celoso Delio y enamorada honestamente de Sireno, quien desde que bebió el agua encantada de Felicia ya no le corresponde. La expresión lírica de sus quejas se ve interrumpida por la llegada de Alcida, personaje creado por Gil Polo. Se entabla entre ambas una conversación —ejercicio dialéctico, en verdad— acerca de la fuerza de la pasión amorosa. Alcida se declara en contra de la omnipotencia de Amor, y entre otros esgrime los siguientes argumentos: al amor «con voluntad libre y razón desapassionada, se le puede dar suficiente remedio» (pág. 20). Entre los dos extremos de amar y aborrecer hay un medio, y «en él consiste la virtud, y donde ella está, quedan los coraçones contra el Amor fuertes y constantes» (pág. 22). Por otra parte, el amor «no es sino una cosa imaginada por los hombres, que ni está en cielo, ni en tierra, sino en el coraçón del que la quiere» (pág. 24); más aún, el

---

[32] «Gil Polo no introduce ninguna novedad en la literatura pastoril», dice Rafael Ferreres en su edición de la *Diana enamorada*, pág. XXIX, exageración carente de todo fundamento.

amor «es fingido por vanos entendimientos, seguido de deshonestas voluntades y conservado en las memorias de los hombres ociosos y desocupados». Y, por último, «dezir que el Amor es fuerte es dezir que nuestra voluntad es floxa» (pág. 26).

Diana trata de defender la omnipotencia y divinidad de Amor, y para hacerlo recurre a ciertos argumentos que ya están en su modelo, como son lugar común de la filosofía neoplatónica del amor. Confiesa, por ejemplo, que «es mi mal de tal calidad, que en començar a fatigarme, tomó las llaves de mi coraçón y cerró las puertas al remedio». Las obras de amor «no tienen remedio con palabras», vale decir que la razón no lo puede dominar (pág. 21). Por lo demás, «cualquier consuelo... me será agradable, por venir de tu mano, con que no sea quitar el amor de mi coraçón, porque no saldrá de allí sin llevar consigo a pedaços mis entrañas. Y aunque pudiese, no quedaría sin él» (pág. 22). Aquellos que se quieren oponer a la fuerza del amor son «crueles, duros, ásperos y rebeldes..., pues pretenden contradezir a su naturaleza y resistir a la invencible fuerça de Cupido» (pág. 23).

La dialéctica de Alcida —que es la que interesa, pues la de Diana no ofrece nada de nuevo— está estructurada con sólida base en tres términos: voluntad, razón y virtud. Esta tríada nos da la clave de su insólita actitud vital, que se halla sustanciada por las enseñanzas estoicas. La filosofía del Pórtico cifraba su ideal de vida en una autarquía y autosuficencia del individuo. Elementos primordiales en la consecución de este ideal eran la experiencia y la razón, elevadas a la categoría de guías vitales, cuya validez está dada en todo momento por la voluntad en tensión [33]. El siglo XVI europeo inyecta nueva vida en el estoicismo, al punto que lo convierte en uno de los movimientos filosóficos de mayor circulación, si bien, en realidad de verdad, el estoicismo matiza casi ininterrumpidamente el tema filosófico del hombre. En España la filosofía del Pórtico no necesitó nunca de renacimientos especiales debido a la fuerte corriente soterraña de senequismo que caracteriza tantos aspectos del vivir hispánico de siempre, senequismo que aflora con regularidad en las crisis individuales o colectivas [34].

Los ataques de Alcida al amor están llevados a cabo desde un

---

[33] Si Alcida discute estas cuestiones con Diana es porque, como ella dice: «Tu mal bien sé que es amar, según de tu canción entendí, en la cual enfermedad *yo tengo grande experiencia.* He sido muchos años captiva y agora me veo libre; anduve ciega y agora *atino el camino de la verdad*» (pág. 21).

[34] Amplío estas consideraciones y las ejemplifico en mi estudio, ya citado, *Conocimiento y vida en Cervantes* (Buenos Aires, 1959), ahora en *Nuevos deslindes Cervantinos* (Barcelona, 1974).

punto de vista estoico y se centran en el hecho de que el amor, como
pasión que es, es extremoso, ofusca la razón e impide el vivir virtuoso, que es el justo medio. Lo que el hombre del siglo XVI enten-
día por «justo medio» lo define a maravilla Tomás Moro en su
Utopía, cuando escribe que los habitantes de su república ideal «definen la virtud como un vivir de acuerdo con Naturaleza, y creen
que Dios nos ha hecho para tal fin; creen que un hombre obedece
los dictados de Naturaleza cuando sigue o evita las cosas de acuerdo
con las directivas de la razón» [35]. En otras palabras, razón y naturaleza —el *sequere Naturam* de los humanistas— conforman la vida
del hombre de bien y determinan la virtud. Desde luego que el
sequere Naturam es credo renacentista general, pero la primacía de
razón como guía ética es rasgo estoico que aparta decididamente a
Gil Polo de Montemayor, ya que para éste el amor no se rige por
razón (cf. *supra,* cap. III, nota 32) [36].

Se plantea en forma inevitable, pues, un conflicto ideológico entre modelo y continuador que se refleja con claridad en la materia
artística. En Montemayor, donde amor predomina sobre razón, la
única solución posible a los problemas amorosos es por medio de
lo sobrenatural, del agua encantada. En Gil Polo, donde razón predomina sobre amor [37], el papel de Felicia tendrá, por fuerza, que ser
distinto. Y así lo es. Como dice la propia sabia al hablar con Diana
acerca de Sireno, quien acaba de volver a su viejo amor por ella:
«Aquí está tu amador antiguo, Syreno, cuyo coraçón por arte mía,
y *por razón* que a ello le obliga, está tan blando y mudado de la
passada rebeldía como es menester para que sea contento de casarse
contigo» (pág. 205). Vale decir que los poderes sobrenaturales de
Felicia lo son en la medida en que cuentan como elemento sustancial indispensable con la razón humana. Las soluciones que ofrece
Felicia parten, en principio, de los propios enamorados, como aclara
el siguiente pasaje:

[35] *Apud Famous Utopías,* ed. F. B. White (Nueva York, 1949), pág. 68.

[36] El racionalismo renacentista comprende dos grandes campos: el racionalismo metafísico de Pomponazzi, Telesio, Bruno o la Reforma, y el racionalismo
práctico de los humanistas, que es también el de Gil Polo; véase al respecto
Léontine Zanta, *La renaissance du stoïcisme au XVIᵉ siècle* (París, 1914), en especial parte I, cap. III, «Le stoïcisme et la morale indépendante». Sobre el
sequere Naturam, véase A. Tilley, «Follow Nature», *Studies in the French
Renaissance* (Cambridge, 1922), págs. 233-258.

[37] Y sobre casi cualquier otra clase de consideraciones. Diana, la malmaridada, se aviene al supremo sacrificio de vivir con su esposo, porque «el ñudo
del matrimonio y la razón me obligan a buscar el rústico y mal acondicionado
marido, aunque espere innumerables trabajos de su enojosa compañía»
(pág. 138).

Allí hizo gran obra el poder de la sabia Felicia, que aunque allí no estaba, con *poderosas yerbas y palabras,* y por muchos otros medios, procuró que Syreno començasse a tener afición a Diana. Y no fue gran maravilla, porque *los influxos de las celestes estrellas* tanto a ello le inclinaban, que paresció no ser nascido Syreno sino para Diana, ni Diana sino para Syreno. Estaba la sapientíssima Felicia en su riquíssimo palacio, rodeada de sus castas ninfas *obrando con poderosos versos* lo que a la salud y remedio de todos estos amantes convenía. Y como vio desde allí con su sabiduría que ya lo engañados Montano y Alcida *habían conescido su error,* y el esquivo Syreno se había ablandado, conosció ser ya tiempo de rematar los largos *errores* y trabajos de sus huéspedes (pág. 202).

Obsérvese que en ningún momento se menciona el agua encantada y, en cambio, Felicia obra por la palabra, o sea que se dirige a nuestro raciocinio. Coadyuva en su tarea el hecho de que Sireno estaba predestinado a amar a Diana y, por tanto, su desamor no había sido más que un error. Las *yerbas y palabras* de Felicia le ponen de nuevo en el camino del verdadero conocimiento. Lo mismo ocurre en el caso de Alcida y Montano, con el significativo agregado de que esta pareja ya ha conocido su error, ha adquirido autoconocimiento —ha practicado el *nosce te ipsum,* tan caro a los estoicos.

Al llegar a este punto creo que se entenderá en toda su extensión el sentido de la crítica cervantina al agua encantada de Montemayor (cf. *supra,* págs. 89-77). Todo el episodio de Felicia queda expurgado de la primera *Diana;* en la de Gil Polo —donde ocupa aún mayor espacio que en la primera—, no sólo no es censurado, sino que la obra en su conjunto recibe el más cálido elogio. Pero la artificialidad inevitable en Montemayor se ha visto ahora sustituida por el racionalismo y el autoconocimiento, y es desde aquí dentro de donde parte la solución al caso amoroso. Pero recuérdese que ninguna de estas dos posibilidades cabe dentro del concepto neoplatónico del amor, y que sólo se pueden dar cuando la vida —y la literatura, por consiguiente— se arraiga en las enseñanzas estoicas.

Pero hay que aclarar un posible malentendido. El amor es repudiable en cuanto pretende entronizarse sobre el entendimiento humano. El *omnia vincit Amor* es anti-estoico en la medida que *omnia* incluye a la razón y la voluntad. Pero una vez efectuada la nueva jerarquización que supone esta diferente forma de comprender las relaciones entre el hombre y sus pasiones, entonces no hay daño en devolver al amor sus atributos, ya que el estoicismo no está contra el amor, sino que está a favor de la razón. Así ocurre en Gil Polo, como manifiesta claramente este pasaje:

La delicada voz y gentil gracia de la hermosa Diana hazía muy clara ventaja a las habilidades de su tiempo; pero más espanto daba ver las agudezas con que matizaba sus cantares, porque eran tales que parescían salidas de la avisada corte. Mas esto no ha de maravillar tanto los hombres que lo tengan por impossible; pues está claro que es bastante el Amor para hazer hablar a los más simples pastores avisos más encumbrados, mayormente si halla aparejo de entendimiento vivo e ingenio despierto, que en las pastoriles cabañas nunca faltan (pág. 77).

El amor como dispensador hasta de bienes intelectuales es actitud que Gil Polo comparte con Montemayor, pero no con Alonso Pérez, cuyo escolasticismo disocia amor e intelecto. Quizá en esta amplitud de miras de Gil Polo entre en buena medida la más específica característica del estoicismo, que nunca fue filosofía sistemática, sino más bien actitud ante la vida —de marcada arrogancia intelectual, por cierto—, y adaptable, en consecuencia, a las diversas circunstancias [38].

Con todo, al cerrarse la novela, Gil Polo no quiere dejar dudas acerca de sus preocupaciones éticas, y vuelve a la carga contra el amor-pasión [39]. Felicia amonesta severamente a los pastores por haberse dejado dominar por la pasión —«tuviera por mejor que vosotros hubiéssedes vivido con tanta discreción que no tuviérades necessidad de mis favores» (pág. 258)— y establecer con claridad las diferencias que van de Diana a Cupido, o sea del amor honesto al deshonesto. Lo malo es que el amor-pasión ha hecho que algunos pastores siguiesen a Cupido y no a Diana —«no sé yo si la limpieza de los amores en todos vosotros llegó a tanto que sea suficiente para disculparos» (pág. 258)—. Cupido es «desenfrenado apetito», mientras que Diana «tiene puesto su fundamento en la cierta y verdadera razón» (pág. 260). En otras palabras, y sustituyendo términos equivalentes, el conflicto es entre Eros y Agape. Los pastores han vivido en un frenesí de amor pagano y pasional; ahora, bajo la égida de la razón, se les pone en el camino del amor cristiano. La consagración terrena de este último es el matrimonio, la unión sacramental, que es institución divina. Dada la orientación ética de Gil Polo, la *Diana enamorada* —recuérdese la explicación que da de este epíteto, *supra,* pág. 119— se tenía que resolver en matrimonio, «en tan perfecto amor y en tan venturoso estado», como dice el propio autor (pág. 227). Pero este final, al mismo tiempo que desvía la obra del erotismo pagano acaba con la posibilidad novelística, ya que en el

[36] Hay algunos otros rasgos estoicos en la *Diana enamorada*: verbigracia, la indiferencia ante los bienes o los males, vale decir, ante Fortuna (pág. 173), la sabiduría como verdadera nobleza (pág. 176), la actitud ante la muerte (pág. 204).

[39] Este mismo tipo de consideraciones es el que dicta las elocuentes páginas contra los celos (págs. 81-88), de las que dice Bataillon: «Cervantes amó seguramente esta página. Dejó en él una huella duradera», *Erasmo y España,* II, 406.

momento en que Diana se casa se cierra la puerta a toda otra contingencia amorosa. «El ñudo del matrimonio y la razón» no admiten la peripecia novelesca, como muchos años más tarde descubrió Emma Bovary [40].

El diferente concepto del amor que informa la novela de Gil Polo la convierte, en cierta medida, en una anti-*Diana*, ya que equivale a sofrenar uno de los elementos que determinan su simetría vital. Pero el novelista valenciano establece un nexo de unión narrativa labrado con tal habilidad que el lector hasta mucho más tarde no cae en la cuenta de esta oposición de conceptos seminales. La conversación inicial, ya analizada a otro efecto, de Diana y Alcida sobre el poder de amor y sus remedios sirve un sutil doble propósito. La pena que siente Diana ante el olvido de Sireno, inducido por el agua encantada, y la imposibilidad que encuentra de solucionar su caso de amor retrotraen la acción en forma alusiva a lo acontecido en el palacio de Felicia en la primera parte. Al mismo tiempo el racionalismo de que hace gala Alcida y su sorpresa ante el hecho de que Sireno haya podido olvidar a Diana apuntan a la temática de la nueva obra. Y por lo demás, esta doble perspectiva que enlaza ambas obras y las hace compenetrarse íntimamente está encarnada en dos personajes, uno creación de Montemayor y el otro de Gil Polo, que comparten el escenario, creando así un nuevo eslabón que une las dos obras.

Si bien ambas partes quedan firmemente soldadas, el mundo recreado en la continuación es bastante distinto al del modelo. Ya se han visto algunos ejemplos de la nueva orientación de Gil Polo. Conviene ahora apuntar los otros aspectos novedosos que dan características propias a su obra. La diferente concepción del amor es, desde luego un punto de capital importancia, ya que cualquier cambio en su concepto tiene, por fuerza, que afectar la simetría vital de Montemayor, de firme arraigo en el neoplatonismo. Pero ya se ha indicado que es precisamente esta simetría la que determina la circunstancia novelística en la primera *Diana*. Para restablecer el balance, por de-

---

[40] Bien sabía todo esto Gil Polo, pues al anunciar la continuación, que nunca escribió, promete narrar sólo las historias de aquellos pocos personajes que no están casados al final del libro. Conviene recordar, además, que la novela de Gil Polo cumple con la intención de Montemayor, tal como la explica Alonso Pérez (véase *supra*, pág. 105), quien también reconoce la finalidad narrativa que implica el casamiento de Diana y por lo tanto decide no casarla. Estas terminaciones tan diferentes hablan elocuentemente de lo que sucede cuando la ética se hace tema literario. H. Genouy, «*L'Arcadia*» *de Sydney*, pág. 76, habla de la «conclusion logique» de la *Diana enamorada*: la conclusión es lógica, pero antinovelística.

cirlo así, el valenciano acentúa lo estrictamente narrativo y da mayor desarrollo al incipiente bizantinismo de Montemayor.

Queda indicado que el esquema narrativo, en su aspecto más amplio, está imitado de Montemayor, quien a su vez se había inspirado en parte en la técnica narrativa de la novelística bizantina. Pero en Gil Polo la materia contenida en los cuentos intercalados también deriva de la bizantina. La primera de las historias que se relata en la *Diana enamorada* es la de Marcelio (libro I), que es una miniatura de las características más propias del relato greco-bizantino: viajes, tormentas, naufragios, raptos, separaciones forzadas, anagnórisis. La próxima historia es la de Ismenia, casada con Montano, quien se ve requerido de amores incestuosos por su madrastra (libro II). El modelo aquí no es la *Fedra* de Eurípides o la de Séneca, como supone Ferreres, ya que la historia está calcada de la que cuenta Gnemón en el libro I de la *Historia etiópica de los amores de Teágenes y Cariclea* de Heliodoro [41]. Y por último, la tercera historia, intercalada en el cuerpo de la novela pastoril, o sea la de Polidoro, es, al igual que la de Marcelio, un muestrario de sucesos arquetípicos de la novelística greco-bizantina (libro III).

Esta clase de novelas tiene enorme aceptación en el siglo XVI y casi todo el XVII, y se ve en ellas un repertorio de sana moral, presentado con la más repujada técnica narrativa que se conocía hasta el momento [42]. Esta doble atracción está muy de acuerdo con las preocupaciones de Gil Polo, y hay que observar, además, que el bizantinismo de sus historias intercaladas agrega toda una nueva dimensión a su técnica narrativa que sirve para contrarrestar el debilitamiento ideológico. Por otra parte, la «bizantinización» de la materia implica en cierta medida la conjunción del mito pastoril con el mito heroico, y esto abre una amplia y nueva perspectiva del arte de la novela, en la que hay que colocar una parte considerable de la producción cervantina (*Galatea, Quijote, Persiles*).

El cambio de configuración que esto implica en el mito pastoril relaja en parte la tensión utópico-acrónica, que es precisamente la que fertiliza al mito en su raíz. Esta circunstancialización hace que las referencias temporales se multipliquen; a su vez, como los pastores viven ahora en el tiempo, su vivir poético se ve limitado por

[41] Ya lo habían notado López Estrada, en su edición citada de Heliodoro, pág. XXI, y A. Martín Gabriel, «Heliodoro y la novela española», *CdL*, VII (1950), 232.

[42] Bataillon, *Erasmo y España*, II, 212-225, estudia detenidamente el fenómeno de la atracción que sienten los moralistas del siglo XVI por este tipo de novelas. Véase también el prólogo de López Estrada a su edición de Heliodoro.

la muerte (como ocurre en el caso de Delio, esposo de Diana). Pero puestos en el tiempo también tienen que vivir en el espacio, y el patriotismo de Gil Polo acoge con gusto esta oportunidad que se le da de poder expresar su amor por Valencia sin tener que salirse del marco pastoril, como ocurre cuando Montemayor celebra su patria chica [43]. Tras todo esto, desde luego, está el autor, cuya presencia en la obra es ahora lícita —o al menos factible—, puesto que ésta ya no posee las herméticas cualidades del mito, sino que, al contrario, se nos da circunstancializada. El autor se integra ahora con su obra sin correr el riesgo de desmedrar las cualidades intrínsecas del mundo poético que recrea, ya que las cambiadas características de éste admiten ahora la intromisión circunstancializadora del escritor [44].

Todos estos novedosos aspectos no pueden por menos que debilitar el mundo pastoril, dado que la clave de su existencia depende de la voluntad de trascendencia hacia el ideal, mientras que los aspectos citados arraigan, precisamente, la obra en lo particular. La conciencia de este debilitamiento, por su parte, pone al autor a la defensiva, o sea que se siente ahora, y por primera vez, la necesidad de defender con fin justificativo la vida pastoril. En la *Diana enamorada* esto reviste la forma de una contraposición entre pastor y cortesano, favorable siempre al primero. Por ejemplo, un caballero y una dama (Polidoro y Clenarda) discurren acerca de los cantos pastoriles [45]: «¿Oíste jamás, hermana, en las soberbias ciudades, música que tanto contente al oído y tanto deleite el ánimo como la de estos pastores? Verdaderamente, dixo ella, más me satisfazen estos rústicos y pastoriles cantos de una simple llaneza acompañados, que en los palacios de reyes y señores las delicadas vozes con arte curiosa compuestas y con nuevas invenciones y variedades requebradas» (pág. 116). Es cierto que este tipo de contraposición conceptuosa es un eslabón en una cadena tradicional que arranca del *negotium-otium* clásico, se desarrolla en la corte-aldea guevariana y remata en el cortesano-pastor. Pero también es cierto que no basta con identi-

[43] Escribe sobre esto Menéndez Pelayo, *Orígenes,* I, cdlii: «En este carácter local, en este valencianismo de Gil Polo, encuentro la mayor originalidad de su obra.» Esta observación, si bien hace justicia al exaltado patriotismo del valenciano, no la hace a las demás características de su obra que se han observado.
[44] Véanse algunos ejemplos en págs. 73, 120, 177, 186, 211 y 220.
[45] Otro ejemplo: «Nunca pensé que la pastoril llaneza fuesse bastante a formar tan avisadas razones como las tuyas en cuestión tan dificultosa como es ésta. Y de aquí vengo a condenar por yerro muy reprobado dezir, como muchos afirman, que en todas las ciudades y cortes está la viveza de los ingenios, pues la hallé también entre las espessuras de los bosques, y en las rústicas e inartifiosas cabañas» (pág. 83).

ficar un tema tradicional como tal, puesto que su efectividad en el tiempo depende de la nueva intención que lo carga y recrea. Es, precisamente, esta nueva intención la que me hace afiliar la antítesis pastor-cortesano en Gil Polo con algunas de las novedades características de su mundo bucólico. Lo tradicional ha tenido sólo un poder sugerente, todo lo demás obedece a la circunstancia especial en que se halla Gil Polo.

En un escenario donde el tiempo y la geografía —si bien todavía semimítica— actúan efectivamente las acciones también quedan puntualizadas en una forma distinta a la de Montemayor. En la *Diana* del portugués queda visto que la intención artístico-ideológica impone el ritmo de muy lento avance. En la continuación del valenciano éste se acelera considerablemente, en parte por la gravitación hacia la técnica narrativa bizantina y en parte debido a la nueva libertad que adquiere el ritmo al desacentuarse el estatismo analítico [46].

Ahora, antes de terminar con la *Diana enamorada,* conviene repasar brevemente el significado de las aportaciones al tema de estas dos continuaciones, la del salmantino y la del valenciano —como se verá más abajo, la *Diana* de Jerónimo de Tejeda es no sólo muy tardía, sino además un plagio casi total; ambos motivos me mueven a dejarla de lado por el momento—. El concepto del amor que da vida a todos estos pastores es, justamente, el que, a través de sus diferentes interpretaciones, da cualidades específicas a las tres *Dianas.* El neoplatonismo de Montemayor da primacía absoluta al amor; el escolasticismo de Alonso Pérez, en cambio, trata de anularlo, pues ve en él una enfermedad del alma; el estoicismo de Gaspar Gil Polo lo coloca en una situación intermedia, ni tan exaltado como en Montemayor, ni tan humillado como en Pérez, pero subordinado con firmeza a la razón. Pero Montemayor había apuntalado la novela pastoril con tal firmeza en el concepto del amor, que cualquier cambio en él amenazaba derrumbar el edificio. Por ello, de estas variadas interpretaciones del amor parte, en forma directa o indirecta, casi todo lo que es característico de las continuaciones, ya que ambos novelistas se apresuran a apuntalar la fábrica pastoril con otros apoyos que tomen el lugar del trocado concepto del amor.

Por otra parte, la simetría vital entre naturaleza, amor, fortuna y pastor no da más de sí después de Montemayor. La materia necesita imperiosamente ampliar sus horizontes, a menos de calcar la situación del modelo. El clasicismo, la novela caballeresca y la bi-

---

[46] Dice al respecto Mia Gerhardt, *La pastorale,* pág. 190: «Son récit se déroule logiquement et rapidement... dans la *Diana enamorada* ce sont surtout les événements qui intéressent.»

zantina son tres de los instrumentos empleados en dar nuevas dimensiones al mundo pastoril. Pero en nuestro tradicional sistema de dualismo mental, alejarse del Mito representa un acercamiento a la Historia, lo que determina, en nuestro caso, una serie de renovados brotes «realistas», para afincar la novela en la circunstancia.

Pero sin necesidad de entrar en más consideraciones teóricas, creo que ya se hace claro algo de lo que representa la novela pastoril al plasmar en sí algunos aspectos claves del mundo palpitante del siglo XVI. El mundo bucólico se tornasola ante su cambiante trasfondo de neoplatonismo, escolasticismo o estoicismo, y ello lo informa con las principales directivas ideológicas de su momento. La integridad del mito se resiente, sin duda, pero en la misma medida que éste se debilita, gana en fuerzas la novela española, que se ordena ahora con lo mítico-poético más una considerable aportación de lo circunstancial. Se inician así —con timidez, bien es cierto— los primeros tanteos de novelar con una materia artística integral, tanteos que cuando lleguen a su momento de madurez provocarán la desaparición de la propia novela pastoril.

JERÓNIMO DE TEJEDA

Poco tendremos que detenernos en la obra de este pseudonovelista. Era un castellano radicado en París, donde al parecer llegó a ser intérprete real [47]. En estos años en que alternaban entre ambos países las guerras con los matrimonios reales, el conocimiento de la lengua castellana era negocio lucrativo, como lo demuestran tantas gramáticas españolas para franceses que se escribieron hacia la misma época. Tejeda no fue lerdo en aprovechar la coyuntura y publicó dos libros sobre el asunto: uno, *Gramática de la lengua española* (París, 1619), con texto bilingüe [48], y otro, *Méthode pour entendre facilement les Phrases et difficultez de la langue Espagnolle* (París, 1629). Entre ambas fechas, y también con la evidente intención de lucrar a base de

[47] Véase Amado Alonso, «Formación del timbre ciceante en la c, z española», *NRFH*, V (1951), 285. Aquí se estudia el *Méthode* de Tejeda, citado más abajo.

[48] Creo que existe un solo ejemplar de esta rara obra, que no llegó a conocer mi maestro Amado Alonso para utilizar en su monumental obra sobre la pronunciación española. El ejemplar fue propiedad de Foulché-Delbosc y en la actualidad para en la biblioteca de mi amigo don Juan M. Lope Blanch, quien promete su estudio.

otro tipo de moda, Tejeda publicó una nueva continuación de la *Diana* [49].

El autor considera su propia obra como tercera *Diana,* y la de Alonso Pérez como segunda, sin hacer mención en ningún lugar de la continuación de Gil Polo. Sin embargo, es a éste, precisamente, a quien plagia con un descaro asombroso, despojándolo a manos llenas de prosa y verso. Es un plagio increíble y quizá único en los anales literarios hispánicos, en que Tejeda copia pasajes enteros de Gil Polo y se apropia casi todos sus versos. Los detalles de la fábrica de este plagio van al final del capítulo, para no cansar al lector con la nómina de tanto robo [50].

En la epístola «Al discreto lector», Tejeda establece las razones por las que se decidió a continuar la *Diana,* y según esta declaración, se debe a «hauer considerado la Historia de la *Diana* de Monte Mayor estar en la lengua española imperfecta a causa de que en ella no se halla terzera parte impresa». Bien poco se puede esperar de obra que comienza invocando como su razón de ser motivos tan baladíes. A seguida empieza la novela, que retoma el hilo argumental donde lo dejó Alonso Pérez. Se entiende, pues, que la mayoría de los personajes y las circunstancias continuadas provienen del salmantino y no de Montemayor. Siendo Pérez el intermediario entre el mito pastoril y Tejeda se comprende que este mundo tiene muy poco de pastoril, para no hablar ahora de la forma en que el siglo XVII afecta lo bucólico. Predominan los temas caballerescos y cortesanos, aunque en forma totalmente disparatada.

Para dar una idea de lo que ha sucedido con algunos de los temas radicales de la pastoril anotaré algunas referencias al concepto de

---

[49] *La Diana de Montemayor. Nuevamente compuesto* [*sic*] *por Hierónymo de Texeda Castellano, Intérprete de Lenguas, residente en la villa de París, do se da fin a las Historias de la Primera y Segunda Parte* (París, 1627). La obra está impresa en dos partes, con paginación independiente, encuadernadas en un volumen. Gayangos y Vedia, en su traducción de Ticknor (III, 537), hablaron de una edición de 1587. Tal edición no pudo haber existido, como demostró Rufino José Cuervo, «Disquisiciones sobre antigua ortografía y pronunciación castellanas», *RHi,* V (1898), 307-313, aunque Menéndez Pelayo, *Orígenes,* I, cdxcii, todavía parece haber aceptado su existencia.

[50] En otras ocasiones ya se había aludido al plagio de Tejeda, aunque sin hacer el estudio sistemático del mismo. Por otra parte, la única fuente indicada hasta ahora había sido Gil Polo; según se verá, Tejeda no se paraba en barras y saqueó en la misma forma despiadada a varios otros autores. Véanse las indicaciones de Rennert, *Spanish Pastoral Romances,* págs. 86-91; Menéndez Pelayo, *Orígenes,* I, cdxci-cdxciii; Ludwig Pfandl, *Historia de la literatura nacional española en la Edad de Oro,* traducción de Jorge Rubió Balaguer, segunda edición (Barcelona, 1952), pág. 85.

naturaleza. En cierta ocasión se describe un prado que se quiere ensalzar como superlativo en belleza, y al efecto se dice que «más parecía vna curiosa y artificiosa alombra [sic] que natural prado» (I, 15). Lo mismo ocurre con la descripción de unos fresnos que «más parecían hauer sido por la industria y trabaxo humano allí plantados que producidos por la naturaleza» (II, 321). Con estas afirmaciones se destruye el concepto renacentista de Naturaleza como «mayordomo de Dios». El hombre del Renacimiento coloca por encima de todo a la Naturaleza y en posición subsidiaria al ingenio humano, como lo hace Gil Polo al decir: «Cosas son maravillosas las que la industria de los hombres en las pobladas ciudades ha inventado, pero más espanto dan las que la naturaleza en los solitarios campos ha produzido» (*Diana enamorada*, pág. 80). El propio arte queda subordinado a naturaleza, o como dijo Giorgio Vasari: «Nuestro arte consiste por entero en la imitación, primero de la Naturaleza, pero como de por sí no puede llegar tan lejos, de aquellas cosas producidas por los maestros de más grande reputación» [51]. Pero este naturalismo es letra muerta en el siglo XVII, y arte e ingenio reciben ahora la primacía —en la raíz teórica del conceptismo y gongorismo está, desde luego, esta nueva jerarquización—, como se refleja en los pasajes citados de Tejeda. Pero en el mismo momento en que se relaja el concepto de naturaleza el pastor pierde su identidad, ya que ésta ha sido determinada por la naturaleza en todo su poder demiúrgico. El pastor deja de ser pastor y la novela pastoril no puede ser más novela pastoril. Esto es, precisamente, lo que ocurre en esta obra, en la que, al escamotearse las motivaciones de la idealización, se derrumba toda la máquina bucólica.

La forma en que Tejeda pone punto final a su novela será el último ejemplo que recogeré de la «despastorilización» total que aquí ocurre. Allí describe Tejeda cómo los padres de Partenio y Delicio recobraron su trono de Eolia, y como monarcas hicieron que «Sireno y Diana, junto con Siluano y Seluagia, fueron constituidos en estados y dignidades, como en la quinta parte de esta historia se verá, donde se tratará de la descendencia de todos los contenidos en las tres partes desta larga y antigua historia intitulada la *Diana* de Jorge de Monte Mayor». Se evidencia aquí una total carencia de interés por el mundo pastoril en sí; la atracción ahora es por la posibilidad de la peripecia, y con Diana y Sireno convertidos en dignidades del reino, la continuación prometida —y afortunadamente no escrita— tendría que ser de tono francamente caballeresco. Algo por el estilo

---

[51] Prólogo a *Le Vite de più eccellenti Architetti, Pittori et Scultori Italiani*, traducción inglesa de A. B. Hinds, I (Londres, 1946), pág. 6.

de los *Amadises* era, con seguridad, lo que tenía pensado Tejeda. El mundo pastoril, con todos sus concomitantes, ya no tiene ninguna razón de ser.

La técnica narrativa inaugurada por Montemayor había alcanzado, evidentemente, tal punto de consagración, que a los setenta años de la primera *Diana* todavía informa esta continuación. Hay algunos cambios, sin embargo, que no hacen más que desvirtuar el viejo esquema. Los pastores deambulan por el escenario a la deriva, y las interrupciones en su vagar no son siempre para escuchar la historia personal de algún otro llagado de amor. Dos nada más son las historias personales que intercala Tejeda siguiendo el patrón establecido por Montemayor. La primera es la de los desdichados amores de Dorotea y Amaranto (I, 6-9): él cree en el verdadero amor de Dorotea, pero un día se entera de que ella está por casarse con otro hombre; despechado, huye a las serranías para vivir alejado de la civilización. Cuando los pastores lo encuentran, Anselmo «muy desfigurado y roto estaua» (I, 8). Rennert supuso que esta historia estaba imitada de Alonso Pérez [52], pero a mí me parece más bien un *rifacimento* de la historia de Cardenio en el *Quijote,* con los nombres trastocados, ya que la Dorotea de Tejeda es la Luscinda de Cervantes, y Amaranto, Cardenio. Hasta la descripción física de Amaranto recuerda la de Cardenio, «el Roto de la Mala Figura» (*Quijote,* 1, xxiii). La otra historia personal intercalada es la de Dorineo (I, 232-235), verdadero tejido de crímenes, lo que me inclina a derivarla de la historia de Carino en la *Galatea* de Cervantes (libro I). Esta sospecha se fortalece por el hecho de que el hermano asesinado de Dorineo se llama Garino, y también porque Tejeda copió poemas enteros de la *Galatea,* como se indica más adelante.

Las otras historias intercaladas no son tales, sino cuentos puestos en boca de algunos personajes con el fin de entretener a los circunstantes. Este nuevo aspecto de la técnica no me parece original, ya que, seguramente, Tejeda lo tomó de la novela cortesana, donde a su vez se imita el esquema general del *Decamerón* de Boccaccio. Estos cuentos, por lo demás, son de dos tipos: histórico-legendarios o novelescos. De carácter histórico son el relato de la campana de Aragón (I, 19-26), resumen de la comedia de Lope de Vega *La campana de Aragón,* como se evidencia en las palabras finales puestas en boca del rey don Ramiro; la historia del Cid (II, 12-46), que ofrece la peculiaridad de llamar Alfonso de Vivar al padre del Cid; la historia de los Abencerrajes (II, 79-88), con elementos tomados de la *Historia*

---

[52] *Spanish Pastoral Romances,* pág. 90, afirmación que repite Menéndez Pelayo, *Orígenes,* I, cdxciii.

de los bandos de Zegríes y Abencerrajes, de Ginés Pérez de Hita, y de *El cordobés valeroso,* de Lope de Vega; la historia del tributo de las cien doncellas (II, 304-311), inspirada en *Las famosas asturianas,* de Lope, como se delata en los parlamentos.

Las historias novelescas son dos y me resultan de más difícil identificación. La primera es la de Tesandro y Rotilda (I, 240-263), de inspiración libresca, como se declara al principio —empieza «Recuérdome hauer leydo...»—, y con una serie de disfraces y equívocos posiblemente inspirados en la historia de don Félix y Felismena de la *Diana* original de Montemayor. La otra historia es la de la duquesa Lisarda de Alemania (II, 250-279), y tiene todas las trazas de estar imitada de alguna comedia de enredo, con casi seguridad de Lope, fuente favorita de Tejeda, si bien no acierto a dar con el modelo.

No vale la pena ahondar más el análisis de la *Diana* de Jerónimo de Tejeda. Lo poco que hay de suyo en la obra refleja la actitud del siglo XVII acerca de los ideales pastoriles. Es éste un momento histórico inadecuado para la perduración de lo pastoril, tema que casi desaparece ante el desarrollo de lo cortesano-caballeresco en la obra del gramático e intérprete castellano. Pero más adelante habrá mejor oportunidad de volver sobre esto y con motivo de novelas más originales.

A continuación analizo en detalle la fábrica del escandaloso plagio aquí perpetrado. Quedan sin identificar algunas poesías, muy pocas, de las que Tejeda insertó en su novela, pero con seguridad, tarde o temprano, se les hallará su verdadero autor —de valer esto la pena—, ya que tengo la íntima convicción de que en su vida Tejeda escribió un verso original, pues tenía un oído de tal dureza que ni siquiera sabía identificar un endecasílabo como tal, según se verá.

La *Diana enamorada* de Gil Polo es continuación no reconocida ni mencionada por Tejeda, pero saqueada a conciencia. De allí toma las siguientes poesías [53]: quintillas, «Mi sufrimiento cansado» (I, 31; 17); soneto, «Que el poderoso Amor sin vista acierte» (I, 45; 23); soneto, «No es ciego Amor, mas yo lo soy que guío» (I, 48; 25); soneto, «Quien libre está no viva descuidado» (I, 51; 28); rimas provenzales, «Mientras el sol sus rayos muy ardientes» (I, 53; 30); soneto, «No pudo Amor darme mayor tormento» (I, 61; 37); so-

---

[53] Los números entre paréntesis indican: los dos primeros, el volumen y página de Tejeda; el tercero, la página de la edición citada de la *Diana enamorada.*

neto, «Arenoso, desierto y seco prado» (I, 86; 57) [54]; octavas reales, «Pues ya se esconde el sol tras las montañas» (I, 96; 60); redondillas, «Zagala, ¿por qué razón?» (I, 106; 68); cuartetas, «Tenga fin mi triste vida» (I, 109; 70); redondillas, «Tal estoy después que vi» (I, 110; 71); canción, «Mudable y fiero amor que mi ventura» (I, 123; 78); soneto, «Cuántas estrellas tiene el alto cielo» (I, 126; 89); redondillas, «Pastora, el amor fue parte» (I, 133; 92); soneto, «Recoge a los que aflige el mar airado» (I, 194; 122); soneto, «Sin que ninguna cosa te levante» (I, 211; 140) [55]; soneto, «Voy tras la muerte sorda paso a paso» (I, 212; 141); canción, «Madruga un poco, luz del claro día» (I, 219; 74); quintillas, «En el campo venturoso» (I, 287; 126); canción, «Alégrenos la hermosa primavera» (II, 2; 193); canción, «Mil meses dure el tiempo que colora» (II, 5; 196); quintillas, «Salga fuera el verso airado» (II, 56; 235); redondillas, «Contando está Melibeo» (II, 109; 247); quintillas, «Goce el amador contento» (II, 132; 184); versos franceses, «De flores matizadas se vista el verde prado» (II, 312; 206); redondillas, «Vuelve agora en otra parte» (II, 364; 216); redondillas, «Morir debiera sin verte» (II, 366; 212); cuartetas, «Tan alegres sentimientos» (II, 367; 215); redondillas, «Si os pasó de ser querida» (II, 370; 218).

El plagio no para aquí. Aunque no ha sido notado hasta ahora, Tejeda copió varios poemas de la *Galatea* de Cervantes, aparte de haber imitado una de sus historias intercalas (v. *supra,* pág. 131). Este hecho reviste cierto interés adicional, pues demuestra una atracción por aquellas actividades literarias de Cervantes menos estimadas hoy día, en especial por sus versos. Desgraciadamente no es mayor honor que le hayan sido plagiados por tan pésimo poetilla como Tejeda. De la *Galatea* tomó los siguientes poemas [56]: silva, «Por bien aventurada» (I, 12; I, 152); glosa, «En los estados de amor» (I, 199; I, 80); redondillas, «Vea yo los ojos bellos» (I, 208; I, 155); soneto, «Afuera el fuego, el lazo, el hielo y flecha» (I, 269; I, 44); quintillas, «Amoroso pensamiento» (I, 270; I, 4).

De la *Fortuna de Amor,* del sardo Antonio de Lofrasso, estudiada más adelante, Tejeda tomó un poema. Es la glosa que comienza «Dime qué buscas, zagal» (I, 223), que se halla en la *Fortuna de Amor,* I (Londres, 1740), 158.

[54] Tejeda cambia los dos primeros versos con pésimo oído; su segundo verso reza: «que al son de mi lamento estás contento».

[55] Tejeda cambia la primera línea en «Sin que alguna cosa te levante», sin advertir el duro hiato.

[56] Cito por la edición de Schevill-Bonilla. Los números entre paréntesis serán, los dos primeros, volumen y página de Tejeda; los dos últimos, volumen y página de la *Galatea*.

La última fuente de Tejeda que he podido identificar es Lope de Vega. De las obras no dramáticas de Lope, Tejeda utilizó las *Rimas* [57]; de allí son los siguientes poemas: soneto, «Si la más dura encina que ha nacido» (I, 214; 266); soneto, «Daba sustento a un pajarillo un día» (I, 225; 276) [58]; soneto, «Si el padre universal de cuanto veo» (I, 264; 271); soneto, «Del corazón los ojos ofendidos» (I, 265; 276); soneto, «Cual engañado niño que contento» (I, 266; 270).

El saqueo de las obras dramáticas de Lope indica que al componer —con tijera y engrudo— su *Diana*, Tejeda tenía sobre su mesa de trabajo las *partes* XIII, XIV, XV, XVII y XVIII de comedias del Fénix. De allí provienen todas las siguientes poesías: soneto, «Amor, no se engañaba el que decía» (I, 213; *Los muertos vivos,* parte XVII, 1621, *AcN,* VII, 640) [59]; soneto, «Bañaba el sol la crespa y dura cresta» (II, 151; *El remedio en la desdicha,* parte XIII, 1620, *Ac,* XI, 174) [60]; soneto, «Amor, enfermedad de los sentidos» (II, 155; *Santiago el verde,* parte XIII, 1620, *AcN,* XIII, 548); soneto, «Amo quien me aborrece, aborreciendo» (II, 162; *El halcón de Federico,* parte XIII, 1620, *Ac,* XIV, 446); soneto, «Gózase el labrador en buenos años» (II, 163; *Los esclavos libres,* parte XIII, 1620, *AcN,* V, 409; soneto, «Templará los discordes elementos» (II, 165; *El desposorio encubierto,* parte XIII, 1620, *AcN,* IV, 508); soneto, «Qué bien un sabio, celos, os pintaba» (II, 177; *La Arcadia,* parte XIII, 1620, *Ac,* V, 732) [61]; soneto, «No sé qué tengo, dulce pensamiento» (II, 182; *Las almenas de Toro,* parte XIV, 1620, *Ac,* VIII, 100); soneto, «Tierra que con mis lágrimas regada» (II, 187; *El halcón de Federico,* parte XIII, 1620, *Ac,* XIV, 468) [62]; soneto, «No hay cosa de temor que no se nombre» (II, 190; *La villana de Getafe,* parte XIV, 1620, *AcN,* X, 368); soneto, «Pidió Faetón al sol el carro de oro» (II, 191; *La villana de Getafe,* parte XIV, 1620, *AcN,* X, 392); soneto, «¿Quién es amor?-Infierno de la vida» (II, 192; *La corona merecida,* parte XIV, 1620, *Ac,* VIII, 592); soneto, «Salen los rayos del señor de Delo» (II, 197; *El cuerdo loco,* parte XIV,

---

[57] Cito por la reedición en *Obras sueltas,* IV (Madrid, 1776).

[58] En el segundo verso Tejeda pone «Diana» en vez de «Lucinda». «Diana» era frecuentemente trisílabo; lo es en Montemayor, Alonso Pérez y Gil Polo.

[59] Tejeda, pésimo versificador, arruina el verso al transcribir «Amor, no se engañó el que decía».

[60] Tejeda transcribe «Bañaba el sol la blanca y rubia cresta», con lo que se deslíe la imagen.

[61] Tejeda agrega una sílaba al verso: «Qué bien un sabio a los celos los pintaba».

[62] Leve cambio de Tejeda: «Tierra con mis lágrimas bañada».

1620, *AcN*, IV, 381); soneto, «No se tomará Troya sin engaño»
(II, 201; *El alcalde mayor*, parte XIII, 1620, *AcN*, XI, 218); soneto, «Sube tal vez alguna débil parra» (II, 211; *La villana de
Getafe*, parte XIV, 1620, *AcN*, X, 371); soneto, «Hay cosas que
se iguale a las pasiones» (II, 242; *La corona merecida*, parte XIV,
1620, *Ac*, VIII, 599) [63]; soneto «Rompe una peña el agua cuando
estriba» (II, 243; *La viuda valenciana*, parte XIV, 1620, *Ac*, XV,
496); soneto, «Qué habrá que una mujer determinada» (II, 245; *La
viuda valenciana*, parte XIV, 1620, *Ac*, XV, 502); soneto, «Mujer
fue la primera que en la tierra» (II, 247; *La gallarda toledana*, parte XIV, 1620, *AcN*, VI, 100); soneto, «Falaris, el tirano de Agri-
gento» (II, 249; *El príncipe perfecto*, II, parte XVIII, 1623, *Ac*,
X, 519); soneto, «Cuántos piensan que amor con cierta mira» (II,
294; *La pastoral de Jacinto*, parte XVIII, 1623, *Ac*, V, 635); soneto, «Si en un carcaj dorado están metidas» (II, 294; *Quien ama
no haga fieros*, parte XVIII, 1623, *AcN*, XIII, 411); soneto, «Halló
las artes el ingenio humano» (II, 295; *El capellán de la Virgen*,
parte XVIII, 1623, *Ac*, IV, 476); soneto, «Topáronse el amor desnudo y ciego» (II, 296; *El príncipe perfecto*, II, parte XVIII, 1623,
Ac, X, 519); soneto, «Amor pagado mal, cuán presto olvida» (II,
298; *El príncipe perfecto*, II, parte XVIII, 1623, *Ac*, X, 516) [64];
soneto, «Divina fuente perenal de donde» (II, 302; *La campana de
Aragón*, parte XVIII, 1623, *Ac*, VIII, 286); soneto, «Tristezas, si el
hacerme compañía» (II, 322; *La piedad ejecutada*, parte XVIII,
1623, *AcN*, VIII, 490) [65]; soneto, «Tuvo la mano Mucio grande espacio» (II, 323; *El capellán de la Virgen*, parte XVIII, 1623, *Ac*,
IV, 472); soneto, «No queda más helado y pavoroso» (II, 325; *Las
famosas asturianas*, parte XVIII, 1623, *Ac*, VII, 193) [66]; soneto,
«¡Oh tú, pastor, que con guirnalda hermosa» (II, 377; *La pastoral
de Jacinto*, parte XVIII, 1623, *Ac*, V, 631).

1974. Acerca del problema de clasificación que ofrece el *Tirant
lo Blanc*, novela moderna, novela total, libro o novela de caballería,
problema en el cual han echado su cuarto a espadas no sólo Dámaso

[63] El plagiario retoca el verso: «Hay cosa que iguale en las pasiones». A menos de leer «que iguale» con violento hiato, el verso no consta.

[64] Por errata, en la *Diana* este verso reza: «Amor pagado mal, cuán presto
olvidado».

[65] Este soneto también se halla en las *Rimas, Obras sueltas,* IV, 237.

[66] Tejeda moderniza la *fabla* en que está escrito el soneto.

Alonso sino también Martín de Riquer y Mario Vargas Llosa, ver mis *Temas hispánicos medievales* (Madrid, 1974), cap. VII.

Acerca de los posibles puntos de partida de la novela tradicional, y de cómo el comienzo del *Quijote* de 1605 desquicia todo, ver mis *Nuevos deslindes cervantinos* (Barcelona, 1974), cap. VIII.

Al referirme al proceso conflictivo de *La Celestina,* aludo a la tesis de José Antonio Maravall, *El mundo social de ''La Celestina''* (Madrid, 1964), quien, a partir de las ideas de Thorstein Veblen sobre una *leisure class,* indaga la aparición de una burguesía rica («clase ociosa»), que desquicia creencias, costumbres y hasta vínculos tradicionales. No quise aludir en absoluto a la atrabiliaria tesis acerca del posible judaísmo de uno o de ambos protagonistas.

ALONSO PÉREZ

La historia literaria ha aceptado como *editio princeps* de la *Diana* de Alonso Pérez la de Valencia, 1564, y así lo hice yo también en 1959. Pero de entonces acá mi buen amigo Florián Smieja descubrió en la biblioteca de la Universidad de Cracovia un ejemplar de una edición de Valencia, 1563. Y a mi vez, yo descubrí ejemplar de esa misma edición (Valencia, 1563) en la Biblioteca del Escorial, signatura 37-VI-21. En estos momentos Smieja prepara edición crítica de la novela de Alonso Pérez a base del texto de 1563.

La identidad de Alonso Pérez sigue rodeada de misterio. Así y todo, y tras todas las precauciones del caso, quiero adelantar mi propia y teórica identificación. Se trata del doctor Alonso Pérez, natural de Don Benito (provincia de Badajoz), quien estudió en Sigüenza, y en octubre de 1562 entró en el Colegio del Arzobispo de la Universidad de Salamanca, donde llegó a ser catedrático, y murió en 1596. Dejó dos obras que bien pueden explicar el antiplatonismo y escolasticismo del novelista Alonso Pérez: *Summa totius meteorologia facvltatis et rerum copia uberrima... cui etiam Aristotelei textus in fine Epitome appenditur* (Salamanca, herederos de Juan de Cánova, 1576), y *Epitome in libros Metheorologicos Aristotelis* (Salamanca, herederos de Juan Cánova, 1576). Si éste es el novelista, ¡con razón que se burla de la falta de cultura y letras clásicas de Montemayor! Consultar Felipe Picatoste, *Apuntes para una biblioteca científica española del siglo XVI* (Madrid, 1891), págs. 240-41, y ver V. Beltrán de Heredia, *Cartulario de la Universidad de Salamanca,* II (Salamanca, 1970), 257-58. Algunos de estos datos los había anticipado Nicolás Antonio, *Bibliotheca Hispana Nova,* I (Madrid, 1783),

40. Por lo demás, y a comienzos del siglo XVII, un ingenio anónimo escribió una *Floresta española,* que hubiese sido mejor titular «Descripción de ciudades españolas»; el caso es que allí se lee: «En aquella universidad [la de Salamanca], en lo tocante a la notomía, a sido la primera el licenciado Alonso Pérez, que escribió la *Segunda Diana* y otras obras bien curiosas», *apud* Luis Sánchez Costa, «La Península a principios del siglo XVII», *RHi,* XXXIV (1915), 513. Como no conocemos otras obras del novelista Alonso Pérez, a menos de identificarle con su homónimo, catedrático de filosofía natural en Salamanca, para los mismos años, y autor de dos apreciados libros en latín, me parece sostenible la identificación que propongo.

La popularidad de la *Diana* de Alonso Pérez queda atestiguada por la lista que me proporciona mi amigo Florián Smieja: diecisiete ediciones entre 1563 y 1662. Lo que no obsta para que R. O. Jones (buen amigo y fino crítico, cuya reciente muerte lamentamos) escriba: «A second part (of very poor quality) by Alonso Pérez», *A Literary History of Spain, The Golden Age: Prose and Poetry* (Londres-Nueva York, 1971), pág. 58; el lector hará bien en repasar lo que dice Jones sobre la novela pastoril en general y algunas en particular en ese mismo capítulo.

Hay versión retocada de mi trabajo «Una tradición literaria: el cuento de los dos amigos» en *Nuevos deslindes cervantinos.*

En cuanto a la convención pastoril de que el amor agudiza el ingenio, de inspiración neoplatónica y rechazada por Alonso Pérez, como se ha visto, también causa regular preocupación entre los moralistas. El anciano Gonzalo Fernández de Oviedo, entre sus innumerables generalizaciones, escribía hacia 1555: «Avnque el amor los haga hablar cada cual su lenguaje, el palançiano dirá mill gentilezas e primores, e el villano tosco dirá, como suele, torpedades», *apud.* J. B. Avalle-Arce, *Las memorias de Gonzalo Fernández de Oviedo,* I (Chapel Hill, 1974), 119.

GASPAR GIL POLO

Sobre la *Diana* de Gil Polo hay poco que agregar, pero bueno. Mas para ser metódico en estas adiciones partiré del problema del senequismo español. Este problema está totalmente polarizado, desde la imperiosa urgencia afirmativa de Angel Ganivet hasta el majestuoso ademán negativo de Américo Castro, y una buena perspectiva del asunto se hallará en Segundo Serrano Poncela, «Séneca entre españoles», *Collected Studies in Honour of Américo Castro's 80th Year* (Oxford, 1965), 383-96. Sobre el neoestoicismo en España ver ahora

A. Rothe, *Quevedo und Seneca* (Ginebra-París, 1965), y Henry Ettinghausen, *Quevedo and Neostoicism* (Oxford, 1972).

Acerca de la vida de Gil Polo ahora podemos precisar que fue notario escribano de la bailía en Valencia, lugarteniente del maestre vacional en el Reino de Valencia, cargo que en 1579 cedió a su hijo Julián, que pasó entonces a Barcelona y allí murió en 1581, ver F. Sevillano Colom, «Las empresas nacionales de los Reyes Católicos y la aportación económica de la ciudad de Valencia», *Hispania*, XIV (1954), 511-623. Desde la época de Nicolás Antonio, y a veces con lamentable frecuencia, se ha venido confundiendo a Gaspar Gil Polo el novelista con su hijo y homónimo, autor de obras jurídicas.

Ahora debo aclarar que el texto de Gil Polo, que el lector puede ver en mi página 122 y el comentario que le dediqué me fue duramente atacado por Daniel Devoto, *Bulletin Hispanique*, LXIII (1961), 289, quien termina su censura con estas palabras: «Entender que Felicia obra por silogismos y no por ensalmo (otra palabra vinculada con la voz y el canto) es inadmisible.» Y se sustenta con las autoridades de Mlle. Dunant (*La magie en Grêce*) y Pedro Laín Entralgo (*La curación por la palabra en la antigüedad clásica*). Yo creo que los silogismos hay que atribuírselos a Daniel Devoto porque sus dos autoridades se refieren a la Antigüedad clásica, concretamente a la Antigüedad helénica, y yo me refiero a la España del Renacimiento. En el intermedio los romanos vieron las cosas de manera muy distinta, y el propio Laín Entralgo, en el «Prólogo» de su obra citada, nos recuerda, entre otras citas, que Vegecio dictaminó: «Animalia et homines non inanibus verbis, sed certa medendi arte curentur» («los animales y los hombres no han de ser tratados con palabras vanas, sino con el seguro arte de curar»). En suma, las observaciones de Daniel Devoto respecto a mi comentario al texto citado de Gil Polo me parecen a mí tan inanes como si yo le ampliase la lista de sus autoridades médicas con la recomendación de que lea el artículo de Luis García Ballester y Julio Samsó, «Tradición y novedad en el galenismo árabe de los siglos IX y XI: La doctrina del pulso, el pronóstico y un caso de aplicación de *masaje cardíaco*», *Al-Andalus,* XXXVII (1972) ,337-51.

Acerca de la novela bizantina, me refiero a las adiciones de ahora al capítulo II.

Cumple ya mencionar lo poco pero bueno que hay de nuevo sobre la *Diana enamorada:* A. Solé-Leris, «The Theory of Love in the two *Dianas:* A Contrast», *BHS,* XXXVI (1959), 65-79, y del mismo autor, «Psychological Realism in the Pastoral Noval: Gil Polo's, *Diana enamorada*», *BHS,* XXXIX (1962), 43-47; Rafael Ferreres,

«Estructura de las canciones de Gil Polo», *RFE,* XLIII (1960), 429-37; R. O. Jones, «Bembo, Gil Polo, Garcilaso», *Revue de Littérature Comparée,* XL (1966), 536-40.

Jerónimo de Tejeda

Nada hay nuevo sobre Tejeda como novelista, ni, la verdad sea dicha, vale la pena que se escriba sobre su *Diana.* Aunque sí quiero mencionar una nota bibliográfica que se me quedó trasconejada en la primera edición de esta obra: Alfred Morel-Fatio, «La grammaire espagnole de Gerónimo de Texeda», *BHi,* III (1901), 63-64, donde se describe su *Méthode.*

CAPITULO V

AUTOBIOGRAFIA Y NOVELA

(Luis Gálvez de Montalvo. Bernardo de la Vega. Lope de
Vega. D. Gaspar Mercader)

Hay tres novelas que se distinguen por su gestación casi exclusiva en la matriz del vivir anecdótico personal del escritor. Cuatro, en realidad, si supiésemos más de la vida de Bernado de la Vega, ya que él mismo se encarga de avisarnos que su novela es autobiográfica. Pero nuestra ignorancia sobre su vida nos roba la clave para interpretar su novela. Aunque dudo mucho que valiese la pena emprender este último ejercicio. Bien es cierto que, desde la época de la bucólica clásica, el género ha tenido resonancias autobiográficas, quizá como forma de proyectar el yo del autor sobre el ideal expresado, que resulta inasible de otra manera. Aun en España la propia *Diana* de Montemayor se informa en parte sobre la anécdota vivida, si bien es la expresión del mito la que le confiere validez extra-personal [1]. En casi todas las otras novelas pastoriles españolas ocurre algo

[1] Sobre lo autobiográfico en la *Diana*, véase el artículo de Narciso Alonso

semejante, pero en las cuatro obras que ahora nos conciernen se produce un franco desplazamiento de la virtud genética que va del foco mítico al foco histórico-individual. El autor es ahora bucoliasta sólo en segundo término; antes que nada es historiador de sí mismo, lo que me permite presentarlas agrupadas en este capítulo.

Este autobiografismo implica una viva conciencia del quehacer íntimo personal que no se da en medida equivalente en las otras novelas pastoriles españolas, si bien ya estaba ínsita en la bucólica de un Garcilaso, por ejemplo. Pero esta intimidad se puede hacer literatura por diversos cauces en lo que respecta a la forma, y además, y esto es lo esencial, esa misma intimidad se puede *sentir* de diversas maneras. El yo entrañable del escritor aflora a la conciencia con diversidad de correlatos circunstanciales, sentimentales y psicológicos, así el artista sea un Juan Ruiz, un Jorge Manrique, un Bernardim Ribeiro o un Quevedo. El vivir del autobiógrafo no se da nunca objetivado —no importa que los extremos sean de un lado Antonio de Guevara y del otro Santa Teresa de Jesús—, ya que el pensarse, y más aún el recrearse a uno mismo, se efectúa sólo en las zonas de más tupida vegetación subjetiva. Por lo tanto, el yo autobiografiado queda captado siempre dentro de una serie de correlatos de preferencias mentales de existencia previa a la de su fijación intelectual. En otras palabras, el yo historiado fluye por una avenida preexistente que ha sido labrada por todo el vivir anterior del yo historiador, y que se sigue labrando con cada nuevo latido de ese mismo vivir. Por ello, al tratar de autobiografías, no creo que sea lo más importante la rápida colección de fechas y circunstancias allí expuestas, que al fin y al cabo no nos dan más que el esqueleto del yo pensado, sino, más bien, el estudio de los correlatos en que se puede dar —y se da— esa fluencia, pues esto es lo que más nos aproximará a la totalidad del yo pensante[2]. El propio Georg Misch nos sugirió que lo importante en una autobiografía es el grado de comprensión que el autor tiene de su propia vida.

Cortés, «Sobre Montemayor y la *Diana*», *BAE*, XVII (1930), 353-362. Recuérdense también aquellas palabras de Lope de Vega en su *Dorotea:* «La Diana de Montemayor fue una dama natural de Valencia de Don Juan, junto a León; y Ezla, su río, y ella serán eternos por su pluma» (acto II, escena II), consultar la bibliografía que trae Edwin S. Morby, *Lope de Vega. La Dorotea,* segunda edición (Madrid, 1968), págs. 143-44.

[2] Sobre la autobiografía en general hay que consultar la obra ya clásica de Georg Misch, *Geschichte der Autobiographie* (Leipzig-Berlín, 1907). Los problemas implicados en lo autobiográfico han sido planteados radicalmente de nuevo por Américo Castro en *La realidad histórica de España,* cap. IX, y más recientemente en *Santiago de España* (Buenos Aires, 1958), esp. págs. 64-67.

Así, pues, en el estudio de estas novelas pastoriles de franco carácter autobiográfico, lo de menos es el estudio de las anécdotas que les dan pábulo, ya que esto nos dejará siempre en la periferia de la comprensión del artista como tal. Pero entiéndase bien que no es mi intención censurar la encomiable labor del historiador de la literatura, impostergable siempre, sino que trato, en la medida de mis fuerzas, de llegar a un máximo de efectividad intelectiva de la obra de arte. Será necesario, desde luego, mencionar la anécdota germinal en cada caso, pero mi atención se ve atraída por otros aspectos de estas novelas. En primer lugar, la elección de la pastoril como vehículo de la expresión del yo creado implica el pensarse en función del mito. O mejor dicho, la validez pasa a ser más que literaria para entrarse en las zonas de las posturas vitales. El gesto —como en el mundo de don Quijote— es aquí lo valedero, pues se basta para conferir a estas obras una nueva categoría histórico-humana, ya que no artística. La posibilidad —realidad— de que el escritor se piense como pastor debe dar el golpe de gracia a la opinión de aquellos que todavía ven la pastoril como un género falso.

En segundo lugar, el autobiografiarse en función de un mito promueve de inmediato una rígida tensión entre estos dos términos antagónicos. Más de una vez se ha hablado en estas páginas de la incompatibilidad entre Mito e Historia, y es ahora el momento en que ésta se verá más clara. Pero es, precisamente, este choque inevitable el que abre nuevas posibilidades estéticas a la pastoril, que si bien no llegan a cundir en el género, no dejarán de tener amplia repercusión en la obra cervantina.

Y por último, no hay que olvidar que la autobiografía está vista como ficción. El artista, como la araña, teje su obra toda con el hilo poético de su intimidad vivida, fenómeno no totalmente nuevo pero que adquiere especial significado en su momento histórico, ya que desembocará en parte en los malabarismos barrocos entre experiencia vital y expresión poética, para no mencionar la obra de Lope de Vega, que es un continuo recrearse a sí mismo como materia estética[3].

Pero es hora de aproximarse a los novelistas y ver exactamente cómo se plantean estos problemas.

---

[3] Sobre autobiografía y ficción véase el capítulo que le dedica Alfonso Reyes en *La experiencia literaria* (Buenos Aires, 1942).

Luis Gálvez de Montalvo

El primero en el tiempo es Montalvo, cuyo *Pastor de Fílida* apareció en Madrid, 1582 [4]. Como ocurre con tantos otros hombres quinientistas, su vivir es un tráfago donde alternan sus actividades de poeta, cortesano y soldado. —¿No estará en este mismo acuciado vendaval del vivir quinientista la clave de la preferencia clara que esta época expresa por el autobiografismo?—. De sus obras, al parecer, la mayoría se ha perdido, fuera de algunas composiciones breves, dispersas en libros de amigos, y de su traducción de *Las lágrimas de San Pedro,* del Tansillo [5]. Pero su fama entre sus contemporáneos fue de más que regulares proporciones —recuérdese la recomendación del cura al barbero respecto al *Pastor de Fílida*: «Guárdese como joya preciosa»—. Menéndez Pelayo recogió diversas noticias sobre esta fama en las páginas que le dedica en sus *Orígenes de la novela,* y en otro lugar yo he señalado algunas muestras de la especial estima en que lo tenía Lope de Vega, quien para deleite del auditorio llegó a insertar una de sus composiciones en *La moza de cántaro* [6]. Pero para nosotros su fama estriba sólo en el *Pastor de Fílida,* y éstas no son de las mejores credenciales que se pueden presentar a la crítica moderna.

La intención autobiográfica de Gálvez se hace evidente desde los versos preliminares de «El autor al libro»:

> Pastor de mis pensamientos,
> guardador de mis cuidados,
> si quieres trocar los prados
> por soberbios aposentos,
> seráte fuerza volar
> sin alas con que subir,
> y habréme de lastimar,
> de mí por verte partir;
> de ti, por verte quedar.
> ... ...
> Ora cantes, ora llores,
> ora provoques a risa,
> siempre será tu divisa:
> *La causa de mis dolores.*

---

[4] Cito por la reedición en *NBAAEE,* VII.

[5] Ver Salvá, *Catálogo,* núm. 395, y José López de Toro, «Gregorio Hernández de Velasco, traductor del Tansillo», *EMP,* VII (Madrid, 1957), 331.

[6] Véase «Gutierre de Cetina, Gálvez de Montalvo y Lope de Vega», *NRFH,* V (1951), 411-414. Nuevas y elogiosas menciones de Montalvo, no recogidas hasta ahora, se hallan en la *Arcadia* de Lope, *BAAEE,* XXXVIII, 130 b, y en su carta a don Vicente Noguera en los preliminares de las *Obras de Francisco*

Cumple, pues, ver qué aspectos de su vivir considera Gálvez de Montalvo apropiados para plasmarlos en el género pastoril. Las indagaciones del caso ya fueron hechas por Francisco Rodríguez Marín, uno de los más eruditos ilustradores de la historia literaria española [7]. Según este estudioso los amores de Fílida y Siralvo serían literarización de los contrariados de Gálvez de Montalvo con doña Magdalena Girón, hermana del primer duque de Osuna e hija del cuarto conde de Ureña. Este aparece también bajo el nombre de Uranio, mientras que Mendino es el protector del poeta, don Enrique de Mendoza y Aragón, hijo del conde de Saldaña y nieto del cuarto duque del Infantado. Coriano es el marqués de Coria, y Pradelio, don Luis Ramón Folch de Cardona, conde de Prades. Coelio es el pintor Alonso Sánchez Coello, y Belisa, su hija Isabel. Tirsi es Francisco de Figueroa y Silvano, Gregorio Silvestre. Y por último, Matunte y Sasio son los músicos Matute y Sasa [8].

Si ahora dejamos de lado lo anecdótico del disfraz bucólico y nos fijamos en lo valedero de la consecución literaria, se pueden observar dos cosas. En primer lugar, que la novela pastoril es el género a que acude Gálvez de Montalvo en trance de recrear su intimidad amorosa. Y en segundo, que estos amores son desgraciados, con lo que volvemos a una afirmación ya hecha: el amor feliz no tiene historia literaria. Dentro del horizonte poético de Montalvo la novela pastoril es el vehículo consagrado de la expresión del ensimismamiento amoroso —recuérdese que el término novela, en este sentido, incluye ya la expresión lírica.

Pero Montalvo tiene que realinear sus elementos históricos para darles cabida dentro del marco preexistente de la pastoril, ya que no cabe hablar de una identidad matemática entre Siralvo y el autor, o doña Magdalena Girón y Fílida. Por su parte, estos mismos elementos luchan por mantener su forma prístina, o sea, no despo-

de Figueroa (Lisboa, 1625), vid. *Poesías de Francisco de Figueroa,* ed. A. González Palencia, Bibliófilos Españoles (Madrid, 1943), pág. 37. También le recuerda en forma elogiosa don Antonio Liñán y Verdugo, *Guía y avisos de forasteros que vienen a la corte* (Madrid, 1620), reedición moderna (Madrid, 1923), pág. 303.

[7] *La «Fílida», de Gálvez de Montalvo. Discursos leídos ante la Real Academia de la Historia en la recepción pública del Excmo. Sr. D. Francisco Rodríguez Marín* (Madrid, 1927). Acerca de la interpretación histórica del episodio de Livio y Arsia (el príncipe D. Carlos y doña Mariana de Garcetas) ya había discurrido el mismo autor en su libro *Luis Barahona de Soto. Estudio biográfico, bibliográfico y crítico* (Madrid, 1903), pág. 117.

[8] Otro sistema de identificaciones, no muy acertadas, había propuesto en el siglo XVIII don Juan Antonio Mayáns y Síscar en su edición del *Pastor de Fílida,* cuya sexta edición, que es la que manejo, es de Valencia, 1792.

145

jarse de su historicidad, con lo que también el marco tiene que reamoldarse. Porque lechos de Procrusto sólo existen en el instrumental de la crítica: el acto de creación artística presupone siempre un ajuste entre forma y contenido. Así es que si por un lado Montalvo se ve obligado a escoger la forma de la pastoril para inyectarle el contenido de su experiencia amorosa, con la consiguiente «pastorilización» de la realidad vivida, por el otro esta misma anécdota, al hacerse literatura, hinche las medidas del formato pastoril hasta darle un novedoso aspecto formal.

Nos hallamos, pues, ante un doble proceso: pastorilización de la realidad y socialización de la pastoril. Y la efectividad artística de la anécdota depende, precisamente, del balance que se establece entre ambos impulsos. Obsérvense las palabras con que se inicia la novela: «Cuando de más apuestos y lucidos pastores florecía el Tajo, morada antigua de las sagradas Musas, vino a su celebrada ribera el caudaloso Mendino, nieto del gran rabadán Mendiano.» Más abajo continúa con una referencia a «la mayor nobleza de la pastoría», para terminar esta sección introductoria con la siguiente descripción de la amada de Mendino: «Era Elisa de antigua y clara generación, de hermosura y gracia sin igual, de edad tierna y de maduro juicio.» Nos hallamos, como resulta evidente, ante una estratificación del vivir mítico inconcebible dentro de la concepción original de éste, cuando se «ignoraban estas palabras de *tuyo y mío*», como les recordará don Quijote a los cabreros (I, xi). Pero esta aparente incongruencia deja de serlo cuando se piensa que lo pastoril está aquí expresado en términos de una circunstancia histórica, en la que Mendino es don Enrique de Mendoza, y Mendiano, el duque del Infantado, etc. [9]

Desde el momento en que la novela se estructura sobre esta ambivalencia cortesano-pastor, las anomalías —si seguimos una interpretación purista del mundo bucólico— se deben suceder por fuerza. La conciencia de la recreación del propio vivir inyecta en la novela una fuerte dosis de temporalidad [10], que trae de la mano una serie de muertes, expresión la más directa y punzante de esa misma temporalidad. Así mueren allí Padelio, Elisa y Sasio (pág. 404 a, 409 a, 478 a), lo que si bien nos acerca al mundo cotidiano nos aleja de la

[9] Otros ejemplos de esta estratificación social de los pastores se pueden hallar a las págs. 404 a, 406 a, 422 b.

[10] «Tres veces se vistió el Tajo de verdura, y otras tantas se despojó della... y al principio del tercero invierno, etc.», págs. 408 b-409 a, cf. también páginas 410 b-448 a.

acronía del orbe pastoril, al mismo tiempo que la perfección del mito se aproxima a la imperfección de lo histórico.

El mundo del *Pastor de Fílida* está situado, por lo tanto, en el tiempo y en el espacio, coordenación que abre la posibilidad de mensurar el orbe ideal, como ya se había visto en las últimas páginas de la *Diana* de Montemayor (véase *supra,* pág. 79). Aquí ocurre lo mismo, aunque con mayor frecuencia que obedece a la diversa motivación de la novela; escojo un solo ejemplo: «Dispuesto era el lugar para la gran fiesta que se ordenaba. Tenía de ancho media milla y una en largo» (pág. 414 a).

Volviendo a la polaridad cortesano-pastor se puede observar en el curso de la novela que ésta adquiere nuevos y cambiantes aspectos. Empezando por el caso más obvio y de mayor tradicionalidad literaria, el caso de Alfeo, cortesano vuelto pastor por amores (pág. 410), en quien existe la viva conciencia de que lo pastoril es un disfraz [11]. Por su parte, la vieja contraposición entre campo y ciudad favorece a veces a aquél (pág. 448 a), así como no siempre es el pastor el que lleva la primacía sobre el cortesano: «Vieron venir por entre los sombríos ramos uno que en hermosura de rostro y gallardía de miembros más cortesano mancebo que rústico pastor representaba» (pág. 469 a). Y la novela se cierra en tono perfectamente cortesano, con una carrera de sortija: «fiesta tan nueva entre pastores» (pág. 480 a), según apostilla el propio Montalvo, al reconocer la distancia a que está del mito.

Como se puede apreciar por esta breve revista, el *Pastor* está informado por un movimiento pendular que a veces alcanza tal violencia que el autor no lo puede dejar pasar sin comentario. En determinado momento Gálvez de Montalvo se encara francamente con el problema y se justifica en este largo pasaje que debe ser copiado íntegro para su recta intelección:

Possible cosa será que mientras yo canto las amorosas églogas que sobre las aguas del Tajo resonaron, algún curioso me pregunte: Entre estos amores y desdenes, lágrimas y canciones, ¿cómo por montes y prados tan poco balan cabras, ladran perros, aúllan lobos? ¿Dónde pacen las ovejas? ¿A qué hora se ordeñan? ¿Quién les unta la roña? ¿Cómo se regalan las paridas? Y finalmente todas las importancias del ganado. A esto digo que como todos se incluyen en el nombre pastoral, los rabadanes tenían mayorales, los mayorales pastores y los pastores zagales, que bastantemente los descuidaban. El segundo objeto podrá ser el lenguaje de mis versos. También darán mis pastores mi disculpa con que todos ellos saben que el ánimo del amado mejor se mueve con los conceptos del amador que con el viento de las hojas de los árboles. La tercera duda podrá ser

[11] Le dice Siralvo: «Si quieres seguir con tu *disfraz* y tomar el rebaño del gran Paciolo no te será contrario el ejercicio para tu mal» (pág. 429 a).

147

si es lícito donde también parecen los amores escritos en los troncos de las plantas, que también haya cartas y papeles, cosa tan desusada entre los silvestres pastores. Aquí respondo que el viejo Sileno merece el premio o la pena, que como vido el trabajo con que se escribía en las cortezas, invidioso de las ciudades hizo molino en el Tajo donde convirtió el lienzo en delgado papel, y de las pieles del ganado hizo el raso pergamino, y con las agallas del roble y goma del ciruelo y la carcoma del pino hizo la tinta, y cortó las plumas de las aves, cosa a que los más pastores fácilmente se inclinaron[12]. Desta arte podría ser que respondiese a cuanto se me culpase, mas ya que yo no lo hago, no faltará en la necesidad algún discreto y benigno que vuelva por el ausente (pág. 464).

Algunos críticos han visto en este pasaje la presentación del conflicto entre ficción y realidad y, más grave aún, la denuncia del ideal pastoril como falso, caduco y agotado[13]. No me parece que haya nada de esto. Lo que yo encuentro en el pasaje, al contrario, es el producto del inevitable ajuste de perspectivas que tiene que llevar a cabo un autor que de propósito deliberado está dispuesto a poblar un mito con hombres de la calle, que en el arquetipo ideal se retrata a sí mismo y a sus amigos. Al infundir en el pastor estas vivencias personales se provoca una tensión entre mito pastoril y anécdota vivida que Gálvez de Montalvo reajusta por el expediente de explicar el mito a base de la circunstancia actual, y esta circunstancia, a su vez, como encajada en el meollo del mito. Es un nuevo aspecto de la «pastorilización» y «socialización» simultáneas que caracterizan a esta novela.

No creo que nos encontremos ante el acuciante problema de la estética quinientista de la antinomia entre realidad y ficción. No: Montalvo acepta a pies juntillas la validez del mito pastoril, si no, no tendríamos el *Pastor de Fílida*. Pero al pensarse y recrearse a sí mismo y su circunstancia vital en función de ese mito hay que aclarar, salvar y distinguir cómo encaja la una dentro del otro; cómo la concepción autobiográfica de un género utópico-intemporal le da a éste la doble validez del Gálvez de Montalvo pensante y del Siralvo pensado. No es crítica del género, sino explicación del uso particular a la que le ha puesto el confesado propósito autobiográfico. El nexo intelectual que convierte al autor en actor en un mundo ine-

---

[12] Esta chusca explicación sobre el modo de obtener papel la repite Lope de Vega en su comedia pastoril *Belardo el furioso*, Ac, V, 673 b.

[13] Erika Lipsker, *Der Mythos vom goldenen Zeitalter*, pág. 70: «Auch dieser Dichter empfinder einen Gegensatz zwischen den idealisierten Schäfern und der Wirklichkeit, und er spricht im sechsten Teil einige Zweifel über bemerkte Zwiespältigkeit aus.» Y continúa un poco más abajo: «Er macht die Mode mit, weil das goldene Zeitalter gerade Mode ist, doch ging ihm von der inneren Uebereinstimmung mit diesem Mythos schon viel verloren.»

148

xistente es el que promueve la necesidad exegética. No hay aquí
sentimiento alguno de falsedad del mundo pastoril, ya que para
Montalvo éste tiene una validez tan absoluta como la tuvo para
Montemayor o para Gil Polo. De no ser así, los correlatos circunstanciales del yo captado por Montalvo hubieran sido, por necesidad,
distintos, ya que nunca hubiera encauzado la fluencia de su vivir en
una novela pastoril [14].

La cercanía de Montemayor no radica solamente en la comunidad de opinión acerca de la integridad del mundo pastoril. Hay
otras aproximaciones estructurales, no muchas, es cierto, que indican conocimiento de la *Diana,* aunque, según se verá, Montalvo no
acepta en su totalidad la ideología del portugués. Pero para indicar
algunos de estos paralelos, es evidente que el Canto de Erión (*Pastor,* parte VI) está modelado sobre el Canto de Orfeo (*Diana,* libro IV), y coinciden hasta en la temática de elogios a las damas de
la nobleza. El mismo viaje de los pastores al palacio del mago Erión
(*ibidem*) está plasmado, seguramente, sobre el que se hace en la
Diana al palacio de la sabia Felicia, si bien esta peregrinación no
adquiere en ningún momento la importancia estructural que tiene
en la *Diana.*

Junto con Montemayor, y de mayor importancia como modelo
efectivo, hay que mencionar a Sannazaro. Las razones de esta preferencia se verán más adelante. Por el momento baste mencionar
escuetamente los episodios y detalles afectados. Las imitaciones ocurren en los siguientes pasajes [15]: los juegos funerales en memoria

---

[14] Para desterrar del todo la errónea impresión de que Montalvo se encara
con la pastoril con ánimo crítico, quiero transcribir este otro pasaje de su
novela: «Grande es Amor, grande sobre el poder humano, mas no se entienda
que este grande Amor es aquel crimen del mundo injusto; que desde que la
malicia tocó en su materia baja y vil el cendrado oro de la edad dichosa, juntamente Amor se desterró del concurso de las gentes, y buscó la soledad de las
selvas, contento de habitar con los sencillos pastores, dejando en los anchos
poblados (desde los más humildes techos hasta los resplandecientes de oro y
plata) una ponzoña incurable, vengadora de sus injurias, que hasta hoy permanece; luego ya se determina que en las selvas vive Amor, y en los poblados su
ira y saña» (págs. 430 b-431 a). Después de esto hay que pensar que Montalvo
creía en la bondad del mundo pastoril o no sabía lo que escribía. Me extraña
que Mia Gerhardt, *La Pastorale,* pág. 91, diga que «la pastorale n'était pour
lui qu'une question de mode et ne correspondait à aucune nécessité intime.»

[15] Véase Menéndez Pelayo, *Orígenes,* I, cdlxxvi; Joseph G. Fucilla: «Sannazaro's *Arcadia* and Gálvez de Montalvo's *El pastor de Fílida*», *MLN,* LVII
(1942), 35-39, ahora recogido en *Relaciones hispanoitalianas,* y Marie A. Z. Wellington, «Sannazaro's Influence on the Spanish Pastoral Novel», tesis doctoral
inédita de Northwestern University (Evanston, Ill, 1951), cap. IV, págs. 79-89,
quien aduce algunos ejemplos más, todos de detalle.

de Elisa, largas descripciones de las pinturas en los templos de Pan y Diana, y la disputa entre Batto y Silvano, si bien esta última sólo en los caracteres formales de la disputa, ya que el tema discutido son los méritos relativos de los metros italianos y españoles [16]. Para terminar, también cabría suponer influencia de Sannazaro en el común desinterés por la acción que se evidencia en ambas novelas.

De mayor importancia que este muestrario de características similares es el hacer resaltar los rasgos diferenciales del *Pastor de Fílida* frente a la tradición, ya que sólo allí hallaremos su especificidad. En este sentido, la novedad más obvia, a mi entender, es el distinto concepto de la vida que informa sus páginas. Porque el fluir de la vida se puede encarar, con fines literarios, de dos formas distintas, aun así se haya adoptado ya la postura autobiográfica [17]. Podemos aceptarla lisa y llanamente como tal influencia, y entonces atenderemos a la sucesión anecdótica temporal. Nuestra vida, seamos biógrafos o autobiógrafos, se fijará en lo adjetivo del vivir —en la historia y no en la intra-historia, como querría Unamuno—, que es lo único que deja apreciar la premiosidad del discurso temporal. O bien se parcelará un trozo de éste para buscarle la causa específica de su densidad vital, yendo así a lo sustantivo de lo circunstancial —que bien puede ser permanente—. Es la diferencia que va, pongo por caso, de los pasajes autobiográficos de Cellini —un recrearse con toda la superficialidad que impone el tropel anecdótico— a los de un Stendhal —que se recrea con el detenimiento y la morosidad de un sabio geólogo de almas—. Y es, justamente, la distancia que separa los conceptos de vida de un Gálvez de Montalvo de un Montemayor, por no decir de la tradición pastoril española anterior al cantor de Fílida.

Porque en la *Diana* de Montemayor nos hallamos ante una simetría vital que se puede indagar solamente si el autor se adentra y bucea en esos vivires que está creando y recreando. Mientras que

---

[16] Sobre el particular dice J. M. de Cossío, *Fábulas mitológicas en España*, página 210: «No era de extrañar esta preferencia de Gálvez de Montalvo por los metros breves, que, al igual que Montemayor, manejaba con harta más gracia y soltura que los italianos. En la misma novela, y cuando ya no tenía sentido la polémica por haber superado las obras la doctrina de la contradicción, ha de suscitarla Gálvez entre sus pastores, y ha de elogiar las coplas castellanas y darlas la palma como de mayor primor.»

[17] Esta no es, ni con mucho, la única actitud que presupone el menester autobiográfico, pero sí es la operante para los fines interpretativos que persigo. Véanse, por ejemplo, las hermosas páginas que dedicó Amado Alonso a otras actitudes en «Un problema estilístico de *Don Segundo Sombra*», *Materia y forma en poesía* (Madrid, 1955), págs. 418-428.

en el *Pastor de Fílida* el autor se enfrenta con la totalidad de su anécdota que voluntariosa e íntegramente alquitarará en novela. Montemayor irá siempre a lo sustantivo de las vidas allí captadas para darnos la esencia de sus interrelaciones, mientras que Gálvez de Montalvo preferirá, por necesidad artística, apuntar lo adjetivo, sin detenerse en mayores honduras, para poder cumplir con la totalidad de su cometido autobiográfico. No en balde la *Diana* quedó inconclusa, ya que el buceo de las almas es nueva tarea de Sísifo, mientras que el *Pastor de Fílida* se cierra con el fin presabido de la anécdota.

De la simetría vital sobre la que fundamenta Montemayor su novela poco queda aquí. Dos de los pilares fundamentales de la *Diana* están ahora a punto de derrumbarse. La naturaleza demiurga de otrora pasa en el *Pastor de Fílida* desapercibida a veces, como ocurre en este pasaje: «Alabaron la hora en que *el cielo* había juntado en Fílida cuanto bien por el mundo repartía» (pág. 438 a), que se puede ilustrar con este otro de la *Diana,* ya citado, y que es su perfecta contrapartida: «Ninguna perfición ni hermosura puede dar *la naturaleza* que con Diana no la haya repartido» (pág. 243). Este apartamiento del naturismo de Montemayor descentra consecuentemente el concepto del amor, ya que en la *Diana* el amor está en la propia raíz del mundo natural [18]. El amor no tiene en la novela de Montalvo esa integridad y limpieza de trayectoria que le había conferido su puesto privilegiado de antes. Hay, a su respecto, una cierta desorientación conceptual producida por la manipulación a que se han sometido los elementos constitutivos de esa delicada máquina que es la novela pastoril. Compárese, por ejemplo, el pasaje copiado en la nota 14 de este capítulo con el siguiente: «Cansóse el Amor, como otras veces suele» (pág. 406 b), o este otro: «Una sinrazón notable suele desapassionar al más enamorado» (pág. 423 b). ¡A qué distancia estamos de ese amor que resiste impertérrito los embates combinados del tiempo, la fortuna y la razón! (cf. *supra,* pág. 82).

Creo que estos ejemplos bastan para reflejar la nueva postura ideológica que Gálvez de Montalvo adopta ante la pastoril. Pero el nuevo ángulo de visión se tiene que resolver siempre en una nueva consecución artística, o más bien, ambos son actos de presuposición mutua. La solución artística hallada por Gálvez es, por fuerza, dis-

---

[18] No sería correcto hablar de antinaturismo en Gálvez de Montalvo, sino más bien de una actitud ambivalente y oscilante que obedece al diferente momento histórico que le tocó vivir, como se evidencia en el epíteto que le aplica más tarde: «maestra Natura» (pág. 457 b).

tinta a la de Montemayor. Al desnudar su obra de mucha de la sustancialidad anterior el autor se ve obligado a poner en altorrelieve, como sustitutos, los elementos que antes hubieran sido considerados decorativos, y así pasa a primer plano todo aquello que tiene valor estetizante, preferencia mental que no nos puede extrañar en alguien que hace literatura de su propia vida, o sea, que se ve a sí mismo como materia artística [19]. En primer lugar se inserta toda una égloga representable (la de Fanio, Delio y Liria, en la parte IV), con lo que se pretende contrarrestar la disminución de la dimensión ideológica con aumento de la dimensión artística, puesto que se recogen así en el cuerpo de la novela las expresiones lírica y dramática de la pastoril. Asimilado a esto hay que colocar la preponderancia del verso, ya que el interés no radica más en la capacidad analítica de la prosa —no hay aquí discusiones teóricas sobre el amor y su psicología—, sino en la posibilidad de recrear su desdichada intimidad amorosa en la queja lírica [20].

La acentuación de los elementos de índole estética lleva a una proliferación de lo descriptivo. No del mundo natural, que se mantiene en su simplicidad prístina, sino de lo que es estrictamente ornamental. Los entremeses descriptivos que hemos visto en las otras obras se multiplican aquí. Por ejemplo, las detalladas descripciones de los trabajos de Hércules (pág. 455 a), del templo de Diana (pág. 456 b), de las siete maravillas del mundo (pág. 457) o de ciertos cuadros mitológicos (*ibidem*). De la mano de esto va la continua y minuciosa atención que se presta a los trajes pastoriles, que llega a veces a un preciosismo de retratista: «Traía un sayo de diferentes colores gironado, mas todo era de pieles finísimas de bestias y reses, unas de menuda lana y otras de delicado pelo, por cuyas mangas abiertas y golpeadas salían los brazos cubiertos de blanco cendal, con zarafuelles del mismo lienzo, que hasta la rodilla le llegaban, donde se prendía la calza de sutil estambre» (pág. 469 a) [21].

Al llegar a este punto creo que se puede trazar un denominador común de los caracteres diferenciales del *Pastor de Fílida* que será el que nos dará la clave de su especificidad. Si partimos del

[19] En este estetismo de Montalvo radica, cabalmente, la preferencia demostrada por la *Arcadia,* de Sannazaro, quien se desentiende de lo vital para regocijarse en la creación de lo plásticamente bello.

[20] Sobre los versos de Montalvo, véase la obra ya citada de Segura Covarsí, pág. 156, y Erasmo Buceta, «Una estrofa de rima interior esdrújula en *El pastor de Fílida»*, RR, XI (1920), 61-64.

[21] Se pueden ver otros ejemplos a las páginas 410 b, 479 a, 480 b y siguientes.

hecho de que esto es autobiografía injerta en novela se observará que la mayoría de sus atributos particulares obedecen a su cualidad esencial autobiográfica. El autor, en plan de recrearse, lo hace asido a la realidad material de su anécdota vivida y no a la realidad psicológica de un teórico caso de amor. Esto implica que las apariencias, o lo adjetivo, si se quiere —realidad material, de todas maneras—, es a lo que Gálvez dedicará su atención, dejando desatendidas las esencias, o sea, la realidad ideal. Como consecuencia inmediata desaparece el neoplatonismo, y por ende el psicologismo y su equivalente pastoril, la casuística amorosa. Las apariencias y la circunstancia reinan supremas, y sobre ellas se estructura firmemente *El pastor de Fílida*.

La novela de Montemayor había estado basada en una geometría de relaciones trascendentes (en sentido lego, se entiende). Montalvo, por la necesidad de su quehacer autobiográfico, prefiere desligarse de las relaciones extra-personales del mito tal como se entiende en la *Diana* para volcar toda su intensidad creadora en repensarse a sí mismo y su angustiosa pasión. Se convierte así en sustantivo en la novela todo lo que contribuye a recrear el momento vivido —recreación que se da, desde luego, en su forma mitificada—, mientras que lo sustantivo de antes queda casi descartado debido a su alejamiento de la tarea egocéntrica. Materia y forma, en consecuencia, se amoldan a esta nueva necesidad expresiva.

Al enclavar su yo vivido en el mito con el fin, primero, de captarlo y, luego, de expresarlo, Gálvez de Montalvo imprime a la novela pastoril española un giro audaz y de serias repercusiones. Hasta el momento en España la única participación personal con el mito se había efectuado en la lírica, verbigracia, las églogas de Garcilaso. Pero ahora se hace palpable la posibilidad de adentrarse en el mito y de aferrarlo, aun así sea en desmedro del mismo. Actitudes vitales como ésta son las que no hay que descartar cuando se analice esa densa corriente ideológica que va a desembocar en la concepción del ser y el hacer de don Quijote.

BERNARDO DE LA VEGA

Desde el siglo pasado se había perdido la pista de la novela pastoril de este escritor, que, la verdad sea dicha, bien podría haber quedado en el olvido. Pero la casquivana diosa Fortuna (y no olvidar que hay buena y mala Fortuna) me permitió encontrar un ejemplar en los riquísimos fondos de la biblioteca de El Escorial, donde lleva el número 22-V-39. Como Rennert no llegó a verla, ni yo tampoco en la primera edición de este libro, la describiré puntualmente.

El pastor / de Iberia compve / sto por Bernardo de la Vega gen- / tilhombre Andaluz. / Dirigido a don Juan Téllez Girón Duque, / y conde de Vreña, camarero mayor del Rey / nuestro Señor, y su Notario mayor de / los Reynos de Castilla. / [Escudo de armas del Duque] / Con privilegio. / En Sevilla. / En casa de Iuan de León Impressor. / 1591. / A costa de Bernardo de la Vega.

En el colofón (folio 228 v) hay un grabado del impresor, que en el medio tiene una palma con el lema alrededor «Pev a Pev». En Sevilla, / en la Imprenta de Iuan de León junto a / las Siete Rebueltas. Año de / 1591.

Una breve historia de la crítica acerca de Bernardo de la Vega compensará lo poco de bueno que se puede decir de él como novelista y poeta. Lo primero que hay que recordar es que en el *Quijote,* en el escrutinio de la librería del hidalgo manchego, el cura condena el libro «al brazo seglar del Ama» (I, vi). Pero no contento con esto, Cervantes volvió a la carga en el *Viaje del Parnaso* (Madrid, 1614), y no una, sino dos veces. En el capítulo IV entre los poetas del número hambriento «ni llamado ni escogido / fue el gran Pastor de Iberia, el gran Bernardo / que de la Vega tiene el apellido» (versos 565-567). Y el desprecio cervantino por esta obra se acentúa en el capítulo VII, cuando dice «llegó el *Pastor de Iberia,* aunque algo tarde», y aunque derribó a algunos poetas defensores de Apolo, «tanto apretaron a la turba multa» los poetas buenos que pronto quedó sepultado con toda «la canalla» (versos 199-209) [22].

Pero un sentimiento mínimo de justicia me impone añadir que la condena cervantina no era compartido por todo el mundo, al menos en esos años. Ocurre que sabemos que en el año de 1600 se enviaban ejemplares del *Pastor de Iberia* a México, lo que si no demuestra el buen gusto literario de los conquistadores, sí demuestra la popularidad de la novela [23].

Nicolás Antonio, a pesar de su extraordinaria erudición, cometió un curioso error, o confusión, más bien, que de haber sido mayor la talla de Bernardo de la Vega hubiese tenido serias consecuencias. Siendo las cosas como son, sólo vale la pena señalar la confusión sin entrar en mayores conjeturas. Escribió el padre de la bibliografía es-

---

[22] Por lo poquísimo que dice Francisco Rodríguez Marín en sus muy copiosas notas al *Viaje del Parnaso* (Madrid, 1935), acerca del *Pastor de Iberia,* es evidente que no le había visto; v. *infra,* nota 29.

[23] Ver Irving A. Leonard, *Books of the Brave* (Cambridge, Mass., 1949), página 255.

pañola: «Bernardus de la Vega, Matritensis, canonicus de Tucuman in meridionali America, scripsit versibus: *La bella Cotalda y cerco de París*. Simulque: *Relación de las grandezas del Pirú, México y Los Angeles*. Mexici apud Melchiorem de Ocharte 1601. in 8. *El Pastor de Iberia,* anno 1591. in 8 editus, ejusdem credo auctoris est»[24]. Debe resultar evidente que el *gentil-hombre andaluz,* como gustaba de proclamarse el autor del *Pastor de Iberia* desde la portada de su novela, no puede ser en absoluto el madrileño que como canónigo recaló en el norte de la actual República Argentina[25].

La crítica literaria se vuelve a hacer cargo del novelista andaluz en la persona de don Agustín Durán. En su *Colección de romances castellanos anteriores al siglo XVIII,* 5 vols. (Madrid, 1828-1832), el número 1.507 es un romance de Bernardo de la Vega, *El pastor de Iberia:* «Después que por varios casos.» Y al final de su magna colección, en el «Catálogo de los documentos, orígenes y fuentes...», agregó Durán: «Vega (Bernardo de la). *El pastor de Iberia.* Sevilla, 1591, en 8°. Es una novela pastoril artística en prosa y verso, de la cual hay en mi Romancero el número 1.507»[26].

A la curiosidad insaciable y ejemplar de don Diego Clemencín se debe la noticia más completa acerca de Bernardo de la Vega y de su novela pastoril. Dicha noticia se halla en las notas a su edición del *Quijote,* 6 vols. (Madrid, 1833-1839), y el acopio de datos es tan rico que me eximirá en adelante de varios comentarios, motivos por los que la copiaré casi íntegra. Dice así: «*El Pastor de Iberia...,* otra novela pastoril en verso y prosa, que consta de cuatro libros. Pellicer, siguiendo a don Gregorio Mayáns, da por sentado lo que dio sólo como conjetura don Nicolás Antonio, a saber: que Bernardo de la Vega fue natural de Madrid, canónigo de Tucumán y autor de otras obras mencionadas en la Biblioteca Hispana; pero no convienen las patrias, y lo contradicen también los indicios que pueden sacarse del presente libro, mucho más si, como en él se insinúa, los sucesos son verdaderos. El lenguaje es malo; se truecan los tiempos de los verbos, y se encuentran solecismos. La invención corresponde al lenguaje. El pastor Filardo, que hace el primer papel en la novela, es perseguido por sospechas de asesinato; le prende el alguacil de la aldea; se libra por el favor de dos padrinos que tiene en Sevilla;

---

[24] *Biblioteca Hispana Nova,* I (Madrid, 1783), 228.

[25] De este canónigo, que dudo mucho sea la misma persona que el novelista y gentilhombre andaluz, se conservan más versos en Dionisio de Ribera Flórez, *Relación historiada de las Exequias funerales de la Magestad del Rey D. Philippo II* (México, 1600), ver Pedro Salvá y Mallen, *Catálogo de la Biblioteca de Salvá,* I (Valencia, 1872), 156.

[26] Cito por *BAAEE,* XVI, 470-71 y 694.

se embarca en Sanlúcar; vuélvenle a prender en Canarias; vuelve a librarle otro padrino. La pastora Marfisa, amante de Filardo, hace tantos o más versos que su pastor, y éste los hace llenos de erudición mitológica e histórica, y alegando a Platón, a Nebrija y al Concilio de Trento. Entre otras lindezas escribía Filardo a su padrino de Canarias:

En España pasé vida tranquila
gozando con quietud mis verdes años,
no envidiando a Néstor ni a la Sibila.
... Bien hizo el cura en entregarlo al brazo seglar del Ama» [27].

El Pastor de Iberia todavía se conocía bien hacia fines del siglo XIX. Lo atestiguan los coordinadores y adicionadores de Bartolomé José Gallardo, vale decir, M. R. Zarco del Valle y J. Sancho Rayón, quienes dieron una muy puntual descripción bibliográfica de la novela, aunque el brevísimo comentario crítico es de nula utilidad [28].

Y poco después de todo esto Bernardo de la Vega y su *Pastor de Iberia* se pierden en las tinieblas de la incuria profesional. Pero un ejemplar de su novela, por lo menos, se nos conservó en estupendo estado, y muerto de la risa, seguramente, en los anaqueles de El Escorial [29]. Ahora lo describiré un poco más de cerca.

Lleva aprobación del 17 de marzo de 1591, y privilegio fechado en Madrid a 28 del mismo mes y año. Sigue la lista de erratas, un soneto dedicatorio de Bernardo de la Vega al duque de Osuna, otro de Bernardo de la Vega «al curioso lector» en que declara paladinamente la materia autobiográfica de su novela («De mi libro verdad es el sujeto, / varios sucessos con verdad escribo»), otro soneto de Baltasar de Cepeda al autor [30], un soneto del licenciado Reyes Mexía

---

[27] Cito por la reedición del *Quijote* con las notas de Clemencín en la Biblioteca Clásica, I (Madrid, 1894), 160-61.

[28] B. J. Gallardo, *Ensayo de una biblioteca española de libros raros y curiosos,* IV (Madrid, 1889), cols. 957-958.

[29] Francisco Rodríguez Marín no logró verla, como declara en sus notas al *Quijote,* I, vi, aunque agrega la conjetura de que quizás el novelista fue hijo de otro homónimo, mercader sevillano, quien corrió con los gastos de la novela, por eso al pie de la portada dice *a costa de Bernardo de la Vega* (el padre), porque a tratarse del novelista diría, sencillamente, *a costa del autor.*

[30] Hay una silva de Cepeda en las *Flores de poetas ilustres* de Pedro Espinosa (Valladolid, 1605); había nacido en Osuna en 1560, y en Sevilla llegó a ser notario de la audiencia arzobispal, ver Francisco Rodríguez Marín, *Pedro Espinosa, Estudio biográfico, bibliográfico y crítico* (Madrid, 1907), págs. 135-36. Mario Méndez Bejarano, *Diccionario de escritores, maestros y oradores naturales de Sevilla y su actual provincia,* I (Sevilla, 1922), 127, arma su usual pisto al tratar de este escritor.

de la Cerda al autor y su obra; y un último soneto del canario Bartolomé Cairasco de Figueroa (padre de los versos esdrújulos), en el que insiste que el argumento de la novela está constituido por «historias verdaderas» y nos revela que Filardo, nombre del pastor protagonista, es el propio Bernardo de la Vega.

Y empieza la novela con unas octavas, característica formal ya bien arraigada en el género. Como sabemos tan poco de la vida de Bernardo de la Vega es difícil, si no imposible, desentrañar el elemento autobiográfico del argumento de su novela. Que era andaluz lo proclama la portada de su obra y la fonética de sus versos, en los que, por ejemplo, riman «peso-bostezo» (folio 20 r). Y que hacía bien poco caso del canon pastoril lo revelan afirmaciones como ésta: «Fortuna, muerte y amor.» La idea de Muerte agudiza la imperfección del mundo en que vivimos, mientras que en su concepción inicial el mundo pastoril es perfecto. Pero poco se puede esperar del mundo pastoril de Bernardo de la Vega, donde la pastora enamorada Jacinta, en unas octavas que canta se refiere al dios Amor como «O hideputa rapaz!» (folio 40 v).

La verdad es que todo está muy destartalado en esta novela. Hay un romance del Cid bastante malo, producto de la pluma de Bernardo de la Vega (empieza «Después del suceso triste / de la muerte de don Sancho»), aunque conserva algún verso tradicional («Afuera, afuera, Rodrigo, / el soberbio castellano») (folio 77 r). Y de inmediato pasamos a un soneto en loor del secretario Tomás Gracián (folio 79 v) [31]. Y de aquí en adelante el mito pastoril se derrumba estrepitosamente, aunque no sé hasta qué punto es suplantado por los acontecimientos históricos debido a mi ignorancia de datos acerca de la vida de Bernardo de la Vega. El pastor Tirseo es asesinado alevosamente, y en equivocada venganza la pastora Marfisa mata a Linardo (folios 83-85). Hay prisiones, cárceles, alcaldes y huidas; se barajan los nombres de varios personajes históricos sevillanos, contemporáneos del autor, don Francisco Tello, caballero de la Orden de Santiago, don Luis de Guzmán, heredero del marqués de la Algaba; doña Inés Portocarrero, etc. (folios 120 v, 123 v, 133 r).

El despiste bucólico de Bernardo de la Vega es tan grande que lleva a sus pseudopastores a las Canarias, donde el disfraz pastoril no pasa de los nombres: Ergasto, por ejemplo, es el nombre pastoril de Bartolomé Cairasco de Figueroa, a quien Filardo, o sea, el autor, dedica unos versos esdrújulos («el estilo en que Ergasto era con-

---

[31] Doy noticias suyas en mi edición de *La Galatea*, de Cervantes, II (Madrid, 1961), 202.

sumado», folio 182 r). Pero el lector bien puede suponer que poco, o nada, puede quedar del mito pastoril cuando abundan las alusiones a la Inquisición, a la Real Audiencia, al Justicia Mayor y Capitán General de Canarias, a un desembarco de franceses, hay disparos de artillería, y hasta aparece «el valeroso Diego de Arguijo, alguazil mayor de la Sancta Inquisición» (folio 189 v), vale decir, el hermano del mecenas y poeta sevillano don Juan de Arguijo. Hasta hay unos pésimos versos a la muerte del ricachón Juan Antonio Corzo [32].

Al final de la novela Filardo y Marfisa se casan (¡a qué distancia estamos de «los que sufren más son los mejores» de Montemayor!), y quedan dispuestos a regresar a España. Pero no antes que Ergasto (Cairasco de Figueroa) dé un soneto a Filardo (Bernardo de la Vega) para «Don Andrés Fernández de Córdoba, del Consejo del Rey nuestro Señor en su Real Audiencia de Sevilla» (folio 227 r). Razón que le sobraba tenía el cura cervantino para hacer quemar esta novela autobiográfica, que sólo al comienzo tiene un leve barniz pastoril.

LOPE DE VEGA

En el vastísimo panorama de la vida-obra de Lope su *Arcadia* no ocupa puesto de mayor preeminencia. Tiene, sí, la particularidad de haber sido su primer tanteo novelístico, género ante el que Lope sintió algo rayano en la fascinación del neófito. Además, como dato curioso, su publicación en 1598 con el fabuloso escudo de Bernardo del Carpio en la portada y el lema «De Bernardo es el blasón, las desdichas mías son», convirtió a su autor en blanco de los acerados dardos de Góngora y Cervantes, entre otros [33].

Como en el caso de Gálvez de Montalvo, nos encontramos aquí ante una novela de clave que encubre unos amores cortesanos. Y al ser de Lope se entiende que su proteica personalidad estará injertada en la propia raíz de la obra. Porque el vivir todo de Lope transcurre en el doble nivel de la vida y de la poesía, y la tarea de recrearse a sí mismo es el factor genético más importante de su obra. En

---

[32] Doy noticias de este banquero en mi edición de *El peregrino en su patria*, de Lope de Vega (Madrid, 1973), pág. 375. Mi colega y buen amigo John Jay Allen me recuerda que este engendro novelístico del *Pastor de Iberia* es el libro más moderno, quiero decir, el último en fecha de publicación, en la biblioteca de Don Quijote. Hay que dedicar más atención a este «atraso cronológico», ya que, al fin y al cabo, el primer *Quijote* fue terminado en 1604.

[33] Al respecto véanse mis «Dos notas a Lope de Vega», *NRFH*, VII (1953), 426-432. Citaré la *Arcadia* por la reedición en *BAAEE*, XXXVIII.

el caso de la *Arcadia* este barajar de anécdota y poesía se declara paladinamente desde el «Prólogo»:

> Estos rústicos pensamientos, aunque nacidos de ocasiones altas, pudieran darlas para iguales discursos, si como yo fui el testigo dellos, alguno de los floridos ingenios de nuestro Tajo lo hubiera sido; y si en esto, como en sus amores, fue desdichado su dueño, ser ajenos, y no propios, de no haber acertado me disculpe, que nadie puede hablar bien en pensamientos de otro. Si alguno no advirtiese que a vueltas de los ajenos he llorado los míos, tal en efecto como fue, quise honrarme de escribirlos, pues era imposible honrarlos, acomodando a mis soledades materia triste, como quien tan lejos vive de cosa alegre.

Las circunstancias históricas aludidas en este pasaje son las siguientes: hasta 1595 Lope estuvo en Alba de Tormes, acompañado de su primera mujer, Isabel de Urbina, que allí murió. Estaba al servicio de don Antonio de Toledo, bisnieto del gran duque de Alba. don Fernando, y las glorias de éste se mezclan con los elogios a aquél en la *vaticinatio post eventum* que son los tercetos del libro V de la *Arcadia*. La novela está dedicada a historiar unos desdichados amores de don Antonio, quien es el protagonista bajo el nombre arcádico de Anfriso. La madre de don Antonio, doña Brianda de Beaumont, condesa de Lerín, aparece bajo el nombre de Bresinda. Brasildo es el famoso músico Juan Blas de Castro, gran amigo de Lope. Este aparece con su seudónimo favorito de Belardo [34]. Por último, Celia posiblemente sea Micaela de Luján, la Camila Lucinda que le inspiró tantas obras posteriores [35], y Doriano es, evidentemente, un miembro de la ilustre familia italiana de los Doria [36].

El autobiografismo declarado en el «Prólogo» se diluye un poco en el texto de la novela, puesto que Belardo aparece sólo como deuteragonista. Quedan, sí, preciosas expresiones poéticas del vivir lopesco, como las liras de la página 57 a, que se deben retrotraer a su estancia en Valencia con Isabel de Urbina, o las de la página 65, que deben ser de los mismos años. Pero lo esencial aquí no es la forma en que la anécdota vivida se entreteje con el argumento —es

---

[34] Véase S. Griswold Morley, T*he Pseudonyms and Literary Disguises of Lope de Vega,* University of California Publications in Modern Philology, XXXIII (1951), 429-434.

[35] Véase María Goyri de Menéndez Pidal, «La Celia de Lope de Vega», *NRFH,* IV (1950), 347-390, y la respuesta de S. Griswold Morley y Courtney Bruerton, «Lope de Vega, Celia y *Los comendadores de Córdoba*», *NRFH,* VI (1952), 57-68.

[36] «Doriano, uno de los más gallardos pastores del Arcadia, de más alta sangre, valor y esperanza, aunque mancebo de pocos años, y recién venido entonces del mar de Italia», ed. cit., pág. 117 a.

bien conocida la libertad que Lope se toma con los datos de su propia vida—, sino cómo su vivencia apuntala siempre el sentido íntimo de cada obra snuya. Adaptando un famoso verso de Unamuno, se puede decir que la sangre del espíritu de Lope son sus obras. Con los girones de su alma se visten sus personajes, y aquí radica la verdadera cualidad autobiográfica de la *Arcadia*.

Sería fatigoso, y hasta ocioso, poner muchos ejemplos de ello. Baste uno, pero que reviste una capital importancia, como que es el *deus ex machina* de la novela. Me refiero al tema de los celos, que es el que da dimensión humana al personaje un poco acartonado de Anfriso. En los capítulos anteriores se ha visto que los celos son temática viva en la tradición pastoril, y de Montemayor pasan a Gil Polo con renovada importancia. Pero se puede decir que en estas obras los celos se mantienen en el plano especulativo, ya que apenas si inciden efectivamente en el vivir novelístico. En Lope no: las dos etapas de la vida de Anfriso captadas en la novela tienen como gozne su ataque de locura, inducido, precisamente, por los celos de Belisarda. «Anfriso, desatinado de averiguados celos... comenzó... a decir tales palabras y hacer tales desesperaciones y efectos que, a no se hallar Frondoso a resistille, sin duda se arrojara de la primera peña, o en el caudaloso Erimanto templara con el curso de la vida el mortal fuego» (pág. 109 a). Los desafueros que comete cuando enajenado son lo único que confieren al libro IV de la *Arcadia* un cierto tono de desgarrada y lacerante humanidad. Esta cualidad de vida palpitante se la da al largo episodio el hecho de que en Lope el celoso enloquecido es algo más que tema literario. Es experiencia vivida, carne de su carne, que es transmutada en poesía por ese alquimista único de vivencias que fue Lope. La circunstancia histórica hay que ir a buscarla allá a la época de sus amoríos con Elena Osorio, cuando enloquecido de celos se llenó a sí mismo de oprobio al escribir unos infamantes libelos. Alquitarada en materia poética, esta experiencia vital se convirtió en cantera casi inagotable, con la que construyó buena parte de su obra, desde *Belardo el furioso* hasta *La Dorotea,* pasando por el episodio de endopatía cordial de la *Arcadia* [37].

La novela se cierra con un precioso broche autobiográfico. Es un final doble. El primero es una invocación de Belardo a la zampoña, imitación formal de Sannazaro, pero en la que Lope infunde su dolor personal ante la pérdida de Isabel de Urbina. El segundo es un

---

[37] Sobre la rica historia literaria en Lope de esta anécdota y temas relacionados, véase Edwin S. Morby, «Persistence and Change in the Formation of *La Dorotea*», *HR*, XVIII (1950), 108-125, 195-217.

soneto de Celia a Belardo, escrito seguramente por Lope. En forma indirecta pero muy efectiva, el autor se vuelve a colocar en el centro del escenario. Le dice Celia:

> Mueves con otro mal las piedras duras;
> como pintor que el rostro ajeno acierta,
> tu amor no aciertas, y con pluma incierta
> amor ajeno retratar procuras.
> Pero sin duda callas tus historias,
> porque tu ingratitud temes, Belardo,
> que como enoja al cielo, al mundo obligue.

Con esa arrogancia intelectual que le caracterizó siempre, Lope parece decirnos: «Si esto hago al cantar los amores ajenos, qué haría si cantase los míos.» Y ahora hay que recordar las palabras ya copiadas del «Prólogo»: «A vueltas de los ajenos he llorado los míos.» Con esto la obra queda perfectamente enmarcada dentro de un sistema de alusiones autobiográficas, que son las que le dan, precisamente, su sentido íntimo.

Abocado a este menester autobiográfico Lope se enfrenta con el mismo problema en relación al mito que Gálvez de Montalvo, y que se refiere a la inevitable reciprocidad que se debe entablar entre anécdota personal y paradigma ideal. Lope, al revés de Gálvez, esquiva las posibles implicaciones teóricas y nos da sólo el hecho consumado de una «pastorilización» y «socialización» simultáneas, por el estilo de las ya vistas arriba. Para no menudear ejemplos, baste éste en que se describe a sí mismo Anfriso (don Antonio de Toledo): «No lejos del monte Ménalo, famoso de los cuatro de la pastoril Arcadia, Dardanio amigo, nací yo de los mejores pastores que en aquella tierra tuvieron nobleza; tanto, que muchos dicen que fue mi abuelo Júpiter, y para decirte la verdad, mis altos pensamientos me han confirmado que lo es, como mejores testigos» (pág. 84 b).

Conviene ahora analizar brevemente la forma que da Lope a su novela. Nos hallamos ante un producto híbrido, en que alternan las influencias de Sannazaro, aludida en el título —por ejemplo, el largo pasaje descriptivo inicial es un mosaico de trozos de la *Arcadia* italiana— [38], de Montemayor —el templo de Diana del libro I, con una versión nueva de la prueba de la castidad [39], o las tumbas y profecías del libro II—, de Gil Polo —la naumaquia del libro IV—, y de Gálvez de Montalvo —la égloga representable de

---

[38] Ya lo había notado Marie Wellington, «Sannazaro's Influence on the Spanish Pastoral Novel», págs. 108-118.

[39] V. *supra*, cap. III, nota 23.

Montano y Lucindo o las leyes pastoriles de comienzos del libro V. Pero por encima de todo esto está el giro personalísimo que le imprime Lope a la pastoril. La obra está dividida en cinco libros, de los cuales sólo los cuatro primeros están dedicados a los desdichados amores de Anfriso y Belisarda. En el libro V Anfriso es llevado al Templo del Desengaño, de donde sale curado de su mal de amores. Este templo, desde luego, es el equivalente del palacio de Felicia, al que Lope da un simbolismo arrancado de su propia vivencia. Como ya dijo Karl Vossler [40]: «Para valorar certeramente su *Arcadia* parece oportuno considerarla como un primer intento frustrado —detenido en el callejón sin salida del virtuosismo—, como un esfuerzo no logrado, para dar forma poética a la propia vivencia del desengaño, de la reflexión y el desvío ante el laberinto de una embriaguez literariamente depurada.» Este desengaño, ante el cual Lope invoca en vano las enseñanzas estoicas, es el que, hecho materia poética, contribuye a dar a la *Arcadia* sus específicas características formales.

Esta orientación vital despoja a la novela, además, de todo lo que había sido ideológicamente sustancial para Montemayor. El amor se vive, no se discute —de allí, en parte la importancia, de los celos—, y por la borda van neoplatonismo y casuística [41]. El concepto de naturaleza gana en riqueza descriptiva, quizá por influencia de Sannazaro, lo que pierde en efectividad actuante. Y el destino humano no se rige más por la voltaria Fortuna, sino por algo que ya casi es la Providencia cristiana [42].

La actitud filosófico-ideológica más clara que se desprende de la novela —y hasta desglosada del texto propio para darle mayor relieve, como se patentiza en el libro V— es aquella del neoestoico, que Lope, buen hispano, asumió siempre en momentos de crisis personal. Llevado seguramente por su circunstancia, Lope extrema tanto la nota estoica en esta ocasión que llega, momentáneamente, a negarle toda validez al neoplatonismo. Así, cuando dice: «No es verdaderamente fuerte el que puede ser vencido, ni se ha de llamar inmortal lo que está sujeto al tiempo. El argumento que casi todos los amantes haceis en esto, es frívolo y ridículo, porque decís que amor está en el alma y que el alma es inmortal, y que así puede el amor vivir eternamente; y no se deben de acordar entonces que con cualquier disgusto, celos o ausencia, no sólo dejan lo que aman, pero

---

[40] *Lope de Vega y su tiempo* (Madrid, 1940), pág. 170.
[41] Lo que no hay es una sistematización como la *Diana;* las alusiones aisladas al platonismo pululan, desde luego.
[42] «Los hados ordenan y disponen las cosas a voluntad del cielo» (pág. 91 a).

lo aborrecen y persiguen. Y cuando el amor llega hasta la muerte, aborrece tanto el alma los vicios que se le pegaron del apetito, que como el cuerpo vuelve entonces a sus deudores lo que viviendo no restituía, así el alma vuelve a cada acción del cuerpo lo que de la unión y compañía de entrambos le debía» (págs. 122 b-123 a).

Pero si volvemos por un momento más al análisis de la forma, se observará que Lope no se aparta demasiado del género, al menos cualitativamente. Porque no creo que se haya dado en la literatura española —con la posible excepción de García Lorca— el caso de un escritor tan consciente como Lope de actuar siempre, en todo momento, dentro de la vida tradicional literaria. Conciencia que se agudiza en el momento de poner la pluma al papel, cuando él, Lope, como usuario de esa tradición, será el que le impartirá nuevos rumbos e infundirá sentidos novedosos. Así, pues, en muchos aspectos, la *Arcadia* nos ofrece una amalgama y taracea de materiales mostrencos y colectivos que venían de acarreo. Aparte de los ya mencionados, cabe todavía citar las personificaciones de las siete artes liberales, que ocupan buena parte del libro V [43], o las quejas y promesas amorosas del gigante Alastio (págs. 55-57), paráfrasis del pasaje más socorrido en la lírica del siglo XVI de las *Metamorfosis* ovidianas. Pero ese impulso ínsito en Lope que le lleva a trasponer las fronteras vitales y artísticas de su época le lleva al mismo tiempo a acentuar en tal forma algunos de los elementos preexistentes en el género, que la novela de a momentos casi llega a perder su centro de equilibrio. Así ocurre, por ejemplo, con el tema de la magia que se da en la pastoril desde la *Diana* de Montemayor, y en todas las novelas estudiadas hasta ahora aparece la sabia o el mago. Pero en Lope se dan dos circunstancias típicas y únicas: el tema de la magia —que nuevamente se da en él como tema literario y experiencia vital— [44] trae de la mano otras no menos largas disquisiciones sobre la astrología y la quiromancia, y todo prolifera con monstruosidad propiamente lopesca (véanse en especial los libros III y V). Y además, la sabia y el mago, que con anterioridad se habían dado por separado, aparecen aquí lado a lado: el mago Dardanio (libro III) [45] y la sabia Polines-

[43] Y que J. P. W. Crawford, «The Seven Liberal Arts in Lope de Vega's *Arcadia*», *MLN*, XXX (1915), 13-14, demostró que estaban imitadas de la *Visión delectable*, del bachiller Alfonso de la Torre (siglo XV).

[44] La gran afición de Lope a las artes mágicas y afines está bien estudiada en el artículo de Juan Millé y Giménez, «El horóscopo de Lope de Vega», *Humanidades*, XV (1927), 69-96; no son muy convincentes las razones en contrario que da F. G. Halstead, «The Attitude of Lope de Vega toward Astrology and Astronomy», *HR*, VII (1939), 205-219.

[45] Parte de este episodio fue imitado nada menos que por el caballero Giam-

ta (libro V), con esa duplicación de elementos constitutivos que en grandes zonas de la obra de Lope es casi una necesidad expresiva [46]. Esta acentuación de elementos, impulsiva y característica, desplaza a veces la materia estrictamente pastoril al punto que casi desaparece por completo, como ocurre en los dos libros mencionados.

Otro rasgo típico de Lope, aunque no tanto de la pastoril, es el saber libresco. Un *modicum* de conocimientos filosóficos y poéticos en la formación intelectual del hombre quinientista andaba codificado desde la época del *Cortegiano* de Castiglione. En la *Diana* de Montemayor, por ejemplo, se traducen largos párrafos de los *Diálogos de amor* de León Hebreo, pero estos pasajes están tan bien integrados en el texto que hasta recientemente habían pasado inadvertidos. En Lope no. Otra vez se exagera una tendencia preexistente, al extremo de darle dimensiones monstruosas. Hay que reconocer, sin embargo, que el concepto contemporáneo de poesía como ciencia jugó papel de importancia en la práctica de Lope. Así y todo, la demostración de saber libresco es un desplante de arrogancia intelectual que Lope lleva consigo durante toda su vida —piénsese en las eruditas notas que acompañan el *Isidro* o *El peregrino de su patria,* o los conocimientos que caracterizan a tantos personajes de *La Dorotea*—. Bien es cierto que ahora sabemos que mucho de esta erudición es de segunda mano, bebida en asequibles centones del tipo de las conocidísimas *Officinas y Poliantheas* [47]. Pero esta pedantería de siempre e irrestañable en Lope, marca indeleblemente a sus pastores y les da como atributo personal y característico el de ser los más eruditos del género [48].

battista Marino, véase A. Gasparetti, «La *Galleria* del Cavalier Marino e quella di Dardanio nell'*Arcadia* di Lope», *Boletín de la Sociedad Castellonense de Cultura*, XVI (1935), 243-266. Pero ahora sabemos que este procedimiento era muy usual en Marino, como ha demostrado ampliamente Dámaso Alonso, «Lope despojado por Marino», *RFE*, XXXIII (1949), 110-143; «Adjunta a *Lope despojado por Marino*», *RFE*, XXXIII (1949), 165-168; «Otras imitaciones de Lope por Marino», *RFE*, XXXIII (1949), 399-408.

[46] El ejemplo más obvio de esto se da en sus comedias, donde a menudo hay un doble argumento que, a distintos niveles, repite las mismas acciones. O también en el caso del gracioso, doble anti-heroico del protagonista.

[47] Véase Karl Vossler, *Lope de Vega y su tiempo,* cap. XIV, «Cultura literario de Lope»; A. K. Jameson, «The Sources of Lope de Vega's Erudition», *HR*, V (1937), 124-139; Edwin S. Morby, «Levinus Lemnius and Leo Suabius in *La Dorotea*», *HR*, XX (1952), 108-122. Sobre la poesía como ciencia, véase el artículo de R. Menéndez Pidal, «El lenguaje de Lope de Vega», *El P. Las Casas y Vitoria con otros temas de los siglos XVI y XVII* (Madrid, 1958), págs. 99-121.

[48] Lope, desde luego, conoce bien las reglas del género y sabe que la recóndita erudición exhibida es totalmente inverosímil dentro de la cualidad pastoril

En su aspecto más amplio la concepción de la novela tiene bastante parecido con la de tantas comedias suyas de enredo. El argumento y la peripecia están regidos en gran medida por el tema de los celos. Como en las comedias, el vuelco argumental surge a raíz de un malentendido, que lleva a los amantes Anfriso y Belisarda a darse mutuamente celos. De este punto la novela sigue a su fin desdichado, inevitable dentro de la historia anecdótica de estos amores y dentro de la tradición literaria. Otra aproximación entre novela y comedia —ya de cercanía inmediata— es la que nos proporciona el personaje de Cardenio el Rústico. Cardenio no es ni más ni menos que el equivalente novelístico del gracioso, como hace del todo evidente su participación en la acción del libro V. A su cargo está el evitar el vuelo poético demasiado elevado con salidas de tono escéptico-satírico.

Este parentesco entre novela y comedia fue tácitamente admitido por el propio Lope, cuando, años más tarde, volvió a su novela para entresacar de ella el argumento de una comedia a la que dio el mismo título: la *Arcadia*[49]. El argumento se reduce a sus rasgos esenciales, lo que se consigue con facilidad dejando de lado los elementos descriptivos. Y ahora Cardenio aparece abiertamente como el gracioso. La única diferencia estriba en el hecho de que aquí los amantes se casan, lo que debería demostrar al sector escéptico de la crítica que los géneros literarios imponen sus propias leyes al artista, o, como quiere un crítico ruso contemporáneo, la forma se crea su contenido.

La impresión que deja la lectura de la novela es una de gran extrañeza por lo desaforado de la composición, que casi se podría llamar energuménica en contraste con las otras ya estudiadas. El principio estético rector parece ser un consciente apartarse de las reglas establecidas a través de un afán de excederlas y excederse, como si la acumulación monstruosa fuese el efecto artístico buscado —como lo será, sin duda, durante casi todo el momento barroco—. Derroche material y deseo de superar los modelos por la acumulación de aspectos ya dados en ellos, son las dos características principales de la *Arcadia*. Pero ésta es, precisamente, la forma en que

de sus personajes. Se cura en salud, pues al decir, por ejemplo: «Aunque esta materia más sea de escuelas de filósofos que de cabañas de pastores rústicos» (pág. 83 a); o también: «Aquí llegaba la plática de aquellos doctos pastores, que con la corteza del rústico sayal andaban disfrazados» (pág. 94 a), palabras que, además, nos muestran el envés histórico de la obra poética.

[49] Publicada por Menéndez Pelayo, *Ac*, V, 705-750. S. Griswold Morley y Courtney Bruerton, *The Chronology of Lope de Vega's Comedias* (Nueva York, 1940), págs. 171-172, la fechan 1610-1615, probablemente 1615.

Lope entendió siempre el arte novelístico, o al menos así siempre lo practicó, desde la *Arcadia* hasta *La Dorotea*, pasando por *El peregrino en su patria* y las *Novelas a Marcia Leonarda*. Una comparación tácita de estas últimas con las *Novelas ejemplares* de Cervantes, su modelo no expresado, bastaría para demostrar que lo esencial del arte narrativo de la *Arcadia* se convierte en la clave de la teoría y práctica de la novela en Lope [50].

Lope ha buscado siempre lo descomunal, y donde no lo ha encontrado lo ha creado. Así ocurrió cuando se enfrentó con la novela pastoril. El género había nacido en España con un perfecto equilibrio de partes, pero el juego de sustituciones conceptuales a que lo someten Alonso Pérez, Gil Polo o Gálvez de Montalvo (para no mencionar más que los mejores escritores hasta aquí estudiados), convierten a este equilibrio en algo bastante precario. Lope, con sus excesos, descentra la novela totalmente, y el único equilibrio que le queda es el que le confiere la firme intención, de siempre en él, de autobiografiarse en sus personajes. Nos hallamos ante una pastoril-monstruo, calificativo al que me obliga la desemejanza y descomunalidad de sus partes. Y en este sentido bien se puede decir que «es de Lope». Porque si bien Lope conoció el principio de economía, lo practicó en contadísimas ocasiones, así su aplicación fuese vital o artística. Su vida y su obra (su vida-obra) fueron una afirmación de demasía. Esto, cabalmente, es su *Arcadia*.

Don Gaspar Mercader

Don Gaspar Mercader, conde de Buñol, publicó su novela pastoril, *El Prado de Valencia,* en Valencia, 1600, y al parecer al año siguiente se hizo otra tirada [51]. Es un nuevo caso de infusión de valores autobiográficos en el mito pastoril y es, por lo tanto, otra novela de clave en que los nombres arcádicos recubren personajes reales. De acuerdo con las identificaciones propuestas por su editor moderno, Mérimée, Fideno sería el propio autor, y su amada Belisa doña Catalina de la Cerda y Sandoval, hija del duque de Lerma —a cuya esposa va dedicada la obra—, y casada, desde 1598, con

[50] Echo de menos un análisis de este tipo en las páginas dedicadas a Lope en el muy interesante libro de Walter Pabst, *Novellentheorie und Novellendichtung. Zur Geschichte ihrer Antinomie in den romanischen Literaturen* (Hamburgo, 1953), págs. 138-160.

[51] Utilizo la reedición moderna de Henri Mérimée, Bibliothèque Meridionale, XI (Toulouse, 1907). En la larga «Introduction» de Mérimee se hallan reunidos todos los datos que conocemos acerca de Mercader.

don Pedro Fernández de Castro, conde de Lemos. Lisardo sería el dramaturgo don Guillén de Castro, y en este caso, Nísida, su amada muerta, sería su primera esposa, doña Marquesa Rebolledo. Olimpo sería don Bernardo Catalán de Valeriola, noble y poeta valenciano, presidente de la Academia de Nocturnos, de la que se hablará en seguida [52].

Con aun más clara intención que Gálvez de Montalvo o Lope de Vega, Mercader sitúa sus recuerdos en el tiempo y en el espacio, o sea, que desmitifica aún más la forma expresiva adoptada. Espacialmente, bastaría el título (*El Prado de Valencia*) para calificar esta novela de «tópica» frente a la tradición «utópica» en que se eslabona. Pero es toda la obra la que se encierra voluntariosamente en el ámbito provinciano del *Prado de Valencia,* que aparece descrito, en términos ajenos a toda tradición pastoril, desde sus primeras páginas (ed. cit., págs. 14-15). Esta buscada cerrazón de horizonte relaja casi del todo la tensión mitificadora, que se ve reducida ahora a recubrir de un leve barniz poético la real circunstancia geográfica.

Idéntico rigor historicista es el que determina la colocación de la novela en el tiempo. En este sentido, su marco está dado por el lapso en que don Francisco Gómez de Sandoval y Rojas, marqués de Denia y duque de Lerma, fue virrey de Valencia. Así comienza la novela:

En las riberas verdes y floridos linderos del famoso Turia, sonaron dulces ecos de la nueva feliz y venturosa que, de boca en boca cruzando el ayre, llegó donde fue bien acogida; y fue causa deste alboroço la cudiciosa Fama que pidiendo albricias venía dando bozes, pregonando a las gentes cómo el Mayoral de España, digníssimo poseedor de tal grandeza, daua la tenencia y administración de gouierno, haziéndole otro sí en todos los valles circunuezinos deste río, a un pastor, cuyo ganado de ordinario pacía las saladas yeruas de la inuencible Denia.

O sea, que la acción de la novela comienza en el momento en que el marqués de Denia llegó a Valencia a hacerse cargo del virreinato, lo que ocurrió en el año 1595 [53]. Y la obra se cierra con esta otra referencia temporal: «Llegó pues el Domingo, y juntamente con la diligente aurora nueua cierta con vn correo de que el gran

---

[52] Emilio Cotarelo creyó ver influencia de *El Prado de Valencia* sobre *La huerta de Valencia,* de don Alonso de Castillo Solórzano, v. Colección Selecta de Antiguas Novelas Españolas, III, xliii. La niega, con razón, Peter N. Dunn, *Castillo Solórzano and the Decline of the Spanish Novel* (Oxford, 1952), pág. 41.

[53] Ver Mérimée, «Introduction», pág. CV.

mayoral embiaua por los pastores de Denia, para tener cabe sí los que tantos seruicios le hauían hecho» (pág. 212). La acción concluye, pues, cuando el marqués de Denia regresa a Madrid, donde rápidamente llegó a ser favorito de Felipe III.

La estricta determinación de las coordenadas espacio-temporales no sólo es anti-pastoril en su esencia, sino que obedece, precisamente, a todo lo que hay de extra-pastoril en su obra. Porque la novela de Mercader es producto de una triple concepción: es, al mismo tiempo, novela pastoril, novela autobiográfica y antología lírica. Lo autobiográfico ha sido apuntado someramente, de lo pastoril se tratará más abajo, ahora hay que indicar en qué sentido esta obra es una antología. Don Gaspar Mercader pertenecía a la Academia de los Nocturnos, el más famoso cenáculo literario que tuvo Valencia, y fuera de duda el más prolífico, aun en aquella época en que surgieron academias por toda la faz de España. Lo que ahora se llamaría su diario de sesiones es un bien nutrido cuerpo de composiciones poéticas de diversos autores. Funcionó de 1591 a 1594 y su presidente fue el ya mencionado don Bernardo Catalán de Valeriola. Otros miembros eran don Guillén de Castro, Gaspar de Aguilar, Francisco Tárrega, etc. En suma, la flor y nata de los poetas valencianos [54]. La intención de Mercader fue hacer de su obra, en parte, un muestrario de este brillante *corpus poetarum* y a tal efecto nos brinda un abundante florilegio de las mejores composiciones poéticas suyas y de sus amigos académicos.

En otras palabras, *El Prado de Valencia* tiende no sólo a la recreación de una anécdota personal, sino también a revivir todo un momento de la historia literaria —entretejida de elementos personales— de su patria chica. De aquí la necesidad de la cuidadosa demarcación espacio-temporal, que la recreación del vivir colectivo impone en una medida que es prescindible al hacer lo propio con el vivir personal. Por ejemplo, Gálvez de Montalvo y Lope de Vega se pueden recrear a sí mismos en un tiempo de vaguedad mítica, pues lo importante es allí la consecución de la integridad del sentimiento vivido y expresado. Mercader, dada su diversidad de objetivos, tiene que atender a esto y, además, a la fidelidad con la circunstancia histórica del momento del quehacer literario valenciano que se quiere plasmar. El marco de nítidos límites espacio-temporales está predicado en esta última necesidad.

---

[54] Para la historia de la Academia, véase *Cancionero de la Academia de los Nocturnos de Valencia*, extractado de sus actas originales por don Pedro Salvá y reimpreso con adiciones y notas de F. Marti Grajales, I (Valencia, 1905), 5-21.

Esta multiplicidad de fines perseguidos le presenta al autobiógrafo Mercader un problema teórico: recrearse a sí mismo en cada una de estas diversas circunstancias y con la debida congruencia en cada ocasión [55]. El método utilizado para zanjar la cuestión es el más directo y sencillo. Mercader se ve a sí mismo simultáneamente en tres niveles distintos. El primero —el punto de partida— es el del «yo» pensante, a cuyo cargo está la cerebración autobiográfica de los otros «yo» [56]. Luego tenemos en el nivel pastoril a Fideno, y en el histórico-cortesano al propio don Gaspar Mercader. Como estos dos mundos se dan mezclados en la novela, según se verá, a menudo ocurre el caso de que ambos *alter egos* se encuentran cara a cara, pero esto es perfectamente legítimo ya que son dos proyecciones literarias distintas del autor [57]. Ejemplifico: se ha organizado una justa poética y se ultiman los preparativos:

Y por acaballo mejor encargó a *Fideno* que embiasse a *don Gaspar Mercader* en vn cartel los sujetos para las coplas, porque ya en los amores de Belisa quería valelle (pág. 45). Llegado el día no poco desseado en la ciudad de los caualleros y en el Prado de los pastores, cubrió *Don Gaspar Mercader* las paredes de su casa con ramas verdes, y los azulejos de la sala con flores varios de colores diversos. Tomó licencia del pastor *Fideno* para dirigir la sentencia de aquellos versos en algunas ocasiones a Belisa, como a dueño de aquella fiesta (pág. 47).

Con parecida sencillez de método resuelve Mercader el problema del argumento: simplemente no lo hay. El mínimo de acción que existe se debe a la necesidad de poder atribuir a los pastores, con ciertos visos de verosimilitud, tanto verso como hay encerrado en el cuerpo de la novela. Como ilustración, considérese la forma en que está construida la obra: son tres libros, de los cuales los dos primeros no son más que una cadena de poesías propias y de sus amigos de academia. En el tercer libro se esboza un principio de acción a la que unas bodas rápidamente concertadas ponen precipitado fin. Aquí no cabe hablar de estatismo, como se podría hacer en el caso de Gálvez de Montalvo. Hay que hablar de atrofia. El afán antológico da al traste con un posible desarrollo de lo narrativo.

[55] La intención autobiográfica es anunciada hasta por los amigos de don Gaspar; así, por ejemplo, don Miguel Ribellas, en uno de los sonetos preliminares, dice: «Y assí agora, fiado en su ventura, / todo su gran caudal pone en vn prado / do transformarse en pastor procura» (pág. 8).

[56] Ejemplos de esta ingerencia personal en el argumento: «Solamente *vimos* que don Gerónymo Mercader...» (pág. 89); «Yo aseguro que pagó...» (pág. 190). Es lo que Américo Castro llama «integralismo».

[57] Desde luego que el don Gaspar Mercader autor es distinto del don Gaspar Mercader personaje: para no volver sobre lo ya dicho me refiero a las consideraciones iniciales de este capítulo.

Pero no vale la pena justipreciar los intrínsecos méritos artísticos de *El Prado de Valencia,* tarea sobremanera ingrata [58]. Sin embargo, hay algo que no se puede dejar pasar de la misma manera, y es la forma que recibe el mito pastoril dada la especial función a que está puesto. Al revés de lo que ocurre con Gálvez de Montalvo o con Lope de Vega, no se puede hablar aquí de una «pastorilización» y «socialización» simultáneas. Nos hallamos, en vez, en un mundo totalmente heterogéneo donde elementos pastoriles y cortesanos andan a la deriva, en ocasiones en pugna, otras mezclados, y a las veces, en aislamiento recíproco.

Por regla general, sin embargo, los elementos cortesanos priman sobre los pastoriles. Así, las cualidades de los personajes no están nunca concebidas como funcionando en un vivir edénico, sino siempre dentro de una escala de valores sociales [59]. Los sentimientos que expresan estos personajes tienen que ser bien poco pastoriles, como demuestra este elocuentísimo y gracioso pasaje: «Dime los nombres de essos traydores parientes tuyos y enemigos míos: quitaréles el alma villana, beuiéndome la sangre que tuya tienen, y quedarán todos traydores y del todo muertos» (pág. 198). Más ejemplos huelgan; creo que resulta evidente que de los impulsos el que predomina aquí es el de la «socialización». En vez de elevar la circunstancia al ideal, se hace descender a éste para equipararlo con el mundo real. Porque, tal como lo entiende Mercader, el mundo pastoril no es más que una continuación del mundo real, en lugar de ser, como lo fue, su superación. Lo que fue hermético orbe del mito pastoril ahora está del todo desquiciado a fuerza de abrirle ventanas a la anécdota personal. El mundo pastoril no pasa, en esta novela, de ser una humilde estación de parada en el viaje de ida y vuelta a la realidad cotidiana.

La forma totalmente «desmitificada» en que Mercader concibe el mundo de sus pastores queda bien ilustrada con el siguiente pa-

[58] Un solo ejemplo del desdichado arte con que Mercader pretende remozar los manidos tópicos de su época. «¡Cuántas vezes me viste crecer las corrientes deste río con el agua de mis ojos, quántas alborotar los ayres con la fuerza de mis suspiros, y quántas morder las bolas de aquel puente con el rigor de mi cuydado!» (pág. 17).

[59] «Holgáronse muchíssimo de saber que en un pastor cabían términos honrrosos, procederes cortesanos y desseos llevados con tanta hidalguía» (pág. 23). «Al fin quiso y pudo representar a los padres de Cardenio, que en su cabaña tenía, quán honrrado, quán virtuoso, quán rico y quán gentilhombre se mostraua Cardenio» (pág. 208). Los entretenimientos de estos pastores también son típicamente cortesanos: una justa poética (págs. 45-89), un torneo naval, como en Gil Polo y en Lope, un juego de cañas (págs. 140 s), máscaras (pág. 205), etc.

saje, que demuestra además la contigüidad-continuidad en que ha colocado dos orbes otrora excluyentes:

> Dos horas antes que las estrellas llegassen a ver el Prado, estauan todos los pastores dél sentados en la vistosa orilla del cristalino río, y desde allí mirando en los corredores largos del Real famoso cerca de la Virreyna muchas damas, y haziendo corte al Virrey, los caualleros que estauan esperando vn Capitán que del lugar avía de salir, como todos los años es costumbre en día semejante, a reguzijar el Prado con póluora, y no guardar la playa, que siendo de Valencia sígura se está (pág. 91) [60].

En un mundo pastoril así de desarticulado y desvitalizado bien se puede imaginar el lector que no han sobrevivido ninguno de los viejos principios rectores. Para dar remate al análisis de este curioso y frustrado experimento ahorraré ejemplos y me referiré solamente al concepto del amor que aquí hallamos. Desde luego, no quedan ni rastros del neoplatonismo. Cuando Olimpo se quiere casar con Dinarda los padres de ésta se oponen. Para obligarlos a asentir, Olimpo divulga por el Prado que ya está cansado de gozar las intimidades de Dinarda (págs. 182-183). Esta estratagema condice con el tono general de la novela, que no es muy elevado, al punto de que Olimpo entretiene a los demás pastores con una versión en verso del muy poco edificante cuento de la matrona de Efeso (págs. 111-119).

En resumen: *El Prado de Valencia* ofrece una total desnudez ideológica combinada con una gran pobreza de elementos narrativos, y éstos sirven el fin casi exclusivo de provocar nuevos torrentes poéticos. La propia anécdota personal sufre de este cambio de énfasis, y queda reducida a su contorno más exterior. La obra, en fin, está volcada íntegramente hacia fuera en un esfuerzo de subrayar aquellos elementos advenedizos (versos circunstanciales propios y ajenos) y no los propiamente pastoriles.

Cumple ahora trazar la trayectoria descrita por el género en el curso de este capítulo. Si se vuelve la vista hasta abarcar la *Diana* de Montemayor creo que se pueden distinguir tres momentos en el desarrollo de la novela pastoril. El primer momento lo representan Montemayor y Gil Polo. El mundo de la novela es para ellos una realidad dada e inconcusa, de atributos específicos y mecánica propia. Lo cotidiano, para ingresar en su órbita, debe someterse a una «pastorilización» previa. El segundo momento está representado por Gálvez de Montalvo y Lope de Vega. La virtud genética radica ahora en una anécdota personal y no en el mito propio. La fuerza de esta anécdota establece un balance entre la «pastorilización» de la

---

[60] Abundan los ejemplos semejantes, véanse otros dos en las páginas 26 y 101.

realidad y la «socialización» de la pastoril, operación esta última imprescindible para dar cabida y congruencia a la experiencia vivida dentro del orbe mítico. El último momento lo representa don Gaspar Mercader, y otros nombres que el lector podrá ir supliendo en el curso de los capítulos restantes. Aquí se da un predominio casi absoluto de la «socialización». La tensión mitificadora que lleva a pastorilizar la realidad ha desaparecido por completo. Los pocos elementos pastoriles que sobreviven se ajustan ahora al canon social, y el orbe bucólico pierde toda autonomía e integridad para convertirse en una mera prolongación de lo cortesano.

1974.   El género autobiográfico mantiene firme su magnetismo sobre críticos, y autobiógrafos también, se entiende. De lo mucho, y bueno, que se ha escrito sobre la autobiografía como género literario sólo quiero destacar dos libros de carácter general: Margaret Bottrall, *Every Man a Phoenix: Studies in Seventeenth Century Autobiography* (Londres, 1958), y Roy Pascal, *Design and Truth in Autobiography* (Cambridge, Mass., 1960).

LUIS GÁLVEZ DE MONTALVO

El estudio del material autobiográfico en *El pastor de Fílida,* de Luis Gálvez de Montalvo, ofrece serios problemas en la actualidad. En la primera edición de este libro, como puede ver el lector, yo me hice eco del sistema de identificaciones de Francisco Rodríguez Marín, que, en justificación propia, debo agregar que era aceptado generalmente por la crítica. Así, por ejemplo, la tesis original de Rodríguez Marín recibió aun mayor desarrollo por parte de Luis Astrana Marín, *Vida ejemplar y heroica de Miguel de Cervantes Saavedra,* III (Madrid, 1951), 211-12, 218-32. Pero Gregorio Marañón se aproximó al problema desde un cuadrante muy distinto: doña Magadalena Girón (la Fílida de Gálvez de Montalvo, según Rodríguez Marín) fue pretendida en matrimonio por su cuñado viudo, el III Marqués de los Vélez, Don Pedro Fajardo y Córdoba. Al estudiar a Doña Magdalena desde este punto de vista, Marañón dictaminó: «No hay ya una sola prueba, sino ni siquiera la menor verosimilitud de que esos amores hubieran tenido realidad», se refiere, claro está, a los de Doña Magdalena-Montalvo, y termina designando a la teoría de Rodríguez Marín de «fábula»; ver Gregorio Marañón, *Los tres Vélez. Una historia de todos los tiempos* (Madrid, 1962), págs. 129-34. De lo que no puede caber duda, y cito los textos en el cuerpo del capítulo, es de que la novela de Gálvez de Montalvo es un *roman à clef.* Hemos perdido la llave, eso sí, y habrá que forjarse nuevas ganzúas.

Recuerdo ahora dos nuevos testimonios acerca de la fama de Gálvez de Montalvo en su época. Lope de Vega en *La viuda valenciana,* al final del primer acto, saca a Otón con una cesta llena de libros, y Leonarda pregunta acerca de la naturaleza de algunos de ellos. El primero resulta ser *El pastor de Fílida,* y Otón explica: «Y Gálvez Montalvo fue, / con grave ingenio, su autor. / Con hábito de San Juan / murió en la mar, y yo muero / en mar más profundo y fiero», *BAAEE,* XXIV, 74 b. Dos observaciones antes de seguir adelante: primera, no se halla el nombre de Luis Gálvez de Montalvo en la lista de caballeros sanjuanistas que traen Alfonso Pardo y Manuel de Villena y Fernando Suárez de Tangil y de Angulo, *Indice de pruebas de los caballeros que han vestido el hábito de San Juan de Jerusalén (Orden de Malta) en el Gran Priorato de Castilla y León desde el año 1514 hasta la fecha* (Madrid, 1911). Segunda observación: en el mismo pasaje de la comedia de Lope de Vega, el libro que sigue al de Montalvo es *La Galatea,* de Cervantes, de la que dice Otón: Aqueste es *La Galatea,* / que si buen libro desea, / no tiene más que pedir. / Fue su autor Miguel Cervantes, / que allá en la Naval perdió / una mano, y pierdo yo...»

Y para volver a Gálvez de Montalvo: unos cuantos años después del elogio de Lope de Vega, y en México, Bartolomé de Góngora le denomina «vn antiguo y soberano ingenio», aunque no le identifica por nombre, pero de inmediato copia el soneto Si para ser poeta hace al caso», con variantes; ver Bartolomé de Góngora, *El corregidor sagaz. Abisos y documentos morales; para los que fueren,* ed. Guillermo Lohmann Villena, Sociedad de Bibliófilos Españoles (Madrid, 1960), pág. 63. El original de Montalvo se halla en su novela, *NBAAEE,* VII, 469 a.

LOPE DE VEGA

En 1962, pocos años después de la primera edición de esta obra, se cumplió el cuarto aniversario del nacimiento del Fénix de los Ingenios. Con este motivo, la bibliografía sobre Lope de Vega, ingente siempre, casi se salió de madre. Como orientación general se recomienda la consulta de Jack H. Parker y Arthur M. Fox, *Lope de Vega Studies, 1937-1962. A Critical Survey and Annotated Bi-*

bliography (Toronto, 1964). Sobre lo autobiográfico en Lope hay que consultar *La Dorotea,* ed. Edwin S. Morby, segunda ed. revisada (Madrid, 1968) y muy en particular el libro de Alan S. Trueblood, *Experience and Artictic Expression in Lope de Vega. The Making of «La Dorotea»* (Cambridge, Mass., 1974). *La Arcadia* en sí fue reeditada por Joaquín de Entrambasaguas según el texto de 1598, *Obras completas,* de Lope, I (Madrid, 1965); hay que consultar el largo artículo de Edwin S. Morby al respecto, «*La Arcadia,* de Lope, ediciones y tradición textual», *Abaco,* I (1969), 135-233. Un estudio a fondo de *La Arcadia* se planteó Rafael Osuna, aunque sin apurar todos los datos históricos, ver *La «Arcadia», de Lope de Vega: génesis, estructura y originalidad* (Madrid, 1973).

DON GASPAR MERCADER

Casi nada nuevo hay sobre Don Gaspar Mercader, aunque ahora sí debo recordar dos datos. Andrés de Claramonte y Corroy, *Letanía moral* (Sevilla, 1613), le elogia en estos términos: «Don Gaspar Mercader, Conde de Buñol, insigne caballero en armas y letras y galas», ver B. J. Gallardo, *Ensayo de una biblioteca española de libros raros y curiosos,* II (Madrid, 1866), col. 472. Y el apócrifo *Guzmán de Alfarache* le fue dedicado (Barcelona-Valencia, 1602). El mentido autor se firmó Mateo Luján de Sayavedra, pero en realidad era el abogado valenciano Juan Martí, lo que explica la dedicatoria al magnate levantino Don Gaspar Mercader. En la dedicatoria escribe: «Consideré en vuestra merced el noble linaje y en su persona el valeroso pecho de gallardo caballero, en su ánimo las crecidas dotes de discreción y letras. Por lo cual lleva tras sí las voluntades y es comúnmente amado y apacible», *BAAEE,* III, 363.

Lo único nuevo que conozco sobre Don Gaspar Mercader y su novela pastoril son las atinadas observaciones de Willard F. King, *Prosa novelística y academias literarias en el siglo XVII* (Madrid, 1963), en las que considera al *Prado de Valencia* como producto del cenáculo literario al que acudía Mercader.

CAPITULO VI

LOS RAROS

(Antonio de Lofrasso, Bartolomé López de Enciso, Bernardo González de Bobadilla, Jerónimo de Covarrubias Herrera, Jacinto de Espinel Adorno, Miguel Botello, D. Gabriel de Corral)

Al trazar la historia de un género literario siempre llega un momento en que algunas de las piezas vivas que se manejan rehúsan aceptar con docilidad el yugo de la metodología. Sin someterlas a una presión desfigurante, a menudo no hay forma de encuadrarlas con el resto de los textos colectados. El objeto de este capítulo es, justamente, el de evitar tal presión, y dar así libre juego a la personalidad de estos textos extravagantes. El efecto bien puede ser de cajón de sastre, ya que nos hallamos ante ejemplos disímiles hasta entre sí. Pero si se remonta un poco la vista se descubrirá que es esta misma heterogeneidad la que facilita el estudio de estas novelas agrupadas.

Son todas soluciones distintas al difícil género pastoril, y como tales, valiosas, pues nos revelan otras tantas actitudes ante un género consagrado en sus líneas generales de forma y contenido. Su valor artístico es nulo, o poco menos, pero como uno de los fines que persigo es el de utilizar la pastoril como un bisturí exploratorio para adentrarnos en zonas poco visitadas de la sensibilidad española de aquellos tiempos, se convierten en prueba de mayor indicio, equiparables, en este sentido, y sólo en este sentido, a la tan conocida *Diana*. Porque, nuevamente, la lectura de estas novelas nos deja entrever algo de lo que tensaba el espíritu del escritor de fines del siglo xvi y principios del xvii, y cómo se resolvía esa tensión y en qué forma entraba en la composición de una pastoril. Hasta ahora el estudio de estas novelas se ha hecho con un fin estrictamente policial: describir las características externas, como un documento de identidad. Pero conviene rascar un poco la epidermis para poner en evidencia los nervios de la sensibilidad.

El momento no puede ser más propicio, pues estas novelas cubren un lapso que va de 1573 (fecha de *La Fortuna de Amor,* de Lofrasso) a 1629 (*La Cintia de Aranjuez,* de D. Gabriel de Corral). Son años críticos en la vida artística y espiritual española. Declinan la naturalidad y el naturismo quinientistas, y en su lugar se impone el barroquismo seiscentista. Es un complejo cambio de sensaciones: la vida y la literatura *se sienten* de diversa manera. Toda una estética y una ideología caen agotadas y en su lugar se yerguen lozanas una ideología y una estética nuevas que han triunfado ya para 1629, y que informan el siglo xvii español y europeo.

Estas novelas nos abren una rendija por la cual podemos atisbar algo de lo que estaba ocurriendo. Y dentro de su heterogeneidad nos ofrecen la comodidad de tener un común denominador: en todas se trata de presentar la sensibilidad del escritor y de su momento recubiertas con el pellico pastoril.

ANTONIO DE LOFRASSO

—Este libro es —dijo el barbero, abriendo otro— *Los diez libros de Fortuna de Amor,* compuestos por Antonio de Lofraso, poeta sardo.
—Por las órdenes que recibí —dijo el cura—, que desde que Apolo fue Apolo y las musas musas, y los poetas poetas, tan gracioso ni tan disparatado libro como ése no se ha compuesto, y que, por su camino, es el mejor y el más único de cuantos deste género han salido a la luz del mundo, y el que no le ha leído puede hacer cuenta que no ha leído jamás cosa de gusto. Dádmelo acá, compadre, que precio más haberle hallado que si me dieran una sotana de raja de Florencia.

(*Quijote,* I, vi.)

Miren si puede en la galera hallarse
algún poeta desdichado acaso,
que a las fieras gargantas pueda darse.

Buscáronle y hallaron a Lofraso,
poeta militar, sardo, que estaba
desmayado a un rincón, marchito y laso:

que a sus *diez libros de Fortuna* andaba
añadiendo otros diez, y el tiempo escoge
que más desocupado se mostraba.

Gritó la chusma toda: —Al mar se arroje,
vaya Lofraso al mar sin resistencia.
—Por Dios, dijo Mercurio, que me enoje.

¿Cómo? ¿Y no será cargo de conciencia,
y grande, echar al mar tanta poesía,
puesto que aquí nos hunda su inclemencia?

Viva Lofraso, en tanto que dé al día
Apolo luz, y en tanto que los hombres
tengan discreta, alegre fantasía.

Tócante a ti ¡oh Lofraso! los renombres
y epítetos de agudo y de sincero
y gusto que mi cómitre te nombres.

Esto dijo Mercurio al caballero,
el cual en la crujía en pie se puso
con un rebenque despiadado y fiero.

Creo que de sus versos le compuso,
y no sé cómo fue, en un momento
(o ya el cielo, o ya Lofraso lo dispuso)

salimos del estrecho a salvamento,
sin arrojar al mar poeta alguno:
tanto del sardo fue el merecimiento.

(Viaje del Parnaso, cap. III)[1].

Resulta increíble que estas opiniones de Cervantes se puedan entender en sentido favorable, sin embargo esto es lo que ocurrió. En
el siglo XVIII un judío español residente en Inglaterra, Pedro de Pi-
neda, leyó las palabras del escrutinio de la librería de D. Quijote,
y sin hacerse cargo de la ironía con sordina, se le ocurrieron todos
elogios. Dolido de lo que consideró un tan injusto olvido, se apresuró
a reeditar *Los diez libros de la Fortuna de Amor* en dos volúmenes,

---

[1] La crítica se torna despiadada un poco más abajo. Lofraso dice que puede
ver las musas: «Si tú tal vez, dijo Mercurio, ¡oh sardo / poeta! que me corten
las orejas, / o me tengan los hombres por bastardo. / Dime, ¿por qué algún
tanto no te alejas / de la ignorancia, pobretón, y adviertes / lo que cantan tus
rimas en tus quejas? / ¿Por qué con tus mentiras nos diviertes / de recibir
a Apolo cual se debe, / por haber mejorado vuestras suertes?» Nueva referencia
a Lofrasso se halla en el cap. VII del *Viaje del Parnaso*. Lo vuelve a citar
Cervantes en *El vizcaíno fingido, Comedias y entremeses,* ed. Schevill-Bonilla, IV,
103. ¡Cuán negativa debe haber sido la impresión que produjo en su ánimo
la lectura de *Fortuna de Amor* para recordarla irónicamente en tan diversas
circunstancias!

Londres, 1740 [2]. Pero desde entonces acá la crítica ha actuado con rara unanimidad y ha condenado nuevamente a Lofrasso al equivalente literario del infierno dantesco. ¡Bien hecho! [3].

La historia de la composición de esta obra la declara el propio Lofrasso en unos versos acrósticos insertos al final de la novela, y que rezan: «Antony de Lofrasso, sart de Lalguer, me fecyt estant en Barcelona en l'any myl y synco sents setanta y dos per dar fy al present lybre de *Fortuna de Amor,* compost per servysy del ylustre y my senor conte de Quirra.» Según se verá más adelante, esta última declaración («compost per servsy...»), claro alarde de cortesanía, determina en amplia medida la actitud que Lofrasso adopta ante la pastoril.

La novela se puede dividir en tres partes: los cinco primeros libros, después los cuatro siguientes, y por último el libro X, que es un cancionero independiente, sobre el que volveré más tarde. En forma general, la primera parte transcurre en Cerdeña, patria del poeta, y la segunda en Barcelona, donde vivía cuando escribió la novela. Al principio la acción transcurre en un mundo pastoril *sui generis,* y al final en el mundo histórico y cortesano de Barcelona, si bien con numerosas digresiones. El puente de unión entre ambos mundos son las andanzas del protagonista Frexano, proyección pastoril de la personalidad del autor (Frexano < fraxinu > Lofrasso).

Nos hallamos, pues, ante un esbozo autobiográfico, intención que ya había declarado el autor en el «Prólogo»: «Por disfrazar la obra, va disfrazada parte de la vida del autor» (I, xvi). La anécdota personal parece referirse a un asesinato ocurrido en Cerdeña, y a raíz del cual Frexano es encarcelado como sospechoso [4]. Esto sucede en el libro V, momento en que ocurre el cambio de ambiente, pues Frexano, una vez libre, se encamina a Barcelona, ciudad que nos

---

[2] La primera edición es de Barcelona, 1573. Manejo y cito la de Londres. Me resulta extraordinario, pero si leo bien el pasaje, Manuel de Montolíu, «El juicio de Cervantes sobre el *Tirant lo Blanch*», *BAE,* XXIX (1949), 265, también acepta las ironías del *Quijote* como elogios.

[3] Por ejemplo, Menéndez Pelayo, *Orígenes,* I, cdlxii: «Lofrasso merece con toda justicia los calificativos de "poeta inculto y memo" que le da Pellicer»; Rennert, *Spanish Pastoral Romances,* pág. 100: «The work is composed principally of poetry, it being evidently a much easier task for the Sardinian bard to put his thoughts into generally bad verse, than into good prose»; véase también Joaquín Arce, «La literatura hispánica de Cerdeña», *Archivum* (Oviedo), IV (1956), 143-147.

[4] Si esto es autobiografía interesan, entonces, estos dos pasajes: «Lo encomendó [su ganado] a Florineo que mirasse por él; porque tardaría algunos años, pues hauía de llegar hasta la corte del Rey para pedir justicia» (II, I); «Dos años y seis meses me tuvieron / en una prisión triste y muy oscura» (II, 83).

describe (II, 123-126), donde entra al servicio de doña Mencía Fajardo y Zúñiga, hija de don Luis de Zúñiga y Requesens, Comendador Mayor de Castilla. De aquí en adelante la acción transcurre en el plano estrictamente cortesano e histórico.

Se observa que, como en los casos del capítulo anterior, la intención autobiográfica colorea de nuevos matices el mundo pastoril. Pero la necesidad de historiarse a sí mismo lleva al autor a extremos a que no llegaron los otros novelistas —doy por sentado que esto es anécdota; lo es, *sensu lato,* desde el momento que Lofrasso se identifica con Frexano: anécdota «literaria», ideal, si no anécdota «histórica», real—. En el mundo idílico de los pastores ocurren cruentos crímenes, y la prosecución del rigor histórico le obliga a abandonar este mismo mundo y a participar de la vida cotidiana barcelonesa. Pero baste por el momento dejar estas excentricidades apuntadas, para tratar de buscar más adelante el sentido que las anima.

Pero tampoco todo es arcádico en los primeros libros, que son los estrictamente pastoriles. La obra comienza con un «Prólogo» en que el autor, a semejanza de Montemayor, describe los sucesos previos a la acción. Pero a vueltas de alusiones a lo autobiográfico en la novela, Lofrasso inserta una larga y sentida descripción de Cerdeña, su patria. El mito se ha afincado; la Utopía se localiza en esta isla mediterránea. Ya habíamos visto, tanto en Montemayor como en Gil Polo, un cierto localismo (Montemôr-o-Velho, Valencia), pero éste no llega a incidir sobre la integridad del mito, pues en ambos casos se lo desglosa cuidadosamente. Muy otro es el caso aquí. Dada la concepción de la *Fortuna de Amor* el mundo pastoril recreado carecería de sentido si no tuviese previamente carta de residencia en Cerdeña. Así, por ejemplo, en determinado momento Frexano va al Parnaso —anexo que supone todo orbe pastoril—, a visitar a las Musas, e inmediatamente después va a la ciudad sarda de Lalguer (Alghero). Por lo demás, este afán localista influye también sobre la expresión lírica: Lofrasso desparrama a lo largo de su obra composiciones en sardo, su dialecto nativo, así como Montemayor realza el localismo del último libro de su Diana con poesías en portugués. Y aun va más allá Lofrasso en su intención de aunar geografía y poesía al incluir composiciones en catalán [5].

Fuera de este cerrado localismo, que le da tan único matiz a la

---

[5] Las poesías en sardo, de interés lingüístico, ya que no poético, se hallan en los siguientes lugares: I, 284; I, 302; II, 141. Se equivoca, pues, Menéndez Pelayo (*Orígenes*, I, cdlxiv), al decir que son solamente dos sus poemas en sardo. Además, en catalán compuso dos, y no una poesía, como se dice en el mismo lugar: agregar el soneto en II, 317.

novela, hay otros aspectos no menos novedosos en la intelección del mundo pastoril. Véase este pasaje: «Dos nimphas estavan muy raviosas, ayradas, vna con otra riñendo y con sus manos ambas vna a otra sus dorados cavellos se arrancavan, hiriendo con sus encarniçadas vñas sus perfetos rostros, tan ciegas de la ira, que a penas hablar podían» (I, 166). Esto es un ex-abrupto total dentro de la tradición pastoril de Montemayor y Gil Polo, pero condice bien con la localización geográfico-histórica que rige el curso de la *Fortuna de Amor.* Hasta las ninfas descienden de sus pedestales poéticos para chapuzarse en el acaecer diario.

En la segunda parte lo pastoril es pretexto casi olvidado. El punto que marca el vuelco de la materia artística es la larga descripción de Barcelona que hace Frexano. A partir de este momento se entra en un orbe histórico incontaminado por lo pastoril de la primera parte. Tertulias, justas, saraos, bodas de la nobleza, son los acontecimientos que interesan al autor ahora. Hay una larga «Historia de don Floricio y de la hermosa pastora Argentina [no Augustina, como lee Rennert, págs. 101-102], con una invención de justas reales de cincuenta cavalleros de Barcelona. Dirigida a doña Lucrecia de Moncada, condesa de Aytona» (II, 151-212). Pero no hay que llamarse a engaño: quitada la condición de Argentina nada hay de pastoril en esta historia. El tema central son las justas organizadas por don Luis Carroz y de Centellas, conde de Quirra.

El libro X es totalmente independiente del resto de la obra. Este último libro es un cancionero con título propio: «Libro X de *Fortuna de Amor,* dirigido a la Ilustríssima y mi Señora, doña Francisca de Centellas y de Alagón, condessa de Quirra, intitulado *Jardín de Amor, de varias rimas.»* Aquí Lofrasso da rienda suelta a su irrestañable vena poética, cuya abundancia, desgraciadamente, no va de acuerdo con su calidad. Pero los estudiosos de la lírica del Siglo de Oro harán bien en repasar este cancionerillo, por su evidente interés como eslabón en la transmisión temática y por los artificios métricos que allí ensaya Lofrasso [6].

Para aligerar en algo el análisis de esta novela apuntaré ahora rápidamente aquellos puntos de contacto que subsisten con la tra-

---

[6] Este era un formidable glosador. Como muestra de su incontinencia poética véase, por ejemplo, el soneto de Garcilaso que glosa, dedicándole una octava real a cada verso del original, cf. Pablo Cabañas, «Garcilaso de la Vega y Antonio de Lofrasso. (Un soneto conocido y una glosa olvidada)», *Revista de Literatura,* I (1952), 57-65. En la misma interminable forma glosa el soneto «Estábase Marfida contemplando», que es de Montemayor, cf. *El Cancionero del poeta Jorge de Montemayor,* ed. Angel González Palencia, Bibliófilos Españoles (Madrid, 1932), pág. 44.

dición pastoril anterior. La sabia Belidea de Lofrasso desciende, evidentemente, de Felicia (I, 168 s.). Los casos de amor todavía perduran, aunque no se den encarnados en las vidas novelísticas sino sólo en discusión abstracta (I, 149-150). Algo semejante ocurre con el neoplatonismo, que, dadas algunas de las cualidades ya apuntadas, malamente podría informar la obra. El tema del neoplatonismo aparece intercalado entre los sucesos cortesanos del libro IX (II, 246-280), o sea, que está totalmente desplazado del mundo pastoril, su ambiente propio de antes. Así y todo, es algo enteramente postizo, más para ser discutido que para ser vivido.

Desde un punto de vista formal, también quedan diversas aproximaciones con Montemayor y Gil Polo. A imitación de ambos, por ejemplo, se insertan largos elogios en verso a personajes contemporáneos. Con su incontinencia característica, Lofrasso duplica estos elogios: en una ocasión están dirigidos a las damas de Lalguer (I, 241-252), en otra a las damas de Barcelona (II, 80-108). Quizá se deba al ejemplo de Gil Polo la imitación de la novela bizantina, si bien este tipo de novelas se disemina rápidamente en la segunda mitad del siglo XVI. El reflejo se ve en los dos episodios marítimos: en el primero, el ataque por piratas al barco en que van Fortuna y Frexano (I, 228-238); en el segundo, la gran tormenta que los lleva hasta las costas de Berbería (II, 72-76). Pero aquí conviene hacer una salvedad: si bien ambos tipos de episodios abundan en la novelística bizantina, también eran muy frecuentes en la vida diaria del siglo XVI. Es muy posible, pues, que en Lofrasso, en especial dada su doble condición de soldado y poeta, respondan a una fusión de experiencia y lectura.

A esta serie de paralelos e imitaciones hay que agregar otra, de aun mayor importancia. En la obra de Lofrasso alienta una fuerte veta medieval, que es de lo que contribuye más singularmente a darle su carácter específico. Es lugar común de la crítica hablar de la mezcla de viejo y nuevo que distingue al Renacimiento español del de otros países, y en páginas anteriores ya se ha visto cómo esta misma mezcla se insinúa en el mismo campo de la pastoril. En la *Fortuna de Amor* todo esto se acentúa. De raigambre medieval son los siguientes episodios: el proceso de amores en que Teseo pide justicia a Venus y Cupido contra Medea (I, 115 s.) y la corte de amor de Belidea [7]; el palacio de Descontento de Amor, con sus guar-

---

[7] Muchos de los temas aquí señalados son letra viva en el siglo XVI, si bien reconocidos a menudo como antiguallas. Aquí me interesa destacar el apego a lo viejo de Lofrasso, más que la nota de pervivencia. Sobre las cortes de amor,

dias alegóricos, Tristeza, Pasión, Tormento, y la subsiguiente batalla entre Descontento y Amor (II, 11-42), temas todos que se remontan al *Roman de la Rose* [8]; el elogio de los goces epicúreos de la vida campestre (II, 108 s.) [9]; las cuestiones de amor, tema popularísimo en la Edad Media y que penetra en el siglo XVI [10].

Para completar esta reseña de elementos constitutivos de la *Fortuna de Amor,* no tanto con el fin de hacer una lista de imitaciones, sino para mostrar su variedad temática, hay que reseñar una breve incursión en el campo de la pastoril nativa y rústica de Juan del Encina y Lucas Fernánde. Hay una corrida de vacas y los participantes son los pastores Andrés Vaquero, Bras Mingo y Gil Pascual (I, 79-80). Las dos tradiciones pastoriles se vuelven a encontrar aquí, si bien sólo momentáneamente.

Tenemos en la mano ahora los elementos para enjuiciar la novela de Antonio de Lofrasso. La clara división de la obra en dos partes, una pastoril y otra cortesana (dejo de lado el cancionerillo que no me atañe) evidencia la doble inspiración que la informa. Hay dos focos genéticos: el idealismo del mito y el realismo de la historia, y la trama de la novela quiere tender un puente que los una artísticamente. En otras palabras, Lofrasso se lanza con mayor audacia que arte a componer una pastoril que sintetice casi toda la materia novelable y poetizable de circulación en su tiempo. Novela pastoril, cortesana, de aventuras, bizantina, autobiográfica, pastoril rústica y estilizada, poesía de cancionero, poesía popular y poesía italianizante, Medioevo y Renacimiento, todo esto, y más quizá, se halla en el cuerpo de la novela. Pero el afán de síntesis no está moderado por ningún principio de armonización, y cada uno de estos elementos campea con una libertad perjudicial para la presentación de los demás. Es —inútil casi será el decirlo— un frustrado intento de novelar con una materia artística integral, de aun mayor amplitud de miras que en el caso de Alonso Pérez. Pero son estos libros, hoy día no

véase W. A. Neilson, *The Origin and Sources of the Court of Love* (Boston, 1899).

[8] Véase E. Langlois, *Origines et sources du Roman de la Rose* (París, 1890), y también, para la transmisión española de algunos de estos temas, Chandler R. Post, *Medieval Spanish Allegory* (Cambridge, Mass., 1915).

[9] J. Huizinga, *The Waning of the Middle Ages* (Londres, 1924), pág. 117, estudia como ejemplo típico de este tipo de elogios en el Medioevo francés, *Le dit de Franc Gontier,* de Philippe de Vitry (siglo XIV). Para lo español, véase María Rosa Lida, «Fray Antonio de Guevara», *RFH,* VII (1945), 352-353.

[10] Para no citar más que un solo ejemplo en la amplia bibliografía sobre el tema, véase Robert Bossuat, «Un débat d'amour dans le roman de *Cassidorus*», *Etudes romanes dediées à Mario Roques* (París, 1946), págs. 63-75. La bibliografía española sobre el tema la he recogido en *NRFH,* XI (1957), 15.

leídos, los que nos dejan atisbar algo de la evolución interna de la novela española. La formulación amplísima y genial del *Quijote* presupone, en cierta medida, estas tentativas fracasadas, en las que la ambición del autor es mayor que su capacidad artística.

BARTOLOMÉ LÓPEZ DE ENCISO

—Pues no hay más que hacer —dijo el cura— sino entregarlos al brazo seglar del ama; y no se me pregunte el por qué, que sería nunca acabar.

(*Quijote, I, vi.*)

Una de las víctimas de esta condena fulminante e indudable es el *Desengaño de celos,* de Bartolomé López de Enciso, publicada en Madrid, 1586. Como de otros muchos novelistas pastoriles muy poco sabemos del autor. Las comedias que se le atribuyeron en una época no son suyas, sino, quizá, del comediógrafo del siglo XVII don Diego Jiménez de Enciso, o tal vez de un tercer Enciso [11]. Como elementos de juicio sobre nuestro Enciso tenemos, pues, sólo su novelita pastoril, pero sus intenciones artísticas e ideológicas se revelan en ella con claridad meridiana. El título de la obra es ya un toque de atención: el autor deja de lado la manida nomenclatura bucólica (Dianas, pastores, ninfas, etc.) y escoge una designación de claras implicaciones morales: *Desengaño de celos.* En las páginas preliminares se remacha el clavo: la novela obedece a una intención que sólo en forma secundaria atiende al mito pastoril. Se dice allí en parte, en la epístola «Del Autor al Lector»:

Paresciéndome que cada día la ceguedad y engaño de la passión de celos era menos conoscido... quise desuelarme... en procurar si por alguna vía, aqueste consentido mal se pudiesse desterrar... Paresciéndome que la materia era algo rigurosa y que en ser amonestaciones y consejos (según están los gustos destos tiempos estragados) no sería mi obra bien recibida... Y por esta razón... quise disfraçar este desengaño, escriuiéndole con marañas amorosas y en estilo pastoril por ser acomodado a la humildad del que lo escriue y apacible para todos los lectores.

---

[11] Rennert, *Spanish Pastoral Romances,* pág. 126 nota, parece aceptar la opinión de La Barrera, quien atribuye a Bartolomé López de Enciso la comedia *El casamiento con celos y rey don Pedro de Aragón.* Emilio Cotarelo y Mori, «Don Diego Jiménez de Enciso y su teatro», *BAE,* I (1914), 386, 389-390, afirma que tanto esta comedia como *Los celos en el caballo,* que le fue atribuida por Medel del Castillo, no son de Bartolomé, sino de don Diego. Eduardo Juliá Martínez, «*El Encubierto*» y «*Juan Latino*», *comedias de D. Diego Jiménez de Enciso* (Madrid, 1951), págs. XIII-XXVII, vacila en atribuírselas a don Diego, las cree, más bien, obra de un tercer Enciso, aragonés.

Esta cita no tiene desperdicio. Tres observaciones principales se desprenden de ella. Primera: el fin perseguido por el autor es claramente moralizante, lo que, *prima facie,* parece condecir con el momento histórico en que vive. Porque para 1586 la Reforma católica post-tridentina está en pleno auge, y para poder alcanzar efectivamente los últimos rincones del vivir humano utiliza como principal arma de combate la literatura. Pero hay que observar que el tema que se acota Enciso está desentendido de la moral religiosa y atiende, más bien, a una moral lega o práctica: el tema de los celos, propio de la filosofía profana del amor. O sea, que si bien coincide en el tiempo con la Reforma católica sus intenciones son distintas. Segunda: para asegurar la circulación de sus moralizaciones Enciso escoge la forma literaria que, para su época y *per definitionem,* estaba consagrada a las materias amorosas. —La referencia al humilde estilo pastoril no tiene, desde luego, nada de peyorativa; es sólo alusión a la triple división estilística de la retórica tradicional.— Tercera (y corolario de la anterior): la pastoril se entiende con una amplitud temática que la crítica moderna por lo general ha pasado por alto. Hasta las amonestaciones morales hallan cabida bajo su manto. Y si ahora el lector pasa breve revista a algunos de los aspectos literarios e ideológicos que se han encubierto con el disfraz pastoril y que ya han desfilado por estas páginas, se discernirá un género de proporciones tan amplias y maleables que lo mismo podía servir de caja de resonancia al ensimismamiento amoroso, o al autobiográfico o a la repulsa moral. Desgraciadamente la amplitud de miras de la crítica no ha correspondido a la amplitud temática de la pastoril.

Para estructurar su novela, Enciso se acoge decididamente a los modelos consagrados del género español: Montemayor y Gil Polo. Sin mayor discriminación, nuestro autor recoge elementos de estas distintas proveniencias, pero los ensambla sin artificio alguno, porque, como ya vio Cervantes, esta novela tiene poco o nada de arte. La ideología de Enciso, de la que se hablará en seguida, es mucho más interesante que un escrutinio de sus dotes creadoras. Un breve sumario de algunos de los elementos formales del *Desengaño de celos* hará ver hasta qué punto llega la influencia estructural del eje Montemayor-Gil Polo. A semejanza de sus modelos, Enciso incluye el templo alegórico de Diana (fol. 253 r) y algunas largas historias intercaladas, como la de los amores de Delanio, Saucino y Clarina (folios 10 v-20 r), la de Laureno (fols. 58 v-87 v) y la de Luceria (folios 190 r-215 r). Pero Enciso no llega a penetrar el sentido íntimo del funcionamiento, dentro de la estructura de las *Dianas,* de las historias intercaladas. Lo que antes había contribuido principalmente a dar nuevas dimensiones artísticas a las novelas, aquí no contribuye a nada. Son pura y exclusivamente historias *intercaladas,* que no tienen otro sentido que el que les confiere el hecho de interrumpir el relato vertebral y distraer por el momento la atención del lector. Aparecen también en el *Desengaño de celos* los casos de amor, aunque aquí se evidencia otra vez la falta de penetración de López de Enciso. Porque lo que en sus modelos es comienzo del psicologismo literario europeo, en esta novela apenas si es otra cosa que afán de variedad. De esta general rebaja en la escala valorativa sufre también el neoplatonismo. Aparece, sí, en la forma de una disquisición abstracta sobre el amor (fols. 161 v y sig.), pero más da la impresión de ser un acto de pleito homenaje a sus mentores literarios —o a la ideología vigente— que de ser acto de participación interesada y vital.

Hay otros puntos de aproximación aun más particulares que terminan de demostrar la cuidadosa lectura por parte de Enciso de Montemayor y Gil Polo. Pasado un cuarto de siglo de la publicación de las *Dianas* se da el caso de que a menos de pastorilizar nuevos aspectos de la realidad —y a Enciso no le daba el caletre para eso— hay que volver servilmente a los modelos. Lo que sirve para demostrar dos cosas importantes: una, la validez absoluta del esquema de simetría vital descubierto por Montemayor. Y otra, la falta de posibilidades estéticas de la pastoril, a menos de romper abiertamente con ese esquema casi canónico. Y el único que hará esto con clara conciencia artística de superación —e integración— será Cervantes.

Entre los detalles que revelan esta casi inevitable gravitación formal hacia la obra de Montemayor, cabe mencionar, entre otros, el artificio usado en las redondillas de los folios 7 r, 80 v, 205 r y 220 r. Se trata de un canto amebeo en que un pastor canta los dos primeros octosílabos y otro los dos últimos, tal como en la *Diana* (pág. 267). También el portugués había popularizado lo que podríamos llamar la cadena de amantes —«Pues estando yo perdida por Alanio, Alanio por Ysmenia, Ysmenia por Montano, sucedió...» (pág. 51)— que López de Enciso complica en los siguientes términos: «De suerte que a Laureno, Clarina y Aluisa amauan, y a Clarina, Delanio y Saucino, y a Delanio, Leonida y Florisa, y a Leonida, su Rosano, y a Aluisa, el triste y celoso pastor Clinardo» (fol. 126 r). Variaciones sobre el mismo tema es a lo más a que puede aspirar el imitador de Montemayor.

Pero las preferencias mentales de Enciso apuntan claramente a Gil Polo. La temática de los celos que informa la novela de Enciso repite en gran medida la de la *Diana enamorada,* y se establece así,

185

en forma natural, una gran zona de confluencia ideológica. Pero quede para más abajo el análisis de lo que haya en el *Desengaño de celos* de reafirmación y consolidación de ideas expresadas por Gil Polo [12]. Baste señalar ahora sólo aquellos otros parecidos de forma que remachan definitivamente el eslabonamiento del *Desengaño* con las dos *Dianas*. De Gil Polo se imita un curioso artificio poético; en una serie de redondillas todas las estrofas impares tienen las mismas rimas (folios 306 v., 307 v., 308 v., 309 r.) [13]. Y posiblemente también derive de la cuidadosa lectura de la *Diana enamorada* el pasaje en loor de las mujeres, aunque en López de Enciso está en prosa (fol. 234 r.) [14].

Desgraciadamente, López de Enciso no sabe qué hacer con este andamiaje heredado. El hilo del argumento se le escapa de entre los dedos, y se ve obligado a terminar su obra cortando por lo sano, no tanto por imperiosa necesidad ideológica, como en Montemayor por ejemplo, sino porque, evidentemente, no sabe cómo salir del enredo. Las palabras finales de la novela ilustran bien la inferioridad del autor ante el tema propuesto.

Lo que desto succedió con la venida de Laureno, y competencia suya de su hermano y Silvio, y celos y competencias de Luceria, Clarina y Albisa, y la de Saucino y Florindo, con el sucesso de Celida y Clinardo y los travajos de Lisena y desde el principio los graciosos y amarañados amores de Phenisa, Flamio, Filidón y Leda, con el felicíssimo fin que tuuieron, juntamente con lo que se vio en la morada del sacro Tajo, se contará en la segunda parte con más verdadero desengaño de celos y eficaces razones, sanos consejos y bastantes exemplos de que son falsas y mentirosas sus sospechas (fol. 321).

No, el pobre Enciso no tenía talento de novelista. Era, en vez, un honesto y rudo moralista, obcecado con la difusión de sus enseñanzas. Pero éstas no caen dentro del ámbito trascendente de la moral cristiana, sino dentro del inmanente del estoicismo. Las cues-

[12] Una salvedad: no quiero decir que Gil Polo sea el modelo ideológico de Enciso, sino sólo que hay una comunidad de ideas, por lo demás nada extraña, que facilita el acercamiento formal.

[13] Comp. *Diana enamorada*, págs. 68-69. Acerca de las correlaciones en las octavas que inserta Enciso al fol. 212 v., véase A. P[érez] G[ómez], «Artificios poéticos», *Bibliografía Hispánica*, IX (1950), 92-93.

[14] El profeminismo de Enciso es tan declarado como el de Gil Polo. Ya en la dedicatoria del *Desengaño*, «Al Illustríssimo Señor Don Luys Enrríquez, Conde de Melgar», nos había dicho el autor: «Me dispuse a escribir este desengaño de ignorantes celosos... conuirtiéndolo todo en un justo loor de las mugeres.» Lo que hay que advertir en el caso de Enciso es que en la época en que escribe, la Reforma católica ve con un poco de suspicacia este profeminismo *per se*, como se colige de sólo hojear *La conversión de la Magdalena* de Malón de Chaide, para no citar más que la más conocida de tantas obras de moralización como se escribieron en este período.

tiones de ética, que le apasionan vivamente, se resuelven siempre desde dentro de la razón como guía de conducta, aquella misma razón que los estoicos habían instaurado como principio de validez universal [15]. Y ahora se hace claro a qué blanco tira su *Desengaño de celos*. Los celos, su tema declarado, son algo irracional, y por lo tanto digno de condena, con lo que Enciso se aparta decidamente de una fuerte corriente del pensamiento de la filosofía del amor de su época que mantiene que sin celos no puede haber verdadero amor [16].

Esta actitud de Enciso lo coloca en la misma zona ideológica que Gil Polo, pero así como éste se contenta con establecer una jerarquización que da la supremacía a la razón, aquél sigue abrazado a su estoicismo hasta llegar al final de la calle. Comparemos brevemente, en este sentido, la actitud de ambos ante los celos. Gil Polo asimismo los condena, desde luego, por ir contra razón, pero con esto se conforma. Para López de Enciso el mismo tema es un trampolín para saltar a cuestiones más amplias. Así, por ejemplo, una discusión cualquiera sobre los celos rápidamente se empina hasta alcanzar los problemas más universales de ética (fols. 160 r. - 170 r.). Y estas universalizaciones a las que indefectiblemente llega Enciso están arraigadas con firmeza en su estoicismo.

Esto es algo en lo que nuestro novelista no ceja nunca. Su convicción estoica le lleva a tratar resueltamente de un tema velado en el momento en que escribe. Cuando una de sus pastoras tiene que elegir entre forzar su voluntad y razón, por un lado, y su muerte, por el otro, se suicida con entereza (fol. 287 r.). Desde luego que el individualismo y la autarquía del estoico aceptan plenamente el suicidio como solución vital, pero al mismo tiempo su condena por el Concilio de Trento es tan terminante que el suicidio desaparece como tema literario en la España de la segunda mitad del siglo XVI. Sólo el estoicismo cabal de López de Enciso puede traer tal tema tan a deshora [17].

[15] Véanse las observaciones y breve bibliografía sobre el estoicismo que acompañan las páginas sobre Gil Polo, *supra*, cap. IV.

[16] Cervantes, por ejemplo, otro preocupado por el tema de los celos, escribe en el *Persiles*: «Lo que más había de ver en aquella ciudad [Milán] era la Academia de los Entronados, que estaba adornada de eminentísimos académicos, cuyos sutiles entendimientos daban quehacer a la fama a todas horas y por todas las partes del mundo. Dijo también que aquel día era de academia, y que se había de disputar en ella si podía haber amor sin celos» (libro III, cap. XIX).

[17] Américo Castro nos ha hablado del suicidio de Grisóstomo (*Quijote*, I, xiv). Al respecto remito al lector a mi artículo «La *Canción desesperada* de Grisóstomo», *NRFH*, XI (1957), 193-198, donde me olvidé de mencionar este suicidio del *Desengaño de celos*.

Conviene ahora atar algunos de estos cabos sueltos para tratar de aproximarnos a la clave de la personalidad de Enciso. Todos los indicios recogidos contribuyen a presentárnoslo como un retrasado en el tiempo, a descompás con sus contemporáneos. La nómina se puede empezar por la factura de su novela, que la coloca con las primicias del género y no un cuarto de siglo después —piénsese que la revolucionaria *Galatea,* de Cervantes, había salido el año antes que el *Desengaño de celos*—. Además, el tipo de moralizaciones laicas a que se dedica Enciso en plena Reforma católica condicen más con el humanismo renacentista que con la época post-tridentina. Y, por último, un suicidio en 1586 debe atribuirse a ideas anticuadas y totalmente inaceptables para los nuevos reformadores que dominaban el momento. Todo ello lo clasifica a López de Enciso como un excéntrico, viviendo un momento que no es el suyo, y lo mismo se puede decir de su obra, que aúna la forma pastoril de las *Dianas* con una materia moralizante que sólo en segunda instancia es pastoril.

Bernardo González de Bobadilla

Su *Primera parte de las ninfas y pastores de Henares* (Alcalá, 1587) fue entregada por el Cura al brazo seglar del Ama conjuntamente con la novelita de López de Enciso. Muy poco nos tendrá que detener debido a su total carencia de interés artístico, ideológico o de cualquier otra naturaleza. Nada de nuevo aporta a lo ya visto en otros autores y si algo la puede caracterizar es el mezclar, con pésimo tino, elementos de toda la tradición pastoril anterior [18]. La curiosa motivación de la obra la declara el autor en las primeras frases del «Prólogo». Dice allí:

Al que me preguntare la causa que me mouió a querer en este mi pobre librillo tomar por blanco y principal intento el procurar dezir algo de lo mucho que ay en la discreta genta que tiene sus moradas en las partes que riega Henares, río apacible y poco en escripturas celebrado, por la falta de conocimientos de escriptores. Porque habitando yo la llana orilla de Tormes, donde la célebre Salamanca está fundada, y siendo natural de las nombradas yslas de Canaria, parece cosa extraordinaria ponerse a referir las propriedades y términos de la tierra que jamás vieron mis ojos.

[18] Los juicios de Gallardo, *Ensayo,* III, col. 86, y IV, col. 1.187, son un poco menos severos, pero no hallo razón para desdecirme.

La petulancia de que hace gala aquí —escribir sobre algo de que los demás carecen de conocimiento— se le debe perdonar a Bobadilla debido a su extremada juventud cuando escribió la novela. A la sazón era estudiante en Salamanca [19], y como se dice entre los versos preliminares (soneto «De un amigo del autor»): «En tiernos años fruto sazonado, / en la primera edad seso maduro.» Pero así y todo, la explicación del «Prólogo» no deja de ser extraña génesis de una novela pastoril. Implica un desinterés en lo radical del mito y un interés en lo meramente circunstancial que auguran mal para los pastores.

La presentación de la novela repite muchos de los elementos —casi todos, en realidad— que han ido apareciendo en diversas oportunidades. Hay una fuerte localización geográfica —evidente ya en el título— que centra la acción de la obra en la zona comprendida entre Alcalá, Toledo y Salamanca. Como ya se ha observado, el localismo surge en la pastoril cuando se relaja la tensión mitificadora y aquí, donde ésta casi no existe, ya que Bobadilla se limita a taracear temas de acarreo, la localización cunde por todas partes. Algo más que ya se ha observado es que la localización geográfica trae indefectiblemente de la mano una cronología, o mejor, un sentido de la temporalidad que encaja la obra con firmeza en el tiempo. Pululan, pues, las referencias temporales, y algunas no dejan de tener gracia, debido al inevitable conflicto que establecen con el Mito. Como ésta, en que la pastora Lyrea «se quiso recoger en este monasterio sancto (donde muy muchas e illustres nimphas hazen lo mesmo)» (fol. 130 r.). Aunque debo admitir que este tipo de anacronismo esmalta a la literatura europea hasta la época del Racionalismo. Sólo cuando la voluntad de estilo domina a la realidad —lo que implica el orto del espíritu crítico— decaen los anacrónicos deslices por el estilo del de Bobadilla.

Colocado así en el tiempo y en el espacio el pastor se ve obligado a despojarse de su capa de perfección mítica [20]. Ahora es fácilmente presa de la cólera (fol. 110 v.), y ésta lo lleva a un verdadero frenesí de crímenes. Ziphilo (o Riphilo) rapta a Galiarda y es encarcelado (fol. 114 r.). Al pastor Dafne «por palabras assaz leues le dio vn mayoral suyo vna estocada tan grande que a de ser marauilla si della puede conualecer» (fol. 121 v.). A Absintio lo encuentran sus amigos «peligrosamente herido y que por muchas partes de su cuerpo vertía sangre» (fol. 159 r.). Y el derroche de

---

[19] Dato que se halla en la portada y en el privilegio.

[20] También la naturaleza es imperfecta, desde luego, y el clima edénico cede ante las tempestades (fol. 141 r.).

sangre sigue: también mueren Lisia (fol. 77 r.), Crise y Pindo (folio 202 r.) y Cileno (fol. 203 r.) [21].

El neoplatonismo, desde luego, no influye para nada en estas vidas. Al contrario, el amor lascivo aparece sin embozo alguno, aquel «amor loco» que tanto censuran Montemayor y Gil Polo. La pastora Lisia da entrada en su casa todas las noches a su amante Velanio (fol. 70 r.). Pero si no interés vital tenía Bobadilla, como buen estudiante, un adecuado conocimiento libresco del neoplatonismo, que destila íntegro en un poema que empieza: «El amor que leuanta el pensamiento / por el hermoso objeto al alto cielo» (folios 157 v. - 159 r.).

En la forma de la novela se encuentra casi todo lo hasta aquí mencionado. Lo único de novedoso —hallazgo bien inesperado por cierto— son dos ensayos de épica renacentista a imitación de Ariosto. El primero es la historia del príncipe Aldano, hijo del rey Carlos de Gocia, en 39 octavas reales (fols. 133 v. - 141 r.), y el otro es la historia de Regnero, rey de los danos, en 69 octavas (fols. 147 r.- 156 v., 164 v. - 168 v.). Bien pobres de argumento y estilo, apenas si merecen mención como una muestra más de la amplitud del manto pastoril.

Lo que sí hay de curioso en *Las ninfas y pastores de Henares* es la violenta misoginia de que se hace gala en el sexto y último libro. En un género consagrado *ab initio,* al menos en España, al amor y la mujer resulta extraño leer semejantes ataques. Pero coincide con el momento en que el estudiante González de Bobadilla adopta la pose de dómine moralista y nos relata la historia ejemplar de Molineo (fols. 190 v.-194 v.). Supongamos, con indulgencia, que ésta es una petulancia más de la juventud, como lo es, sin duda, la desenfrenada erudición de que hace gala.

Lo último que notaré en esta novela es la incontinencia poética del autor, que no tiene excusa alguna. Para dar un solo ejemplo: los demás pastores solían monologar a veces en forma de soneto. Los de González de Bobadilla, que bien poco tienen que decir, los enhebran de a cuatro por vez (fol. 74 v.). ¡Lástima que Bobadilla no tomase en serio el consejo que le dio su amigo don Jimeno Fajardo en los versos preliminares:

¡Déxate de Helicón y estima a Tormes!

---

[21] Como posible explicación parcial de tantos y tan cruentos episodios conviene recordar que la *Galatea* de Cervantes, que con sus violencias imprime nuevo rumbo al género como se verá en su lugar, había sido publicada dos años antes.

Jerónimo de Covarrubias Herrera

Era vecino de Medina de Ríoseco y residente en Valladolid, donde publicó *Los cinco libros intitulados la enamorada Elisea* en 1594. Si bien el autor declara que es obra primeriza —«este es mi primer libro», dice en la dedicatoria a Felipe II— no creo que haya sido producto de su primera juventud [22]. De todas maneras, y por razones semejantes a las del caso de Bobadilla, el análisis será breve [23].

Por lo pronto, de los cinco libros sólo los tres primeros constituyen la novela. Los otros dos forman un cancionero bastante voluminoso y no muy bueno. El libro IV incluye cinco églogas y la historia novelesca en verso de Florisauro y Alcida [24]. En el último forman mayoría las glosas, en diversos metros. En los metros largos predominan las de Garcilaso, y Covarrubias dedica tres o cuatro octavas reales a cada verso del original. En los metros cortos se glosan muchas coplas antiguas, y por cierto que entre ellas hay una versión un poco distinta de la famosísima «Puesto ya el pie en el estribo» [25].

En lo que atañe a la novela en sí todo queda dicho al decir que es una mala imitación, y en tonos muy apagados, de la *Diana* de Montemayor, obra a la que se alude claramente (fol. 243 v.). Todos sus elementos —menos la violencia— están presentes aquí, aunque evidentemente más por tradición canónica que por comprensión y simpatía por su significado artístico o ideológico. En realidad, Covarrubias Herrera sólo da dos notas personales. La primera es la localización de la novela, cuya acción transcurre en las márgenes del Nilo. Esto, si bien novedoso, no resulta del todo extraño debido a

[22] Entre las composiciones poéticas abundan las alusiones a la muerte de la reina Ana de Austria, mujer de Felipe II (fols. 209 v., 214 r., 244 v., 253 r.), con evidentes notas de inmediatez. Doña Ana murió en octubre de 1580 y es de suponer que estos versos circunstanciales se escribirían a más tardar a comienzos de 1581. Por más joven que haya sido Covarrubias en esa fecha, al publicar su novela tiene que haber andado, por lo menos, en la treintena.

[23] El juicio de Gallardo es más benévolo: «El autor se conoce que tenía fácil vena, de la cual no usó con la economía de plan conveniente a la mejor planta y artificio de esta novela pastoril; la cual, como muchas de las que tenemos en castellano, casi no es más que un cuadro ligero para entretejer en él el cartapacio de poesías que el autor tenía compuestas, no bastantes para hacer libro, pero hartas para adornar una novela» (*Ensayo,* II, col. 481). También Gayangos, en su traducción de Ticknor, III, 542, demuestra por Covarrubias una indulgencia que no comparto del todo.

[24] «Sabrosa historia», la denomina Gallardo, *ibidem.*

[25] Comienza «El pie puesto en el estribo» y fue mencionada por R. Foulché-Delbosc, *RHi,* VIII (1901), 512.

la larga tradición poética del río. Y además, el leidísimo Heliodoro había colocado, en el primer libro de su *Teágenes y Cariclea,* una isla de pastores en la desembocadura del Nilo, hecho que seguramente coadyuvó en la elección de escenario [26]. La otra manifestación personal de Covarrubias consiste en lo hermético del mundo pagano en que coloca a sus pastores. En ningún momento se abre éste a la realidad del siglo XVI y, en cambio, gira dentro de un sistema de coordenadas que denuncian a un buen humanista [27].

Fuera de estas características propias, *La enamorada Elisea* es obra totalmente insulsa. Sobra con un ejemplo para demostrar la infelicidad del cometido. Se repiten aquí, por principio de autoridad, desde luego, los casos de amor, pero carentes de toda profundidad psicológica. El caso radica más en la elección de epítetos («feliz», «olvidado», «celoso») que en una efectiva diferenciación psicológica.

Resulta evidente que el propio autor se dio cuenta de su pobre desempeño. Al terminar la novela, o sea al final del libro III, nos promete continuación, ya que, como en sus modelos, no hay final definido. Al final del cancionero y de la obra (libro V) se desdice de esta promesa y en cambio menciona como inminentes otras obras suyas que no sé si llegó a publicar.

JACINTO DE ESPINEL ADORNO

El premio de la constancia y pastores de Sierra Bermeja (Madrid, 1620) es de relativos méritos si la comparamos con las novelas recién estudiadas. Es de fecha más tardía, lo que debe tenerse en cuenta al repasar algunas de sus características, fecha que se denuncia ya en el biforme título, con esa recargazón propia de los dobletes seiscentistas [28]. También es primer ensayo literario.

[26] Desde luego que localización tan exótica no se mantiene con éxito, y menos en manos de un aprendiz de novelista como lo fue Covarrubias, si bien hay que agregar que todavía no se estilaba lo del «color local». Una de sus supuestas egipcias exclama, a raíz de un soneto en italiano y español: «Huelgo de mezclar los vocablos italianos con los de nuestra nación española» (fol. 90 r.).

[27] Esta conformación intelectual del autor quizá responda del tono menor de la obra, y de la falta de violencias. Pero aquí la mesura y armonía, propias de la estética humanista, se entienden como apagamiento y medias tintas.

[28] Existe edición moderna hecha a expensas del Marqués de Jerez de los Caballeros (Sevilla, 1894). Desgraciadamente, y como tantas otras obras de este benemérito bibliófilo, es de tanta rareza como el original, que es el que utilizo en mis citas. A Espinel Adorno le dedica una escueta mención en una lista de los ingenios residentes en Madrid Miguel Botello, *Prosas y versos del pastor de Clenarda* (Madrid, 1622), fol. 154 r.

En la presentación formal retiene aquellos aspectos más externos que le brinda la tradición bucólica española: una paráfrasis del *Beatus ille* (fols. 4 r.-6 r.), un sueño alegórico, la consabida disputa acerca de los méritos de las mujeres (fol. 94), enigmas, la historia intercalada de Arsindo, etc. O bien toma características medulares del bucolismo hispano, pero las presenta en forma tal que se delatan como algo totalmente advenedizo. Así ocurre con el neoplatonismo, que no sólo no es ya sostén sino que se despacha en un par de páginas (fols. 13 r.-14 v.) [29]. También los temas de moral, que hemos visto infiltrarse con Gil Polo y diseminarse con López de Enciso, se convierten aquí en meras consideraciones prácticas: educación de los hijos (fol. 21 r.), sobriedad en las bebidas (fol. 97 v.).

Todo esto produce un gran vacío temático-ideológico. El vivir de los pastores estaba apuntado y consagrado a ciertos ideales que con el correr del tiempo se han preterido o se han desplazado. Como escribe José María de Cossío de esta novela: «Es un ejemplar poco interesante de novela pastoril que ya en aquellos días había cumplido su ciclo y era punto menos que un anacronismo» [30]. Pero así y todo el autor tiene que apuntalar a sus pastores para que no caigan en ese vacío. Los puntales que elige Espinel Adorno son casi todos de índole formal, ya que crearlos de índole ideológica era tarea para la que no estaba capacitado. Hay, sin embargo, un síntoma ambiental, que si bien estaba muy generalizado, es lo único que contribuye a dar algo así como densidad ideológica a la obra. Me refiero al tan traído y llevado tema del desengaño. Desde las primeras páginas se revela esta actitud sintomática del nuevo momento; dice uno de los pastores: «Aquí (dixo Felino) engañamos la vida lo mejor que podemos» (fol. 6 r.). Y se continúa más abajo, ya con todo énfasis:

Este mundo es todo engaño, todo vanidad, todo envidia, todo murmuraciones, y aquí aunque es mundo no se ven sus efectos porque la soledad trae consigo el acomodarse un hombre con lo que tiene y el vivir cómodamente cada uno con lo que la naturaleza le hizo merced. ¿Qué pensais que es el mundo? A los hombres ignorantes e insanos, dulce, y a los prudentes y discretos, amargo, porque los unos no le conocen, y los otros saben quién es, porque tanto es pe-

---

[29] El neoplatonismo no puede funcionar en un ámbito donde resuenan palabras como las siguientes: «Comamos algunas cosas que sustenten el cuerpo, que es el verdadero amor» (fol. 16).

[30] *Fábulas mitológicas en España*, pág. 217. Este sentir es exacto, pero conviene advertir que el género todavía suscitaba simpatía. Así lo implican las siguientes palabras de la Aprobación de Fray Hortensio Félix Paravicino: «No hallo en este libro cosa contra nuestra Santa Fe, es entendido y curioso para descanso de ocupaciones más graves. De su argumento se han valido siempre los que tratan buenas letras, para este linage de diuertimiento.»

ligroso cuanto más familiar se muestra, y los aborrecidos de él le pueden tener por felicidad, porque les aparta de que no gusten sus acíbares y ponzoñas. Acuérdome que he leído que tiene el mundo tanto tino en sus desatinos que nos trae a todos desatinados, y la más verdadera vitoria que hay contra él es el vencerlo sin huírlo.

A vueltas de algunos lugares comunes del estoicismo y de la ascética (y del anacoluto mental que implican las últimas palabras), se transparenta aquí la actitud pesimista que ensombrece todo el siglo XVII. Pastores desengañados. Era a lo que conducía esa característica radical del género de pastorilizar la contemporaneidad, que se infiltra insidiosamente aquí y contribuye en buena medida a la desmitificación general.

Por su parte, el apuntalamiento formal reviste diversos aspectos. El primero y más inmediato y asequible para un escritor de aquellos tiempos es el recurso a la temática clásica. En *El premio de la constancia* esto reviste la forma de dos largas fábulas tomadas de la mitología grecorromana. La primera relata en prosa la historia de Aglaura (fol. 16 r.-18 v.), según las *Metamorfosis* de Ovidio, hecho interesante, pues al parecer es el único tratamiento de dicha fábula en la literatura española [31]. La otra es la historia de Alfeo y Aretusa, versificada con verdadero derroche de polimetría (fols. 25 r.-30 r.) [32]. Se imita, además, la novela bizantina, pero no ya en las historias intercaladas, como antes, sino en forma que afecta desde el principio la presentación de la obra. Esta se abre con las quejas de Arsindo y sólo más tarde nos enteramos de las causas de su dolor. Este comienzo *in medias res* era típico de la novelística bizantina y se repite en sus imitaciones españolas [33], si bien hacía tiempo ya que Amyot había llamado la atención de los literatos a este nuevo artificio técnico en el prólogo a su traducción francesa de Heliodoro [34].

Pero el elemento formal de mayor importancia que le sirve a Espinel Adorno para llenar el vacío es, sin duda, la novela cortesana, propiamente dicha. Este género, típico del siglo XVII, estaba ya en pleno auge para 1620, auge que había de mantener, con altibajos, hasta casi entrado el siglo XVIII [35]. Su influjo en *El premio de la*

[31] *Vid.* Cossío, *op. cit.,* pág. 219.

[32] Espinel Adorno atendía mucho a lo externo del verso, exterioridad que caracteriza toda su obra. Imita, por ejemplo, aquellas extrañas rimas provenzales de Gil Polo, cf. *Diana enamorada,* ed. Rafael Ferreres, págs. 30-31.

[33] Véanse, por ejemplo, los comienzos del *Persiles* cervantino, o del *Eustorgio y Clorilene* de don Enrique Suárez de Mendoza y Figueroa.

[34] Que aparece también en la traducción española anónima de Amberes, 1554, cf. Bataillon, *Erasmo y España,* II, 224.

[35] Sobre la novela cortesana, véase Agustín G. de Amezúa, *Formación y ele-*

194

constancia acompaña siempre los pasos del protagonista Arsindo, y se hace de la mayor evidencia en su historia intercalada (fols. 35 r.-45 v., 50 v.-57 r., 65 v.-93r.). Dicho personaje, disfraz parcial del autor [36], es un hidalgo nacido en Manilva y educado en Ronda, ajeno, por lo tanto, al mundo pastoril. Su historia, como toda novela cortesana, está llena de hechizos, amoríos, duelos, viajes, fantasmas. Acabada su relación se vuelve al mundo de los pastores, pero no por mucho tiempo, pues pronto se le vuelve a imponer a Arsindo su naturaleza cortesana. El mundo pastoril, al que poco le queda de sus antiguas características edénicas, se ve sacudido por violenta tempestad, durante la cual Arsindo es arrebatado por una nube que lo lleva a Africa, al palacio del rey Celimo, a quien este cortesano vuelto pastor saca de su hechizo (fols. 111 r.-113 r.). Perfecta coherencia temática con la novela cortesana pero destartalamiento último del orbe pastoril.

Esta novela nos presenta una simbiosis entre cortesano y pastor muy distinta de la que habíamos visto en el viejo tema tradicional del cortesano vuelto pastor por amores. Aquí se trata de un caso de parasitismo en que el cortesano se fortalece desangrando al pastor, que por lo demás, bien maltrecho venía. El empuje de los nuevos temas arrincona al pastor y éste termina por verse obligado a participar en el ambiente general impuesto por su parásito, ambiente que no tiene nada que ver con su idealismo original. Un pastor desengañado, como aparece aquí, implica el ocaso definitivo del naturismo, que había sido la razón de ser de la novela pastoril.

MIGUEL BOTELLO

En propiedad, Miguel Botelho de Carvalho, portugués de Viseo. Publicó en Madrid, 1622, las *Prosas y versos del pastor de Clenarda*. Autor de varias obras más, entre ellas la *Fábula de Píramo y Tisbe* (Madrid, 1621), y *La Filis* (Madrid, 1641), larguísimo poema pastoril en octavas [37].

---

mentos de la novela cortesana (Madrid, 1929), y Peter N. Dunn, *Castillo Solórzano and the Decline of the Spanish Novel* (Oxford, 1952).

[36] Se insinúa esto ya en los versos preliminares «De don Diego Varaona Aranda, regidor perpetuo de la ciudad de Ronda, al libro y al autor». Espinel Adorno era sobrino del famoso rondeño Vicente Espinel.

[37] Cf. D. García Peres, *Catálogo razonado biográfico y bibliográfico de los autores portugueses que escribieron en castellano* (Madrid, 1890), págs. 58-59.

En el prólogo «Al lector» de su novela pastoril dice Botello: «Por cumplir (o letor discreto) lo que he prometido en los desdichados amores de Píramo y Tisbe [38] quise dar a la estampa los venturosos de Lisardo y Clenarda, mas si te pareciere que en algunas partes no guarda el decoro al estilo pastoril, ha sido por importar a la historia disfraçada con estos pastores. Y si esta razón no basta para disculparme, baste el deseo que tengo de acertar a seruirte.»

Que en este *roman à clef* Lisardo sea el propio Botello es identificación que parece lícita dados los siguientes versos preliminares de la novelista doña María de Zayas:

> Pues contáys con tal concierto,
> ya después que soys pastor
> que tenéys al niño Amor
> de amor de Clenarda muerto.
> Dichosa por cierto ha sido,
> pues tal pastor mereció
> que cantando la dexó
> su nombre libre de oluido.

El pastor de Clenarda sería, pues, una novela autobiográfica, pero carezco del más leve indicio que me permita penetrar el disfraz pastoril. Además, sus características son tan heterogéneas que tienen mejor cabida en este capítulo de raros que en el anterior de autobiógrafos.

La acción de la novela transcurre a orillas del Manzanares y comienza el primer libro con una descripción de sus riberas [39]. Pero aquí termina el localismo, ya que la descripción de los alrededores denuncia de inmediato la atenta lectura de la *Arcadia* de Sannazaro. En realidad, todas las descripciones de la naturaleza están inspiradas en la riqueza, variedad y belleza lujuriante de la naturaleza creada por el bucolista italiano (cf. por ejemplo, fol. 54 v.). El valor de arquetipos que tenían los escuetos elementos naturales de las primeras pastorales españolas no se entiende ya en este momento de predominio de lo ornamental. También la simetría de presentación de

---

[38] En cuyo prólogo al lector había dicho: «Si estimas favorable (o letor amigo) la *Fábula de Píramo y Tisbe,* daré brevemente a la estampa *El pastor de Clenarda,* historia disfrazada, si bien verdadera.» *El pastor de Clenarda* estaba escrito ya a fines de 1621, como se desprende de la alusión, cerca del final, al ajusticiamiento de don Rodrigo Calderón, como hecho muy reciente (fol. 150 v.). Don Rodrigo fue degollado el 21 de octubre de 1621.

[39] La locación temporal también es firme. Un solo ejemplo: cuando vuelve Lisardo de la Corte hace la lista de las personas que allí conoció: resultan ser los más renombrados poetas que hacia estos años vivían en Madrid (fols. 151 v.-154 r.).

las cuatro partes del *Pastor de Clenarda* —comienzan con la aurora y terminan con la noche— recuerda de lejos la trabada organización de las doce *prosas de la Arcadia* [40].

De los argumentos de antes, tan firmemente basados en la casuística, no queda nada. El endeblísimo hilo argumental se teje aquí alrededor del leve contratiempo que sufre Lisardo —es enviado a Madrid por su mayoral— antes de poder casarse con Clenarda, boda con que termina la obra. Del neoplatonismo no quedan, pues, más que referencias aisladas —en los discursos sobre los celos de la parte III—, y el naturismo se ha cristianizado: la dadora de bienes no es más Naturaleza sino el cielo (fol. 2 r.). Como tantos otros bucoliastas de esta época de decadencia, Botello se ve puesto así en la obligación de echar mano a otras temáticas para sostener la debilitada máquina pastoril. Al igual que sus contemporáneos Espinel Adorno y don Gabriel de Corral, zanja la cuestión por la introducción de la novela cortesana. Pero no hay intención alguna de pastorizarla; al contrario, ésta mantiene su integridad de elementos, mientras que es lo pastoril lo que se tiñe de tonos cortesanos, o «socializados», si se quiere [41]. Los dos cuentos intercalados en *El pastor de Clenarda* —todavía repercute la estructura de la *Diana*— son totalmente cortesanos. El primero está situado en Toledo y trata de los amoríos de Camila, Carlos y Fabio (fols. 20 r.-32 r.); el otro ocurre en Madrid y tiene como protagonistas a don Diego, Marcelo, Celia y Octavia (fols. 97 v.-108 r.). En ambos abundan los malentendidos y las cuchilladas.

Pero si los personajes de esta novela no son muy pastoriles, tienen la fortuna de poseer una rara erudición, de la que hacen gala a cada paso, y ésta debe ser una de las características que no condicen con su estado pastoril de las que se cura en salud Botello en las palabras ya copiadas del prólogo [42]. Pero debe recordarse que en el siglo XVII triunfa el concepto de poesía como ciencia, con lo que la erudición se hace imperativa, y que, a su vez, este concepto es el

[40] El acabar la obra, o parte de ella, con la noche es tópico que ya ha aparecido en muchas pastoriles anteriores, como la *Diana* de Montemayor (cf. *supra*, capítulo IV, nota 4). Pero no se da allí con tan nítidas y reguladas características como en la obra de Botello. Se trata aquí, evidentemente, del uso de un tópico reforzado por un voluntario acercamiento a Sannazaro.

[41] La «socialización» de la pastoril se evidencia bien al regreso de Lisardo de la corte (parte IV), quien viene vestido y se conduce como un cortesano. Esta característica ya la había notado uno de los amigos de Botello, Simón de Nisa, quien escribe en los versos preliminares: «Con la pluma de tu mano / haze a Clenarda en amor / la más cuerda, a su pastor / el más tierno cortesano.»

[42] Véanse algunos pocos ejemplos de esta erudición a los folios 14 v., 49, 65 v., 82-83, y sobre todo la paráfrasis en prosa del *Beatus ille* (fols. 44v.-46 r.).

principio teórico del culteranismo [43]. Botello abraza decididamente este movimiento, y si bien con poca originalidad, con una circunspección que lo inscribe en la órbita de influencia de don Juan de Jáuregui —culteranismo moderado— más que en la del exaltado Góngora. Como dice Gallardo, con su gracejo de siempre: «Su estilo es más florero que florido» [44].

Lo que queda del elemento propiamente pastoril es mínimo, como se podrá apreciar, pero lo suficiente todavía para llegar a algunas conclusiones. La novela pastoril, debilitada y todo, mantiene aún el prestigio de género consagrado a la recreación de la historia de amor. Pero las ideas rectoras de la pastoril nativa son letra muerta. Esta época que avalúa más la ornamentación externa que la sustancia interna, preferirá la variedad natural de Sannazaro a la fuerte estilización de la Naturaleza conceptual. Lo muy poco de nativo que queda se mezcla con lo italiano, y a esto hay que sumarle, como cantidades mayores, lo autobiográfico y lo cortesano. Un paso más y se volatiliza lo pastoril.

DON GABRIEL DE CORRAL

Este paso lo dio don Gabriel de Corral en su *Cintia de Aranjuez* (Madrid, 1629) [45], que seguramente estaba escrita desde unos años antes [46]. Como dice con gran honestidad en el «Prólogo»: «Todos

[43] Sobre la poesía como ciencia, dice otro bucoliasta, Cristóbal Suárez de Figueroa, en su *Constante Amarilis* (Madrid, 1781), pág. 43: «La prosa quando quiere acaba, mas la poesía tiene su límite, ha de llegar a él y no passar de él. Abraza las artes liberales y las otras ciencias, de que a menudo se vale, pues para ser perfecta ha de ser el poeta general en ellas, o a lo menos posseer los principios de todas.»

[44] *Ensayo,* II, col. 126.

[45] Reedición moderna, por la que cito, en Biblioteca de Antiguos Libros Hispánicos, IV (Madrid, 1945).

[46] Ver mis «Notas a la *Cintia de Aranjuez*», NRFH, I (1947), 178-180. Lope de Vega lo menciona en su *Laurel de Apolo, Obras sueltas,* I, 62: «Don Gabriel del Corral, cuya famosa / *Cintia* al laurel aspira, / desde Italia suspira, / y valido de dama tan hermosa / verde laurel procura / como por su valor, por su hermosura.» En sus *Rimas humanas y divinas, Obras sueltas,* XIX, 58, Lope le dedica un soneto: «A don Gabriel del Corral en la traducción de los versos latinos de nuestro Santísimo Padre Urbano Octavo.» Con el mismo motivo le dedicó otro soneto don Gabriel Bocángel y Unzueta, *La lira de las musas* (Madrid, 1637): «España agredecida a don Gabriel del Corral en la traducción que ha hecho de los versos latinos de Su Santidad.» Véase, también, el artículo documental de Narciso Alonso Cortés, «Gabriel del Corral», en la primera serie de su *Miscelánea vallisoletana* (Valladolid, 1912).

los versos que contiene este volumen estavan escritos antes del intento, y para hazerlos tolerables los engarzé en estas prosas y acompañé con estos discursos, no me atreviendo a publicar rimas desnudas, donde tienen conocido peligro los ingenios más sazonados» (pág. 21). Dadas las no muy largas dimensiones de la *Cintia,* no creo pasarme de suspicaz al suponer que su verdadera razón de ser estriba en el hecho que no tenía el autor suficientes poesías para hacer un volumen independiente, como sospecho ocurrió con varias de estas novelas pastoriles de decadencia.

Por si no fuera suficiente para marcar el fin del género esta motivación totalmente prosaica y utilitaria, los propios personajes de la novela se desentienden en absoluto de toda verdadera participación personal en el mito. El motivo que los ha reunido a todos en Aranjuez es el siguiente: «La causa de estar [Cintia] en esta soledad fue por retirarse a ocasiones; para festejarla, sus amigas vinieron juntas a verla, y contentas de su compañía, con gusto de sus padres se quedaron con ella. De donde se siguió que sus galanes pidieron licencia de venir a seruirlas y ser zagales en la fingida Arcadia que instituyeron» (págs. 255-256). «Fingida Arcadia»: con estas palabras se acabó el mito; la ocupación no es pastoril, sino que esto es puro entretenimiento en que los cortesanos, por diversión, asumen el pellico, pero mantienen en toda ocasión su identidad de cortesanos. Nunca como ahora es lo pastoril un disfraz, cuya buscada transparencia es objeto de comentario hasta por el propio autor en el vejamen literario que incluye: «Quéxanse estos campos y estos zagales de que aquellos ángeles con sayuelos quieran nombrarse pastoras; supuesto que no hacen caso de sus ganados, ni de sus perdidos, suplícaseles que vistan lo que son, o sean lo que visten» (pág. 172) [47].

La novela pastoril queda así relegada a la categoría de un mero e intrascendente juguete literario cuya validez, si alguna tiene, hay que buscarla en las poesías escritas con anterioridad, y no en la prosa, que es aquí lo circunstancial. El desinterés absoluto de Corral por lo pastoril como tal, salta a la vista por doquiera. Un solo ejemplo más:

Bien sé que tengo que ser murmurado de auer hecho tanta junta de pastores y tanto alarde de zagalas, y que no ayan seruido de otra cosa a mi discurso que de número. Mas también fuera proceder prolixamente si de todos contara iguales sucessos a los referidos, y si fueran menores, no lleuara corriente la historia diuertida de tan cortos episodios. Siruan de compañía y adorno, como en vna curiosa pintura los payses, los celages, los árboles y las flores (pág. 340).

---

[47] Corrijo la puntuación del texto moderno.

¿Qué más se puede decir? El pastor ya no tiene ni fuerza ni significado propios; es mera comparsa que llena los huecos dejados en la escena por los cortesanos.

Pero aun en este momento de desquiciamiento final subsisten algunos restos del viejo género. A semejanza de Gil Polo y de Lope de Vega, Corral incluye un combate naval o «naumaquia», como lo llama en su prosa culterana (págs. 387 s.). Pero conste que tal episodio es de lo menos pastoril que hay en la novela de Gil Polo y de lo más cortesano en la de Lope. Además, hallamos aquí tres historias intercaladas: la de Fileno (págs. 87-107), la de Cintia (págs. 204-220 y 237-255) y la de doña Alejandra de Toledo (págs. 310-366). La última no disfraza su naturaleza cortesana ni en los nombres. Las otras dos también sirven para demostrar la verdadera esencia de este artificial mundo pastoril: Fileno resulta ser don Juan de Toledo y Cintia doña Guiomar de Guzmán.

Con esto se cierra el círculo. Nuestro estudio partió de un punto en que la realidad cotidiana podía entrar en la obra de arte sólo después de someterse a una pastorilización previa. Hemos llegado a un momento en que lo pastoril es aceptable sólo como proyección, admitidamente fingida, de la realidad cortesana. Lo pastoril ahora es un juego, y como todos, sujeto al hastío que tarde o temprano invadirá al jugador.

A diferencia de los capítulos anteriores resulta difícil, aparte de ser poco conveniente, el resumir en sinopsis común las diversas novelas que aquí se han estudiado. Hay demasiada disimilitud entre ellas. Sólo puedo añadir que los primeros ejemplos demuestran que aun escritores de pocas luces reconocían en la pastoril la virtud de homogeneizar artísticamente la realidad circundante. La consecución, por desgracia, no está en ningún momento a la altura de la posibilidad entrevista. Los últimos ejemplos nos presentan un caso casi opuesto. Por diversos motivos que ya quedan apuntados, la realidad pastoril pierde su efectividad y la necesidad que se nota entonces es la de unificar la circunstancia «histórica» con lo pastoril por un gradual proceso de des-mitificación o socialización, de ésta.

1974.　　　　　　　　ANTONIO DE LOFRASSO

En su *Fortuna de Amor* (Londres, 1740), II, 2, incluye unos tercetos («Aquí quiero llorar la suerte mía») que dice que no son suyos; es la composición número 17 del *Cancionero manuscrito de Oxford,* donde también está anónima, ver K. Vollmöller, «Mittheilungen aus spanischen Handschriften. I: Oxford All Souls Coll. No. 189», *ZRPh,* III (1879), 80-90. La misma composición fue glosada por Pedro Laynez, *Obras,* ed. Joaquín de Entrambasaguas, II (Madrid, 1951), 242.

El motivo de las repetidas censuras cervantinas a la obra de Lofrasso lo explica sucintamente E. C. Riley, *Cervantes's Theory of the Novel* (Oxford, 1962), pág. 30: «In literary terms Lofrasso possesses talents he never learnt how to use». Todo esto lo amplía Hermann Iventosch, «Dulcinea, nombre pastoril», *NRFH,* XVII (1962-1964), 60-81, trabajo de interés para la onomástica de las novelas pastoriles en general, y de la *Fortuna de Amor* en particular. Allí escribe: «El sardo [Lofrasso] es el maestro de todos en materia onomástica... En realidad, la especial mofa que hace Cervantes de Lofrasso es indicio seguro de la impresión que le causó... Este [Lofrasso] tiene la más *rara* inventiva de todos en materia onomástica; no imitaba a sus predecesores, como los demás autores pastoriles, sino que se esforzaba siempre en ser original, hasta llegar a veces a lo estrambótico», art. cit., págs. 68-69.

BARTOLOMÉ LÓPEZ DE ENCISO

Nada nuevo se ha escrito sobre su *Desengaño de celos,* ni valía la pena. Sí he ahondado el estudio del tema del suicidio en la literatura postridentina en mis *Nuevos deslindes cervantinos* (Barcelona, 1974), cap. III, y en mi artículo «Cervantes, Crisóntomo, Marcela and Suicide», *PMLA,* XC (1974).

JERÓNIMO DE COVARRUBIAS HERRERA

Como no hay nada nuevo sobre su *Enamorada Elisea,* ni era de suponer que lo hubiese, copiaré una antigua nota que se me quedó traspapelada al preparar la primera edición de mi trabajo. Pedro Salvá y Mallen, *Catálogo de la biblioteca de Salvá,* II (Valencia, 1827), 132: «No vacilo en calificar esta novela pastoril como la más rara de todas las de su género impresas en castellano. Fue desconocida a la mayor parte de nuestros bibliógrafos... El quinto [libro] es un verdadero *Cancionero,* en el que hai redondillas, glosas y bellísimos romances que no se encuentran en el *Romancero* de Durán». Este alto aprecio por la *Enamorada Elisea* es, para mí, claro índice de cómo, a veces, la bibliofilia ciega la facultad crítica.

LA NOVELA PASTORIL ESPAÑOLA

JACINTO DE ESPINEL ADORNO

En la primera edición de mi libro sospeché que Espinel Adorno no tenía parentesco alguno con el poeta, novelista y músico Vicente Espinel. Me desdigo por completo: Espinel Adorno fue sobrino del autor de *Marcos de Obregón*. En realidad, fue Vicente Espinel quien le introdujo a la vida literaria de la capital, donde el sobrino publicó su novela pastoril. Y a la muerte de Vicente Espinel, éste dejó a su sobrino la capellanía en la iglesia de Santa Cecilia en Ronda, ver George Haley, *Vicente Espinel and Marcos de Obregón. A Life and its Literary Representation* (Providence, R. I., 1959), págs. 57 y 61. Hay buena bio-bibliografía de Espinel Adorno en Homero Serís, *Nuevo Ensayo de una biblioteca española de libros raros y curiosos,* I, 2 (Nueva York, 1969), 347-48.

MIGUEL BOTELLO

Lista completa de sus obras puede consultar ahora el lector en José Simón Díaz, *Bibliografía de la literatura hispánica*, VI (Madrid, 1961), 635-37. Nada nuevo se ha escrito sobre su *Pastor de Clenarda*, pero sí sobre otra de sus obras, ver Daniel P. Testa, «An Analysis of the Heroic Style of Miguel Botelho de Carvalho's *Fábula de Píramo y Tisbe*», *Revista de Estudios Hispánicos,* 2 (1968), 183-92. Amplío mis consideraciones acerca de poesía como ciencia en mi edición de la *Galatea* de Cervantes, I (Madrid, 1961), 1-2.

DON GABRIEL DE CORRAL

Interesantísima es la antigua noticia bio-bibliográfica que nos brindó C. A. de la Barrera, *Catálogo bibliográfico y biográfico del teatro antiguo español* (Madrid, 1860), págs. 101-03. Más ha adelantado en detalles biográficos Ruth Lee Kennedy, «Pantaleón de Ribera, *Sirena,* Castillo y Solórzano and the Academia de Madrid in Early 1625», *Homage to John M. Hill in Memoriam*, ed. W. Poesse (Madrid, 1968); págs. 189-200.

Como en el caso que ya hemos estudiado de Don Gaspar Mercader, Willard F. King, *Prosa novelística y academias literarias en el siglo XVII* (Madrid, 1963), destaca la influencia del ambiente de academia literaria sobre la génesis de *La Cintia de Aranjuez.*

CAPITULO VII

LOS ITALIANIZANTES

(Juan Arze Solórzeno, Bernardo de Balbuena, Cristóbal
Suárez de Figueroa, D. Gonzalo de Saavedra)

En el curso de estas páginas se ha observado cómo los paradigmas del género español han ido perdiendo su eficacia ante presiones que venían desde fuera del campo propiamente pastoril. La ideología sustentadora, como es dable esperar, es la primera en desvirtuarse, ya que la vigencia ideológica, en la mayoría de los casos, está íntimamente ligada con las promociones generacionales. La forma, en cambio, resiste mejor estos embates, que le hacen mella sólo en la medida en que el artista quiere incluir en la órbita pastoril otros aspectos de la realidad (física o literaria), o bien, ya cerca del final de la historia del género, cuando lo pastoril es algo secundario que se debe amoldar a las nuevas temáticas en vigor.

He agrupado en este capítulo cuatro novelas que representan diversas lejanías de los paradigmas. Las causas de este distanciamiento son distintas en cada caso y afectan, en diversas proporciones, la materia y la forma. Comparten, sin embargo, una característica: la influencia de Sannazaro, y en mucha menor medida la de otros bucoliastas italianos, se transparenta casi a todo lo largo de estas obras. Desde luego que no es ésta la primera vez que tal influencia se hace notar en la historia del género español: ya lo hemos visto actuar a partir de Gálvez de Montalvo. Pero estas obras anteriores ofrecían características de mayor sustancia que facilitaron su estudio bajo otros encabezamientos. Ahora es, en cambio, la presencia de la bucólica italiana la que permite trazar un denominador común.

Otro nexo de unión entre estas obras es la actitud que revelan ante la temática semipagana del género (Naturaleza, Fortuna, etc.). La Reforma católica propugna un orbe depuradamente cristiano, con uniformidad de intenciones y de elementos. La aceptación de la novela pastoril dentro de este orbe implica el reconciliar la verdad poética con la Verdad religiosa, tarea de la que no está ausente la influencia italiana, en la forma de la rápida difusión de la cristiana obra de Tasso.

Ha sido, sin embargo, la influencia de Sannazaro en la bucólica española el tema estudiado con mayor abundancia, entre los muchos que ofrece el género. Quedan mencionados con anterioridad los trabajos de Torraca, Scherillo, Fucilla y Marie Wellington. En cualquiera de ellos el curioso encontrará la lista de las imitaciones específicas de Sannazaro, por lo que me ceñiré a escuetas menciones de tales deudas, remitiendo al lector al estudio apropiado. Lo que cumple aquí es ver si el funcionamiento de esta influencia afecta la formulación general de la novelística pastoril española, y, en caso afirmativo, dirimir las proporciones en que lo italiano desplaza el material de acarreo en la tradición hispana, y cómo este desplazamiento incide sobre la intelección del mito, en su configuración local.

La influencia de lo italiano es factor de importancia imponderable en la literatura española, en especial en el Siglo de Oro. En el campo que me he acotado, la de Sannazaro es innegable. Pero el acercarse a la obra de arte a través de las influencias que sobre ella gravitan es método falible que puede llevar al error de perspectiva de considerar la parte como el todo. Hago esta advertencia —afortunadamente cada día más ociosa— para que no se entienda que he hallado la cifra de la personalidad de los autores aquí incluidos en el vocablo «italianizante». Ya se verá en cada caso si esto es adjetivo o sustantivo. Lo que ocurre es que, ante la desmitificación efectiva que estos novelistas están presenciando —la primera obra es de 1607—, se busca un método viable de apuntalar la casi derrumbada máquina pastoril. La bucólica italiana es soporte común al que acuden estas cuatro novelas, si bien se la siente, y se la emplea, por lo tanto, con diversa intensidad. La medida de ésta se verá de inmediato.

JUAN ARZE SOLÓRZENO

En Madrid y en 1607 apareció la primera edición de las *Tragedias de Amor* del licenciado Juan Arze Solórzeno. Arze escribió otras obras, una de las cuales sirvió luego de fuente a Lope de Vega en su comedia *Barlaán y Josafat* [1].

Se ofrece aquí una cuestión bibliográfica previa. Ticknor menciona (*Hist. de la lit. esp.*, III, 283, nota) una edición de las *Tragedias* de Valladolid, 1604, que no existió nunca. El poseía ejemplar de esta supuesta edición, y con tal pie de imprenta se describe un ejemplar incompleto de la novela de Arze en el catálogo de su librería [2]. El ejemplar carece de portada y comienza con la «Dedicatoria» al marqués de Coscuyuela, firmada por José Alfay, el conocido librero aragonés [3]. Esto solo bastaría para hacer sospechoso el ejemplar de Ticknor como de Valladolid, 1604. Pero además, en la edición que debemos aceptar como la príncipe (Madrid, 1607) la dedicatoria es distinta, y está firmada no por Alfay, sino por el propio Arze. Está dirigida «A don Pedro Fernández de Castro, conde Lemos [*sic*]», y en ella se lee: «Estos rústicos pensamientos, primicias de mis tiernos años (engendrados en los diez y nueue de mi edad, aún no cumplidos, quando V. E. en el de nouenta y ocho me vió en sus estados)...» Más adelante, en la epístola «Al lector», se lee: «...En los pocos [años] que después han passado (por ser tan pocos los que aora tengo que no llego a 28)...» O sea que si en 1598 tenía diecinueve años, en 1607 tendría justamente veintiocho. Por otra parte, el ejemplar mutilado de Ticknor coincide en todo con la edición de Zaragoza, 1647, hecha por Alfay, que describe Gallardo (*Ensayo*, I, cols. 264-265), y de la

---

[1] *Historia de los soldados de Christo Barlaán y Josafat* (Madrid, 1608). Consúltese Gerhard Moldenhauer, *Die Legende von Barlaam und Josaphat auf der iberischen Halbinsel*, Romanistische Arbeiten, XIII (Halle, 1929), págs. 35-38 y 247-249, y José F. Montesinos, ed. *Lope de Vega. Barlaán y Josafat*, Teatro Antiguo Español, VIII (Madrid, 1935), págs. 181-182.

[2] James Lyman Whitney, *Catalogue of the Spanish Library and Portuguese Books Bequeathed by George Ticknor* (Boston, 1879), pág. 20. Como es sabido, estos libros se custodian en la Boston Public Library, donde tuve oportunidad de consultar el ejemplar discutido.

[3] Véase John M. Hill, «Notes on Alfay's *Poesías varias de grandes ingenios*», *RHi*, LVI (1922), 423-433; José Alfay, *Poesías varias de grandes ingenios*, ed. José Manuel Blecua (Zaragoza, 1946), prólogo; Miguel Romera-Navarro, «La Antología de Alfay y Baltasar Gracián», *HR*, XV (1947), 325-345.

que se conserva ejemplar en la Hispanic Society of America. El error de Ticknor se debió a que la licencia está fechada en Valladolid, 1604, pero esto es natural, pues de 1601 a 1606 dicha ciudad fue asiento de la corte y oficinas [4].

El título de la obra representa una anomalía dentro de la corriente tradicional: amores trágicos. Pero Fernando de Herrera ya había sentado los cánones a que se debía ajustar la pastoril, cuando dijo que estos amores debían ser «no funestos» y «sin muerte i sangre» (véase *supra*, págs. 87-88). Arze, sin embargo, echa por el camino vedado por los cánones, pero autorizado ya por la práctica desde la época de Montemayor (episodio de los salvajes), aunque en la *Diana* la única violencia efectuada tiene un valor ejemplar. La ejemplaridad está ausente en la obra de Arze, ya que los crímenes quedan sin castigo. Dos ejemplos anticanónicos: a un pastor «le fue impedido el paso por Eurilo y Lucano, que assaltándole de repente con vnos anchos cuchillos desnudos, lo acometieron con intención de matalle» (folio 58 r.); Sileno «furioso arremetió a Eurilo a quien tenía por Camilo, y sin que pudiesse defenderse ni apartarse, le metió el cuchillo que desnudo traía, por las espaldas, hasta que la punta salió al otro lado sobre la teta derecha» (fol. 148 r.). Estos sangrientos episodios también apartan las *Tragedias de amor* de la placidez ambiental de la *Arcadia* de Sannazaro, pero las acercan a la obra que, probablemente, fue su modelo en estos desafueros: la *Galatea* de Cervantes.

Esta desviación no es óbice, sin embargo, para que la influencia de Sannazaro se haga notar con plena evidencia en otros extensos pasajes [5]. La larga descripción de las competencias atléticas (fols. 71 v.-85 r.) está tomada de la *Arcadia,* con algún detalle de la *Eneida,* modelo a su vez del italiano. El no menos largo episodio que sigue a éste también está tomado de la *Arcadia,* pero con algunos pormenores novelescos originales: Eusebio, Acrisio y Daciano son arrebatados por el río Sil, personificado, y en viaje subfluvial son llevados a su morada. Por último, quizá haya reminiscencia de Sannazaro en las honras fúnebres con que se abre la novela. Obsérvese ahora que la deuda al bucoliasta italiano, aunque cuantiosa, no afecta lo novelesco sino lo ornamental. Son imitaciones enderezadas a remansar la materia descriptiva —aun en el segundo caso mencionado, donde la ma-

---

[4] El error bibliográfico fue repetido por Menéndez Pelayo, *Obras de Lope de Vega,* VIII (Madrid, 1898), lxix. En error cronológico incurrió Rennert, *Spanish Pastoral Romances,* pág. 159, quien hizo nacer a Arze en 1576 al tomar como punto de partida la fecha de 1604 de la licencia. Dados los cálculos del texto, debe quedar por sentado que Arze Solórzeno nació en 1579.

[5] No estudia esta obra Marie A. Z. Wellington, «Sannazaro's Influence on the Spanish Pastoral Novel».

yor parte de la acción la provee la inventiva de Arze— que no afectan
mayormente al relato en sí, ni la configuración del mundo en que
éste transcurre. Es interesante ver que es en lo no narrativo donde
cunde la influencia de Sannazaro.

Para estructurar su relato Arze Solórzeno se desentiende de lo
italiano y recurre a los bien fogueados incidentes de la pastoril española. De esta proveniencia son las historias intercaladas de Acrisio
(folios 123 v.-137 v.) y Elicio (fols. 35 v.-42 v., 50 r.-54 v., 57 v.-66
r., [43 r.-150 r.), el templo alegórico, de la Fama aquí (fol. 100 v.), el
sueño, también de carácter alegórico (fol. 150 v.). Hallamos, además,
el vaticinio, lugar común de la literatura contemporánea usado a
menudo en el género pastoril español, al que Arze da un sesgo abiertamente cortesano, ya que lo dedica a encarecer las grandezas de la
casa de Castro, protectores del poeta (fols. 102 r.-116 r.) [6]. A todo
esto agréguese el inevitable pasaje sobre el amor, de inspiración neoplatónica (fols. 69 v.-70 v.). Bien hizo Arze en ceñirse de cerca a los
modelos españoles, ya que sus dotes de novelista no valen gran cosa.
Pero obsérvese que de lo español, con la breve excepción última, tomó
sólo los elementos narrativos. Queda todavía por ver aquello que no
es ni elemento narrativo ni ornamento artístico.

En dos formas principales atiende Arze Solórzeno a dar densidad
a su relato. La primera es el franco alarde de erudición clásica. El
más claro y más indigesto ejemplo de esta erudición se puede hallar
en el largo pasaje en que se explica el significado de los atributos de
Apolo (fols. 17 r.-30 v.), que incluye las virtudes de las piedras preciosas y una disquisición sobre los orígenes de las Musas y de las Gracias. Para evitar que tales perlas pasen desapercibidas, el autor incluye
al final una «Tabla» explicativa de las alusiones mitológicas e históricas esparcidas en la obra, aunque aquí también tenía un modelo en
la *Arcadia* de Lope, donde se incluye índice semejante. La abundancia de tales pasajes debe de obedecer a un complejo de motivos, como
en otros casos vistos con anterioridad, y de los cuales cabe señalar
aquí: el concepto vigente de poesía como erudición, la intención de
entramar algo de su obra en la tradición clásica, con el fin de darle
la más amplia validez que se puede lograr en el Siglo de Oro —intención que de nuevo acerca a Arze y Sannazaro—, y, seguramente,
la inevitable pedantería juvenil.

---

[6] En este pasaje se narra la historia de Fernán Ruiz de Castro y su mujer
Estefanía, relato que probablemente fue una de las fuentes de Lope en su comedia *La desdichada Estefanía*; cf. Menéndez Pelayo, *Obras de Lope de Vega*, VIII, lxvi, y Armando Cotarelo Valledor, *La leyenda de doña Estefanía
la Desdichada en la Historia y en la Literatura* (Santiago de Compostela, 1907).

El otro medio a que echa mano Arze para densificar su relato es el de la moral. Ya se han visto otros ejemplos en que el envés de la novela es la moralización, y en esas ocasiones se observó que es el momento histórico el que motiva tales determinaciones. Pero en el campo de la novela pastoril no se da ningún otro ejemplo en que el fin moralizante se persiga con tal rigor expositivo, si bien al margen de la narración. Al finalizar la novela el autor casi la escribe de nuevo en la forma de unas «Alegorías» en las que se explica el argumento punto por punto, buscándole su sentido moralizante. Para hallar paralelos a esta doble lección hay que salir del campo pastoril y referirse a *La pícara Justina* de López de Ubeda (Medina del Campo, 1605), que invierte el argumento de cada capítulo en los «aprovechamientos» que pone al final de cada uno para darnos el meollo moral, que no siempre es muy evidente. En un sentido lato casi se podría hablar de una «vuelta a lo divino», en la que el propio autor —Arze o López de Ubeda— trata de escaparse de la escoria y temporalidad de su obra profana por una labor exegética que apunta ahora los elementos novelísticos a las consecuencias eternas de la moral y la religión.

Curiosa obra ésta, en la que el magín del escritor se dispara en las direcciones más opuestas, aunque siempre el punto de partida es lo pastoril. Esto bien puede atribuirse a un concepto inmaduro del género —lo más probable, dada la pobre calidad de la obra—, o quizá a concebir la novela pastoril con una amplitud de dimensiones que ya estaba bien demostrada por plumas mejor cortadas. Sea lo que fuese, Arze Solórzeno se nos deja entrever como un afanado por el didacticismo, fin que claramente se persigue en los dos aditamentos finales: la «Tabla» explicativa de alusiones mitológicas y las «Alegorías» moralizantes. Una va apuntada a la didáctica del intelecto, y la otra a la del espíritu. Súmese a esto la extraña apariencia que dan a su obra los numerosos crímenes, que poco condicen con el fin anterior, y que transportan la materia pastoril a un mundo atenaceado por violencias y odios desnaturalizadores del mito. Pero las *Tragedias de amor* tratan, sin embargo, de mantenerse aferradas a él por una doble imitación, de alcance muy limitado, por otra parte, ya que capta sólo lo externo. Por un lado, la técnica narrativa de la pastoril nativa (y esa breve alusión al neoplatonismo); por el otro, la decoración al estilo de la *Arcadia* de Sannazaro. De todo esto, lo de notar a efectos del presente capítulo, es la posibilidad insinuada aquí de regenerar el mito a base de transfusiones de la bucólica italiana, lo que se convierte en una realidad en la novela siguiente.

LA NOVELA PASTORIL ESPAÑOLA

BERNARDO DE BALBUENA

La publicación del *Siglo de Oro en las selvas de Erífile* (Madrid, 1608) del obispo Balbuena marca un momento único en la historia de la novela pastoril española. Balbuena se torna de espaldas a los logros del género nativo y se entrega de lleno a la imitación de Sannazaro y de la bucólica clásica[7]. La influencia de Sannazaro desplaza ahora a todo lo anterior y determina la intelección del mundo pastoril y su representación artística.

El proceso imitativo de Balbuena ha sido muy bien estudiado por Joseph G. Fucilla[8] y por Marie A. Z. Wellington[9]. Resumiendo ambos trabajos se puede decir que casi no hay pasaje en el *Siglo de Oro* que no esté tomado de Sannazaro o, con menos frecuencia, de la bucólica clásica, especialmente Virgilio, aunque a veces es difícil establecer en estos últimos pasajes si derivan de una lectura directa o a través de las páginas de la *Arcadia*. Mi propósito no será aquí, pues, volver a revisar esas imitaciones, sino señalar el nuevo rumbo que imprimen a la pastoril[10].

La longitud del pasaje que copio a continuación, que es la descripción inicial de la novela, debe excusarse por la claridad con que evidencia la nueva actitud[11]:

En aquellos antiguos campos que en la celebrada España las tendidas riberas de Guadiana con saludables ondas fertilizan, entre otros un hermoso valle se conoce, que, aunque de policía desnudo, vestido de silvestres árboles, de vacas, ovejas y cabras cubierto, y habitado de rústicos pastores, si yo ahora sintiera en mí palabras suficientes para como él lo merece encarecer su frescura, ninguno hubiera que codicioso no le buscara. Porque además de su benigno cielo, su salu-

[7] Cf. Mia Gerhardt, *La pastorale*: «Le roman pastorale espagnole, à la fin d'un demi-siècle d'évolution, finit donc par calquer la bucolique antique et l'églogue italo-classique» (pág. 194); «Le *Siglo de Oro* n'est pas une pastorale réussie, mais au point de vue historique il est un des plus intéressants romans pastoraux espagnols, parce qu'il marque à la fois la fin du genre, ou à peu près, et le point culminant de la tendance italianisante et de la domination de Sannazaro» (pág. 196).

[8] «Bernardo de Balbuena's *Siglo de Oro* and its Sources», *HR,* XV (1947), 101-119, ahora recogido en *Relaciones hispanoitalianas.*

[9] «Sannazaro's Inflence on the Spanish Pastoral Novel», págs. 119-148.

[10] Muy superficial es el juicio de John van Horne, «*El Bernardo*» *of Bernardo de Balbuena,* University of Illinois Studies in Language and Literature, XII (Urbana, Ill., 1927), 21: «This work is a conventional pastoral romance, in mingled prose and verse.»

[11] Cito por *Siglo de Oro y Grandeza mejicana, compuesto por don Bernardo de Valbuena, obispo de Puerto Rico. Edición corregida por la Academia Española* (Madrid, 1821).

dable aire, sus fértiles y floridos prados, lo que a toda estimación excede, si aquella simplicidad y pureza de los primeros siglos del mundo es de creer que no del todo ha desamparado nuestras regiones, en solas aquellas selvas vive, cuyo trato y conversación, aunque grosera y de tierra, más que humano sabor deja en el gusto. Entre las cosas que allí dignas me parecieron de celebrar, una sobre todas es la extraordinaria hermosura de una limpia y clara fontezuela, que con sus dulcísimas aguas lo mejor de aquel valle riega; y no sólo de nuestros pastores, vaqueros y cabrerizos, mas hasta de los serranos y estremeños debajo del amado nombre de Erifile es conocida; cuyo agradable sitio, porque a mis ojos así en algún tiempo fue alegre, que rara sería la florecilla que en él no supiese mi nombre, yo de esta manera pienso pintarlo. Primeramente en medio de estos floridos campos, que como el espacioso mar largos y tendidos se muestran, una selva se levanta no de altura descompasada, mas de tan agradable arboleda, que, si decirse puede, allí más que en otra parte la naturaleza hace reseña de sus maravillas. Porque dejado que los árboles casi todo el año están vestidos de una inmortal verdura y de yerba, que no menos que a esmeraldas se puede comparar, los lirios, las azucenas, las rosas, los jazmines, el azahar, las mosquetas, alhelíes y clavellinas y las demás olorosas flores, llenando de olores el campo, no otra cosa parecen que un pedazo de estrellado cielo que allí se haya caído. Y esto, aunque en cualquier tiempo del año gustosa y regalada vista sea, en las floridas mañanas de abril tanto su hermosura resplandece, que no sé yo cuál otra beldad tenga el mundo tan digna de ser celebrada. Pues en medio de todo este ameno sitio, si ahora mal no me acuerdo, entre sauces y álamos queda hecho un pequeño llano, cubierto de tanta diversidad de flores, que toda la hermosura que en las demás resplandece, allí junta, y con aventajadas perfecciones se muestra, haciéndola sobre todo acabada la cristalina Erifile, que de una peñascosa cueva hecha de ásperos y helados riscos sale, llevando primero sus hielos, cubiertos de verde y fresca yedra, hasta ocho o diez pasos de su primer nacimiento, que deseosa de enamorar las vecinas selvas segunda vez muestra su beldad al mundo, haciendo en lo mejor de su florido llano, entre olorosos tomillos, claveles y amapolas, un claro y profundo estanque digno de toda la alabanza que a su hermosura se diese (págs. 1-3).

Hay aquí varios puntos de interés en los que es menester detenerse. Obsérvese, en primer lugar, que en la narración se inmiscuye a cada paso el propio autor. Pero el mundo del mito pastoril es algo hermético que no permite intrusiones personales porque existe por fuera del tiempo y del espacio. Si el autor puede penetrar en él es porque ese orbe está desmitificado y abierto a la realidad personal. Estas intrusiones son siempre índice de una comprensión en la que el orbe pastoril está rebajado, al alcance de la mano, por decirlo así. O sea, que los supuestos teóricos que respaldan la integridad del mito tienen, por fuerza, que estar invalidados, en mayor o menor medida, a los efectos de permitir la intromisión del autor en el mundo ideal, que deja de serlo con el solo acto de presencia del escritor. Las apariencias pueden indicar otra cosa, pero la verdad esencial que se debe extraer de todo esto es que lo pastoril no puede ser aquí un ideal compartido, sino algo facticio que sirve de proyección a la imaginativa de Balbuena.

De ahí la característica más evidente de todo el largo pasaje: la riqueza y la variedad de la naturaleza, que es un reflejo de las descripciones de Sannazaro [12]. La flora de la pastoril de Montemayor y de Gil Polo, esencial por su mismo valor simbólico, ha sido totalmente superada. La fuente de los alisos o árboles de paraíso se rodea ahora de gran lujo ornamental, lirios, azucenas, rosas, jazmines, etcétera, etcétera. Lo mismo ocurre con los llanos circundantes. El escenario se enriquece en sus elementos descriptivos, pero se empobrece desde el punto de vista ideológico, como que se le ha escamoteado el simbolismo primitivo. Sólo así se explica esta exorbitante riqueza natural, que se puede dar únicamente cuando el mundo pastoril se entiende como despojado de trascendentalismo y afincado sólo en la realidad literaria. Esta nueva naturaleza de Balbuena carece de todo simbolismo: los pastores ya no habitan en un trasunto del Paraíso terrenal, sino en un mundo cuya validez está dada por una tradición literaria no hispánica, en vez de estar dada por la sustantividad de un complejo ideológico. Porque ocurre que este propio complejo —la creencia en un nuevo Edén, en el Siglo de Oro, y todos sus concomitantes— está en trance de agonía para la época de Balbuena. El mismo no puede dejar de expresar una cierta duda al referirse al Siglo de Oro («es de creer que no del todo ha desamparado nuestras regiones») [13]. El mito ha dejado de serlo, y el vacío se llena con los más delicados trabajos de filigrana retórica [14].

Para los años en que escribe Balbuena el ideario renacentista, a cuyo calor floreció la novela pastoril, se desvitaliza rápidamente. Numerosos ejemplos de ello han quedado recogidos en páginas anteriores. Uno solo más. La misma Naturaleza ha perdido su omnipotencia: de «mayordomo de Dios» que había sido —«Natura idem est quod Deus, aut fere idem», había dicho Lorenzo Valla— se halla rebajada aquí a un punto en que puede ser emulada por el Arte. Como escribe Balbuena: «Una sombría cueva se me ofreció a los ojos, no sé si de

[12] A quien se menciona directamente por su sobrenombre arcádico de Sincero, *Siglo de Oro,* pág. 191.

[13] Véase Erika Lipsker, *Der Mythos vom goldenen Zeitalter,* págs. 75-75. También son de útil consulta general los trabajos de Helmut Petriconi, «Die Idee des goldenen Zeitalters als Ursprung des Schäferromans Sannazaros und Tassos», *Die Neueren Sprachen,* XXXVIII (1930), 265-283, y R. J. Humm, *Don Quixote und der Traum vom goldenen Zeitalter* (Olten, 1939).

[14] Indudablemente Balbuena fue uno de los más grandes descriptores de la literatura española. Dice al respecto Menéndez Pelayo: «Las facultades descriptivas del Abad de Jamaica eran casi iguales a las del Ariosto, y por de contado superiores a las de cualquier poeta nuestro», *Obras de Lope de Vega,* VII (Madrid, 1897), cxxviii.

artificiosa mano labrada o abierta allí de la poderosa naturaleza» (pág. 122). El arte es, pues, capaz de creaciones tan valederas como las de la misma naturaleza, principio rector de la estética seiscentista y que invierte los términos de la valoración quinientista. Se abren así las puertas a la imaginación, ya que la realidad artística es superior a la realidad física. Consecuente con esta nueva jerarquización, Balbuena derrocha fantasía en sus descripciones. El punto de partida puede ser la realidad circundante, pero el producto final afinca su validez en la consecución artística, liberada totalmente de implicaciones ideológicas. Véase, por ejemplo, esta descripción de una cueva que hace Balbuena, cuya única realidad se da en la imaginativa del autor, apuntada al expreso fin de superar estéticamente la realidad de naturaleza:

[Los] helados senos, lloviendo siempre menudas lágrimas de tierno rocío, y otras veces antes de caer sobre la yerba cuajándose en delgados hielos, no otra cosa parecían que resplandecientes puntas de cristal, que con las dudosas vislumbres, que por entre los confusos árboles entraban, como un estrellado cielo la tenían cubierta de pequeñas lumbrecillas; y para acrecentar mayor beldad a su frescura, salía de lo más escondido della una fuente, derramando con agradable y sonoroso ruido sus preciosas aguas por entre desnudas piedras y doradas flores hasta la mitad de la puerta, que allí haciendo en la socavada peña un recogido estanque cubierto de verdes ovas y revoltosa yedra, no poco deleite y regalo daba a la vista (págs. 122-123).

Es rasgo característico del siglo XVII, momento que se dedica a una orgía de la imaginación. Ejemplos semejantes abundan, pero escojo este precioso pasaje de la *Fábula de Genil* de Pedro Espinosa, en que el dios Genil describe su morada submarina en términos indidependientes de la realidad física y equivalentes a los del pasaje anterior:

> Hay blancos lirios, verdes mirabeles,
> y azules guarnecidos alhelíes,
> y allí las clavellinas y claveles
> parecen sementera de rubíes;
> hay ricas alcatifas, y alquiceles
> 1ojos, blancos, gualdados y turquíes,
> y derraman las auras con su aliento
> ámbares y azahares por el viento.
>
> Yo cuando salgo de mis grutas hondas
> estoy de frescos palios cobijado,
> y entre nácares crespos de redondas
> perlas de mi margen veo estar honrado;
> el sol no tibia mis cerúleas ondas,
> ni las enturbia el balador ganado,

ni a las Napeas que en mi orilla cantan
los pintados lagartos las espantan [15].

Tanto en Balbuena como en Espinosa —y en casi todo otro escritor del siglo XVII— se patentiza la intención de crear lo que no es, o sea, una realidad irreal, cuyos elementos parecen ser lo que no son. De ahí también la tónica de la novela de Balbuena, que es de una aguda irrealidad, en la que los pastores funcionan sólo como creaciones de arte desnudos de toda cobertura ideológica.

El culto a la imaginación creadora lleva a Balbuena al extremo de arrinconar los pastores en un momento dado. En sueños, el autor es conducido por una ninfa a las entrañas de la tierra y de allí a México, ciudad que se colma de elogios (págs. 131 y sig.). Al llegar a este punto se hace claro que lo pastoril en Balbuena es sólo el disparador de su imaginación, función que si bien nos ha brindado una obra de subidos quilates artísticos, ha desmedrado por completo el mito pastoril, del que no nos queda nada más que la vacía concha.

Este alejamiento de lo sustancial de la pastoril nativa se refleja claramente en la forma, que no tiene parecido alguno con la de las demás novelas españolas. Modelada sobre la *Arcadia* de Sannazaro, se divide en la misma forma simétrica, con idéntica periodicidad en la inserción de las églogas, aunque con mayor libertad en la mezcla de la prosa con otros tipos de verso [16]. Hasta termina como su modelo con una invocación a la zampoña. Como no intervienen pastoras en la acción, desaparece la casuística amorosa. Tampoco hay historias intercaladas ni cartas [17]. Lo narrativo se ve desplazado así por lo descriptivo, nuevo acercamiento a la *Arcadia* [18].

[15] Pedro Espinosa, *Primera parte de las flores de poetas ilustres de España,* ed. Juan Quirós de los Ríos y Francisco Rodríguez Marín, I (Sevilla, 1896), 161. Véase, además, el hermoso artículo de J. M. de Cossío, «Un ejemplo de vitalidad poética: la *Fábula de Genil* de Pedro Espinosa», *Notas y estudios de crítica literaria. Siglo XVII* (Madrid, 1939), págs. 11-33. Para la misma época decía en Inglaterra Sir Philip Sydney (*An Apologie for Poetrie)* que el poeta hace «things either better than nature bringeth forth, or quite anew», *apud* Hiram Haydn, *The Counter-Renaissance* (Nueva York, 1950), pág. 8.

[16] El soneto «Perdido ando, señora, entre la gente» (pág. 97) no es de Balbuena, sino, probablemente, de Francisco de Figueroa; cf. *Poesías de Francisco de Figueroa,* ed. Angel González Palencia, Bibliófilos Españoles (Madrid, 1943), pág. 134. Balbuena copia los dos cuartetos con leves variantes, pero desarrolla libremente los tercetos con una recolección final más de acuerdo con los nuevos gustos; véase Dámaso Alonso, «Versos plurimembres y poemas correlativos», *Revista de la Biblioteca, Archivo y Museo,* XIII (1944), 89-191, y el artículo complementario «Versos correlativos y retórica tradicional», *RFE,* XXVIII (1944), 139-153.

[17] En verso sí hay una a la pág. 104.

[18] Hay una brevísima aparición de lo histórico, pero en forma tan disimula-

En el *Siglo de Oro* Balbuena se aparta intencionadamente de la tradición de su patria, por el motivo principal de que las ideas rectoras de ésta ya estaban caducadas en el momento en que él escribe. Pero la generosa amplitud de la pastoril todavía ofrece atractivos. Si se la desnuda de lo inoperante dentro del marco de las nuevas ideas, quedan aún más que suficientes resortes para disparar la imaginativa por el campo de lo descriptivo, que es a lo que atiende la estética de Balbuena. El predominio de lo ornamental sobre lo sustantivo determina un reajuste que afecta por igual a forma y contenido. Lo pastoril es aquí, exclusivamente, objeto de consideración estética, sin atisbos de consideración ideológica.

El género queda así desustancializado, pero todavía se yergue con gallardía debido a la impetuosa imaginación creadora de Balbuena. Como ocurre con el resto de la práctica poética seiscentista, Balbuena se halla más a gusto, y alcanza sus más felices momentos, cuando poetiza allá en las fronteras de la realidad, lo que da a su obra un subido tono de etérea fantasía.

El acercamiento a Sannazaro es total. El bucolismo de éste, de fina urdimbre clásica y de predominio de lo descriptivo sobre lo narrativo, es a lo que apuntaba el de Balbuena. Agréguese a esto la afinidad electiva que Balbuena tiene con la estética italiana en general. Por ejemplo, también en su poema épico, el *Bernardo*, Balbuena demuestra su desinterés por lo español y su afición a lo italiano. La tradición épica española era verista, pero las nuevas ideas retóricas venidas de Italia propugnaban el verosimilismo. El *Bernardo*, una de las mejores imitaciones del Ariosto en español, es una epopeya verosimilista [19]. Dado este conjunto de posibilidades, abiertas y cerradas, el italianismo absoluto del *Siglo de Oro* resulta casi inevitable.

Cristóbal Suárez de Figueroa

Al año de aparecer el *Siglo de Oro* se publicó *La constante Amarilis* de Cristóbal Suárez de Figueroa (Valencia, 1609). Es un producto

da que los estudiosos no han reparado en ella. El soneto en la página 166 es un acróstico que reza «Dona [*sic*] Ysabel de Tobar.» Se trata de una monja amiga de Balbuena, que vivió en San Miguel de Culiacán y luego profesó en el convento de San Lorenzo, en la ciudad de México, como nos informa el propio autor en su «Introducción» a la *Grandeza mejicana*. Véase, además, John van Horne, *Bernardo de Balbuena* (Guadalajara, México, 1940), pág. 44.

[19] Véase Ramón Menéndez Pidal, «Poesía e Historia en el *Mío Cid*. El problema de la épica española», *NRFH*, III (1949), 124-127, y del mismo autor, «La épica medieval en España y en Francia», *CompL*, IV (1952), 98-102.

híbrido, en cuya composición entraron las más diversas influencias, si bien se puede generalizar y decir que la informan por igual la bucólica italiana (Sannazaro y Tasso), la pastoril española y las nuevas ideas. Las imitaciones de los italianos ya han sido bien puntualizadas por Marie A. Z. Wellington, por lo que no las repetiré aquí [20]. Quiero recordar solamente que la descripción de esa naturaleza riquísima con que se abre el libro está tomada de la *Arcadia,* aunque por el sistema de alusiones geográficas utilizado se pretende dar carta de ciudadanía española a los elementos constitutivos.

El motivo inicial de la obra queda aclarado por el propio autor en la dedicatoria «A D. Vincencio Guerrero, marqués de Montebelo»: «Estos discursos ciñen una reciente historia de tan dignos» amores que pueden los más encendidos amantes aprender de su tela el modo de conseguir lo que desearen con largo padecer y sufrir.» El firmante de la «Aprobación», licenciado Gaspar Escolano, también se hace eco de esta afirmación cuando escribe: «En él no he hallado cosa repugnante a la fe y buenas costumbres, antes bien, debajo de disfraz pastoril muchos discursos provechosos». La solución a esta novela de clave fue dada por J. P. W. Crawford [21]. Los sobrenombres arcádicos pertenecen a los siguientes personajes: Damón es el propio autor, Menandro es don Juan Andrés Hurtado de Mendoza, hijo de don García Hurtado de Mendoza, marqués de Cañete y Virrey del Perú, a quien, poco más tarde, Suárez de Figueroa dedicó otro libro [22]. Amarilis es doña María de Cárdenas, hija del duque de Maqueda y prima de don Juan Andrés. Las alusiones de la obra se refieren a los inconvenientes que tuvo la pareja antes de su casamiento, debido a la proximidad de parentesco [23].

[20] «*La constante Amarilis* and its Italian Pastoral Sources», *Philological Quarterly,* XXXIV (1955), 81-87.
[21] «Some Notes on *La constante Amarilis* of Christóval Suárez de Figueroa», *MLN,* XXI (1906), 8-11. Ver, además, del mismo autor, *The Life and Works of Cristóbal Suárez de Figueroa,* Publications of the University of Pennsylvania. Series in Romanic Languages and Literatures, I (Filadelfia, 1907), 30-43, y Rennert, *Spanish Pastoral Romances,* págs. 171-176.
[22] *Hechos de don García Hurtado de Mendoza* (Madrid, 1613).
[23] Como éstas, por ejemplo: dice Menandro, «fue señalado a mi dueño [Amarilis] nuevo albergue de encerramiento, y a mí por lugar de prisión donde suelo estar, sin salir de él, sino es algún día como hoy a este puesto» (pág. 36). O la motivación del desenlace de la novela: «Trató de que el Supremo Sacerdote facilitasse el estorvo de parentesco que impedía las felices bodas de Menandro y Amarilis, y al cabo de grandes contradiciones hechas cerca del sacro teniente, vino a conceder tan justa petición, pudiendo más la voluntad del cielo que la contradición de la tierra» (pág. 277). Cito *La constante Amarilis* por la edición de Madrid, 1781.

En otra obra suya, Suárez de Figueroa fue mucho más explícito acerca de la génesis de su novela pastoril [24]. Dice allí:

Años ha que, hallándome bien descuydado de ocupar la pluma, o porque me juzgasse insuficiente, o porque otros cuidados tuuiessen con violencia oprimidos talentos y gusto, se me apareció cierto personage tributario de amor. Traíale indezible impulso de que se celebrasse la hermosura y constancia de su querida en algún libro serrano o pastoril, como el de *Galatea o Arcadia*. Aunque con alguna modestia, excluí su deseo; pródigas cortesías de ofertas y palabras facilitaron el sí y dispusieron la voluntad. La dificultad consistía en la presteza: que fuesse bueno y en breue; mirad cómo podía ser. Con todo, me ofrecí, y començando, apenas en vn día daua entera perfección a dos planas: tan niño y torpe me hallaua en aquel género de escriuir. Era sobrestante de la obra el mismo interessado. Pudríase y pudríame, él con mi detención y yo con su celeridad. Moríame por hallar en tan largo y difícil camino algún atajo, sobre que de continuo tenía ocupados los neruios de la imaginación. Ponderé conuenía para subir presto a parte alta, sino se permitía dilación para labrar vna sola escalera, enlaçar vnas con otras hasta la cantidad necessaria. Este símil fué puerto de mi borrasca, fué norte de mi nauegación. Bolaua desde allí adelante; mas era prestándome algunos sus alas. Quanto a la primero, entablé a mi plazer los versos que tenía repressados, que no eran pocos. Hazíales la cama con ciertas prositas ocasionadas; y tantos granos junté, que vine a perficionar el deseado montón. Apenas nacido, le repudié con ira, tratándole como adulterino.

Descontemos algunas exageraciones propias del exaltado temperamento de Suárez de Figueroa, en especial el aserto final. Quedan, sin embargo, datos de interés, que conviene resumir. Por lo pronto, la elección del género pastoril no obedeció a consideraciones estéticas por parte del autor, sino a capricho de su mecenas, pero así y todo, esto denuncia la aceptación del género como el apropiado para tratar de amores, aun en este tardío momento. Además, y como corolario de lo anterior, la confección de la obra fue algo totalmente circunstancial, en la que lo pastoril sirvió para disfrazar la realidad histórica y para engarzar las poesías ya escritas. Esto último se patentiza con una frecuencia algo alarmante al leer la obra. Pero no piense el lector que lo antecedente actúa en desmedro de la obra, ya que nos hallamos ante un profesional de las letras que tiene a orgullo ponerse a la altura de cualquier situación, así ésta le sea dada con pie forzado.

El esquema general de la obra obedece a la influencia de los antecedentes españoles del género. Así se da una mezcla constante de prosa y verso [25], elogios de la vida del campo en la forma de la tradicional

---

[24] *El passagero. Advertencias utilíssimas a la vida humana* (Madrid, 1617), ed. R. Selden Rose, Bibliófilos Españoles (Madrid, 1914), pág. 114.

[25] Las endechas que figuran en la página 111, «Bella zagaleja / del color moreno», fueron editadas por A. González Palencia como de Figueroa «el Di

oposición entre campo y ciudad (págs. 60, 212-227), un sueño alegórico (págs. 121-131), una carta (pág. 133), el consabido elogio de las mujeres (págs. 172-176), pasajeras menciones al concepto neoplatónico del amor (págs. 31 y 172) y las historias intercaladas de Menandro (págs. 32-37) y de Rosanio (págs. 140-147). Hasta en cierto aspecto de su técnica narrativa Suárez de Figueroa se acoge a los modelos españoles, en este caso la *Diana* de Montemayor. Recordará el lector que de Diana se habla continuamente en toda la novela, mas ella no aparece hasta cerca del final del libro. Lo mismo ocurre aquí con Amarilis, aunque el buscado efecto de suspensión fracasa totalmente, puesto que el autor ha incluido tantas digresiones que el lector se ha olvidado de la inminente presencia de Amarilis.

La cuestión de las abundantes digresiones en *La constante Amarilis* nos confronta con el problema de la teoría y práctica del género en Suárez de Figueroa [26]. Porque la obra es un lentísimo andar por el campo pastoril con continuas interrupciones dedicadas a ejercicios retóricos que nos alejan por completo de lo bucólico. El autor es el primero en reconocer el estatismo de su obra, y en el prólogo «Al lector» aclara su posición: «Si esperas de este libro alguna grande suspensión de ánimo fundada en intrincados sucesos, ciérrale sin passar adelante, que no todos pueden ser Theágenes o Aristóteles.» La peripecia, que había alcanzado un puesto de privilegio en la vieja pastoril, a imitación de la novelística bizantina, queda descartada de plano, como impropia del menester bucólico, lo que implica un acercamiento a la práctica italiana del género, y, en consecuencia, también a la clásica [27]. Pero el sistema de sustituciones que adopta Suárez de Figueroa lo aparta de las otras soluciones ya dadas al género pastoril. Como dice un poco más abajo en el mismo prólogo: «Ni te parezca busco en los siguientes episodios nuevas ocasiones de dilación, que si lo miras con cuidado, hallarás ser su travazón no violenta, antes llamarse uno a otro con propiedad, o por razón de materia (o por novedad de sujeto; y para ornamento y belleza

vino», cf. *Poesías de Francisco de Figueroa,* pág. 235, aunque añade: «parece muy dudosa la atribución». El error de González Palencia se debió a que estas endechas fueron copiadas en parte y parodiadas por José Iglesias de la Casa, *Poesías póstumas,* segunda edición, II (Salamanca, 1798), 204, quien se limita a decir «De Figueroa». Véase mi artículo «Figueroa el Divino and Suárez de Figueroa», *MLN,* LXXI (1956), 439-441.

[26] Para citar algunos de estos excursos, nada más, véanse las págs. 42 y sigs., sobre la poesía, sobre la fatiga (págs. 165 sigs.), sobre el agua (págs. 170 sigs.), sobre la rosa (págs. 249 sigs.), la tierra (págs. 263 sigs), el diluvio (págs. 266 y siguientes).

[27] Sobre el horacianismo en *La constante Amarilis,* ver Menéndez Peláyo, *Horacio en España,* II (Madrid, 1885), 104.

de obra digna de alabanza no sólo es lícita, mas forzosa la variedad de digressiones y extensión de coloquios.» Dejemos de lado lo que estas afirmaciones tengan de retórica al uso para ver, en cambio, cómo afectan a lo pastoril [28]. Es evidente que ante tal aluvión de materia advenediza poco puede quedar de la vieja temática, pero es que en Suárez de Figueroa existe la viva conciencia del fin de la vigencia de los ideales pastoriles. Uno de sus propios personajes reconoce esto cuando afirma taxativamente: «Las caserías siguen el ejemplo de las ciudades; sin duda es éste el siglo de oro, pues sólo vence el oro y sólo quien reyna es él» (pág. 193) [29]. Ante un estado tal de cosas la digresión erudita y retórica adquiere la función de densificar la obra.

Lo que ocurre es que *La constante Amarilis* ofrece una engañosa apariencia de novela pastoril, pero un escrutinio no muy minucioso revela de inmediato que los que habían sido conceptos rectores están vacíos por dentro. Fijemos la atención por un momento en el tipo de naturaleza que informa esta obra. La cita que sigue nos coloca en un terreno nunca visitado por los bucoliastas españoles:

Volvió los ojos diciendo esto y a un lado de la casa descubrió un vistoso jardín, y deseando ver de cerca algunas curiosidades, que desde lo alto divisaba tener, buscó la puerta, y hallándola abierta, mientras recordaban los garzones de Menandro, comenzó a mirar su maravillosa belleza. Por medio y alrededor tenía espaciosas sendas a semejanza de caminos derechos, con curiosos quadros compuestos y texidos de variedad de olorosas hierbas. Guarnecían y hermoseaban sus márgenes cipresses, mirtos y laureles, que causaban sombra deleitosa. Vestían las vides a sus desnudos arrimos tan estrechamente que no daban lugar al sol a que en su distrito tuviesse alguna jurisdicción... Suspendía la competencia de las flores, sin reconocer qualquiera de ellas superior; y en fin, admiraba el orden y curiosidad con que todo se hallaba dispuesto (págs. 76-77).

Esta naturaleza ajardinada es la propia del momento en que vive Suárez de Figueroa, porque, como dice él mismo un poco más adelante, «el arte parecía vencer a la naturaleza» (pág. 79). Esta supeditación de la naturaleza al arbitrio humano es la que informa la estética seiscentista. De por sí el mundo natural se concibe como

---

[28] Otro tipo de digresiones, aunque ya sancionado por la práctica anterior, es el entremés descriptivo (págs. 79-87), donde se describen seis cuadros alegóricos, o bien la fábula de los amores de Europa y Júpiter (págs. 182 sigs.).

[29] O este otro ejemplo: «¡O Clorida, cómo va feneciendo la pastoril pureza, y quán diferente era alcanzaron estas canas!» (pág. 141). Otro tipo de desvirtualización lo ofrece el regateo de la omnipotencia que se le hace al concepto de Naturaleza: «Porque si bien hizo Dios única la naturaleza, no dexó de ponerle término, queriendo que solamente su divina essencia se hallasse essenta de cantidad» (pág. 270).

algo hermoso pero basto y caótico, en que el ingenio humano, gobernado por una especial intención artística, pondrá orden y dará realce, o como escribe don Antonio de Solís y Rivadeneyra en su *Historia de la conquista de México,* la nueva intención consistirá «en aliñar, con los adornos del arte, la hermosura de la naturaleza» [30]. Pero en esta naturaleza dominada por el arte no puede caber nada de su antigua grandeza. Funciona ahora sólo como un disparador del preciosismo estilístico, que se remansa en largas descripciones retóricas, donde a menudo se reelaboran las bellas páginas de Sannazaro.

Pero el preciosismo formal es mal compañero para los momentos de introspección en que el artista trata de hallar un norte que lleve su vida a un puerto seguro. Es entonces cuando se hace sentir la vaciedad conceptual a que ha quedado reducido el género. No hay asidero firme, todo es frágil, todo es perecedero. El espíritu se ensombrece y cunde el desengaño, del que escribe Suárez de Figueroa, con desilusionada entereza:

Nunca vuelven atrás a mirar su principio, ni discurren adelante a contemplar su fin. Jamás examinan que lo passado no es, lo por venir no ha llegado, y lo presente es tan fugitivo que no se puede decir que sea, porque mientras se dice, dexa de ser y vuela. No miran ser lo passado tan perdido que no lo podemos cobrar; lo por venir tan incierto, que no lo podemos esperar, y lo presente tan presto, que no lo podemos detener. Son según esto muertos los vivos, y vivos los muertos, pues aquéllos por instantes corren a su fin, y éstos buscan la eternidad, que no passa, que no se espera, mas siempre está en un ser inconmutable y propio. Yo en la aspereza de mi estado considero bien a menudo cuán pesada carga sea la vida, no porque me pierda de ánimo en sus naufragios, sino por ponérseme delante la flaqueza de mi ser, que es desatinado el olvido de nuestra mortalidad (pág. 202).

¡Memento mori! Extrañas palabras para hallarlas en una novela pastoril, género que, a pesar de la abundancia de lágrimas, tiene siempre un trasfondo de regocijo ante la participación vital con su mundo natural inmanente. Pero el español del siglo XVII vive en el trasmundo de su religión, y la labor de la Reforma católica no le permite olvidarse de ello en ningún momento. En este sentido Suárez de Figueroa participa íntegramente de la mentalidad de su época. Como buen contrarreformista, Figueroa se empeña en abrir las puertas de su novela al trasmundo religioso, y lo consigue con una efectividad que no se da en los otros bucoliastas acuciados por el mismo

---

[30] *Apud* J. M. de Cossío, *Notas y estudios de crítica literaria. Siglo XVII,* pág. 245. Sobre los jardines en la estética seiscentista, véase Emilio Orozco, *Temas del Barroco* (Granada, 1947), págs. 11 sigs.

propósito [31]. Ya se ha visto el caso de Arze Solórzeno, quien atiende a la cristianización de la novela por medio de las «Alegorías» finales, pero esto queda siempre como algo de quita y pon que no influye para nada en el relato novelesco. En *La constante Amarilis* el propósito se logra plenamente, ya que lo religioso incide de manera directa y efectiva sobre los vivires allí captados. La omnipresencia de la religión se da en los menores detalles, por ejemplo, en este pasaje: «Dexó pues el jardín, y entrando en la estancia de Menandro, le halló ya vestido y ocupado en hacer a Dios devotos ruegos, pidiendo reduciese a próspero y breue sucesso el comenzado de sus amores y bien fundada afición, supuesto inspira bien el cielo al corazón que espera en su piedad, siendo frágil todo edificio que no se funda en afectuosas plegarias, blanco en que deben poner los ojos los hombres en sus mayores menesteres» (págs. 87-88). La integridad del orbe novelístico descansa ahora firmemente sobre la verdad religiosa [32].

Dentro de una concepción semejante del arte, los temas pastoriles funcionan malamente, a menos que sea dable ponerlos al servicio de la religión, lo que no es posible en todos los casos, como ocurre con el concepto quinientista de Naturaleza. Pero Suárez de Figueroa no se arredra, pues sabe que su fin es el justo, y por lo demás, él tiene ante sí un modelo excelso de cristianización temática. Me refiero a las obras del Tasso, que le sirvieron de inspiración no sólo para estos aspectos de *La constante Amarilis,* sino que también las imitó Figueroa muy de cerca en su epopeya *España defendida* [33].

Para terminar estas consideraciones sobre la novela de Suárez de Figueroa hay que decir algo sobre el anómalo ritmo narrativo. Ya se ha indicado la lentitud de desarrollo, pero esto, en gran medida, es propio de la morosidad del género pastoril. A lo que me refiero es a la diversa andadura. De los cuatro discursos que constituyen *La constante Amarilis,* la materia del II se desborda en el III, y lo pro-

[31] Stephen Gilman, *Cervantes y Avellaneda. Estudio de una imitación* (México, 1951), pág. 53, habla atinadamente de la mentalidad contrarreformista de nuestro autor, pero no juzgo que las bodas con que termina *La constante Amarilis* sean índice seguro de tal actitud, ya que por un lado fueron el desenlace histórico de la anécdota encubierta, y por otro diversas novelas pastoriles ajenas a este momento terminan de tal manera, así Gil Polo y López de Enciso.

[32] Pueden verse ejemplos en págs. 91, 93, 148-149, 222-226, 264, 277, etc.

[33] Sobre las relaciones entre el *Aminta* y *La constante Amarilis,* véase el artículo ya citado de María A. Z. Wellington; sobre la *Gerusalemme* y la *España defendida,* ver Menéndez Pelayo, *Obras de Lope de Vega,* VII, cxxii-cxxiii, y J. P. W. Crawford, «Suárez de Figueroa's *España defendida* and Tasso's *Gerusalemme Liberata*», *RR,* IV (1913), 207-220.

pío ocurre entre los discursos III y IV [34]. En las pastoriles anteriores, por su parte, predomina el tópico de hacer terminar las divisiones de la obra con el día. El ejemplo más famoso de este nuevo tipo de técnica de desbordamiento es, desde luego, el *Quijote,* algunos de cuyos comienzos de capítulos andan en labios de todos («La del alba sería...»). Pero en Cervantes esta falta de proporciones entre la materia artística y los capítulos en que se la encierra está determinada por su concepto de la vida como fluencia ininterrumpida, condición que se hace resaltar por la arbitrariedad de las divisiones. En *La constante Amarilis* no puede haber esta intención, ya que las vidas novelísticas son totalmente estáticas, pero sí existe la de subrayar por este artificio la continuidad temática, propósito original del modelo que adoptan tanto Cervantes como Suárez de Figueroa: la novelística bizantina, donde la técnica se usa con perfecta regularidad [35]. Aunque quizás el ejemplo cervantino haya sido decisivo en la elección de técnica narrativa por parte de Figueroa, si bien sin entender del todo de lo que se trataba [36].

Para resumir lo aquí expuesto: Suárez de Figueroa se embarca a escribir una novela pastoril a instigación ajena, pero cumple su propósito de la mejor manera que sabe. Pero mucho del bucolismo quinientista español no le alcanza por la caducación de esos ideales. Todavía queda en vigencia, sin embargo, la estructura de las viejas novelas que Figueroa utiliza, aunque la rellena con aspectos típicos de la ideología seiscentista, a la que él está consagrado. La imitación de los italianos es producto de estos factores. De Sannazaro se imita el decorado, que está impuesto ahora por la desvirtualización ideológica del mundo natural. Del Tasso se imita el propósito de cristia-

---

[34] Termina el discurso II: «... dexó casi aplacada del enojo a Tarsia, con que Felicio volvió al estado primero de sus amores». Comienza el III: «Sentados ya todos, dixo el anciano Clarisio...» Este discurso, a su vez, termina con las siguientes palabras de Felicio: «... algunas que espiran amor de sus rostros y professan rebeldías en sus almas; algunas que siendo yelos, infunden llamas.» Y comienza el discurso IV: «Tened, Felicio (respondió Clorida), no paseis adelante...»

[35] Véase el excelente estudio que dedica a estos problemas de técnica Raymond S. Willis, Jr., *The Phantom Chapters of the Quijote* (Nueva York, 1953).

[36] Apunto esta sospecha porque en otro lugar encuentro ecos de Cervantes. Se trata del discurso sobre el Siglo de Oro que se hace en *La constante Amarilis* (págs. 236-237), con reminiscencias del famosísimo de Don Quijote ante los cabreros. Pero tampoco esto puede pasar de una sospecha, ya que ambos escritores trabajaban desde dentro de un marco de lugares comunes multiseculares. Suárez de Figueroa conocía bien la producción cervantina, como se demuestra por algunas malévolas alusiones insertas en otras obras. Cervantes, en cambio, elogia su novela pastoril: «Figueroa es estotro, el dotorado, / que cantó de Amarili la constancia / en dulce prosa y verso regalado» (*Viaje al Parnaso,* cap. II).

nización temática, lo que está muy de acuerdo con la mentalidad de Figueroa. ¿Y cuál es el resultado de todo esto? Pues una novela pastoril cuyo fin trascendente la hace casi confundirse con los demás productos literarios de la Reforma católica, puesto que sus pastores carecen de identidad, al punto de ser sustituibles por cualquier otra categoría humana. Este es un paso inminente que el siglo XVII español no tarda en dar.

Don Gonzalo de Saavedra

En 1633 apareció como obra póstuma Los pastores del Betis, de don Gonzalo de Saavedra, la última novela pastoril que podemos denominar como tal, senso stricto. La edición corrió a cargo de don Martín de Saavedra y Guzmán, hijo del novelista, y fue impresa la obra en Trani, en el reino de Nápoles. Como curiosa coincidencia, vale la pena recordar que la licencia fue firmada por Cristóbal Suárez de Figueroa, que hacía tiempo vivía en el sur de Italia.

Al parecer, la novela estaba escrita desde años antes, dato que conviene recordar al situarla en el tiempo, pues, como dice don Martín de Saavedra y Guzmán en su «Elogio a los Pastores del Betis»: «Eran los introducidos debaxo destos despojos pastoriles, sujetos nobles, y que los más se juntauan en vna insigne Academia que el año 603 y 604 se estableció en Granada, frequentada de acrisolados ingenios, por manera que se puede afirmar ser verdaderos casi lo más de los discursos y aficiones que en él se descriuen.» Como hubo varias academias literarias en Granada hacia esta misma época, no sé de cuál se pueda tratar. Carezco, por lo tanto, de los datos indispensables para intentar las identificaciones del caso [37].

De lo que sí sabemos algo más concreto es de la vida de don Gonzalo de Saavedra. Era natural de Córdoba, donde vivía hacia la misma época otro don Gonzalo de Saavedra, que fue cuñado de Góngora y veinticuatro de la ciudad y que murió antes de 1593. El novelista debió nacer hacia 1573 ó 1575 y fue veinticuatro de 1591 a 1600, y de 1612 a 1623, cuando renunció el cargo en un pariente suyo [38]. La fecha de su nacimiento, y otras circunstancias, hacen im-

[37] Acerca de las academias granadinas, cons. Francisco Rodríguez Marín, Luis Barahona de Soto, caps. III y VIII, y del mismo autor, «Dos poemitas de Juan de Arjona, leídos en la Academia granadina de don Pedro de Granada Venegas (1598-1603)», BAE, XXIII (1936), 339-380.

[38] Datos tomados de Rafael Ramírez de Arellano, Ensayo de un catálogo biográfico de escritores de la provincia y diócesis de Córdoba, I (Madrid, 1922), 579-585. V. también Eduart Toda y Güell, Bibliografía espanyola d'Italia, IV (Castell de Sant Miquel d'Escornalbou, 1930), 4.

posible que se trate del mismo «Gonzalo Ceruantes Saavedra» que elogia Cervantes en el «Canto de Calíope», inserto en su *Galatea* (1585), como supusieron R. Schevill y A. Bonilla [39].

En cuanto a su novela cabe indicar que toda la parte final es un recuerdo un poco fantaseado de la última *prosa* de la *Arcadia* italiana, a cuyo autor se menciona en el «Elogio» como modelo del «assumpto pastoril», y en quien se inspiran las descripciones del mundo natural. El resto de la novela se mantiene apegado a los modelos españoles, aunque los temas básicos han casi desaparecido [40]. El neoplatonismo no merece más que una ligera mención (pág. 97), si bien se intenta reproducir, no con mucha fortuna, los aspectos más externos de los casos de amor. Así, por ejemplo, se imita de Montemayor la cadena de amantes [41]. La omnipotencia de la Naturaleza no se halla por ningún lado. Hay, sí, un elogio de la vida campestre (págs. 274-280), pero no se trata del tema de opósitos propio del Renacimiento, sino del sensual regodeo ante las vituallas campestres, lo que coloca al autor en una tradición más antigua pero de menor calado (véase *supra,* cap. VI, nota 9). La estructura de *Los pastores del Betis* no ofrece novedad alguna: se limita a repetir la de casi todas las novelas a partir de Montemayor. Resulta de interés, para apreciar la vitalidad de la pastoril, observar que el género nace y muere dentro de una misma configuración formal, a pesar de que han pasado casi ocho décadas del más brillante hacer literario que ha presenciado España.

Ni por la materia ni por la forma ofrece interés *Los pastores del Betis,* ya que la una ofrece la pauperización que labra el siglo XVII sobre los ideales quinientistas, sin agregar nada de nuevo, y la otra repite la resobada presentación tradicional, con una incursión final de Sannazaro. Quizá lo más interesante sea algo que no está en el cuerpo mismo de la novela. Se trata de la declaración que don Martín de Saavedra y Guzmán atribuye a su padre y que se halla entre los preliminares no paginados. Allí se nos avisa que «siempre se protestó viuiendo el autor deste libro... ser palabras de lenguaje pastoril gentílico Hado, Caso, Fortuna, Suerte, Dioses y otras palabras semejantes, puesto que todo lo que en él se contiene lo resigna y pone baxo la coreción y censura de la Santa Iglesia Católica Romana, verdadera madre del más sano sentido». Pero ocurre que el curso

---

[39] Ed. Cervantes, *La Galatea,* II (Madrid, 1914), 335.

[40] Se halla aquí otra imitación de las rimas provenzales de Gil Polo, cf. *Diana enamorada,* ed. R. Ferreres, págs. 30-31.

[41] «[Amor] ordenó que a Doristano adorasse la bella Rosaura, y el cortés pastor a Florela, y ella a Liseo, y él a Leonida, y ella, como auéys oído, a el ausente Beliso» (pág. 167).

de la novela está regido, precisamente, por Fortuna y los dioses, y que no se vuelve a hablar de la iglesia católica. La actitud del editor es, desde luego, muy propia del siglo XVII, cuando el concepto de Fortuna o se niega de plano o se suplanta por el de la Providencia cristiana (véase *supra,* págs. 83-84) [42]. Pero en el autor, y en su novela, alienta todavía algo del neopaganismo del siglo XVI, aunque más no sea como conjunto de tópicos utilizables, ya que no lo creo a don Gonzalo capaz de audacias especulativas.

La aclaración preliminar fue escrita, evidentemente, *a posteriori,* y nos proporciona el más cabal ejemplo del triunfo de la Reforma católica. La nueva literatura tiene que estar puesta al servicio de la causa única, y así lo entiende el hijo de don Gonzalo de Saavedra, ya que no el autor mismo. Antes de comenzar la lectura de la obra se nos avisa que todo lo que sigue es mera ficción poética, subordinada, como tal, a la única Verdad posible. En este nuevo momento hasta los símbolos poéticos se deben reajustar de acuerdo con la universalidad del dogma [43].

Conviene ahora pasar revista a los logros de las obras estudiadas en este capítulo, ya que éstos son, primordialmente, de dos tipos heterogéneos. Lo que resulta más evidente del estudio de conjunto es que ha habido una marcada reordenación del cosmos poético, visible también en obras estudiadas en capítulos anteriores. Esta reordenación es de dos categorías: estética e ideológica, pero en ambos casos es imputable a las mismas causas: sustitución de un sistema de coordenadas intelectuales periclitado, por otro de nuevo cuño. En el orden estético la sustitución implica el abrir las puertas a la influencia italiana, en particular la de Sannazaro, lo que en España representa, en resumidas cuentas, el trueque de la densidad ideológica por la ornamentación tupida. En este sentido no se puede ir más lejos que el *Siglo de Oro,* de Bernardo de Balbuena.

Desde un punto de vista ideológico, la reordenación implica el alinear de nuevo los elementos constitutivos para representar un universo (físico o poético) uniformemente cristiano. La novela pastoril española se abre a la trascendencia religiosa, y por esta apertura se escapa lo último de identidad que le quedaba. Esta revolución ideológico-espiritual implanta también la influencia italiana, pero no ya

[42] A mediados del siglo Calderón escribe su auto *No hay más Fortuna que Dios,* con lo que el viejo concepto es puesto fuera de circulación.

[43] Véase Otis H. Green, «*Fingen los poetas:* Notes on the Spanish Attitude toward Pagan Mythology», *EMP,* I (Madrid, 1953), 275-288, y las observaciones a este artículo que hace Bruce W. Wardropper, *Historia de la poesía lírica a lo divino en la Cristiandad occidental* (Madrid, 1958), págs. 44-46.

la de Sannazaro, sino la de Tasso, paradigma de poetas cristianos
Hemos llegado a un punto en que la verdad poética no es aceptable,
a menos de poder identificarla con la verdad dogmática. La sinoni-
mia se establece en *La constante Amarilis,* de Cristóbal Suárez de
Figueroa. La esencia del bucolismo, verdad poética por definición, se
puede dar por finiquitada en ese momento.

1974.   JUAN ARZE SOLÓRZENO

Su bibliografía completa se halla en José Simón Díaz, *Bibliografía
de la literatura hispánica,* V (1958) (págs. 577-79), quien, sin embargo, todavía cita la edición fantasma de las *Tragedias de amor,* de
Valladolid, 1604. Por lo demás, no hay nada nuevo sobre dicha
novela.

BERNARDO DE BALBUENA

Su *Siglo de Oro en las selvas de Erífile* fue elogiado por Cervantes, *Viaje del Parnaso* (cap. II) y por Lope de Vega, *Laurel de Apolo*
(silva II). Los poemas que allí incluyó Balbuena siguen dando guerra;
por ejemplo, el soneto «Perdido ando, señora, entre la gente», *Siglo
de Oro* (pág. 97), tiene una complicada historia de atribuciones a
diversos autores y de variantes textuales. Toda esta liosa historia la
resumió muy bien Edward Glaser en su edición *The Cancionero
«Manuel de Faria»* (Münster, 1968) (págs. 195-96). Un estudio exegético de los once sonetos incluidos en la novela se puede ver en
Joaquín de Entrambasaguas, «Los sonetos de Bernardo de Balbuena», *Revista de Letras,* núm. 4 (1969), págs. 483-504. Es curioso,
aunque propio de su condición sacerdotal, que la onomástica pastoril que en ocasiones usa Balbuena tiene intención religiosa, como
notó Hermann Iventosch, «Spanish Pastoral Names in the Renaissance», *Names,* X (1962), págs. 108-14, estudio que, como indica
su título, tiene interés general para la pastoril.

Estudios más generales sobre Balbuena y su producción literaria
se pueden ver en: A. Castro Leal, «La naturaleza americana en Bernardo de Balbuena y Salvador Díaz Mirón», *Literatura Iberoamericana. Influjos locales. Memoria del X Congreso del Instituto Internacional de Literatura Iberoamericana* (México, 1965), pág. 151-55;
N. Tirri, «Bernardo de Balbuena y la comunidad barroca hispanoamericana», *Cuadernos del Sur,* núms. 8-9 (1968), págs. 45-54. Múltiples
referencias, en particular al *Bernardo,* se hallarán en el libro de Frank

Pierce, *La poesía épica del Siglo de Oro* (Madrid, 1961); hay segunda edición corregida.

Nuevos datos biográficos sobre Balbuena han surgido en la obra de Isidoro Montiel, *Historia de la Universidad de Sigüenza*, I (Maracaibo, 1963).

CRISTÓBAL SUÁREZ DE FIGUEROA

Es curioso observar que el padre de Menandro (don Juan Andrés Hurtado de Mendoza), o sea don García Hurtado de Mendoza, marqués de Cañete, es bastante conocido en la historia literaria, pues fue el polémico jefe de don Alonso de Ercilla durante la conquista de Chile.

Willard F. King, *Prosa novelística y academias literarias en el siglo XVII* (Madrid, 1963), explica algunos de los excesos eruditos de *La constante Amarilis* por contactos académicos. Sobre Suárez de Figueroa, como poeta épico, ver el libro recién citado de Frank Pierce, *La poesía épica del Siglo de Oro* (Madrid, 1961).

Me parece que hay que corregir en parte la vieja solución de J. P. W. Crawford a la onomástica encubierta de *La constante Amarilis*. Según Crawford, Amarilis sería doña María de Cárdenas, hija del duque de Maqueda. Pues bien, en la inmensa colección genealógico-histórica reunida por don Luis de Salazar y Castro, y conservada en la Biblioteca de la Real Academia de la Historia, encontré la escritura de capitulaciones entre los apoderados de don Juan de la Cerda, séptimo duque de Medinaceli, y de don García Hurtado de Mendoza, cuarto marqués de Cañete, para el matrimonio del hijo de éste don Juan Andrés Hurtado de Mendoza y la hermana de aquél doña María de la Cerda, fecha en Madrid a 28 de julio de 1605 («Colección Salazar», M-9, fols. 35-36). En consecuencia, Amarilis no sería doña María de Cárdenas, sino doña María de la Cerda.

DON GONZALO DE SAAVEDRA

En Córdoba hubo siempre buen acopio de Saavedras —no olvidar al famosísimo duque de Rivas y su descendencia—, lo que dificultó la identificación del novelista. Rafael Ramírez de Arellano, en la obra mencionada en la nota 38 del texto, dejó bien claro que se trataba de don Gonzalo de Saavedra y Torreblanca, de quien da algunos datos Dámaso Alonso, «Los pecadillos de don Luis de Góngora»,

RFE, XLVII (1964), pág. 220, y en la obra documental escrita en colaboración con Eulalia Galvarriato de Alonso, *Para la biografía de Góngora: Documentos desconocidos* (Madrid, 1962). Ver también Teresa Ozores Saavedra, «Un antepasado del duque de Rivas que fue también poeta y escribió sobre la fuerza del sino», *Correo Erudito,* IV, 35. Sobre Gonzalo de Cervantes Saavedra, ver N. González Aurioles, *Cervantes en Córdoba. Estudio crítico bibliográfico* (Madrid, 1914), y Luis Astrana Marín, *Vida ejemplar y heroica de Miguel de Cervantes Saavedra,* I (Madrid, 1948), págs. 22-27.

Willard F. King, *Prosa novelística y academias literarias en el siglo XVII* (Madrid, 1948), pág. 147, me recuerda que *Los pastores del Betis* no fue la última novela pastoril impresa. En Juan de Barrionuevo y Moya, *Soledad entretenida, en que se da noticia de la istoria de Ambrosio Calisandro* (Ecija, 1638; y la segunda parte impresa en Valencia, 1644), hay cuatro comedias (*El oráculo de Buto, El santo monge captivo, Los dos hijos más esclarecidos de la noble ciudad de Ecija* y *El ángel cordobés y grande abad de Cabra*), y fuerte elemento morisco. Lo pastoril es tan tenue que no vale la pena estudiar la novela bajo esa rúbrica; ver, sin embargo, C. A. de la Barrera, *Catálogo bibliográfico y biográfico del teatro antiguo español* (Madrid, 1860), pág. 26, y B. J. Gallardo, *Ensayo de una biblioteca española de libros raros y curiosos,* II (Madrid, 1866), cols. 50-51. Hay ejemplar de las dos partes en la Hispanic Society of America.

Un español desconocido, residente en Francia, y que firmó con el seudónimo del «Capitán Flegetonte», publicó *La Cryselia de Lidaceli, historia de varios acontescimientos de amor y armas* (París, 1609). Esta novela debe estudiarse como novela de caballerías más que como novela pastoril. Hay ejemplar en la Hispanic Society of America, donde se conserva otra obra de este mismo «Capitán Flegetonte», *La famosa y temeraria compañía de Rompe Columnas* (París, 1609), que no tiene nada de pastoril.

Por último, Fernando Jacinto de Zurita y Haro, *Méritos disponen premios, discurso lyrico* (Madrid, 1654), enfadosísima novela escrita sin la vocal *a,* de la que Willard F. King misma dice: «Es una novela cortesana en todo salvo en los vestidos de los personajes», *loc. cit.* Hay ejemplar en la Hispanic Society of America, y se puede ver completa descripción en Caroline B. Bourland, *The Short Story in Spain in the Seventeenth Century with a Bibliography of the Novela from 1676 to 1700* (Northampton, Mass., 1927), págs. 142-43.

CAPITULO VIII

CERVANTES

A los pocos años de su regreso del cautiverio de Argel, Cervantes publica su primera obra extensa, una novela pastoril: la *Galatea* (Alcalá de Henares, 1585) [1]. Es el hito inicial en un largo recorrido de más de treinta años de actividad creadora, que se cierra con la publicación póstuma del *Persiles* (1617). El tema pastoril, sin embargo, no constituye un ensayo juvenil abandonado en épocas de madurez, sino que se inserta con tenacidad en la medula de casi todas sus obras. Aun en su lecho de muerte, al firmar la dedicatoria del *Per-*

---

[1] Algunos eruditos del siglo pasado, especialmente José María Asensio y Toledo, creyeron en la existencia de una edición de Alcalá, 1584. Nunca hubo tal edición como demostró cumplidamente Pedro Salvá y Mallen, *Catálogo de la biblioteca de Salvá,* II (Valencia, 1872) 123-125. Cito la *Galatea* por la edición de R. Schevill y A. Bonilla en *Obras completas de Miguel de Cervantes Saavedra,* I-II (Madrid, 1914).

siles, Cervantes repite su intención de completar la *Galatea,* si Dios le da vida. Lo pastoril constituye así una infragmentable continuidad que deja una huella ineludible en su mundo poético. Las primeras pesquisas se pueden, y deben, hacer en la *Galatea,* pero ceñirse a ella es negarse a uno mismo los más logrados frutos de la labor creadora de Cervantes. Parto, por consiguiente, de su novela pastoril, pero para pronto adentrarme en las frondosidades de algunas obras suyas posteriores.

Cuando Cervantes se inicia formalmente en el mundo de las letras, no le faltaban modelos en que inspirarse para escribir una novela pastoril. Entre varios otros de menor nombradía, ya lo habían precedido Montemayor, Alonso Pérez, Gil Polo y Gálvez de Montalvo. Las características externas de su novela se modelan sobre aspectos de la técnica narrativa que hemos encontrado en todos estos escritores. Una sucinta enumeración basta para demostrar la obvia subordinación formal que atestigua su cualidad de obra primeriza: mezcla de prosa y verso, historias intercaladas, casos de amor, una égloga representable, cartas, un largo elogio en verso de los poetas contemporáneos (canto de Calíope), etc. Pero el hecho escueto de tanta deuda no tiene trascendencia crítica alguna. La identidad de la *Galatea* no está dada en el acto de la imitación, sino en la intención que se infunde en lo imitado. Al efecto de tal estudio es ejemplar el análisis de sus primeras páginas

La novela se abre con las quejas líricas de Elicio, comienzo *in medias res* que se ha visto ya en alguna otra ocasión, y que es el propio de la novelística bizantina. Terminan las quejas y se describe al pastor: «Esto cantaua Elicio, pastor en las riberas de Tajo, con quien naturaleza se mostró tan liberal, quanto la fortuna y el amor escasos; aunque los discursos del tiempo, consumidor y renouador de las humanas obras, le truxeron a términos que tuuo por dichosos los infinitos y desdichados en que se auía visto» (I, 2) Elicio no se configura ante nuestros ojos en términos de su propia y doliente humanidad, sino en los de los árbitros del género: Naturaleza, Fortuna y Amor. Como ocurre con el Sireno de Montemayor (v. *supra,* cap. III, nota 16), el ser esencial del personaje se realiza en la trascendente relación que se entabla con estos conceptos omnímodos Esta cualidad lo define como ser poético, abstraído de su circunstancia real.

Pero Elicio no queda solo en la escena por mucho tiempo. Pronto se le une su amigo Erastro: «Venía Erastro acompañado de sus mastines, fieles guardadores de las simples ouejuelas, que debaxo de su amparo están seguras de los carniceros dientes de los hambrientos lobos, holgándose con ellos, y por sus nombres los llamaua, dando a cada vno el título que su condición y ánimo merescía: a quién llamaua *León*, a quién *Gauilán*, a quién *Robusto*, a quién *Manchado*» (I, 7). Dejemos de lado el uso de adjetivos, propios de la esencialización platonizante del lenguaje artístico del siglo XVI. Lo concreto aquí es la aparición de un pastor firmemente aferrado a su realidad de tal, rodeado de lo característico de su oficio. Erastro, al contrario de Elicio, tiene autodeterminación, y todo él queda definido en su solo acto de presencia: es el pastor de todos los días, el histórico. Pero estas dos realidades (poética-Elicio, histórica-Erastro) no son aquí excluyentes, ya que los dos pastores, después de expresar la comunidad de circunstancias en que se hallan, se ponen a cantar al unísono.

Pronto se poetiza Erastro, pues no tardamos en enterarnos que también él está preso en la red definitoria de Amor, Naturaleza y Fortuna. Pero, por su parte, Elicio sufre una metamorfosis inversa, aunque más prolongada. Al final de la novela él queda dispuesto a ganarse a Galatea a fuerza de puños, como cualquier gañán de vecindad, con lo que se aniquila su esencia poética. Se evidencia en este doble proceso el comienzo de la desaparición de la línea divisoria entre idealismo y realismo, en forma tal que lo uno puede transmutarse en lo otro. Pero para ahondar en esto hay que tener más pruebas de juicio: quede para más adelante.

El escenario en que Elicio y Erastro comparten penas de amor no correspondido se ve, de improviso, sacudido hasta lo más hondo de sus raíces poéticas: «Ya se aparejaua Erastro para seguir adelante en su canto, quando sintieron, por vn espesso montezillo que a sus espaldas estaua, vn no pequeño estruendo y ruydo; y levantándose los dos en pie por ver lo que era, vieron que del monte salía vn pastor corriendo a la mayor priessa del mundo, con vn cuchillo desnudo en la mano, y la color del rostro mudada; y que tras él venía otro ligero pastor, que a pocos passos alcançó al primero, y, asiéndole por el cabeçón del pellico, leuantó el braço en el ayre quanto pudo, y vn agudo puñal que sin vayna traya se le escondió dos vezes en el cuerpo» (I, 12-13). Los cánones poéticos, que tan bien conocía Cervantes, se desmoronan ante el asesinato de Carino por Lisandro El desconcierto causado por el crimen es general, y los pastores, realistas o poéticos, se desasosiegan buscando la causa de tan inaudito atropello. El conocimiento llega a través del relato de Lisandro, la primera historia intercalada de esta novela, donde tanta importancia asumen (I, 23-39). La historia no tiene nada de pastoril: ocurre en un pueblo de Andalucía entre hidalgos, y el ambiente se hace irrespirable por el vendaval de odios y crímenes que lo azota. El realismo exagerado de estas venganzas de sangre penetra, sin embargo, hasta el proscenio del mundo poético de los pastores.

La próxima historia intercalada tiene un ambiente más conforme con el clima del género. Es también una viñeta pueblerina cuya protagonista es Theolinda, y ocurre en las márgenes del Henares (1, 51-56, 77-91). Las circunstancias, sin embargo, son de una paz idílica, apenas oscurecida al final por una equivocación. A ésta le sigue la historia de Silerio (I, 118-151, 159-172, 177-182), que transporta la materia a las grandes ciudades: Jerez, Barcelona, Nápoles. Los protagonistsa son nobles y el desarrollo, hasta en sus interrupciones, recuerda las peripecias de la novelística bizantina. La historia de Rosaura ocurre en el mismo pueblo de Theolinda, pero el asunto es diametralmente opuesto (II, 19-23). Se trata ahora de unos amores contrariados y tempestuosos. También se engarza con la historia de Theolinda la de Leonarda, como que ella es su hermana gemela (II, 23-26). Relata los amores de estas hermanas con otros dos hermanos gemelos, lo que da lugar a una serie de enredos que animan los tres últimos libros de la *Galatea*. Otra especie de *da capo* argumental nos proporciona la narración de Timbrio (II, 113-132), que retorna y completa el relato de Silerio. La última historia intercalada también es una ampliación narrativa. Otra vez la relación se pone en boca de Theolinda, y está enderezada a aclarar el enredo de las dos parejas de gemelos (II, 270-272).

La numerosidad de estos relatos y las evidentes relaciones temáticas tejidas entre ellos revelan una intención que va más allá del ocasionar divertimiento en la lectura. Por ejemplo, varias de estas historias ocurren en un ambiente de pueblo, pero los acecimientos son tan distintos como para establecer una serie de perspectivas. La materia inicial es la misma, amores pueblerinos, pero la posibilidad vital allí agazapada es inagotable. El arte cervantino hace florecer tres brotes de la misma semilla: el trágico amor deshecho en sangre de Lisandro, el idílico de Theolinda y el contrariado de Rosaura. En forma semejante se pueden considerar las historias encadenadas, como la de Silerio y Timbrio, o la de Theolinda y Leonarda. La realidad novelada es la misma pero el punto de vista del narrador ficticio es distinto, y lo más importante: el narrador hace prevalecer su punto de vista con todo su impulso vital, como sucede en el caso de Leonarda, quien recurre aún al fraude para validar su sentir íntimo (II, 270-272). Por lo demás, historias como la de Leonarda (II, 23-26), que introduce el viejo tema de los gemelos —Theolinda y Leonarda, por un lado, Artidoro y Galercio, por el otro—, producen, con sus embrollos, en la historia medular de la *Galatea,* una densidad argumental que no se daría de otra suerte en el mundo de relaciones estereotipadas de la novela pastoril [2].

A semejanza de Montemayor (v. *supra,* págs. 92-94), el antiguo artificio de las historias intercaladas le sirve a Cervantes para crear todo un sistema solar poético, aunque con mayor variedad y rigor. El centro de este sistema es el mundo pastoril, donde se hallan radicados los diversos personajes al contar sus historias. Los planetas que giran alrededor de este centro de atracción son los mundos en que han vivido estos personajes, y donde todavía se define la realidad esencial de cada uno de ellos. Mas conviene ahora abandonar el símil para no dar una idea errónea de la verdadera función de estas historias. Porque esos mundos no viven libres de contactos mutuos, ya que, evidentemente, todos se dan amalgamados en la epicéntrica circunstancia pastoril. Pero Cervantes va más allá que Montemayor, quien con seguridad fue su modelo en este sentido. Montemayor había creado una meta-realidad artística fundamentada en la materia bucólica, pero que vertía en ésta, con intención de integralismo, aspectos disociados canónicamente. Cervantes descubre la susceptibilidad inherente en toda realidad, y ésta se irisa en perspectivismo, si bien la práctica denuncia la timidez del bisoño. La misma anécdota se ve, en forma parcial es cierto, desde los puntos de vista de Timbrio y de Silerio, o bien de Theolinda y de Leonarda, y lo capital es que cada ángulo de visión es perfectamente válido, pues lo respalda a machamartillo la vivencia concernida, como en el caso de Leonarda. Se divisan a lo lejos, en el tiempo y en el arte, las siluetas borrosas de don Quijote y Sancho [3].

No se debe olvidar tampoco la forma en que el mismo número y diversidad de estas historias afectan el arte narrativo. La técnica es la de la novela bizantina, cernida por Montemayor, de retazar la fábula por la inserción de materia foránea. Pero el pulso de la periodicidad en la *Galatea* es tan apresurado y los injertos tan disímiles en su desarrollo final, que se efectúa una nueva aproximación a la vi-

---

[2] Sobre los gemelos, véase F. López Estrada, *La «Galatea» de Cervantes. Estudio crítico* (La Laguna de Tenerife, 1948), págs. 108-109, y la bibliografía citada *supra,* cap. IV, nota 22.

[3] Américo Castro, «La palabra escrita y el *Quijote*», *Hacia Cervantes* (Madrid, 1957), pág. 293, nota, había dicho de la *Galatea*: «Ya en esa obra se manifiesta el intento de oponer una región ínfima a la suprema de lo poético, alejadas ambas de la experiencia prosaica del vivir cotidiano.» La palabra *oposición* me parece un poco fuerte para denotar lo que realmente ocurre en la *Galatea:* prefiero *asociación.*

sión integral y simultánea —en la medida que la simultaneidad es compatible con la literatura— de la realidad novelable.

Es forzoso ahora retroceder un poco para acercarse más a estas historias, algunas de las cuales repercuten largamente en la obra cervantina. Comencemos por las de Timbrio y Silerio, que relatan la misma anécdota y que son, en conjunto, una versión del cuento de los dos amigos, reelaborado ya con distinta intención y manera por Alonso Pérez (v. *supra*, págs. 112-114). La historia que comparten Timbrio y Silerio se identifica con el cuento tradicional por dos rasgos esenciales: un amigo se sacrifica para liberar a otro de una muerte segura, y los dos amigos se enamoran de la misma mujer, con las consiguientes pruebas de amistad. Por otra parte, los dos episodios identificables están invertidos en su orden respecto a las versiones anteriores [4].

Dentro de este tradicionalismo Cervantes deja, sin embargo, una imborrable impronta que se repetirá en forma temática y estilística, y con características aun más marcadas, en el resto de su producción. Consideraré, al efecto, un episodio de la historia de Silerio. En determinado momento éste decide disfrazarse de truhán para acercarse a Nísida, amada por él y por su amigo Timbrio. El ardid en que se ha dado lo pondera en los siguientes términos: «Vsé de un artificio el más extraño que hasta oy se aurá oydo ni leydo» (I, 130). La afirmación hiperbólica, seguida por el contraste brusco con la categoría real del hecho, se convertirá en una de las formas favoritas de la ironía cervantina —recuérdese, para no ir más lejos, algún epígrafe del *Quijote,* como el que introduce la aventura de los batanes: «De la jamás vista ni oída aventura que con más poco peligro fue acabada de famoso caballero en el mundo, como la que acabó el valeroso don Quijote de la Mancha» (I, cap. xx)—. En nuestro caso, Cervantes hereda la fórmula de la literatura caballeresca, pero en vez de mantener el término introductor y el introducido en el mismo nivel elevado (como ocurre en la caballeresca), se complace en marcar una profunda diferencia en el tono de ambos, al punto de que se vacía de sentido lo dicho en la introducción. Entre definidor y definido hay como un escamoteo de la materia artística. Aquí, como en tantos otros casos posteriores, la fórmula aceptada no es más que un trampolín para pasar a otras esferas artísticas. Pero volvamos a Silerio: las razones de su hipérbole, una vez expuestas, le roban a ésta todo

---

[4] Resumo aquí algo de lo dicho en mi artículo, «Una tradición literaria: el cuento de los dos amigos», *NRFH*, XI (1957), 1-35. Allí se discute también el problema de la posible influencia de Boccaccio.

fundamento, como sucederá continuamente en la obra cervantina. Una afirmación como la de Silerio será siempre un toque de atención del autor: lo que sigue negará el antecedente. Y así sucede aquí: la estratagema «inaudita» consistirá en disfrazarse de truhán, artificio que se encuentra en la literatura, por lo menos desde las *Folies Tristan* (ambos poemas de la segunda mitad del siglo XII) y ha circulado incesantemente en el folklore europeo [5].

Una de las características de Cervantes es su continua vuelta a los mismos temas para ir encarándolos desde diversos puntos de vista. En este sentido es interesante la comparación entre la historia de Timbrio y Silerio y *El curioso impertinente*. El autor establece en ambos casos el mismo ambiente temático. En la *Galatea* el relato se inicia con la siguiente declaración: «Casi oluidándose a los que nos conoscían el nombre de Timbrio y el de Silerio —que es el mío—, solamente *los dos amigos* nos llamauan» (I, 119). En el *Quijote* la situación es idéntica pero se presta mayor atención a la exactitud verbal: «En la provincia que llaman Toscana vivían Anselmo y Lotario, dos caballeros ricos y principales, y tan amigos que, por excelencia y antonomasia, de todos los que los conocían *los dos amigos* eran llamados» (I, cap. XXXIII). El eco verbal refuerza la intención del autor: crear la ilusión de que el lector se halla ante otro tratamiento del cuento de los dos amigos. Pero aquí entra en juego el torcedor de la verdad; la afirmación se tergiversa y anula finalmente, en forma semejante a la ya explicada, con otros fines, más arriba. El resultado es la tremenda ironía de aplicar a Anselmo y Lotario el calificativo de «los dos amigos por antonomasia» La ilusión inicial se desvanece rápidamente, pues Cervantes quiere explorar ahora otra posibilidad del tema [6].

[5] Es el número 900 según la clasificación de A. Aarne y Stith Thompson, *The Types of the Folktale* (Helsinki, 1928). Véase, además, la bibliografía que trae Stith Thompson en el núm. K 1817.3 de su ya citado *Motif-Index of Folk-Literature*.

[6] Esta idea de que Cervantes conscientemente vuelve al mismo asunto pero con distinta intención, se refuerza al considerar la forma deliberada en que el novelista recrea la misma atmósfera. Además, he aquí dos semejanzas textuales entre la *Galatea* y el *Curioso*: la caída de la mujer de Anselmo después del largo sitio que le puso Lotario se resume en esta repetición enfática: «Rindióse Camila, Camila se rindió.» El efecto que en Silerio produce su primera entrevista con Nísida, después de los largos preparativos que ha hecho para ella, se expresa así: «Vi a Nísida, a Nísida vi.» Es interesante observar que estas expresiones pleonásticas, que contienen los mismos elementos, marcan el momento culminante de la acción en ambos casos. Es cierto que Cervantes era afecto a las repeticiones (véanse los copiosos ejemplos que aduce H. Hatzfeld, *El «Quijote» como obra de arte del lenguaje* [Madrid, 1949], págs. 294-301) pero no hallo

Los dos amigos, paradigmas de fidelidad y lealtad, ya han sido tratados exhaustivamente en la *Galatea*, pero la historia puede dar más de sí si se alteran los valores. Aceptado el cambio de enfoque, una de las preguntas es ésta: ¿qué pasaría si uno de los amigos no fuera ni leal ni fiel? En el plano de la creación artística, la respuesta se formula en la *novella* del *Quijote*. Así, *El curioso empertinente* es lógico desarrollo, y superación, del cuento de Timbrio y Silerio. Más aún: las acciones de Lotario, paralelas en sentido inverso a las de Silerio, se justifican con su triunfo, y esta victoria inmoral provoca el derrumbamiento del mito de los dos amigos. Considerado en esta forma, *El curioso impertinente* es el tope final en el desenvolvimiento de dicha historia, y al mismo tiempo su destrucción.

No es ésta la única forma en que la *Galatea* actúa como un Jano literario, mirando simultáneamente al pasado y porvenir artísticos. La historia de Rosaura también tiene doble proyección que ilumina intimidades del pensamiento de Cervantes. El juego de Rosaura con la pasión de Artandro y Grisaldo provoca finalmente su rapto a mano airada por parte de aquél. Del medio del corro de pastores la secuestra violentamente el caballero Artandro ayudado por sus criados, y él se despide con estas palabras: «Si por estas partes llegare, como creo que presto llegará, el conocido Grisaldo, diréysle cómo Artandro se lleua a Rosaura, porque no pudo sufrir ser burlado della; y que, si el amor y esta injuria le mouieren a querer vengarse, que ya sabe que Aragón es mi patria y el lugar donde viuo» (II, 151).

En la *Diana* de Montemayor hemos visto rapto semejante, aunque los protagonistas son mitológicos salvajes y ninfas. Mas allí el crimen tiene rápido castigo y los salvajes caen víctimas de su desafuero, ya que dentro del férreo esquema platonizante que domina en la *Diana* no se puede condenar la violencia amorosa. Pero en la *Galatea* las coordenadas son distintas y el hecho se afinca en una concreta realidad humana: Rosaura es castellana, de Alcalá, y Artandro es un caballero aragonés. El soplo de vida que se les ha insuflado a los personajes arranca a la acción del campo de la teoría filosófica para

ninguna tan aproximada. El más cercano parece ser un ejemplo del *Celoso extremeño*: «Leonora se rindió, Leonora se engañó, Leonora se perdió», pero el distinto esquema debilita el dinamismo. Por último, el título y el tema del cuento del *Quijote* se hallan ya encerrados algunas páginas después del final de la historia de Silerio: «No son los celos señales de mucho amor, sino de mucha curiosidad impertinente» (I, 228). Los celos de la perfección de su mujer empujan a Anselmo a su malhadado experimento. Como contraprueba de la íntima relación que hallo entre las dos historias, hay que agregar que Américo Castro había discernido una identidad de posturas vitales entre Silerio y Lotario, cf. «Los prólogos al *Quijote*», *Hacia Cervantes*, pág. 232, nota.

colocarla en el campo del azaroso acaecer del hombre. No hay, por lo tanto, castigo providencial e inmediato, ya que los propios circunstantes entienden el desafuero como producto de una incontenible y humanísima pasión que llega a provocar la simpatía exculpatoria en alguno de ellos: «El amoroso [ánimo] que Artandro tiene —dixo Galatea— fué el que le mouió a tal descomedimiento, y assí, conmigo en parte queda desculpado» (II, 153). En cuanto al desenlace, éste queda encubierto con toda la dramática incertidumbre del vivir mismo: «Del descuydo de Grisaldo, y atreuimiento de Artandro, y mudable condición de Rosaura, temo que han de nascer algunas pesadumbres y differencias. Esso fuera —respondió Galatea— quando Artandro residiera en Castilla; pero si él se encierra en Aragón, que es su patria, quedarse ha Grisaldo con sólo el desseo de vengarse» (II, 154).

La respuesta de Montemayor al crimen amoroso adquiere coherencia dentro de la teoría que rige su novela. En Cervantes lo característico es que no hay respuesta, pues ésta queda supeditada a la circunstancia humana. Vivificado así el tema de la violencia amorosa, el autor rehusa dictaminar, ya que el problema no es uno de simple relación teórica de causa y efecto, sino que entre ambos términos se interponen tres exaltados vivires en pugna [7].

La proyección hacia el futuro de la historia de Rosaura se capta en el *Quijote*. Los incidentes que la llevan a ser víctima del rapto de Artandro los cuenta ella misma (II, 19-23). En versión arrusticada, idéntica historia está puesta en boca de Sancho, cuando en momento de mortal apuro trata de entretener a su amo con el cuento de la pastora Torralba y Lope Ruiz:

> Así que, yendo días y viniendo días, el diablo que no duerme y que todo lo añasca, hizo de manera que el amor que el pastor tenía a la pastora se volviese en omecillo y mala voluntad; y la causa fue, según malas lenguas, una cierta cantidad de celillos que ella le dio, tales que pasaban de la raya y llegaban a lo vedado; y fue tanto lo que el pastor la aborreció de allí adelante, que, por no verla, se quiso ausentar de aquella tierra e irse donde sus ojos no la viesen jamás. La Torralba, que se vio desdeñada del Lope, luego le quiso bien, mas que nunca le había querido (I, cap. xx).

[7] Casi todas las contestaciones se han puesto en boca de Cervantes por los estudiosos, y éstas cubren la mayor parte de la enciclopedia del saber humano. Para mí, lo evidente es que el novelista se niega a responder clara y uniformemente en toda ocasión. En más de una la respuesta está ínsita en el vivir novelístico, pero no cumple al artista revelarla; en otras, el oficio de novelista se entiende como un poner los elementos de juicio a la mano del lector, pero rehusar el fallo propio. En algunos de los ensayos de mi libro *Nuevos deslindes cervantinos*, aclaro estas proposiciones.

Hagamos caso omiso de si esto es o no es material folklórico, pues tal conocimiento no nos ayudaría un ápice a los efectos de lo que sigue. Lo capital es que aquí se repite punto por punto, y con franco tono plebeyizante, la historia de Rosaura, metamorfoseada en la pastora Torralba, y de Grisaldo, convertido ahora en Lope Ruiz. El caso esencial es el mismo, pero con una transmutación de valores de absoluta totalidad, como la que se había visto ya en el episodio de la venta de Juan Palomeque el Zurdo (*supra*, págs. 89-91). La anécdota pasa de una valorativa máxima de la realidad —Rosaura cortejada por señores de aldeas— a una valoración mínima, en la que los protagonistas son zafios pastores cabrerizos. El pasaje de un polo a otro se concretiza ante nuestros ojos por el cambio de estilo: entonado y retórico en la *Galatea*, vulgar y chapucero en boca de Sancho. Y así se hace evidente, con claridad meridiana, esa dilatación de los horizontes poetizables a que está dirigido lo más maduro del arte cervantino [8]. Mientras más se adentra uno en la *Galatea*, mayor es la parte que se revela de ese cosmos poético desde dentro del cual Cervantes cavila su tarea creadora; desgraciadamente, las apariencias de este cosmos a menudo han despistado a los críticos.

En el universo poético captado en la *Galatea* el elemento informador es el concepto del amor, como era dable esperar, aunque no tiene tan nítidos e íntegros contornos como en la *Diana*, por ejemplo. Cervantes rara vez ve la cosa como infragmentable, y lo más logrado de sus obras es un sabio esfuerzo para desmontar la realidad, ideal o física. En consecuencia, el amor adquiere aquí una complejidad conceptual que representa, no tanto una multiplicidad de teorías, sino la variedad natural del ángulo de incidencia de ese amor sobre las vías noveladas.

El punto de partida del que arranca el concepto en la *Galatea* es el mismo que determina y da vida al género. El amor es pasión general, pero el verdadero amor —el «buen amor» de Montemayor— se halla sólo entre los pastores, y es propio de esta vida incontaminada: «En este punto acabo de conocer cómo la potencia y sabiduría de amor por todas las partes de la tierra se estiende, y que, donde más se affina y apura, es en los pastorales pechos» (II, 74). Como había dicho muy poco antes fray Luis de León: «Sea ésta la segunda cosa que señalamos en la condición del pastor: que es muy dispuesto al bien

<hr />

[8] Otra serie de aproximaciones entre la *Galatea* y obras posteriores de Cervantes, se puede ver en Francisco Ynduráin, «Relección de *La Galatea*», *Cuadernos de Insula*, I (1947), 105-116. En mi artículo «On *La entretenida* of Cervantes», *MLN*, LXXIV (1959), estudio un caso de recreación poética que concierne a la novela pastoril y a la comedia.

querer» (*supra,* págs. 22-24). Si ésta es la característica efectiva y diferenciada del pastor, lo propio es que su ocupación poética sea el indagar este su centro vital, o como dice Cervantes, repitiendo la terminología del género, a «razonar casos de amor» (I, 107).

Este razonar da notas más o menos claras a lo largo de toda la novela, pero se armoniza majestuosamente en los dos grandes discursos del libro IV, permeados de saber filosófico —recuérdese que Cervantes advierte en el prólogo «auer mezclado razones de philosofía entre algunas amorosas de pastores»— [9]. Los dos discursos forman un verdadero ejercicio académico, en que Lenio, el desamorado, defiende la proposición de que el amor y todos sus efectos son nocivos, mientras que Tirsi defiende la contraria, el amor es beneficioso. Lenio fundamenta su diatriba en que el amor es una pasión, y como tal dañino para el alma, y entreteje en su discurso una serie de asertos de ascendencia escolástica y estoica (cf. *supra,* págs. 109 s. y 120 s.). Tirsi parte en su respuesta de un punto de vista platónico, pero pronto sus palabras empiezan a adquirir un tono francamente cristiano, que marca el paso de Eros a Agape, y la consagración de este último concepto. El proceso e intención de la novela revelan que este es el documento válido con que comulga Cervantes. El último discurso es una lección de moderación, en que se recortan las exageraciones de apologistas y detractores: «El amor templado es provechoso» (II, 66), sabia máxima que para su mal desatendieron los Anselmos y Felipes de Carrizales de su producción posterior [10].

Estos discursos de tanto meollo podrían suponerse impropios en bocas de pastores, pero se debe recordar la forma en que el neoplatonismo concibe la idea del amor. Para los platonizantes del siglo XVI el amor, como fuerza trascendente que es, de acercamiento a la forma perfecta, tiene ínsita la virtud cognoscitiva. El pastor —el más fino enamorado que se pueda dar— posee en estas materias, por consiguiente, ciencia infusa. Como se dice de Erastro: «Aunque rústico, era, como verdadero enamorado, en las cosas del amor tan discreto, que quando en ellas hablaua, parecía que el mesmo amor se las mostraua y por su lengua las profería» (I, 6). A esta declaración de

[9] Véase el análisis que dedica a estos discursos F. López Estrada, *La «Galatea» de Cervantes,* págs. 33-35.

[10] Esta moderación ejemplar recusa decididamente «la incurable pestilencia de los celos» (I, 223, y el discurso que sigue, 223-229), en actitud cuyo parecido ya se ha notado con la de Gil Polo. Escribe al respecto Bataillon, *Erasmo y España,* II, 406: «De la *Galatea* al *Persiles,* Cervantes acarició la idea de un amor lo bastante elevado para ser inaccesible a los celos. Se reconoce en esto la humanidad purificada, pero irreal, de la novela pastoril.»

índole platónica, hay que sumar los diversos pasajes donde se traduce casi a los más conocidos expositores italianos de la teoría neoplatónica del amor: León Hebreo, Castiglione, Pietro Bembo y Mario Equícola [11].

Pero ni la *Galatea* ni el pensamiento de su autor se deja encerrar en un rígido esquema platónico. El concepto del amor puede corresponder a veces a tales principios, pero en otras ocasiones está tan hondamente enclavado en lo íntimo de la personalidad del pastor que no se puede hablar más de teorías sino de sufriente e ilógica humanidad. Basta repasar algunos de los «casos de amor» para ver cómo el concepto del amor se empapa de vida concreta y se aparta de la teorización abstracta. Considérese el caso del desamorado Lenio. En otra de sus diatribas contra el amor, él hace hincapié en la ciencia en general («ciencia averiguada» la llama) y en la experiencia y razón (I, 72). Sin embargo, esta despegada actitud, lógica y objetiva, se derrumba ante los embates de la pasión, y Lenio termina, como los otros pastores enamorados, llorando sus cuitas de amor. Una vez enamorado, Lenio comienza por disculparse de su ignorancia anterior, ignorancia no de conocimiento racional, sino de vida palpitante: «Aora puedes, famoso pastor [le dice a Tirsi, su anterior contrincante], tomar justa vengança del atreuimiento que tuue de competir contigo, defendiendo la injusta causa que mi ignorancia me proponía». A lo que Tirsi responde invocando el «nuevo conocimiento» adquirido por Lenio (II, 181-182). Este conocimiento ha nacido independientemente de toda teorización abstracta, al calor de la circunstancia vital de haber caído Lenio en las redes del amor.

No hay que ver en esto un *Omnia vincit Amor* —un *Amor* ajustado a teoría, se entiende—, que bien podrían haber adoptado como lema los neoplatónicos. Es, más bien, un ejemplo de vivificación del

---

[11] Después de la primera edición se introdujeron cambios en algunos de estos pasajes, para no hacer demasiado directa la explicación platónica, ver F. López Estrada, «Cotejo de las ediciones Alcalá, 1585, y París, 1611, de la *Galatea* de Cervantes», *Revista Bibliográfica y Documental*, II (1948), 73-90. Sobre las relaciones entre los neoplatónicos de Italia y la *Galatea*, véase F. López Estrada, «La influencia italiana en la *Galatea* de Cervantes», *CompL*, IV (1952), 162-166; Cesare de Lollis, *Cervantes reazionario* (Roma, 1924), 18-21, aunque el criterio adoptado para el estudio de la pastoril, y de algunas cosas más, no podría ser más equivocado; Mario Casella, *Cervantes. Il Chisciotte*, I (Florencia, 1938), 429-430. Sobre el platonismo en general en la *Galatea*, consúltese F. Egea Abelenda, «Sobre la *Galatea* de Cervantes», *RABM*, XLII (1921), 555-559; Samuel Gili y Gaya, «Galatea o el perfecto y verdadero amor». *Cuadernos de Insula*, I (1947), 99-104; J. B. Trend, «Cervantes en Arcadia», *EMP*, II (Madrid, 1951), 497-510, aunque las observaciones son superficiales.

personaje literario, que puede llevarle casi a la desesperación ante un propio e inconcebible error (Lenio). O el caso de la desamorada pastora Gelasia, que fundamenta su esquivez en una libérrima e inconmovible voluntad de querer ser algo, lo que imposibilita su absorción en un preconcebido esquema vital de intención literaria.

Hay otros casos que aclaran aún más el desapego cervantino a encajonar la vida en armazones teóricas, y que se dan ya en la primeriza *Galatea*. Se recordará que la filosofía quinientista del amor predica un amor por destino que acompañará al hombre hasta su fin natural. Pero el funcionamiento de este aserto cabe sólo en una abstracción ideal que haga tabla rasa con los determinantes individuales. En Cervantes, desde un principio, es el factor de diferenciación el que sirve de foco a la atención poética. Por consiguiente, los predicados del neoplatonismo quedan librados a la problemática personal, y no es de extrañar que ésta a menudo los invalide. Así ocurre en el caso de Lauso, quien explica los motivos de su alegre continente de esta manera: «La causa que a otros suele ser desesperación y muerte, a mí me ha seruido de esperança y vida, y ésta ha sido de vn desdén y desengaño, acompañado de vn melindroso donayre que en mi pastora he visto, que me ha restituydo a mi ser primero» (II, 164).

La invalidación ocasional del neoplatonismo por una apreciación vitalista del arte literario es novedad de excepción, pero la *Galatea* ofrece, siempre dentro del concepto del amor, otras mayores. En un limpio acto de superación espiritual Cervantes va más allá del neoplatonismo y llega a las riberas de las nuevas corrientes espirituales, cuyo cauce corre profundísimo en el siglo XVI italiano y español:

> Y puesto caso que la hermosura y belleza sea vna principal parte para atraernos y desearla y a procurar gozarla, el que fuere verdadero enamorado no ha de tener tal gozo por último fin suyo, sino que, aunque la belleza le acarree este desseo, la ha de querer solamente por ser bueno, sin que otro algún interesse le mueua; y éste se puede llamar, aun en las cosas de acá, perfecto y verdadero amor, y es digno de ser agradecido y premiado, como vemos que premia conocida y aventajadamente el Hazedor de todas las cosas a aquellos que, sin mouerles otro interesse alguno de temor, de pena o de esperança de gloria, le quieren, le aman y le siruen, solamente por ser bueno y digno de ser amado; y ésta es la última y mayor perfectión que en el amor divino se encierra (I, 194-195).

El punto de partida de la cita es uno de los más conocidos supuestos platónicos: el deseo de belleza y su contemplación nos acercan a la divinidad. Por un momento parece como si Cervantes fuera a repetir los arrebatos de Pietro Bembo en el último libro del *Cortesano* de Castiglione, quien alternativamente va de la contemplación de la belleza humana a la divina. Pero el tono cambia rápidamente, y a mediados del pasaje el lector se halla en pleno ámbito de la doctrina del amor puro de la mística cristiana. Aunque marginalizada por la Iglesia, esta doctrina produce en el siglo XVI brotes de un interés y una importancia enormes; en Italia, con Juan de Valdés, los *spirituali* y la escuela del Beneficio de Cristo. En España se puede marcar el comienzo de su difusión con el *Audi filia,* esa extraordinaria obra del maestro Juan de Avila, pero su formulación artística más cabal y famosa será siempre el soneto «No me mueve, mi Dios, para quererte», con el que hay contactos verbales en la *Galatea,* ya que ambos trabajan desde dentro de la misma tradición expresiva [12].

Los acentos de esta pura declaración de amor divino repercuten en el *Quijote,* y en bien extrañas circunstancias, por cierto. Dice el amo al escudero:

Has de saber que en este nuestro estilo de caballería es gran honra tener una dama muchos caballeros andantes que la sirvan, sin que se estiendan más sus pensamientos que a servilla por sólo ser ella quien es, sin esperar otro premio de sus muchos y buenos deseos sino que ella se contente de acetarlos por sus caballeros.

—Con esta manera de amor —dijo Sancho— he oído yo predicar que se ha de amar a Nuestro Señor, por sí solo, sin que nos mueva esperanza de gloria o temor de pena. Aunque yo le querría amar y servir por lo que pudiese (I, capítulo XXXI).

Con su endopatía característica, Cervantes hace que Sancho, en su aserto final, dé a la tradición espiritual su expresión más cordial, viva y entrañable, al mismo tiempo que la conforma a la rusticidad del hablante. Además, hay que observar que, con esa creciente complejidad de formulación que distingue su obra, Cervantes hace que el juego conceptual describa una doble trayectoria que se halla en la *Galatea* sólo en parte. En la mente de don Quijote ha habido una trasposición de lo divino a lo humano, que en el momento de ser expresada provoca en la mente de Sancho la trasposición inversa de lo humano a lo divino.

El mundo natural en que viven estos pastores también tiene sus características propias, aunque mucho menos acusadas que en el concepto del amor. Desde luego, se trata, casi sin excepción, de la

---

[12] Sobre el soneto y su tradición espiritual y literaria, véanse Sister Mary Cyrla Huff, *The Sonnet «No me mueve, mi Dios». Its Theme in Spanish Tradition* (Washington, 1948); Marcel Bataillon, «El anónimo del soneto «No me mueve, mi Dios...», *NRFH,* IV (1950), 254-269; Leo Spitzer, «No me mueve, mi Dios...», *NRFH,* VII (1953), 608-617.

misma naturaleza esencializada que hemos visto rodar de novela en novela. Así y todo, la cita que sigue ofrece aspectos novedosos: «Aquí se vee en qualquiera sazón del año andar la risueña primauera con la hermosa Venus en ábito subcinto y amoroso, y Zéfiro que la acompaña, con la madre Flora delante, esparciendo a manos llenas varias y odoríferas flores. Y la industria de sus moradores ha hecho tanto, que la naturaleza, encorporada con el arte, es hecha artífice y connatural del arte, y de entrambas a dos se ha hecho vna tercia naturaleza, a la qual no sabré dar nombre» (II, 188-189). Al aparear Arte y Naturaleza todo escritor de aquella época deja vislumbrar algo de su postura intelectual íntima. Aquí ocurre lo propio. No es cuestión en este pasaje de supeditar jerárquicamente la Naturaleza al Arte, como se ha visto en otros novelistas representativos de la estética del siglo xvii. Se trata, más bien, de hacer funcionar ambos conceptos al unísono y en estrecha trabazón, con el fin de obtener un tercer término de características estético-naturales, pero en cuya consecución la parte activa («artífice») corresponde a la Naturaleza, como es de esperar en el momento quinientista. Así tenía que ser en una obra donde ocurre el famoso epíteto de Naturaleza: «mayordomo de Dios» (II, 63) [13].

A medida que se penetra en el mundo de la *Galatea* se va haciendo evidente un curioso movimiento pendular que deja pocos aspectos de la realidad novelable con una presentación única. Lo propio aquí es la presentación de la cosa y su contrapartida, muy al contrario de Montemayor, cuya característica normal es el desarrollo dentro de un esquema fijo. Algo de esto se ha visto ya con referencia a las historias intercaladas, pero el movimiento pendular es de una amplitud tal que marca indeleblemente la conformación de la *Galatea*. En este sentido, repasemos los primeros episodios de la novela: aparición de Elicio, vivir poético; aparición de Erasmo, vivir circunstancial —poetización de entrambos— irrupción de Carino y Lisandro, vivires circunstanciales. Un polo de la doctrina literaria neoaristotélica provoca la aparición de su opuesto, y sobre esta sucesión se estructura la novela. El mundo «poético» de la pas-

---

[13] Conviene recordar que treinta años después, en su última obra, Cervantes todavía sigue usando el mismo calificativo: «Mayordoma del verdadero Dios», llama a la Naturaleza en el *Persiles, BAAEE,* I, 644 a. Para quien quiera escucharlas, las notas iniciales de la obra cervantina se repiten con claridad hasta en su libro final. Por lo demás, términos semejantes aplicados a la Naturaleza se hallan en otros países; en Inglaterra, Richard Hooker, *Of the Laws of Eclesiastical Polity* (1594), la llama «God's instrument», *apud* Hiram Haydn, *The Counter-Renaissance* (Nueva York, 1950), pág. 39.

toril se ve invadido aquí por la circunstancia «histórica». Sería ocioso recoger todos los ejemplos, unos pocos bastan para ilustrar lo dicho. Estos pastores comen con toda regularidad (II, 205, 254, 278); algunos de ellos han hecho estudios universitarios (II, 75), mientras que otros han recorrido mucho mundo, del real, no de la Utopía (II, 30); el escenario bucólico se comparte entre los pastores y nobles cazadores de altanería (II, 6) o un grupo de caballeros y damas (II, 31). La propia geografía se desmitifica y se introduce una toponimia de sabor a rústica realidad física arroyo de las Palmas, soto del Concejo, fuente de las Pizarras (I, 43) [14]. En las historias intercaladas la geografía se actualiza con intensidad, en especial en la de Timbrio y Silerio, pero esto ocurre fuera del mundo pastoril, aunque sí lo afecta en forma indirecta, ya que ninguno de estos personajes se despoja de sus acumuladas experiencias vitales, y, al contrario, las comparte con los demás en el acto de la narración.

La vieja oposición entre corte y aldea se remoza aquí, pues no hay una condenación categórica de ninguno de los dos términos. El solo hecho de escribir una novela pastoril implica la apoteosis del término «aldea», pero Cervantes entiende el menester novelístico como desasido de dogmatismos y radicado, en vez, en el libre opinar de sus personajes. Esta clave de su labor creadora se da ya en la *Galatea,* aunque con la vacilación de los primeros pasos. Así, pues, el cortesano puede ser, a veces, superior al pastor, al menos en apariencia [15], o bien es un cortesano real el que dará la palma al pastor en este curioso discurso:

—Quando me paro a considerar, agradables pastores, la ventaja que haze al cortesano y sobervio trato el pastoral y humilde vuestro, no puedo dexar de tener lástima de mí mesmo, y a vosotros vna honesta embidia. —¿Por qué dizes esso, amigo Darintho? —dixo el otro cavallero. —Dígolo, señor —replicó esotro—, porque veo con quanta curiosidad vos y yo, y los que siguen el trato nuestro, procuramos adornar las personas, sustentar los cuerpos y augmentar las haziendas, y quán poco viene a luzirnos, pues la púrpura, el oro, el brocado que sobre nuestro cuerpo hechamos, como los rostros están marchitos de los mal degiridos

14 Ya había notado lo curioso de esta geografía Américo Castro, «La palabra escrita y el *Quijote*», *Hacia Cervantes,* pág. 293, nota. En vista de los ejemplos que anteceden, y de los que seguirán, me parece desacertada la opinión de Juan Antonio Tamayo, «Los pastores de Cervantes», *RFE,* XXXII (1948), 396: «Anotaré, solamente, el marcado carácter idealista de la obra. Cervantes ha querido construir un mundo pastoril desasido de toda traba actualizadora.»

15 «Estando en estas razones las pastoras, vieron que, por la ladera del valle por donde ellas mesmas yuan, se descubrían dos pastores de gallarda disposición y estremado brío, de poco más edad el vno que el otro; también vestidos, aunque pastorilmente, que más parescían en su talle y apostura vizarros cortesanos, que serranos ganaderos» (I, 95).

manjares, comidos a desoras, y tan costosos como mal gastados, ninguna cosa nos adornan, ni pulen, ni son parte para que más bien parezcamos a los ojos de quien nos mira, todo lo qual puedes ver differente en los que siguen el rústico exercicio del campo, haziendo experiencia en los que tienes delante, los quales podría ser, y aun es assí, que se huuiessen sustentado y sustentan de manjares simples y en todo contrarios de la vana compostura de los nuestros; y con todo esso, mira el moreno de sus rostros, que promete más entera salud que la blancura quebrada de los nuestros, y quán bien les está a sus robustos y sueltos miembros vn pellico de blanca lana, vna caperuça parda y vnas antiparas de qualquier color que sean, y con esto a los ojos de sus pastoras deuen de parecer más hermosos que los vizarros cortesanos a los de las retiradas damas. ¿Qué te diría, pues, si quisiesse, de la senzillez de su vida, de la llaneza de su condición y de la honestidad de sus amores? No te digo más sino que conmigo puede tanto lo que de la vida pastoral conozco, que de buena gana trocaría la mía con ella (II, 33-34).

La validez extra-literaria del tópico queda desmentida, sin embargo, por la propia vida del elocuente Darintho, quien se mantiene apegado a su ser cortesano, a pesar de su afirmación final. La vida otra vez triunfa sobre la teoría.

Idéntica ambivalencia se refleja sobre el tema de la mujer, lo que pone en crisis, de nuevo, los valores intrínsecos que rigen la pastoril. Dentro del platonismo predominante la belleza femenil es el reflejo terreno de la perfección divina [16], pero aun esta bondad suma inherente en la mujer queda librada al arbitrio de la opinión personal, y según la circunstancia en que se halle el individuo se podrá respaldar el polo opuesto de la valorativa. Como se dice de la propia heroína, o sea, el cúmulo de perfecciones: «Con quantas gracias y particulares dones que el cielo enriqueció a Galatea, al fin fin la hizo muger, en cuyo frágil subjeto no se halla todas vezes el conocimiento que se deue y el que ha menester el que por ellas lo menos que auentura es la vida» (I, 101).

El propio concepto de religión (*sensu lato*) queda afectado por la visión pendular. En las pastoriles anteriores éste es un concepto nebuloso que se desempeña, por lo general, en función de bambalina. Así y todo es de textura neopagana, con alusiones a Diana, Pan, ninfas, etc. En la *Galatea* la religión se estructura sobre la típica ambivalencia: a lo pagano se adosa lo específicamente cristiano, de modo tal que el concepto abraza los dos términos. Consecuente con la intención clasicizante de la pastoril, Cervantes transmuta la *iglesia*

---

[16] Canta Lauso de su amada: «Tus ojos son, de cuya luz serena / me viene la que al cielo me encamina: / luz de qualquiera escuridad agena, / segura muestra de la luz diuina» (II, 134). Véanse más ejemplos en F. López Estrada, *La «Galatea» de Cervantes*, págs. 46-47.

en *templo* (I, 55), el sacerdote convoca a los pastores «al lastimero son de su bozina» (II, 185), las vidas están regidas por Fortuna, etcétera. Pero en este impreciso mundo de contornos paganos se infiltran las alusiones actualizadoras al cristianismo: «los médicos y curas del lugar» (I, 8) o el «octavario de la fiesta» (I, 62)[17]. Sin esfuerzo aparente y sin mayor solución de continuidad se pasa de un polo a otro.

¿Cuál es el significado de este enorme movimiento pendular que abraza intencionalmente aspectos tan distintos de la realidad literaria, o bien física en ocasiones? Lo más indicativo es que se trata de un riguroso apareamiento de opósitos: el mito poético y la circunstancia real, corte y aldea, con primacía alternativa, feminismo y antifeminismo, paganismo y cristianismo. El método con que esto se lleva a cabo —entiéndase que no hablo de método dialéctico, sino de aquel compatible con la creación artística—, ese método es evidencia de una visión del cosmos poetizable como algo susceptible de síntesis. La intención del autor, puesta al servicio de la concordancia, tratará de crear una nueva *ars oppositorum* cuya mecánica estará determinada por la concepción de una meta-realidad literaria en la que estos opuestos podrán existir lado a lado, sin cancelación mutua. Esto implica una revolución imponderable en el esquema de las relaciones entre Vida y Literatura, ya que para dar efectividad a esa mecánica es imprescindible concebir al personaje literario como poseedor de una autarquía de existencia imposible dentro de las rígidas relaciones que predicaba la pastoril anterior. Porque la meta-realidad cervantina está basada en las opiniones de sus personajes, en las opiniones en cuanto ellas son actos de fe en la propia autonomía y unicidad de esas mismas creaciones literarias. De allí que la mujer sea perfecta o imperfecta, o que el propio personaje se conciba a sí mismo como rústico (Erastro), o como delicada criatura de arte (Elicio)[18], y cada uno de ellos será presentado, entonces, no en términos del autor demiurgo, sino con los atributos de su autorretrato, que son los del rústico circunstancial o los del pastor mítico.

[17] Hace años escribió Américo Castro, *El pensamiento de Cervantes,* pág. 256, nota: «En la *Galatea* la necesidad de colocar a los pastores en un ambiente abstracto "universal" y no "histórico", impide, que los sacerdotes (como el venerable Telesio) pertenezcan a una religión concreta.» Es muy cierto, pero el ambiente mixto estaba dado ya en el cuerpo de la novela.

[18] En su primera conversación con Elicio, dice Erastro, el referirse a su amor por Galatea: «Mal podré yo con mis simplezas enternecerla» (I, 8). Por lo demás, este doble y opuesto «autoconocimiento» se hace patente en las octavas que alternativamente entonan Elicio y Erastro (I, 10-12).

La novela pastoril anterior no podía ofrecer nada de esto, pues sus personajes están allí en función de una ideología en la que no cabe claudicación. El *hacer* no es incumbencia del personaje, ya que la sola preocupación que le está permitida es la de *ser*, al máximo, la condición insuflada por el autor: un pastor enamorado. De otra manera, la delicada máquina que sostiene el mundo pastoril caería desquiciada ante una insólita actividad para la que no estaba preparada.

Pero conviene poner las afirmaciones precedentes en una doble perspectiva que nos dará la medida del logro efectivo de la *Galatea*. Colocada en la tradición pastoril es de una novedad absoluta, que renueva el material de acarreo, al mismo tiempo que novela con aspectos de una realidad vedada por los cánones. Dentro de la imponente perspectiva de las obras cervantinas, la *Galatea* acusa muchas características que pasarán más adelante a la historia literaria como marcas indelebles del arte novelístico de su autor. Pero la intención de recrear una realidad integral, por encima de la circulante en las letras de su tiempo, queda fallida, pues el esfuerzo es prematuro. La armonía del cosmos poetizable no se logra, y a lo más que se llega es a adosar opuestos. Hay demasiada literatura para que esto pueda ser vida, y un exceso de vida que la aleja del idealismo del género. Mas lo que se debe tener muy en cuenta es que la *Galatea* plantea en forma cabal el problema de Vida y Literatura. Esta respuesta ha fallado, pero ya habrá otras, a cuya intelección recta ayudará la buena lectura de su primer novela.

Antes de terminar con la *Galatea* quiero mencionar con brevedad dos últimas cuestiones a ella referentes. La primera trata de la realidad histórica allí encubierta. En el prólogo a los «Curiosos lectores» Cervantes se defiende de la impropiedad de algunas disquisiciones en estos términos: «Mas aduirtiendo —como en el discurso de la obra alguna vez se haze— que muchos de los disfraçados pastores della lo eran sólo en el ábito, queda llana esta obiección» (I, xlix-l). Los cervantistas han aceptado gustosos la invitación a las identificaciones y éstas han cundido sobremanera [19]. Sólo tres de las identificaciones propuestas son seguras en mi opinión: Tirsi es Francisco de Figueroa; Meliso, don Diego Hurtado de Mendoza, y Astraliano es don Juan de Austria. Todas las demás son hipotéticas. Por ejemplo,

---

[19] López Estrada trae un buen resumen de las numerosas respuestas dadas al acertijo, *La «Galatea» de Cervantes*, págs. 157-167. En consecuencia, aligero esta sección todo lo posible.

quizá Damón sea Pedro Laínez [20]; Larsileo posiblemente sea el secretario Mateo Vázquez, y no don Alonso de Ercilla, como creía Rodríguez Marín, pues el gran poeta épico no tenía gran influencia en la corte, y Larsileo sí [21]; Siralvo con casi toda seguridad es Gálvez de Montalvo, mientras que con la misma seguridad se puede decir que Artidoro no es Andrés Rey de Artieda [22]. Y aquí dejo el problema, pues no veo que sus soluciones ayuden mucho en la comprensión de la *Galatea* como obra de arte.

El último punto a tratar se refiere a la posible influencia de Sannazaro. Desde un punto de vista formal no hay parecido alguno, ya que, como queda indicado, Cervantes parte de los modelos españoles del género. La imitación habrá que buscarla en el detalle, y aun allí es sobremanera difícil afirmar la derivación de Sannazaro, ya que Cervantes reelabora sus materiales al punto de hacer discutible la identificación de modelos. Así, por ejemplo, el libro VI de la *Galatea,* donde se recuentan las exequias de Meliso, es el que más semejanza tiene con la *Arcadia* (en especial las *prosas* X y XI, exequias de Massilia); sin embargo, el pasaje cervantino bien podría remontarse a la fuente de Sannazaro: el canto V de la *Eneida.* De todas maneras, se puede afirmar que nada de importancia en la *Galatea* deriva de la novela italiana [23].

[20] Es menos probable que sea don Hernando de Acuña, como quería F. Egea Abelenda, «Sobre la *Galatea* de Cervantes», *RABM,* XLII (1921), 548-554. Esta identificación no explica la entrañable amistad entre Damón y Tirsi.

[21] *Luis Barahona de Soto,* pág. 118, nota. El mismo erudito ya había adelantado esta identificación en *El Loaysa de «El celoso extremeño»* (Sevilla, 1901), pág. 317. Inaceptable es la identificación de José Toribio Medina, «El Lauso de *Galatea* de Cervantes, es Ercilla», *RR,* X (1919), 16-25. Luis Astrana Marín, *Vida ejemplar y heroica de Miguel de Cervantes Saavedra,* II (Madrid, 1949), 431-436, identifica a Lauso con el propio Cervantes. *Et sic de caeteris.*

[22] Los eruditos que así lo identifican se guían por la semejanza entre el nombre del pastor y el sobrenombre poético del dramaturgo valenciano, Artemidoro, así Rodríguez Marín, en los dos lugares citados en la nota anterior, y Armando Cotarelo Vallador, *Padrón literario de Miguel de Cervantes Saavedra* (Madrid, 1948), págs. 3-41, pero olvidan que Artidoro es personaje poético y que aparece en el episodio menos histórico de toda la novela.

[23] Opinión que ya habían expresado F. Torraca, *Gl'imitatori stranieri di Jacopo Sannazaro,* segunda ed. (Roma, 1882), pág. 23; Francisco Ynduráin, «Relección de *La Galatea*», *Cuadernos de Insula,* I (1947), 105-116; Marie A. Z. Wellington, «Sannazaro's Influence on the Spanish Pastoral Novel», págs. 90-107; López Estrada, *La «Galatea» de Cervantes,* págs. 95-99, acepta la influencia en algunos detalles. Contraria opinión es la de Mia Gerhardt, *La pastorale,* pág. 191: «L'originalité de l'élément pastoral est dans le fait même qu'il est étroitement imité de Sannazaro.» La comparación de ambas obras niega la validez de este aserto.

Es digno y justo que la última palabra sobre la *Galatea* la tenga su autor. A los «Curiosos lectores» les avisa: «Para más que para mi gusto solo le compuso mi entendimiento»: Mesura y conciencia de arte, o sea, íntima necesidad comunicativa. Así se presenta Cervantes en el mundo de las letras.

A los veinte años de publicada la *Galatea* el escritor da a la estampa su próxima novela: la primera parte del *Quijote* (1605). No falta aquí lo pastoril, con esa especie de eterno retorno temático tan característico de Cervantes, pero, como siempre, no es un volver por cansancio, sino para enriquecer el asunto a manos llenas con las posibilidades artísticas descubiertas en el intervalo. Lo pastoril aquí está representado, en especial, por el episodio de Grisóstomo y Marcela que ocupa los capítulos XI a XIV.

Al mundo pastoril llega Don Quijote maltrecho de su aventura con el escudero vizcaíno, y pletórico de lecturas que él rememora a boca llena en su conversación con Sancho (cap. X). Los acogen unos cabreros, y es al contacto con esta realidad circunstante que Don Quijote prorrumpe en su famoso discurso sobre la Edad de Oro. Pero la atención del hidalgo no está encaminada únicamente a la recreación hermética del mito —como ocurre en la pastoril—, sino más bien a presentar el contrapunto entre el «entonces» poético e inasible y el «agora» histórico y actualizado [24]. La exclusión mutua de ambos términos la subraya Cervantes al comentar acerca de sus respectivas actualizaciones parciales y del momento (Don Quijote la Poesía, los cabreros la Historia): «Toda esta larga arenga —*que se pudiera muy bien escusar*— dijo nuestro caballero, porque las bellotas que le dieron le trujeron a la memoria la edad dorada, y antojósele hacer aquel *inútil razonamiento* a los cabreros, que, sin respondelle palabra, *embobados y suspensos,* le estuvieron escuchando» (I, cap. XI, 106). Hay una incomprensión que pronto teñirá todo el episodio.

Terminado el discurso, la narración vuelve a enfocar a los cabreros, al plano de la realidad cotidiana. Pero las elocuentes palabras de Don Quijote han alertado nuestra imaginativa y procedemos dentro de un doble marco de referencias: el inmediato y circunstante de los rústicos cabreros, y el mediato y eludido del pastor ideal.

---

[24] Esta polarización del discurso ya fue notada por Joaquín Casalduero, *Sentido y forma del «Quijote»* (Madrid, 1949), págs. 74-76, pero no menciona cómo el contrapunto corre a lo largo de todo el episodio de Grisóstomo y Marcela, según se verá. El *Quijote* lo cito por la ed. de Martín de Riquer (Barcelona, 1944).

Sigue el contrapunto, pero con sordina ahora. Así cuando los rústicos desean agasajar a sus huéspedes, quieren «que cante un compañero nuestro que no tardará mucho en estar aquí; el cual es un zagal muy entendido y enamorado, y que, sobre todo, sabe leer y escrebir y es músico de un rabel, que no hay más que desear» (*ibidem*). Lo que es la excepción en el mundo histórico es la regla en el mundo poético.

La aparición del alabado zagal parece como si fuera a reproducir el armonioso mundo del mito: «Apenas había el cabrero acabado de decir esto, cuando llegó a sus oídos el son del rabel» (I, capítulo XI, 107). Pero con el nuevo cabrero en la escena las cosas vuelven a su perspectiva verista: él cantará, sí, pero no idílicos amores, sino un romance que le compuso su tío, el beneficiado, y que relata los amoríos y rencillas entre el cantor, Olalla y Teresa del Berrocal [25]. Termina el romance y Sancho remacha el clavo de la disparidad de mundos al recordarle a su amo: «El trabajo que estos buenos hombres tienen todo el día no permiten que pasen las noches cantando» (I, cap. XI, 109). El oficio vital es antagónico del poético.

De este mundo tupidamente circunstancial la narración se interna en el mundo poético de Grisóstomo. Mejor dicho, el relato del caso de Grisóstomo comienza por un nutrido sistema de alusiones que actualizan, en diverso contexto, el contrapunto inicial entre el «entonces» y el «agora». El conflicto se plantea aquí en estos términos:

[Grisóstomo] mandó en su testamento que le enterrasen en el campo, como si fuera moro, y que fuera al pie de la peña donde está la fuente del alcornoque, porque, según es fama, y él dicen que lo dijo, aquel lugar es adonde él la vio la vez primera. Y también mandó otras cosas, tales, que los abades del pueblo dicen que no se han de cumplir ni es bien que se cumplan, porque parecen de gentiles. A todo lo cual responde aquel su gran amigo Ambrosio, el estudiante, que también se vistió de pastor con él, que se ha de cumplir todo, sin faltar nada, como lo dejó mandado Grisóstomo, y sobre esto anda el al piadoso cielo» (I, cap. XII, 110).

Grisóstomo vive una verdad poética: por amores se vuelve pastor y su última voluntad es que lo entierren en el lugar donde por

---

[25] Entre otras cosas dice allí: «No te quiero yo a montón, / ni te pretendo y te sirvo / por lo de barraganía; / que más bueno es mi designio.» Hay que observar que esta declaración amorosa está más cercana a la definición del amor en la Edad de Oro que acaba de dar don Quijote, que todos los retóricos y encendidos versos de Grisóstomo («Entonces se decoraban los conceptos amorosos del alma simple y sencillamente del mesmo modo y manera que ella los concebía, sin buscar artificoso rodeo de palabras para encarecerlos»). La naturalidad de la vida es superior a la literarización en que vive Grisóstomo.

primera vez vio a su amada, tema popularísimo en el tradicional testamento de amor [26]. El se encierra y aferra a un «entonces» inactualizable que provoca la violenta reacción de los abades del lugar que viven el «agora» histórico.

Pero no es Grisóstomo el único que se ha vuelto pastor por amores. La hermosura de Marcela ha trascordado a muchos más y allí en la sierra se forma un mundillo pastoril de nítidas características poéticas [27]. Pero el mundo pastoril es una realidad previa, dada e inconcusa, mientras que aquí nos hallamos ante algo ficticio y de motivación racional que se sostiene por el voluntarismo de Marcela, de querer ser ella misma en su condición pastoril, lo que, a su vez, desencadena la metamorfosis colectiva. Equivale esto a racionalizar el mito y desmontarlo pieza a pieza para mostrar su mecanismo interior, pero al mismo tiempo demuestra su accesibilidad: una serie de circunstancias nada extraordinarias provoca la reaparición del mito, aunque con matices localistas.

La muerte de Grisóstomo nos retrotrae al contrapunto inicial. Por muchos años, una lectura apresurada del texto había hecho opinar a los críticos que su muerte había sido natural. Américo Castro fue el primero en indicar que algunos versos de la *Canción desesperada* son claro indicio de suicidio. En otra ocasión me he ocupado más largamente del problema, por lo que me limitaré a resumir lo que ya he dicho [28]. Las pruebas, tales cuales las presenta Cervantes, son tan fuertes en un sentido como en otro: allí se nos dan todos los elementos de juicio para dictaminar que Grisóstomo murió suicida o de muerte natural. El autor, con actitud característica, rehusa fallar. Y todo esto da a la muerte del pastor-estudiante coherencia absoluta dentro del episodio, que se abre con esa grandiosa nota de ambivalencia que es el discurso de la Edad de Oro y se prosigue con continuas y sabias modulaciones de la doble presentación hasta rematar en otra ambivalencia: suicidio-muerte natural.

El resto del episodio está ocupado por la arisca y voluntariosa figura de Marcela. Como se ha visto con anterioridad en referencia

[26] Véase Pilar García de Diego, «El testamento en la tradición», *Revista de Dialectología y Tradiciones Populares,* X (1954), en esp. 400-410.

[27] «Aquí sospira un pastor, allí se queja otro; acullá se oyen amorosas canciones, acá desesperadas endechas. Cuál hay que pasa todas las horas de la noche sentado al pie de alguna encina o peñasco, y allí, sin plegar los llorosos ojos, embebecido y transportado en sus pensamientos, le halló el sol a la mañana, y cuál hay que, sin dar vado ni tregua a sus suspiros, en mitad del ardor de la más enfadosa siesta del verano, tendido sobre la ardiente arena, envía sus quejas de la hermosa Leandra» (I, cap. xii, 514).

[28] «La *Canción desesperada* de Grisóstomo», *NRFH,* XI (1957), 193-198.

a otras vidas novelísticas cervantinas. Marcela da oportunidad al autor para eslabonar pasado y futuro. Mirando hacia el pasado, este episodio se relaciona directamente con el de Galercio y Gelasia en la *Galatea* (l. VI). En ambos casos se trata de mujeres desamoradas, cuya condición lleva a sus amantes al suicidio, probable en el *Quijote*, frustrado en la *Galatea*. Hasta las circunstancias de la aparición de ambas heroínas se repiten: desde lo alto de una roca las dos contemplan los cuerpos exánimes de sus amadores. Pero en la novela pastoril la argumentación apenas si se esboza en el inadecuado soneto que canta Gelasia (II, 266). En el *Quijote* esto se convierte en elocuente y acabada defensa del libre arbitrio de la mujer en cuestiones de amor, discurso al que confiere validez vital la íntegra voluntad que despliega Marcela.

Con vistas al futuro, el episodio repercute dentro de la misma primera parte del *Quijote*, en la historia de Leandra (cap. li). Hay dos tipos de aproximaciones. La primera es la repetición del escenario pastoril; de nuevo se trata de un mundillo bucólico facticio, donde diversos enamorados de Leandra vienen a llorar, no su dureza, sino su malaventurada blandura con el picaresco soldado Vicente de la Rosa[29]. Nuevamente: inmediatez del mundo pastoril y escrutinio raciocinante de sus componentes. El otro punto de aproximación es el tema tratado: en común con Gelasia y Marcela, Leandra usa de su libre albedrío para disponer de su amor. Pero, como no es de extrañar en Cervantes, el desenlace del caso es aquí muy distinto. La enjundia de vida única e irrepetible que lleva Leandra da al traste con todos los aspectos teóricos Lo que en Gelasia y Marcela se da como una voluntad de querer seguir siendo algo (mujeres libres y desamoradas), en Leandra aflora como una voluntad de querer dejar de ser algo (una modesta moza pueblerina), y la diversidad de tensión se resuelve en la catástrofe personal de Leandra.

El episodio de Grisóstomo y Marcela brilla con extraños destellos. Es, por un lado, una majestuosa orquestación del acuciante tema cervantino de la realidad ambivalente, que se escinde aquí con nitidez en sus componentes: Edad de Oro —Edad de Hierro; «entonces» poético— «agora» histórico; pastor mítico —pastor real (cabreros); pastor fingido (Grisóstomo y amigos)— pastor real; ca-

---

[29] «A imitación nuestra, otros muchos de los pretendientes de Leandra se han venido a estos ásperos montes usando el mismo ejercicio nuestro; y son tantos, que parece que este sitio *se ha convertido en la pastoral Arcadia*, según está colmo de pastores y de apriscos, y no hay en él donde no se oiga el nombre de la hermosa Leandra» (I, cap. li, 514).

ballero mítico —pastor real; caballero real— pastor fingido (amigos de Grisóstomo); obligación de amar —libre albedrío; religión (abades)— mito (Grisóstomo); Arcadia mítica Arcadia facticia; poesía rústica— poesía artística; lenguaje rústico (cabreros) —lenguaje correcto (don Quijote); suicidio— muerte natural, y otras muchas parejas antinómicas que coexisten ahora en íntima trabazón en la circunstancia artística, y con lo que queda superado el problema que plantea la *Galatea*. Por otra parte, el episodio es nexo vital —de vida artística, desde luego— que articula y vigoriza un largo tramo de la cadena ideológica cervantina (el libre albedrío en la mujer) que todavía animará obras muy posteriores [30].

Años más tarde Cervantes vuelve al tema pastoril con ánimo que los estudiosos, casi sin excepción, han considerado abiertamente crítico. El largo pasaje ocurre en el *Coloquio de los perros (Novelas ejemplares,* 1613) y está puesto en boca de Berganza, quien después de huir de Sevilla se ha puesto a trabajar como perro de rebaño. Mientras estuvo en Sevilla, Berganza había oído leer novelas pastoriles —la *Arcadia* de Lope, la *Galatea* del propio Cervantes y *El pastor de Fílida* de Gálvez de Montalvo—, y sus reflexiones están provocadas por la distancia que él ve entre la realidad en que está inmerso y la de los libros: «Consideraba que no debía ser verdad lo que había oído contar de la vida de los pastores, a lo menos de aquellos que la dama de mi amo leía en unos libros cuando yo iba a su casa» (*BAAEE,* I, 228b). A esto sigue la larga tirada, que debe ser copiada íntegra:

Digo que todos los pensamientos que he dicho, y muchos más, me causaron ver los diferentes tratos y ejercicios que mis pastores y todos los demás de aquella marina tenían de aquellos que había oído leer que tenían los pastores de los libros, porque si los míos cantaban, no eran canciones acordadas y bien compuestas, sino un *Cata al lobo do va, Juanica,* y otras cosas semejantes; y esto no al son de chirumbelas, rabeles o gaitas, sino al que hacía el dar un cayado con otro, o al de algunas tejuelas puestas entre los dedos; y no con voces delicadas, sonoras y admirables, sino con voces roncas, que, solas o juntas, parecían no que cantaban, sino que gritaban o gruñían. Lo más del día se les pasaba espulgándose o remendando sus abarcas; ni entre ellos se nombraban Amarilis, Fílidas, Galateas y Dianas, ni había Lisardos, Lausos, Jacintos ni Riselos; todos eran Antones, Domingos, Pablos o Llorentes; por donde vine a entender lo que pienso deben de creer todos: que todos aquellos libros son cosas soñadas y bien escritas para entretenimiento de los ociosos, y no verdad alguna; que a serlo, entre mis pastores hubiera alguna reliquia de aquella felicísima vida, y de aquellos amenos prados, espaciosas selvas, sagrados montes,

[30] Pienso en pasajes como los que se pueden leer en *La gitanilla, BAAEE,* I, 109 b-110 a, y en el *Quijote,* II, cap. xix.

hermosos jardines, arroyos claros y cristalinas fuentes, y de aquellos tan honestos cuanto bien declarados requiebros y de aquel desmayarse aquí el pastor, allí
la pastora, acullá resonar la zampoña del uno, acá el caramillo del otro
(*BAAEE*, I, 229 a).

La crítica, por lo general, ha visto en este pasaje una negación
de la novela pastoril, lo que sí sería extraño en un escritor que se
inicia en las letras con la *Galatea* y muere prometiendo su continuación [31]. Pero quizá si abandonamos el texto en cuestión por un momento, para adquirir un poco de perspectiva —y muy amplias las
necesita siempre la exégesis cervantina— las cosas se aclaren en
cierta medida.

Por lo pronto, el volumen en que está impreso el *Coloquio* está
dedicado, precisamente, a entretener, una de las censuras de Berganza al género pastoril. Como se dice en el prólogo de estas *Novelas
ejemplares*: «Mi intento ha sido poner en la plaza de nuestra república una mesa de trucos, donde cada uno pueda llegar a entretenerse
sin daño de barras» (ed. cit., pág. 100). La censura se embota un
tanto al leer de esta comunidad de intención entre la pastoril y el
propio *Coloquio*. Pero esta situación anómala se agudiza cuando se
reflexiona sobre el puesto del diálogo entre Cipión y Berganza dentro de las *Novelas ejemplares*. A diferencia de las demás, el *Coloquio*
no es novela independiente, sino que está íntimamente unida a la
que le antecede, *El casamiento engañoso*. En ésta, el alférez Campu-
zano se halla en el hospital sudando sus pecados, y una noche de
pesadilla febril (¿o es desasosegado insomnio?) oye la conversación
entre los perros, que más tarde transcribe y da a leer a su amigo, el
licenciado Peralta. Este texto de vagarosa genealogía constituye el
Coloquio. Mas para ajustar el enfoque con que se debe escudriñar
el diálogo perruno es menester copiar las palabras finales del alférez,
rezumantes de problematismo total:

Muchas veces después que los oí [a los perros], yo mismo no he querido
dar crédito a mí mismo, y he querido tener por cosa soñada lo que realmente
estando despierto con todos mis cinco sentidos, tales cuales Nuestro Señor fue
servido dármelos, oí, escuché, noté y finalmente escribí sin faltar palabra por su
concierto, de donde se puede tomar indicio bastante que mueva y persuada a

[31] Así, por ejemplo, Menéndez Pelayo, *Orígenes*, I, cdlxxxii: «No puedo omi-
tir... la crítica mucho más punzante y desapiadada que de aquel falso ideal
poético hizo Cervantes por boca de Berganza.» Hasta López Estrada, tan buen
conocedor de la *Galatea*, se ha dejado influir por la opinión del gran maestro,
cf. «Sobre *La Galatea* de Cervantes», *Homenaje a Cervantes*, ed. Francisco
Sánchez-Castañer, II (Valencia, 1950), 74-75. Nada de nuevo agrega el largo
estudio del *Coloquio* que ha hecho Agustín G. de Amezúa, *Cervantes creador
de la novela corta española*, II (Madrid, 1958), 396-501.

creer esta verdad que digo... A mi pesar y contra mi opinión, vengo a creer que no soñaba y que los perros hablaban... Pero puesto caso que me haya engañado y que mi verdad sea sueño, y el porfiarla disparate, ¿no se holgara vuesa merced, señor Peralta, de ver escritas en un coloquio las cosas que estos perros, o sean quien fueren, hablaron? (ed. cit., pág. 226 a y b).

Este vértigo de dudas se introduce directamente en el cuerpo del *Coloquio*, pues al largarse a hablar los perros, pregunta Berganza si alguien los escucha, a lo que responde Cipión: «Ninguno, a lo que creo, puesto que aquí cerca está un soldado tomando sudores; pero en esta sazón más estará para dormir que para ponerse a escuchar a nadie» (pág. 227 a). Y más adelante dice Berganza: «De lo que has dicho vengo a pensar y creer que todo lo que hasta aquí hemos pasado, y lo que estamos pasando, es sueño» (pág. 241 a). ¿Es esto, pues, sueño o realidad? El problematismo queda intacto, sin zanjarse, pero se atenúa de esta manera —y problematiza también— otra de las censuras de Berganza a la pastoril («son cosas soñadas y bien escritas»). ¿Pero no es esto, precisamente, lo que es el *Coloquio*? Quizá no. Mas debería aleccionarnos para no tomar como afirmaciones taxativas todo lo que allí se contiene. Quede, por el momento, la crítica a la novela pastoril oscilante entre el sí y el no de la duda.

Conviene ahora ver de cerca el problema. Por la postura del crítico Berganza es evidente que él censura la verdad poética por no ajustarse a la verdad histórica, lo que, forzosamente, hace a aquélla mentirosa. Porque el patrón único de la verdad para este *cínico* filósofo es la experiencia, lo que él ha visto en sus múltiples correrías. Pero para Cervantes la experiencia, a pesar de la actitud casi unánime de la crítica, es método de conocimiento falaz, y lo que es peor, de posibles consecuencias trágicas, como bien nos avisa el caso de otro *experimentador*, el Anselmo del *Curioso impertinente*. En cierta oportunidad el propio Berganza, guiado por la experiencia, de índole matemática esta vez, no alcanza a salir de la duda [32].

Pero hay más. Si se aplica con rigor y método el punto de vista histórico y experimental de Berganza, toda verdad poética es una superchería, no sólo la novela pastoril. De las primeras obras en volatilizarse al toque de este empirismo sería el propio *Coloquio de los perros*. Pero es imposible imaginar un nihilismo que desde la gestación condena la obra de arte a la aniquilación. Lo que ocurre en el

---

[32] «El poeta... sacó de la faltriquera... obra de veinte pasas, que a mi parecer entiendo que se las conté, y aún estoy en duda si eran tantas» (pág. 243 a). No puedo entrar ahora en la cuestión del anti-empirismo de Cervantes, remito, pues, a mi *Conocimiento y vida en Cervantes* (Buenos Aires, 1959), donde trato de ello extensamente.

Coloquio es que hay un profundo subjetivismo que matiza la verdad (artística o histórica) con todos los colores de las afinidades electivas del opinante. No en otra forma se ve allí mismo el hecho físico e indudable del desmayo de la bruja Cañizares: «[Algunos] se dieron a entender que estaba en éxtasis y arrobada de puro buena; otros hubo que dijeron: Esta puta vieja sin duda debe de ser bruja, y debe de estar untada, que nunca los santos hacen tan deshonestos arrobos» (pág. 240 b). Berganza, a su vez, expresa *su* opinión acerca de la pastoril, y la valida con la fuerza de su experiencia. Pero esto no le quita un ápice de su verdad poética a la novela pastoril, al punto que el prosaico Berganza se deja arrebatar por su imaginación creadora al describir la situación novelesca con que se cierra la larga cita copiada más arriba, y se despeña por la vertiente poética, la que él precisamente niega, hasta que su amigo le interrumpe: «CIPIÓN: Basta, Berganza, vuelve a tu senda y anda. BERGANZA: Agradézcote, Cipión, porque si no me avisaras, de manera se me iba calentando la boca, que no parara hasta pintarte un libro entero destos que me tenían engañado». Desde un punto de vista de fría objetividad, la pastoril literaria es un mundo falso, inexistente, afirmación que el ser subjetivo de Berganza desmiente de inmediato al recrearlo imaginativamente ante nuestros ojos [33].

El *Coloquio de los perros,* en su pasaje de malentendida y aparente censura, polariza las dos grandes posibilidades ínsitas en la pastoril, aunque se dan en un orden inverso al de su aparición cronológica. Primero viene aquí la «despastorilización» de la previa realidad poética, que asume ahora la forma de suplantación de categorías ideales por categorías reales (Llorente, no Lisardo; *Cata al lobo do va, Juanica,* no «canciones acordadas», etc.). Pero a esto le sigue de cerca la «pastorilización» efectiva final de Berganza. Dentro del problematismo general que representa la confección del *Coloquio* parece como si con esta doble presentación —que también se escinde en sus subcomponentes— hubiéramos llegado a un callejón sin salida donde el autor nos abandona rodeados de dudas. Pero esto no es vano ejercicio de dialéctica ergotista, sino que tiene pleno sentido racional y estético. Para hallarlo debemos tener presentes, a la vez, la estructura general del *Coloquio* y la particular de la censura. Desde un realismo inexistente —ideal, ya que el diálogo perruno es poesía

---

[33] Hay en el *Coloquio* otro tipo de subjetivismo (el personal del autor), pero no es el que me concierne aquí; véase, sin embargo, Pedro Laín Entralgo, «Coloquio de dos perros, soliloquio de Cervantes», *Vestigios. Ensayos de crítica y amistad* (Madrid, 1948), págs. 47-66.

(invención) pura— se critica un idealismo existente, como que el propio Berganza se dispara por él. La crítica se fundamenta en la inexistencia de este ideal en la realidad, pero esta misma se halla firmemente encabalgada en aquél. Estas complejas interrelaciones suponen un concepto de la vida y la literatura (realidad-ideal, historia-poesía, etc.) en la que ambos términos están inextricablemente unidos, al punto que la eficacia del uno implica la actividad agente del otro. El pasaje no es censura, por lo tanto, sino fecundación máxima de esa meta-realidad que se ha forjado Cervantes y de la que participa plenamente la novela pastoril [34].

En la segunda parte del *Quijote* el tema pastoril aparece varias veces: la primera en las bodas de Camacho y Quiteria (caps. xix-xxi). Como se ha visto en más de una oportunidad en este capítulo, el núcleo del episodio hay que buscarlo en la *Galatea*. Allí, en el libro III, se relatan las bodas de Daranio y Silveria, con gran comunidad de circunstancias. Pero lo que antes había sido visto desde el ángulo intemporal del mito, ahora cae de lleno bajo el foco de actualización realista. Los protagonistas mantienen sus papeles, pero han trocado sus condiciones; de pastores míticos a labradores de la Mancha. La correspondencia entre ellos es: Daranio-Camacho, Silveria-Quiteria, Mireno-Basilio [35].

La boda en la *Galatea* no tiene el desenlace tragicómico que en el *Quijote*, pero la comparación es interesante para observar cómo una misma realidad humana (un casamiento y un amante despechado) se tornasola bajo la influencia de una «pastorilización» o «socialización» de la materia dada. La intemporalidad del mito hace que en

---

[34] La solución a la antítesis neoaristotélica entre Historia y Poesía que Toffanin (*La fine dell'Umanesimo*) y Castro (*El pensamiento de Cervantes*) centraron en *Quijote*, II, cap. III, estaba implícita en el *Coloquio*, como se puede apreciar.

[35] Hay ecos verbales también: «Por ser Daranio vno de los más ricos pastores de toda aquella comarca, y Silueria de las más hermosas pastoras de toda la ribera» (*Galatea*, I, 191): «Un labrador y una labradora, él, el más rico de toda esta tierra; y ella la más hermosa que han visto los hombres» (*Quijote*, II, cap. xix, 675); «Estava la plaça tan enramada, que vna hermosa verde floresta parecía, extretexidas las ramas por cima de tal modo, que los agudos rayos del sol en todo aquel circuyto no hallauan entrada para calentar el fresco suelo» (*Galatea*, I, 198): «Hásele antojado de enramar y cubrir todo el prado por arriba, de tal suerte que el sol se ha de ver en trabajo si quiere entrar a visitar las yerbas verdes de que está cubierto el suelo» (*Quijote*, II, cap. xix, 675); «Estaba Mireno con los ojos tan fixos en el suelo, y tan sin hazer mouimiento alguno, que vna estatua semejaua» (*Galatea*, I, 184); Basilio «claua los ojos en la tierra, con tal embelesamiento, que no parece sino estatua vestida que el aire le mueve la ropa» (*Quijote*, II, cap. XIX, 677). Hay más ejemplos.

la *Galatea* lo realmente circunstancial de unas bodas se diluya en la vaguedad de las referencias a un «templo» (que no iglesia) y a un «sacerdote» que efectuó las «acostumbradas ceremonias» (I, 198). El lado material de estos festejos también se esfuma en el doble proceso de alusión y elusión: «Quiso Daranio hazer públicamente demostración de sus riquezas, haziendo a todo el pueblo vn generoso y sumptuoso combite» *(ibidem)*, que no se describe. Lo que sí recibe amplio tratamiento es el aspecto inmaterial de esos festejos, la larga égloga que recitan Orompo, Marsilio, Crysio y Orfenio y que «de la ocasión de sus mesmos dolores hauían compuesto» (I, 199-222).

En el *Quijote* la misma materia se da minuciosamente circunstancializada, en íntima asociación con lo concreto rústico [36]. Las bodas se pormenorizan, y el cura surge, a pesar de su breve actuación, como «varón prudente y bien intencionado» (cap. xxi, 696). La descripción fríamente retórica de Silveria, (*Galatea*, I, 193) se actualiza ahora con toda jugosidad ante las rústicas hipérboles que provoca en Sancho la belleza de Quiteria («es una chapada moza, y que puede pasar por los bancos de Flandes»). Los festejos, descritos en detalle, consisten en danzas de espada y cascabel menudo, y el materialismo soslayado antes se hace presente con fuerte impacto en los sensuales párrafos que describen los preparativos para la pantagruélica comilona (cap. xx, págs. 682-684). Por último, la artística égloga trémula de pasión vivida se transmuta en una «danza de artificio, de las que llaman habladas», escrita por «un beneficiado de aquel pueblo, que tenía gentil caletre para semejantes invenciones» (cap. xx, 688).

Ahora cabe preguntarse qué fin cumple esta recreación de la misma materia artística. La solución a la tradicional antítesis entre Historia y Poesía ya estaba dada, y el autor se complace en volver a una realidad poética en su esencia para engastarla ahora en el meollo de la circunstancia real. Esto no implica en absoluto el derrumbe del mito, que mantiene su integridad prístina, sino que pone en evidencia la nueva y posible simultaneidad de enfoques, por los que la misma materia puede ser vista desde el mito intemporal o desde el acaecer cotidiano, y en los dos casos su identidad se perfila nítida, aunque en diferentes niveles. Los múltiples y buscados paralelos entre ambos episodios, dentro de su diferencia de ambientes,

---

[36] Aunque echa por otros caminos, véase F. Sánchez y Escribano, «De la técnica realista en algunos cuentos pastoriles del *Quijote*», *AC*, IV (1954), 113-117.

dan fe de la deliberada intención que aúna y separa las dos realidades artísticas en la mente de su creador.

El próximo episodio de índole pastoril es el de la fingida Arcadia (cap. lviii), que sirve principalmente de disparador del idealismo de don Quijote. Un grupo de gente acomodada se ha reunido en un bosque con el fin exclusivo de deleitarse por el momento reviviendo la vida arcádica. Ellos tienen plena conciencia de la artificialidad de este mundo ficticio, que esto es representación y no vida. Como dice una de las fingidas pastoras: «Traemos estudiadas dos églogas, una del famoso poeta Garcilaso, y otra del excelentísimo Camoes, en su misma lengua portuguesa, las cuales hasta agora no hemos representado» (pág. 963). La pastoril se entiende, pues, como pura adjetivación, y fuente sólo de regocijo. Con pleno conocimiento de causa se permite que la vida se haga literatura, pero siempre dentro de los límites preestablecidos por el hecho de saberse actores. En ese momento irrumpe don Quijote en medio del tablado. Cuando se entera de la ocupación de las fingidas pastoras, comienza por reconocerlas como tales —«estas señoras zagalas contrahechas» las llama (pág. 965)—, pero de inmediato decide sostener un «paso honroso» en defensa de su belleza. Y entonces la literatura, que para don Quijote es vida, le hace elevar, por un acto de voluntad, la circunstancia teatral y falsa a su primigenio nivel mítico. Plantado en el medio del camino reta a los pasantes, pues allí está él «para defender que a todas las hermosuras y cortesías del mundo exceden las que se encierran en *las ninfas habitadoras destos prados y bosques*» (pág. 966). La metamorfosis de las contrahechas zagalas en silvanas ninfas estriba en el mismo voluntarismo que ha convertido a Alonso Quijano en don Quijote: en ambos casos es un limpio dispararse hacia el ideal habiendo cortado amarras antes con la circunstancia real. Esa metamorfosis, que es pura abstracción del hidalgo, da la momentánea impresión de haber recreado el orbe pastoril del mito. Pero Cervantes no condona abstracciones de ningún tipo, y menos aquellas que tienden a disociar enteramente ideal de realidad, como bien demuestran los sucesivos descalabros de don Quijote. La circunstancia que surge aquí para demostrar al héroe su error es el tropel de toros bravos que lo deja brutalmente pisoteado en el camino [37].

[37] J. A. Tamayo, «Los pastores de Cervantes», *RFE,* XXXII (1948), 402, encuentra que el episodio de la fingida Arcadia es análogo al de Grisóstomo y Marcela, porque en ambos se literariza la vida. El parecido no pasa de ser muy superficial: los cortesanos del cap. lviii juegan, pretenden que están momentáneamente en Arcadia, mientras que Grisóstomo, nuevo Quijote, vive su ficción poética hasta el fin trágico, y aún más allá (su testamento).

Cuando don Quijote vuelve derrengado y vencido de Barcelona, pasa por el mismo lugar (cap. lxvii). Su derrota le ha cerrado las puertas al ad-mundo caballeresco, pero el héroe siente la necesidad imperiosa de seguir respirando ambientes ideales, ya que la inmersión continua y absoluta en la realidad física es mortal. El ha hallado su identidad en el vivir poético y se aferra a él con todas sus fuerzas [38]. Al efecto, el recuerdo de la fingida Arcadia dispara su imaginación hacia la otra puerta a las zonas del ideal: el mundo pastoril. Con su voluntariosa imaginativa don Quijote recrea en un instante un orbe bucólico de atributos cabales:

> Yo compraré algunas ovejas, y todas las demás cosas que al pastoral ejercicio son necesarias, y llamándome yo *el pastor Quijotiz,* y tú *el pastor Pancino,* nos andaremos por los montes, por las selvas y por los prados, cantando aquí, endechando allí, bebiendo de los líquidos cristales de las fuentes, o ya de los limpios arroyuelos, o de los caudalosos ríos. Daránnos con abundantísima mano de su dulcísimo fruto las encinas, asiento los troncos de los durísimos alcornoques, sombra los sauces, olor las rosas, alfombras de mil colores matizadas los estendidos prados, aliento el aire claro y puro, luz la luna y las estrellas, a pesar de la escuridad de la noche; gusto el canto, alegría el lloro, Apolo versos, el amor conceptos, con que podremos hacernos eternos y famosos, no sólo en los presentes sino en los venideros siglos (págs. 1030-1031).

Acostumbrado a los actos heroicos, don Quijote pronuncia el *fiat lux* de su nuevo mundo sin mayores ceremonias. Lo primero a que atiende es a la circunstancia hallable en el orden ideal (ovejas y «demás cosas»). De inmediato se corta contacto con el mundo habitado hasta el momento. El nombre propio siempre ha sido considerado índice de orientación vital y un cambio en ésta repercutirá en aquél (Saulo de Tarso-San Pablo). Así lo entiende nuestro héroe, cuyas distintas vivencias se han ido cristalizando en una verdadera revolución onomástica: Alonso Quejana-don Quijote de la Mancha-Caballero de la Triste Figura-Caballero de los Leones, etc. Ahora llega el momento de reorientar su vida, abandonar su vieja personalidad, dejar un mundo y entrar en otro. Todo esto se refleja en el acto de auto-bautismo: don Quijote voluntariamente se convierte en el pastor Quijotiz. Con rigor y método se prosigue esta creación *ab initio:* Sancho será ahora el pastor Pancino, Sansón Carrasco el pastor Carrascón, el barbero Miculoso, el cura Curiambro, etc. El mundo pastoril recién creado rápidamente se torna hermético, como denotan no sólo estas personalidades desprendidas de sus encarnaciones previas, sino también la propia naturaleza, desasida de su realidad por el continuo uso de

---

[38] V. Mario Casella, *Cervantes. Il Chisciotte,* II (Florencia, 1938), 363 s.

superlativos. En suma, don Quijote ha efectuado una pastorilización uniforme y absoluta [39].

Sancho, como es costumbre en él, empieza por aceptar la validez de la creación de su amo, pero, como también es usual en él, pronto la desvirtúa al abrirle ventanas a la realidad:

Yo soy, señor, tan desgraciado, que temo no ha de llegar el día en que en tal ejercicio me vea. ¡Oh, qué polidas cuchares tengo de hacer cuando pastor me vea! ¡Qué de migas, qué de natas, qué de guirnaldas y qué de zarandajas pastoriles, que, puesto que no me granjeen fama de discreto, no dejarán de granjearme la de ingenioso! Sanchica mi hija nos llevará la comida al hato. Pero ¡guarda! que es de buen parecer, y no querría que fuese por lana y volviese trasquilada; y también suelen andar los amores y los no buenos deseos por los campos como por las ciudades, y por las pastorales chozas como por los reales palacios, y quitada la causa se quita el pecado (pág. 1033).

Como ocurre en toda la novela hay aquí una nueva polarización de esfuerzos: los de Sancho para atraer todo al mundo fenoménico; los de don Quijote para atraerlo al numénico. El amo piensa en el mundo desmaterializado del ideal literario, donde, como lo había expresado con ocasión de su discurso sobre la Edad de Oro, «entonces sí andaban las simples y hermosas zagalejas de valle en valle y de otero en otero, en trenza y en cabello, sin más vestidos que aquellos que era menester para cubrir honestamente lo que la honestidad quiere y ha querido siempre que se cubra» (I, cap. xi, 105). Sancho, en vez, está como siempre atento a la circunstancia real y sabe bien que el campo donde él se ha criado dista mucho de la perfección del ideal.

Creo que tampoco aquí cabe hablar de una invalidación del idealismo pastoril por la realidad material. El mundo bucólico se ve por dentro y por fuera, más aún, desde dentro se mira hacia afuera, como hace Sancho. Pero con todo este perspectivismo, llega un momento al final de la historia en que aquellos seres más anti-poéticos insisten en proporcionar a don Quijote la circunstancia pastoril y compartir con él su vivir poético. En su última enfermedad le dijo Sansón Carrasco, el propio causante de la despoetización del hidalgo, «que se animase y levantase, para comenzar su pastoral ejercicio, para el cual tenía ya compuesta una égloga, que mal año para cuantas Sannazaro había compuesto, y que tenía comprados de su propio dinero dos famosos perros para guardar el ganado» (II, cap. lxxiv, 1.068).

[39] La creación es completa, hasta con casos de amor: «Yo me quejaré de ausencia; tú te alabarás de firme enamorado; el pastor Carrascón, de desdeñado; y el cura Curiambro, de lo que él más puede servirse» (pág. 1033).

En la hora de la verdad el orbe pastoril recobra su propiedad prístina, aun en boca de aquellos que más han luchado por la consagración de la materia [40].

Recapitulemos brevemente: de la *Galatea* a la segunda parte del *Quijote* el tema pastoril describe una nítida trayectoria que abarca treinta años del más ponderado y ponderable quehacer literario. La *Galatea* parte del campo pastoril, cuyos ideales Cervantes sustenta en todo momento, y con este arraigo trata de efectuar la síntesis artística del cosmos poetizable. El fracaso consiguiente —que en cualquier otro escritor de su tiempo se habría considerado un triunfo—, ese fracaso se debe atribuir a que el énfasis del esfuerzo creativo está puesto sobre el término Literatura (lo ideal), cuyo esquema presupuesto en el género practicado no da plena libertad de movimiento a la realidad vital. Obra aleccionadora, sin embargo, ya que el próximo punto de partida será el término antinómico. De la Vida en todo su problematismo parte el *Quijote,* pero un concepto de vida que lleva ínsito la Literatura. El hombre funciona como su propio patrón y su voluntad de querer ser algo lo hundirá en el vicio (galeotes, Maritornes) o lo elevará al ideal poético (don Quijote, Grisóstomo), y todas las actitudes intermedias. En este ámbito las fronteras entre realidad e ideal se desdibujan, pues el voluntarismo las puede trasponer en cualquier momento. Cada uno se hace su propia realidad, por lo que no tiene nada de extraño que ésta coincida a veces con el ideal poético. Así Grisóstomo; pero su vivir literario está inmerso en una circunstancia histórica, de ahí la presentación pendular y ambivalente.

El *Coloquio de los perros* representa el problematismo total de las relaciones entre Vida y Literatura, pero un análisis cuidadoso revela que hay una solución efectiva. La realidad es la extraordinaria simbiosis de ambos términos. De aquí en adelante la presentación se hace, por fuerza, unívoca, aun en aquellos episodios como las bodas de Camacho, que parecen gozar de autonomía lograda por su realismo. Porque, con finura única, Cervantes realza la materialidad

[40] Los dos últimos episodios estudiados ponen en evidencia el defecto principal que han demostrado hasta ahora los estudios del mito caballeresco en el *Quijote.* Por lo general, se ha practicado una artificial dicotomía entre mito caballeresco y mito pastoril, y este último se marginaliza. Pero la vida del héroe no permite tal, pues es toda un limpio impulso hacia el Ideal. Se puede escoger un camino u otro, pero el punto de llegada será siempre el mismo. La comprensión cabal del *Quijote* no debe disociar ambos mitos, pues se corre el riesgo de presentar un héroe mutilado. El título de este libro disculpará la dicotomía de que yo mismo me he hecho culpable en este capítulo.

de estas bodas por el tácito apareamiento de su expresión ideal, la otra mitad de toda realidad. Y para terminar, recuérdese que cuando el héroe se está muriendo de desengaño, en ese mismo momento, los propios materialistas trabajan para ponerle al alcance de la mano el mito pastoril. Pero es tarde: el ideal sin voluntad no es factible, y ésta la ha depuesto don Quijote, en acto máximo de voluntarismo, al reconocerse Alonso Quijano el Bueno.

1974. Algunos de los temas tratados en este capíulo sobre Cervantes los he desarrollado más ampliamente en mis *Nuevos deslindes cervantinos* (Barcelona, 1974). En Madrid, 1961, y en dos tomos de la colección Clásicos Castellanos, salió mi edición anotada de *La Galatea,* de la que hay varias reediciones. Geoffrey Stagg en *Hispanic Studies in Honour of Joseph Manson,* ed. Dorothy M. Atkinson y Anthony H. Clarke (Oxford, 1972), establece como verdad inconcusa el hecho de que *La Galatea* es un *roman à clef,* pero es de lamentar que no nos dé el sistema de identificaciones, aunque es muy de esperar que bien pronto lo tendremos en las manos.

Joaquín Casalduero adelanta su propia interpretación de *La Galatea* en el capítulo correspondiente de J. B. Avalle-Arce y E. C. Riley, *Suma Cervantina* (Londres, 1973). En la bibliografía al final de la misma obra el lector encontrará lo más granado de la reciente bibliografía sobre *La Galatea* y temas relacionados que se han tocado en este capítulo.

CAPITULO IX

CENSURAS Y VUELTAS A LO DIVINO

Ha muerto la novela pastoril y atrás quedan las obras de verdadera creación. Pero su historia, como la de todo género, no radica solamente en el concreto producto novelístico, sino también en la zona de penumbra que se crea a su alrededor y donde se desarrolla y decanta la apreciación crítica contemporánea. Lo que hay en ella de reacción favorable ha quedado consignado en su lugar. Es, en resumidas cuentas, una forma de participar en el mito sobre la que no insistiré más. Pero hay también una actitud negativa, desfavorable, que rehusa identificarse con el mundo bucólico. Es ésta la que merece nuestra atención ahora, pues sumándola a lo ya dicho se completa el desfile de posibilidades que ofrece el género: las válidas para el artista (vistas en su ocasión), y las carentes de valor y anulables, por diversidad de motivos, para los críticos circunstantes.

La labor que resta por hacer no ocupará mayor espacio; sin embargo, ya que casi toda ella ha sido efectuada en los últimos años, en especial por Werner Krauss y por Bruce W. Wardropper. El primero se plantea en su forma más amplia el problema general de las censuras a los dos grandes tipos de ficción que conoce el siglo XVI: la novela caballeresca y la pastoril [1]. En ambos casos la crítica procede de dos campos, el humanista y el religioso, y si bien la motivación es la misma para los dos géneros me desentiendo de lo que concierne a la novela de caballerías.

El racionalismo propio de los humanistas les hace ver con desafecto un género, como el pastoril, que de intención se desase de toda traba actualizadora. La censura, en este caso, va apuntada directamente a la falta de verismo de estas novelas, pero no se remonta más [2]. En este sentido, Krauss recoge y amplía la documentación colectada por Menéndez Pelayo y Américo Castro, y no hay más que decir sobre el asunto. Pero este tipo de críticas ofrece grandes posibilidades cómicas, ya que basta con tirarle de los pies al pastor ideal hasta reintegrarlo y confrontarlo con su circunstancia real para provocar una situación de ridículo y comicidad. Por esta razón la censura a la falta de verismo se difunde rápidamente entre los escritores de literatura amena, y abunda sobremanera en las obras de Lope y de Tirso, como ya indicó Krauss. A los efectos de ilustrar tal práctica agrego aquí algunos ejemplos a los muchos recogidos por este crítico. El primero está tomado de una silva de don Agustín de Salazar y Torres, y dice así [3]:

> Demás de que me llaman los pastores
> cantando sus amores,
> no como allá los pinta Garcilaso,
> que los hace cantar a cada paso,
> mejor que ministriles.
> Sus cabras conduciendo a los rediles
> vienen, porque no dora
> ya Febo la campaña;
> pero de la cabaña
> salía a recibirles la pastora;
> y que no era la ninfa certifico,

[1] «Die Kritik des Siglo de Oro am Ritter- und Schäferroman», *Gesammelte Ausfsätze zur Literatur- und Sprachwissenschaft* (Frankfurt, 1949), págs. 152-176.

[2] Hay que tener en cuenta, sin embargo, que el sector erasmista del humanismo español acepta el utopismo de la pastoril; cf. Bataillon, *Erasmo y España*, II, 393, y A. Castro, «Lo hispánico y el erasmismo», *RFH*, II (1940), 6-7.

[3] «Silvas. Discurre el autor en el teatro de la vida humana, desde que amanece hasta que anochece, por las cuatro estaciones del día, no olvidando la fiera ingratitud de su amada Marica, a quien ofrece este tratado», «Estación tercera, de la tarde», *BAAEE*, XLII, 225 a.

nieve el pecho y armiños el pellico,
pues sólo era su aliño
de sayal un corpiño;
y las manos, que no eran de manteca,
los mechones pelaban de una rueca;
de buriel el manteo y hecho andrajos,
con dos dedos de costra en los zancajos.
¡Que sea tan desdichado, que no tope
los pastores de Lope
en su *Arcadia* fingida!
Bien sé que los describe Sannazaro,
porque era en ellos el ingenio raro;
pues decían concetos,
componiendo sonetos
y haciendo liras, ritmas y canciones
muchísimo mejor que requesones.

Lope de Vega, cuyas obras se mecen con las brisas de todas las modas literarias, nos proporciona dos ejemplos más. En su novela *La más prudente venganza* dice: «Ya se llegaba la hora de comer y ponían las mesas, para que sepa vuestra merced que no es esta novela libro de pastores, sino que han de comer y cenar todas las veces que se ofreciere ocasión» [4]. En *La Dorotea,* obra cargada de todas las valoraciones literarias, positivas y negativas, vuelve a la carga: «Porque esto de pastores todo es arroyuelos y márgenes, y siempre cantan ellos o sus pastoras. Deseo ver un día un pastor que esté en un banco y no siempre en una peña o junto a una fuente» [5].

Quevedo, en su «Premática contra los poetas güeros, chirles y hebenes», inserta en el *Buscón,* dispara sus dardos no sólo contra la pastoril, sino también contra el romancero morisco, de tanta boga a fines del siglo XVI y cuya popularidad fue heredada, justamente, por los romances pastoriles [6]: «Item, advirtiendo que después que dejaron de ser moros —aunque todavía conservan reliquias de ello— se han metido a pastores, por lo cual andan los ganados flacos de beber sus lágrimas, y chamuscados con sus ánimas encendidas, y tan embebidos en su música que no pacen, mandamos que dejen tal oficio, señalando ermitas a los amigos de la soledad, y a los demás —por ser oficio alegre y de pullas—, se acomoden en mozos de mulas.»

[4] *Apud Novelas a Marcia Leonarda, BAAEE,* XXXVIII, 25 b.
[5] *La Dorotea,* ed. José Manuel Blecua (Madrid, 1955), pág. 260.
[6] *El Buscón,* ed. Américo Castro, Clásicos Castellanos (Madrid, 1927), págs. 123-124. Acerca del romancero pastoril, véase *Primavera y flor de los mejores romances,* ed. José F. Montesinos (Valencia, 1954), págs. xl-xii, donde el ilustre editor analiza, además, el sentido de muchas de estas críticas. Cf. también, R. Menéndez Pidal, «El Romancero Nuevo», *De primitiva lírica española y antigua épica* (Buenos Aires, 1951), págs. 81-84.

De carácter muy distinto y de consecuencias mucho más serias son las críticas religiosas. La vasta cruzada de regeneración religiosa, espiritual y moral que predica la Reforma católica, ve con suspicacia extrema la difusión del amor profano en el género pastoril, un amor reconcentrado sobre sí mismo y desentendido, por consiguiente, de toda preocupación escatológica. La inmersión en el mundo pastoril pronto hacía que el lector perdiese de vista la justificación de su vida, el destino humano se desviaba, aunque fuera por un momento, de su meta: la Salvación[7]. Por eso escribe fray Pedro Malón de Chaide, en un famoso pasaje:

> Como si nuestra gastada naturaleza... tuviera necesidad de espuela y de incentivos para despertar el gusto del pecado... así la ceban con libros lascivos y profanos... porque ¿qué otra cosa son libros de amores, y las *Dianas* y Boscanes y Garcilasos...? Pero responden los autores de los primeros, que son amores tratados con limpieza y mucha honestidad, como si por eso dejasen de mover el efecto de la voluntad poderosísimamente, y como si lentamente no se fuese esparciendo su mortal veneno por las venas del corazón, hasta prender en lo más puro y vivo del alma[8].

La crítica, de cualquier naturaleza que sea, va cargada siempre de una valorativa que en el acto de expresión queda implícita. En el caso que nos atañe, esta valorativa tácita repudia *in toto* al mundo pastoril, pero se formulan sólo las censuras a aquellos puntos de más obvia contraposición: amor humano opuesto a amor divino, por ejemplo. Mas no es difícil ahondar en las raíces del desagrado eclesiástico ante la literatura bucólica. Se discierne en el orbe pastoril un peligro inherente al género, y que consiste en el hecho de que allí se recrea y vive un mundo «deísta», que no tiene semejanza alguna con el mundo concebido por el cristianismo y, específicamente, con la *imitatio Christi,* centro de todo movimiento cristiano de regeneración espiritual. Porque la pastoril es un mundo sin antes ni después, ni aquí ni allá, aislado por fuera del tiempo y del espacio, y con unas coordenadas que se reducen a un *hic et nunc* de realidad sólo ideal.

[7] Todo esto es parte de la censura más general que hacen los eclesiásticos a la literatura amena, como explica Krauss, art. cit. Véase, además, Américo Castro, «Los prólogos al *Quijote*», *Hacia Cervantes,* págs. 218 y sigs.; Dámaso Alonso, *La poesía de San Juan de la Cruz* (Madrid, 1942), págs. 108-116; Stephen Gilman, *Cervantes y Avellaneda. Estudio de una imitación,* págs. 79 y sigs.

[8] *La conversión de la Magdalena* (Alcalá de Henares, 1593), *BAAEE,* XXVII, 279. Muchas más críticas eclesiásticas se pueden ver en el artículo de Krauss, y en Menéndez Pelayo, *Antología de poetas líricos castellanos,* XII (Madrid, 1908), 391 y sigs.

Y la expresión efectiva y actuante de la religión en nuestras vidas necesita una fuerte conciencia humana de temporalidad.

Al llegar a este punto se evidencia la necesidad de un replanteo coetáneo del problema que presentaba la pastoril, ya que la censura sola no perforaría nunca su hermético orbe. Este nuevo planteo que efectúa el siglo xvi español consiste en realinear la materia artística para darle la imprescindible orientación cristiana. Es un abrir de ventanas a lo trascendental religioso, que asume la forma de las vueltas a lo divino, o *contrafacta,* como prefiere Wardropper [9]. Viejo procedimiento de divinización de la literatura profana, el siglo xvi presencia su auge pan-europeo. En España, y en el campo bucólico, tenemos obras de Garcilaso, Boscán y Montemayor contrahechas en sentido cristiano. Wardropper define un *contrafactum* así: «Es una obra literaria (a veces una novela o un drama, pero generalmente un poema lírico de corta extensión) cuyo sentido profano ha sido sustituido por otro sagrado. Se trata, pues, de la divinización de un texto. A veces la refundición conserva del original el metro, las rimas y aun —siempre que no contradiga al propósito divinizador— el pensamiento. El nombre de la dama amada se sustituye con el de la Santa Virgen; lo erótico se convierte en el amor cristiano» (*obra citada,* pág. 6).

Dos novelas pastoriles a lo divino conozco yo. Una es la *Primera parte de la Clara Diana a lo divino* (Zaragoza, 1599), de fray Bartolomé Ponce; la otra, los *Pastores de Belén, prosas y versos divinos* (Madrid, 1612), de Lope de Vega. La identidad de propósito es lo único que las puede equiparar, como se verá de inmediato.

Fray Bartolomé Ponce era un cisterciense aragonés que conoció a Montemayor en 1559. En una conversación que tuvo con el novelista portugués le echó en cara «quán mal gastava su delicado entendimiento con las demás potencias del alma, ocupando el tiempo en meditar conceptos, medir rimas, fabricar historias y componer libros de amor mundano y estilo prophano» («Carta dedicatoria» de la *Clara Diana*). Ponce decidió predicar con el ejemplo, y poco después tenía compuesta su novela, como se colige por algunas alusiones de la «Carta». Sin embargo, no solicitó privilegio para imprimirla hasta 1571, y la obra, al parecer, no se publicó hasta 1599 [10].

[9] *Historia de la poesía lírica a lo divino en la Cristiandad occidental* (Madrid, 1958).

[10] Se citan ediciones de Epila, 1580; Zaragoza, 1581, y Zaragoza, 1582, aunque los bibliógrafos no conocen más que la de 1599, que es la que he manejado; cf. Juan M. Sánchez, *Bibliografía aragonesa del siglo XVI,* II (Madrid, 1914), 529.

La *Clara Diana* tiene en común con la novela de Montemayor nada más que el título y la división en siete libros. Pero el alcance de la divinización de Ponce la explica él muy bien:

Ella va toda fundada en lo que arriba dixe, digo en la braua y muy intestina batalla que lleuan los enemigos del alma con las tres potencias, y quiénes son parciales de la vna banda y de la otra. Introdúzense en ella el Diablo, como mayoral de los rabaños [*sic*] que siguen el mundo y carne. Finjo al mundo como vn caçador zagalejo, y como la carne y él se juntan, dissimulo la carne como vna polida pastora, que se llama, como en latín, Caro. Enseño tener esta pastora tres hermanas menores, llamadas, la primera Esquálida, la segunda Rutuba, la tercera Felia, que significan: concupiscencia carnis, concupiscencia oculorum et superbia vite, según Sant Ioan lo escriue en su Canónica. Muestro cómo el mayoral Demonio tiene siete hijas legítimas, las quales dissimuladas como pastoras siruen a Caro, que son los siete vicios. Pongo otras siete diuinas pastoras, mortales enemigas de las ya dichas, que son las siete virtudes. Fabrico vn pastor debaxo nombre de Barpolio, que representa el hombre racional. Al fin labro vn dechado que palpablemente muestra, debaxo especulación y metáphora, el discurso de nuestra vida, y dónde va a parar, como en vn cristalino espejo de lo que hoy más se vsa en el mundo («Carta dedicatoria»).

Se crea así un mundo tan íntegramente cerrado sobre su materia como en la pastoril profana, aunque con la capital diferencia de que todo aquí, sin excepción, está cargado de sentido alegórico cristiano. Para ahorrar ejemplos, la consabida fuente donde se congregan los pastores también aparece aquí, pero con unos peldaños que a ella conducen y donde están grabadas las siguientes admoniciones: siempre temer a Dios, negamiento de la propia voluntad, total subjeción, perseverancia en las adversidades, contentarse con cualquier extrema pesadumbre, creer ser el más vil de todos los hombres (fols. 14 v-17 r) [11]. Desgraciadamente, las dotes de escritor de Ponce quedaban muy por debajo de sus intenciones. El último ejemplo que daré demuestra a la perfección todo lo que hay de particular en esta novela: primero, cómo se desarticulan los elementos rectores de la pastoril profana para alinearla en sentido divino; segundo, la impertinente erudición que se vuelca en todo momento; tercero, el pésimo estilo:

¡Ay, ay (dezía el desconsolado pastor), quán quebrantadora de fe eres, mi diosa Fortuna! ¡Ay, quán ciega, dudosa, triste, ímproba, infiel, mala, cautelosa, inconstante, parcial, deleznable, incierta, falsa, variable, furiosa, vidriada, pues a los más altos baxas, y a los más baxos alças! Cicerón erró llamándote poderosa; Salustio mintió llamándote señora; Iuuenal desuarió llamándote vnica; Plinio se desdixo llamándote diosa; y al fin ninguno acertó en proporcionarte el nom-

---

[11] También se diviniza la poesía profana; v., por ejemplo, fols. 24 v, 28 v, 30 v y 148 v (estas dos últimas son glosas a lo divino de «la bella malmaridada»).

bre, pues no eres vno ni otro. Antes, de mí te digo que te maldigo y te desgradúo, llamándote fictión imaginaria, sin ser ni valer nada de nada. Y si el rey Marcio te edificó el primer templo, Thales philósopho le sacó del engaño y dixo quién tú eras, pues no eres más, ni tienes más dignidad de la que nosotros te atribuimos quando estamos más desuariados. ¡O desuenturado Barpolio! ¿Quién me quitó el celestial sossiego y sancta quietud que yo me tenía, estándome en mi cabaña, guardando tan solamente el rebaño de mis pensamientos y el ganado de mis solas passiones, en vnico ayuntamiento de mi pastora el alma? (folios 2 r.-3 r.).

Al acercarse a la cincuentena de su vida, Lope de Vega sufrió un paulatino, pero profundo cambio espiritual que le llevó, primero, a entrar en la Orden Tercera de San Francisco, y luego, a tomar órdenes menores. Ni pudo ni supo vencer la carne, sin embargo, pero esta nueva orientación vital dejó imborrables huellas en su obra. La más amplia muestra de este nuevo período de su vida, en volumen y en concepción, es, sin duda, los *Pastores de Belén* (1612) [12].

Como era usual en muchos de estos *contrafacta,* Lope mantiene la primera línea del original profano para elevarse de inmediato a los niveles sacros. Sus *Pastores* comienzan así: «Bajaba de las montañas de Judea a la torre de Belén, puesta una milla de la sagrada Elia, el pastor Aminadab», eco evidente, que no se trata de disimular, del comienzo de la *Diana* de Montemayor: «Baxaba de las montañas de León el oluidado Sireno, a quien Amor, la fortuna, el tiempo, tratavan de manera...» Hay, como se ve, un proceso doble, de alusión —la comunidad verbal y de circunstancia—, y de elusión —se omiten aquellos términos que no tienen cabida en la obra sacra; el amor humano, la fortuna [13]—. Una vez que Lope ha colocado su novela dentro de la corriente que se superará espiritualmente, entra de lleno en materia, cuyo único parecido con su modelo es la condición pastoril de sus personajes. Aun así, estos pastores no pertenecen a la tradición bucólica sino a la bíblica: son los pastores de la Adoración. Pero ya se ha visto cómo en fray Luis de León la doble identidad del pastor evoca y mezcla esos dos mundos. Algo semejante ocurre aquí, pues si bien el personaje es el pastor bíblico, su *modus vivendi* es novelístico, despojado, claro está, de lo que no condice con la intención divinizadora. En otras palabras, en los *Pastores de Belén* la materia es sacra, mientras que la forma es profana.

La materia, dividida en cinco libros, es la siguiente: expectativa

[12] Cito por la reedición moderna de Salvador Fernández Ramírez (Madrid, 1930).

[13] Además, el amor humano, aun en su expresión platónica, se anula totalmente: «El amor es un irracional excesso del desseo, y no como Platón le define, un desseo de la inmortalidad» (pág. 77).

ante el Nacimiento anunciado, la Natividad, adoración de los pastores y de los reyes, huida a Egipto. Aquí termina la obra, aunque Lope promete en dos ocasiones segunda parte (págs. 408, 415). La forma, en cambio, repite, con la exuberancia propia del autor, la consagrada en la tradición bucólica española, apartándose de ella sólo al final, donde incluye una nueva invocación de «Belardo a la zampoña», en que se imita el final de las dos *Arcadias,* la propia y la de Sannazaro. Pero, como siempre, la práctica ciclópea de Lope empequeñece todo lo anterior. Por ejemplo, en lo que se refiere a las historias intercaladas, cuya materia es aquí sacra, desde luego: sólo en el primer libro de los *Pastores* se pueden leer las de Jacob y sus hijos, la de la Virgen María, de David y Betsabé, Amnón y Thámar y la casta Susana. Se produce de esta manera una divinización arquetípica, en la que la materia apunta decididamente al cielo, mientras la forma se arraiga en la tradición del género español.

Pero dentro de estas características genéricas, los *Pastores de Belén* dan una anhelante nota, propia de la circunstancia vital en que se halla su autor. El arrepentimiento ha invadido su alma y se reniega de los locos devaneos de la juventud, y de aquellas obras en que se canta esa misma carne que se interpone obstinadamente en su camino de regeneración. La *Arcadia,* apoteosis del amor humano, destaca nítida su contorno y sobre ella descarga el desaliento inducido por la frágil humanidad del poeta. Los *Pastores* son el resultado del vano esfuerzo de aniquilar la pastoril profana, la *Arcadia,* y las memorias que su nombre evoca, y de suplantar todo, en el irremontable curso de la historia, por su versión divina. Inútil empresa ¡pero qué hermosos versos destiló el corazón del pecador arrepentido al acometerla! [14].

Y con esto llega a su fin la historia de la novela pastoril en Espa-

[14] Para confirmar lo que digo en el texto basta leer la dedicatoria y el epílogo de los *Pastores.* En la primera, a su hijo Carlos, que tan pronto había de morir, dice: «Estas prosas y versos al Niño Dios se dirigen bien a vuestros tiernos años, porque si El os concede los que yo os deseo, será bien, que quando halleis Arcadias de pastores humanos, sepais que estos divinos escribieron mis desengaños, y aquéllos mis ignorancias. Leed estas niñeces, comenzad en este Christus, que él os enseñará mejor cómo haveis de passar las vuestras.» En el epílogo «A la zampoña» escribe: «Si en otras ocasiones me haveis parecido rústica y bárbara, zampoña mía, quando al son vuestro cantaba yo los pastores de mi patrio Tajo, sus vanos amores y contiendas a vueltas de los errados pensamientos de mis primeros años: ¿qué me pareceis ahora que me haveis ayudado a cantar los *Pastores de Belén,* sus honestos pensamientos, dirigidos a las justas alabanzas de aquella hermosa Virgen, que enamora los choros de los ángeles?» La vivencia del desengaño, hecha anhelo de paz religiosa, ha hallado expresión, que trata de anular, como acto de arrepentimiento, la profana versión anterior.

ña. En su momento de auge y perfección se perfila como expresión cabal de los ideales renacentistas. Ahora bien, el ideal —cualquier ideal— mantiene su validez sólo a través de un continuo juego de dialéctica vital (como don Quijote con su ideal de Dulcinea, o Sancho con su ínsula), y es precisamente la pastoril la que capta en forma artística esa dialéctica. Las causas de su decadencia son múltiples y no es preciso repasarlas ahora, pero sí conviene puntualizar un poco más alguna de ellas. Aparte la tergiversación del destino humano ínsita en la inmanencia del orbe pastoril —y que la Reforma católica corrige con las vueltas a lo divino—, hay que volver a una característica esencial del arte seiscentista. En contraposición al arte del Renacimiento, el del siglo XVII, limita y concretiza el tiempo y el espacio. Excelente ejemplo de lo que quiero expresar me lo ofrecen *Las meninas* de Velázquez, con el espacio retazado de su taller de pintura y la temporalidad fugaz, pero nítidamente encuadrada de una visión de espejo. Pero estas mismas coordenadas espacio-temporales matan por asfixia a la pastoril, que puede vivir sólo en las zonas inmensurables del mito.

De los logros alcanzados por el género también se ha dicho lo suficiente, aunque quizá convenga reunir en haz algunos de los más evidentes [15]. Con esa morosidad que le ha sido tan censurada, la novela pastoril efectúa por primera vez la delicada tarea de atravesar analíticamente las capas de vivencias personales hasta llegar a lo irreducible humano. Este psicologismo en caliente capta a la sensibilidad europea en el momento preciso en que comienza a cuajar la vida sentimental moderna. Los estados de ánimos recreados en la pastoril no se dan en la literatura anterior por la sencilla razón que no existían: a través de la historia el hombre se ha *sentido* a sí mismo de distintas maneras, y en el siglo XVI marca un rompimiento con la sensibilidad anterior. En este sentido sólo se puede parangonar con la novela pastoril la intuición genial de Fernando de Rojas. Pero al mismo tiempo, esos estados de ánimo todavía están cercanos a nuestra epidermis, a pesar de la actitud escéptica que hemos adoptado.

En el siglo XVI la imagen literaria del hombre capta con plenitud artística su dualidad de ángel y bestia. La dualidad queda —al fin y al cabo es nuestra *condición humana*—, pero su presentación literaria se integraliza, y no pequeña parte de esta consecución hay que atribuírsela a la pastoril. De la mano de esto va la superación de una realidad artística y categóricamente diferenciada (realidad ideal-

---

[15] A este propósito, el artículo de H. Bénac, «Humanité de la pastorale», *Lettres d'Humanité* (Association Guillaume Budé), V (1946), 235-257, es un excelente estudio del sentido moderno de la pastoril.

realidad física), que en las letras aparece en forma paulatina como unidad esencial, concepto que se revela con creciente claridad en el desarrollo histórico de la novela pastoril. Y cuando ésta ha cumplido su ciclo, la literatura de ficción ha aprendido, no ya sólo a recrear la circunstancia humana, sino a infundirle toda su compleja vivencia.

1974. Cuando salió la primera edición de este libro dejé sin estudiar una novela pastoril a lo divino: Francisco Bramón, *Los sirgueros de la Virgen sin pecado original* (México, 1620). Daré hoy como excusa el hecho de que no se publicó en España, sino en tierras americanas; de todas maneras, la ausencia de dicha novela en mi estudio ha sido ampliamente subsanada por el estudio de mi querido amigo Enrique Anderson Imbert, «La forma 'autor-personaje-autor' en una novela mexicana del siglo XVII», *Crítica interna* (Madrid, 1960), págs. 19-37. Una visión mucho más abreviada de la misma novela nos da Enrique Anderson Imbert en su conocido manual *Historia de la literatura hispanoamericana,* segunda edición, corregida y aumentada, I (México, 1970), 119-21.

También dejé sin estudiar una obra en la que hay pastores y sí es *a lo divino,* pero que malamente se puede llamar novela. Me refiero a Ana Francisca Abarca de Bolea, *Vigilia y octavario de San Juan Bautista* (Zaragoza, 1679). Willard F. King, *Prosa novelística y academias literarias del siglo XVII* (Madrid, 1963), págs. 121-22, la califica de obra «falta de argumento y falta de vida...; sólo la definición más amplia de prosa novelística nos permite considerar la *Vigilia* como una novela». El lector que sienta curiosidad por conocer la biobibliografía de Doña Ana Francisca Abarca de Bolea, Abadesa del Real Monasterio cisterciense de Casbas, debe consultar a Félix de Latassa, *Biblioteca antigua y nueva de escritores aragoneses,* ed. aumentada por Miguel Gómez Uriel, I (Zaragoza, 1884), 9-10. Como estudio particular hay que consultar a Manuel Alvar, *Estudios sobre el «Octavario» de Doña Ana Abarca de Bolea* (Zaragoza, 1945); en general, ver José Simón Díaz, *Bibliografía de la literatura hispánica,* IV (Madrid, 1955), 345-47.

SIGLAS EMPLEADAS

AC...	*Anales Cervantinos.*
Ac...	*Obras de Lope de Vega,* ed. Real Academia Española.
AcN	*Obras de Lope de Vega,* nueva ed. Real Academia Española.
BAAEE ...	*Biblioteca de Autores Españoles.*
BAE	*Boletín de la Real Academia Española.*
BHi	*Bulletin Hispanique.*
BHS	*Bulletin of Hispanic Studies.*
BSS	*Bulletin os Spanish Studies.*
CdL	*Cuadernos de Literatura.*
CompL ...	*Comparative Literature.*
EMP	*Estudios dedicados a Menéndez Pidal.*
HR	*Hispanic Review*
MLN	*Modern Language Notes.*
NBAAEE ...	*Nueva Biblioteca de Autores Españoles.*
NRFH... ...	*Nueva Revista de Filología Hispánica.*
PMLA... ...	*Publications of the Modern Language Association of America.*
RABM... ...	*Revista de Archivos, Bibliotecas y Museos.*
RBN	*Revista de Bibliografía Nacional.*
RFE	*Revista de Filología Española.*
RFH	*Revista de Filología Hispánica.*
RHi	*Revue Hispanique.*
RPh	*Romance Philology.*
RR	*Romanic Review*
SPh	*Studies in Philology.*
ZRPh	*Zeitschrift für romanische Philologie.*

INDICE ALFABETICO

A

277

Castro Leal, A.: 225.
Catalán de Valeriola, Bernardo: 167, 168.
Celestina: véase Rojas, Fernando de.
Cellini, Benvenuto: 150.
Cepeda, Baltasar de: 156.
Cervantes, Miguel de: 15, 27, 28, 29, 32, 36, 37, 39, 53, 63, 65, 67, 68, 73, 80, 83, 87, 89, 90, 91, 99, 100, 104, 106, 114, 116, 123, 125, 131, 133, 154, 158, 166, 177, 184, 185, 187, 188, 190, 201, 202, 206, 221, 223, 225, 229-263.
Cervantes Saavedra, Gonzalo de: 227.
Chanson de Roland: 102.
Cid, Poema del: véase *Poema del Cid.*
Cirurgiao, A. A.: 97.
Claramonte y Corroy, Andrés de: 174.
Clarke, Anthony H.: 263.
Clemencín, Diego: 155, 156.
Cochrane, Charles N.: 80.

Corral, Gabriel de: 100, 176, 198-200, 202.
Correa, Gustavo: 33, 97.
Cossío, José María de: 112, 114, 150, 193, 194, 213, 219.
Cotarelo y Mori, Emilio: 56, 107, 167, 183.
Cotarelo Valledor, Armando: 207, 248.
Covarrubias Herrera, Jerónimo de: 191-192, 201.
Crawford, J. P. W.: 55, 56, 57, 163, 215, 220, 226.
Croce, Benedetto: 31, 35.
Cuervo, Rufino José: 129.
Cueva, Juan de la: 87.
Cuevas, Francisco de las: *Arvertencia.*
Curtius, Ernst Robert: 63, 103.
Cusa, Nicolás de: 80.
Cvitanovic, Dinko: 67.

D

Dante: 36, 47, 50, 110.
Darst, David: 97.
Débax, M.: 98.
Descartes, René: 27.
Devoto, Daniel: 138.
Deyermond, Alan: 97.
Díaz Rengifo, Juan: véase Rengifo, Juan Díaz.
Dilthey, Wilhelm: 30, 31.
Dolce, Lodovico: 43.

Donovan, R. B.: 33.
Dronke, Peter: 99.
Dunant, Mlle.: 138.
Dunn, Peter N.: 167, 195.
Dupont, Jean: 96.
Durán, Agustín: 155.
Durán, Armando: 67.
Durán, Manuel: 34.
D'Urfé, Honoré: 77.

E

Egea Abelenda, F.: 240, 248.
El Saffar, Ruth: 98.
Empson, William: 19-20.
Encina, Juan del: 14, 54, 55, 60, 61, 63, 65, 67, 182.
Entrambasaguas, Joaquín de: 174, 201, 225.
Equicola, Mario: 240.
Ercilla, Alonso de: 226.

Escolano, Gaspar: 215.
Espinel, Vicente: 195, 202.
Espinel Adorno, Jacinto de: 192-195, 197, 202.
Espinosa, Pedro: 156, 212, 213.
Espronceda, José de: 17.
Ettinghausen, Henry: 138.
Eurípides: 125.

F

G

H

I

J

K

Q

R

S

T